Heilongjiang

Jilin

Äußere Mongolei

Liaoning

Nord-
korea

Peking

Tianjin

Süd-
korea

Hebei

Shanxi

Shandong

Shaanxi

Henan

Jiangsu

Anhui

Shanghai

Hubei

Zhejiang

Jiangxi

Hunan

Fujian

uizhou

Taiwan

Guangxi

Guangdong

Hongkong (brit.)
Macao (port.)

Hainan

Spratly-Inseln

BECK'S HISTORISCHE BIBLIOTHEK

BHB

Helwig Schmidt-Glintzer

CHINA
VIELVÖLKERREICH
UND EINHEITSSTAAT

Verlag C.H.Beck München

Mit 15 Karten

Die Deutsche Bibliothek – CIP-Einheitsaufnahme
Schmidt-Glintzer, Helwig:
China : Vielvölkerreich und Einheitsstaat / Helwig
Schmidt-Glintzer. – München : Beck, 1997
(Beck's historische Bibliothek)
ISBN 3-406-42348-5

ISBN 3 406 42348 5

© C. H. Beck'sche Verlagsbuchhandlung (Oscar Beck), München 1997
Satz: Fotosatz Janß, Pfungstadt
Druck- und Bindearbeiten: Ebner Ulm
Gedruckt auf säurefreiem, alterungsbeständigem Papier
(hergestellt aus chlorfrei gebleichtem Zellstoff)
Printed in Germany

Inhalt

Fünftes Kapitel

Einheit, Zwang und neue Horizonte
(1279–1861)

Sechstes Kapitel

Auf der Suche
nach einem neuen Einheitsstaat
(1861–1997)

Siebtes Kapitel

Epilog
Seite 229

Anhang

Einleitung

Der Titel dieses Buches ist bewußt gewählt: Es geht nicht um die einzelnen Völkerschaften Chinas, ihre Kulturen, ihre ethnischen Identitäten und ihre bekannte oder vergessene und erst wiederzuentdeckende Geschichte, sondern um China als Vielvölkerreich. Als solches versteht sich China selbst, und ein solches ist das Land seit der ersten Reichseinigung im Jahre 221 v. Chr. immer gewesen, auch wenn es zwischenzeitlich politisch zersplittert war. Wenn einige sinologische Fachkollegen meinen, China ende mit der Herausbildung des chinesischen Einheitsreiches unter Qin Shihuangdi im Jahre 221 v. Chr., so ist diese Haltung sympathisch aus zweierlei Gründen: Erstens ist tatsächlich die Zeit bis zur Reichseinigung die formative und daher die im eigentlichen Sinne «klassische» Periode Chinas, zweitens finden wir in dieser Periode der Teilstaatenzeit, die zeitgleich zur sogenannten «Achsenzeit» und damit zu Namen wie Sokrates und Plato zu datieren ist, die Herausbildung ethischer Maximen, wie sie vielleicht erst wieder in der Zeit der europäischen Aufklärung auftreten.

Doch gerade das, was manchem als das Problematische erscheinen mag, die Bildung eines Imperiums eigener Prägung unter Beibehaltung eines allgemeinen Menschheitsbegriffs, ist nach wie vor das Faszinosum an China, das seit dem 18. Jahrhundert in Turbulenzen geriet, die in Europa nicht nur wahrgenommen, sondern zum Teil durch die europäische Dynamik erst angestoßen wurden. Während Europa seine Einigungs- und Integrationsprozesse, sofern sie nicht in der Zeit des 17. und 18. Jahrhunderts bereits geleistet wurden, erst noch vor sich hat, waren diese in China in der späten Kaiserzeit weitgehend abgeschlossen. Erst die Konfrontation mit den europäischen Mächten, vor allem dann im 19. Jahrhundert, ließ die Multiethnizität Chinas vor dem Hintergrund des Nationalstaatsgedankens problematisch erscheinen, und dieser Umstand bildet, neben anderem, den Hintergrund für die heutige Menschenrechtsdebatte. Zugleich ist erneut die Frage aufgeworfen worden, was denn überhaupt «das Chinesische» sei.

Freilich führt jede Vielfalt auch zu Differenzen und damit zu Problemen. Hier gilt es, die chinesische Erfahrung in zukünftige Integrationsprozesse einfließen zu lassen. Die Menschenrechtsfrage ist in den letzten Jahren häufig thematisiert worden, eine moralisch ebenso eindeutige wie praktisch schwierige Thematik. Wie würde ein erweitertes Europa, das von der Ausdehnung her China entspräche, eine Menschenrechtsbilanz der letzten hundert Jahre bestehen? Diese Frage ist nicht Gegenstand des vorliegenden Buches, auch wenn sie immer wieder anklingt.

Ich wünsche mir, daß diese hier vorgelegten Betrachtungen und Überlegungen mit dazu beitragen, den Blick zu öffnen für die Schwierigkeiten,
denen wir uns bei allen gesellschaftlichen und politischen Integrationsprozessen in jeweils besonderer Weise in Europa ebenso wie in Ostasien
in Zukunft voraussichtlich werden stellen müssen. Bei meinen Überlegungen habe ich mich von der Absicht leiten lassen, daß ich als Mitglied
der kulturellen Welt Europas den Dialog mit den Vertretern Chinas suche.
Es geht mir also um ein besseres Verständnis Chinas und seiner Geschichte und um einen Beitrag zum wechselseitigen Dialog.

Vorbereitende Studien zu diesem Buch liegen mehrere Jahre zurück,
doch auch nach meinem Wechsel von dem Münchener Lehrstuhl für Ost-
asiatische Kultur- und Sprachwissenschaft im Jahre 1993 an die Herzog
August Bibliothek hat mich das Thema wiederholt beschäftigt. Bei der
Fertigstellung des Buches in meinen Wolfenbütteler Arbeitsräumen als
Direktor einer Forschungs- und Studienstätte für europäische Kulturge-
schichte wurde mir besonders deutlich, welche Bedeutung die Erfahrung
Chinas als Einheitsstaat für den europäischen Einigungsprozeß hat. Die
oft bewunderte Dauerhaftigkeit des chinesischen Kaiserreiches hatte ihre
Vorzüge, aber auch ihre Schattenseiten; eine vertiefte Kenntnis dieser Zu-
sammenhänge könnte vielleicht mit zum Gelingen des europäischen Ei-
nigungsprozesses beitragen. Denn auch dort gibt es eine langanhaltende
Debatte über föderale Strukturen bis hin zu Forderungen wie der von
Leopold Kohr, der 1941 im amerikanischen Exil ein Europa der Kantone
forderte.[1] Erinnert sei auch an die föderalistischen Bestrebungen im Ita-
lien der Mitte des 19. Jahrhunderts und an die «Basler Charta zur föderalistischen Konfliktbewältigung» vom September 1995.[2] Und ebenso wie
Omae Kenichi in seinem Buch Vom «Ende des Nationalstaates» plädieren
Ökonomen für «kleine politische Gebilde», so etwa Herbert Giersch, der
schreibt: «Wichtiger als der große Territorialstaat wird der effiziente
Funktionalstaat, der sich auf das konzentrieren kann, was nur der Staat
– oder niemand besser – zu leisten vermag, möglicherweise begrenzt auf
ein Territorium, das der jeweils wichtigsten Aufgabe angepaßt ist.»[3] Und
es spricht überdies manches dafür, daß Demokratie nur in kleineren politischen Einheiten funktioniert. Die europäischen Erfahrungen mit innerer
Vielfalt könnten durchaus auch als «Erfahrungsvorsprung» verstanden
werden, so daß es Grund zu der Annahme gibt, daß Europa angesichts
der globalen Schwierigkeiten mit Arbeitslosigkeit und Verteilungsproble-
men wieder einmal zum Vorbild für andere Teile der Welt – und vielleicht
auch für China – werden könnte.[4]

Ob ethnische Konflikte immer mehr zum beherrschenden Problem
werden und ob das Prinzip nationaler Selbstbestimmung, im 20. Jahrhundert als Norm gesetzt, zum Fluch des 21. Jahrhunderts wird, ist eine offene Frage. Doch könnte andererseits Ethnizität auch jenseits von der
Frage nationaler Selbstbestimmung oder Autonomieforderung ein be-

stimmender Faktor der Zukunft werden. Weltweit operierende ethnische Gruppen könnten zu den Säulen von Handel und Dienstleistungen im internationalen Maßstab werden. Dies etwa prognostiziert Joel Kotkin in seinem «Stämme» betitelten Buch.[5] Die Chinesen bezeichnet er als «die Calvinisten des Ostens».

Hier kommen die Auslandschinesen wieder ins Spiel, die zwei Drittel des Einzelhandels in den Ländern Südostasiens kontrollieren, und die etwa in Indonesien, ganz zu schweigen von Singapur, fast drei Viertel der betrieblichen Vermögenswerte besitzen.[6] Demnach wäre es ratsam, nationale Identitäten und staatliche Grenzen zu vernachlässigen, und statt dessen die Koexistenz verschiedener Kulturen zu tolerieren. Daß der von Samuel Huntington beschworene sogenannnte «Kampf der Kulturen» nicht als Kampf zwischen Staaten stattfinden würde, war immer klar; daß indes bestimmte ethnische Gruppen aus ihrem Zusammenhalt und ihrer intern optimierten Kommunikationsfähigkeit Vorteile ziehen werden, ist für die Zukunft wahrscheinlich. Solche interne, an «Beziehungen» *(guanxi)* geknüpfte Erfolgschancen werden möglicherweise auch in China zur internen Differenzierung und Diversifikation beitragen.

In der in Philadelphia erschienenen deutschen Fassung der Unabhängigkeitserklärung der Vereinigten Staaten von Amerika vom 4. Juli 1776 heißt es: «Wenn es im Lauf menschlicher Begebenheiten für ein Volk nöthig wird die Politischen Bande, wodurch es mit einem anderen verknüpft gewesen, zu trennen, und unter den Mächten der Erden eine abgesonderte und gleiche Stelle einzunehmen, wozu selbiges die Gesetze der Natur und des Gottes der Natur berechtigen, so erfordern Anstand und Achtung für die Meinungen des menschlichen Geschlechts, daß es die Ursachen anzeige, wodurch es zur Trennung getrieben wird.» Der hier hergestellte Begründungszusammenhang, kann er auch für China Anwendung finden? Alle Teilungsvorgänge in China gingen nicht von Volkszugehörigkeiten aus, sondern folgten raumspezifischen Gegebenheiten. Versuche der Teilung kamen nicht nur von innen, sondern auch von außen, etwa von dem japanischen Tokugawa-Herrscher Toyotomi Hideyoshi (1535–98), der den Versuch einer Zerschlagung der Ming- Dynastie und einer Aufteilung Chinas in Lehen für seine Vasallen unternahm, freilich ohne Erfolg.

Obwohl China im Laufe seiner Geschichte immer wieder geteilt war, zeitweise sogar in mehrere unabhängig voneinander bestehende Einzelstaaten, ist der Anspruch auf die Einheit seit der Reichseinigung durch den Kaiser Shihuangdi der Qin niemals aufgegeben worden. China ist ein Vielvölkerstaat und versteht sich als solcher. Die infolge der Eroberung nördlicher Provinzen durch einzelne Nachbarvölker entstandenen Teilstaaten stellten sich selbst unter den Einheitsstaatsgedanken. Mit der mongolischen Yuan-Dynastie (1279–1368) wurde dieses Ideal nach langer Zeit wieder verwirklicht, und seither ist China die meiste Zeit ein Ein-

heitsreich geblieben. Dies hängt auch damit zusammen, daß sich seit dem
19. Jahrhundert alle Chinesen als Nachkommen des legendären Gelben
Kaisers empfinden, alle eben Chinesen sind.[7] Eine gemeinsame Abstam-
mung von einem Urvater ist also das einigende Band – oder war dies
zumindest, bis Ethnisierungsprozesse innerhalb Chinas dieses Band zu
zerschneiden begannen.

In dem vorliegenden Buch werden nun nicht die einzelnen Völkerschaften auf chinesischem Territorium beschrieben, sondern es soll die
Dynamik der Ausdehnung Chinas, die «Sinisierung» des ostasiatischen
Festlandes, dargestellt und auf die heutigen Prozesse hingewiesen werden. Expansionistische Züge kommen dabei ebenso zur Sprache wie interne Spannungen. Die Darlegungen und die historischen Exkurse kreisen immer wieder um die Frage, wie China als Vielvölkerstaat seine Identität in der Vergangenheit gefunden hat und heute zu bewahren sucht.
Dabei muß freilich immer wieder auch die Rede sein von den Überlegungen in China selbst, ob China nicht doch wieder auseinanderfallen könne.
Die innerchinesische Diskussion zu dieser Frage kann hier nur angedeutet werden, wie auch die Geschichte der einzelnen Völkerschaften Chinas
und die Beziehungen des Landes zu seinen Nachbarn nur im Kontext
dargestellt werden können. Nach der Darstellung der chinesischen Kulturwelt folgt ein Durchgang durch die Geschichte, von der frühen Zeit
bis zur Gegenwart.

Bei der Vorbereitung dieses Buches, dessen erste Konzepte in das Jahr
1989 zurückgehen, wurde in den letzten Jahren zunehmend deutlich, daß
das Thema der inneren Spannungen und der inneren Grenzen Chinas
auch in der wissenschaftlichen Beschäftigung mit China an Bedeutung
gewinnt. Eine Vielzahl dieser neueren Arbeiten habe ich zur Kenntnis
genommen und daraus gelernt. Auf viele Arbeiten kann ich jedoch nur
hinweisen, und die völkerkundlichen und anthropologischen Aspekte
der Völker Chinas habe ich hier nur streifen können, weil es mir um den
Integrationsprozeß und nicht um die Darstellung der kulturellen und
ethnischen Besonderheiten ging.[8]

Ich selbst habe mich noch vor 15 Jahren gegen die Betonung interner
kultureller Konfrontationen ausgesprochen.[9] Eigene Erkenntnisse und
die wissenschaftliche Diskussionen der letzten Jahre, etwa Arbeiten zur
muslimischen Bevölkerung in China,[10] haben mich zu einer Revision meiner Ansichten bewogen,[11] und das Ergebnis dieser Bemühungen lege ich
hiermit vor. Gleichwohl schreibe ich als Sinologe *contre cœur*, denn die
Faszination des chinesischen Reichsgedankens erfaßt den Chinakenner
nahezu unweigerlich. Nur der innerchinesische Diskurs und das Wissen
um die Perspektiven einiger Nationalitäten, etwa der Mongolen, haben
mich davon abgehalten, das Unternehmen dieses Buches abzubrechen.
Ich teile die Ansicht Dru C. Gladneys, daß ethnischer Separatismus niemals eine Gefahr für ein starkes China sein wird.[12] Ein durch welche

Faktoren auch immer geschwächtes China jedoch könnte, wie dies bereits in der Vergangenheit vorkam, auseinanderbrechen. Und manche politischen und wirtschaftlichen Maßnahmen im heutigen China werden erst verständlich vor dem Hintergrund der Tatsache, daß diese Gefahr des Zerfalls in China selbst durchaus gesehen wird.

Der Verfasser eines solchen Buches hat vielen zu danken. Den Fachkollegen, den Schülern, nicht zuletzt aber auch den Lehrern und den akademischen «Vorfahren». Lange hatte ich mich selbst gefragt, warum insbesondere einer von ihnen, nämlich Herbert Franke, sich so intensiv mit den Randvölkern Chinas beschäftigte. Denn der Sinologe neigt dazu, «sinozentrisch» zu denken und China in den Mittelpunkt zu stellen. Das eigene Studium des chinesischen Buddhismus, die Begegnung mit der Mongolistik und die anhaltende Beschäftigung mit Geschichte und Kultur Chinas haben dann mehr und mehr den Blick geöffnet für die Bedeutung der sogenannten «Randvölker». Dabei verdanke ich den Arbeiten Herbert Frankes am meisten, aber auch den Begegnungen mit väterlichen Kollegen wie Wolfram Eberhard und Owen Lattimore. Zu danken ist vielen, die ich hier nicht alle nennen kann. Besonderer Dank gilt den Veranstaltern und den Teilnehmern des «Nordic Workshop on Nation, Culture and Character in China». Die während dieser u. a. von dem International Peace Research Institute (Oslo) im Juni 1996 organisierten Tagung geführten Gespräche haben sich nicht unwesentlich auf die Endfassung der vorliegenden Arbeit ausgewirkt. Zu danken habe ich aber auch, für zahlreiche Korrekturvorschläge und Hinweise, Reinhard Emmerich (Hamburg), Hans van Ess (Heidelberg), Thomas Jansen (Leipzig), Sabine Dabringhaus (München); und vor allem Achim Mittag (Leiden). Als besonders schmerzlich empfinde ich, daß Wolfgang Bauer, mein Lehrer und langjähriger Kollege, das Erscheinen dieses Buches nicht mehr hat erleben können. Ihm widme ich dieses Werk.

H. S. G.   Wolfenbüttel, am 17. Januar 1997

Erstes Kapitel

Die chinesische Kulturwelt

I. Chinas Völker und die chinesische Ökumene

Ethnizität

China ist seinem eigenen heutigen Selbstverständnis nach ein Vielvölkerstaat. In den international anerkannten Grenzen leben heute Tibeter, Mongolen, Kasachen, Uighuren, Koreaner, Mandschuren und zahlreiche andere Völker und Rassen, nach offiziellen Angaben 56 ethnisch, religiös bzw. sprachlich eigenständige Volksgruppen, unter denen die Han, die eigentlichen «Chinesen», mit 91 Prozent die Mehrheit bilden. Allerdings sind die Han-Chinesen nicht nur selbst das Ergebnis vielfältiger Mischungen, sondern ihnen werden auch sprachlich und kulturell derart verschiedene Gruppen zugerechnet wie die Hakka, die Fujianesen, die Kantonesen und andere. Die übrigen 55 Nationalitäten bevölkern weite Territorien, insbesondere den ganzen Westen. Einen großen Teil Chinas bilden also die Stammlande dieser Minderheiten, die ihre Gebiete zum Teil auch heute noch beanspruchen. Der Fall Tibets und der Tibeter hat dabei in letzter Zeit besondere Beachtung gefunden. Wegen gelegentlicher Autonomiebestrebungen sind die 91 Millionen Angehörigen von Minderheiten Chinas (Stand von 1990) ein wichtiger innen- wie außenpolitischer Faktor. Die muslimische Bevölkerung Chinas ist eine der zahlreichsten innerhalb eines einzelnen Staates, und sie wird von der Pekinger Staatsführung auch im internationalen Dialog ins Spiel gebracht. Wenn andererseits heute offiziell als «Chinesen» alle Staatsbürger Chinas einschließlich der Angehörigen der Minderheiten gelten und das Chinesische als «Han- Sprache» *(Hanyu)* bezeichnet wird, so zeigt dies, welche Bedeutung der Integration der Minderheiten zugemessen wird. Dieser inklusive Begriff wird auch systematisch gegen den exklusiven Chinesen-Begriff, der nur die Han-Chinesen meint, ausgespielt.

Wegen der politischen Bedeutung der Minoritäten – die Grenzregionen Chinas sind ihre Siedlungsgebiete, und dort findet sich zudem ein großer Teil der Bodenschätze des Landes – spielt die Minderheitenpolitik der Pekinger Regierung eine besondere Rolle. Die Zentralregierung bemüht sich um besonderes Fingerspitzengefühl, etwa wenn sie die Minoritäten von der Ein-Kind-Politik ausnimmt und deren Angehörigen weitere Privilegien einräumt. Deswegen haben sich auch manche Han-Chinesen, insbesondere in jenen Gebieten, in denen sie in engem Kontakt mit Minderheiten leben, dazu entschlossen, sich als Mitglieder von Minderheiten registrieren zu lassen, auch wenn sie kulturell der Gruppe der Han-Chinesen zuzurechnen sind.[1] Insbesondere auf dem Gebiet der Kultur-, Erziehungs- und Sprachpolitik hat die Regierung immer wieder Zugeständnisse gemacht. Die Grundschulausbildung wird in vielen Fällen in der Minderheitensprache durchgeführt, in der auch Bücher erscheinen und Radioprogramme für die einzelnen Sprachgruppen ausgestrahlt werden. Gleichwohl ist der Anpassungsdruck unübersehbar, dem sich die einzelnen Minoritäten ausgesetzt sehen, und zwar in zweierlei Hinsicht: Man fordert (auch über die gelehrten Inhalte) Anpassung an die chinesische Staatsdoktrin; zudem wird mit der Definition einer Minderheitenidentität zumeist eine neue künstliche Identität geschaffen.

Mit der Abdankung der letzten Dynastie am 12. Februar des Jahres 1912 und der Ausrufung der Republik war ein Imperium zerbrochen – und alte Probleme blieben ungelöst zurück. Es war dann nicht zuletzt der Druck von außen, der es verhinderte, daß China dauerhaft auseinanderbrach. Zwar scheiterte die erste Republik an den Partikularinteressen der Kriegsherren, und die erste von Moskau und der Komintern geförderte Einheitsfront zwischen den Republikanern (Guomindang) und der im Jahre 1921 gegründeten Kommunistischen Partei Chinas war nur von kurzer Dauer und zerbrach im Jahre 1927, doch wurde der Kampf zwischen beiden Gruppierungen um die Durchsetzung ihrer Herrschaftsansprüche über China zeitweise unterbrochen durch die Bildung einer gegen die japanische Okkupation gerichteten Einheitsfront im Jahre 1937. Der interne Konflikt wurde dann aber seit 1945 wieder um so heftiger fortgesetzt, er endete mit dem Sieg der Kommunistischen Partei und dem Rückzug der Guomindang-Elite auf die Insel Taiwan.

Die Anstregungen um Modernisierung lassen jedoch in neuerer Zeit wieder deutlicher zutage treten, daß die politische Einheit, jedenfalls in der gegenwärtigen Organisationsform, eines der größten Entwicklungshemmnisse darstellt. Wenn man die politische Einheit, etwa Europas, als Folge der Durchsetzung moderner Markt- und Geldwirtschaft ansieht, so haben wir in China den geradezu klassischen Fall vor uns, in dem die Vorwegnahme des Ergebnisses, die politische Einheit, die eigentliche Voraussetzung, den wirtschaftlichen Fortschritt, geradezu verhindert. Man hat sogar von einer «aporetischen Situation» gesprochen,[2] und der Grund hierfür könnte in der häufig konstatierten «Ungleichzeitigkeit» in der Entwicklung Chinas liegen.[3]

Das europäische Chinabild

Trotz der großen inneren Diversität Chinas ist das europäische Chinabild weitgehend geprägt durch die Dauer und die territoriale Ausdehnung des spätkaiserzeitlichen China. Dabei wird übersehen, daß erstens die Ausdehnung Chinas nicht immer so groß war wie heute und zweitens

China über lange Zeiten seiner Geschichte keine politische Einheit war. Die heute von China beanspruchten Grenzen leiten sich von den Eroberungen und Grenzerweiterungen der zweiten Hälfte des 18. Jahrhunderts her, der Zeit zwischen 1755 und 1792, als mit Hilfe kaiserlicher Truppen das chinesische Herrschaftsgebiet eine niemals zuvor erreichte Ausdehnung erfuhr.

Ein Vergleich zwischen China einerseits sowie Europa und dem amerikanischen Kontinent andererseits zeigt ferner, daß bei ähnlicher ethnischer Vielfalt China in einem einzigen Staat, Europa und die Amerikas dagegen in mehr als 50 Staaten organisiert sind.[4] Dabei ist die Einheit Chinas, in der Formulierung J. K. Fairbanks, auch «ein Triumph menschlicher Institutionen über geographische Gegebenheiten».[5] Der Staatsrechtler Roman Herzog hat in diesem Zusammenhang von einem «Dilemma des Raumes» gesprochen.[6] Das Mißverständnis in Europa über China, das fälschlicherweise als ein – eben nur sehr alter – Nationalstaat angesehen und damit abwechselnd einmal als Vorbild, dann wieder als Abschreckung betrachtet wird, haben die Chinesen durch ihre Selbstdarstellung erheblich befördert; und der Westen seinerseits hat durch die imperialistische Expansionspolitik im 19. und frühen 20. Jahrhundert dazu beigetragen, daß sich in China dieses Selbstmißverständnis von einer chinesischen Nation überhaupt erst verfestigte.[7]

Das Bild von China als einer Einheit hat auch die wissenschaftliche Beschäftigung mit China geprägt und bestimmt sie heute noch weitgehend. China wurde nicht als Staat aufgefaßt, der sich durch seine Außengrenzen gegenüber anderen Staaten definierte. Von einem chinesischen *Volk* könne nicht gesprochen werden, meinte Friedrich Schelling, der sagte: «Die Chinesen sind kein *Volk*, d. h. die Einheit, welche diese unermeßliche Verbindung von Menschen und Völkerschaften zusammenhält, wird *von ihnen selbst* nicht als eine particulare oder gar individuelle, sondern als eine *universelle* empfunden. Sie sind das Menschengeschlecht.»[8] Und an anderer Stelle in seiner «Philosophie der Mythologie» sagt Schelling zum chinesischen Staat: «Das chinesische Reich ist auch als Staat, oder rein historisch betrachtet, gleichsam ein Wunder der Geschichte.»[9] So richtig dieser Satz ist, so offenbart sich doch an den folgenden Ausführungen Schellings das ganze Mißverständnis über China, das aufzudecken eine der Aufgaben aller sinologischer Forschungsbemühungen ist. «China ist von allen Reichen der Welt das älteste», schreibt Schelling, «das fortwährend sich selbstständig erhalten und ein so unüberwindliches Lebensprinzip in sich gezeigt hat, daß eine zweimalige Eroberung des Reiches, einmal im 13. Jahrhundert durch die westlichen Tartaren oder die Mongolen, das zweitemal durch die östlichen oder die Mandschu-Tartaren an dem Wesentlichen seiner Verfassung, seiner Sitten, Gebräuche und Einrichtungen nicht das Geringste geändert hat, und der Staat seinem Innern nach heutzutag völlig dasselbe Ansehen hat, wie vor vier Jahrtausenden, und auf denselben Prinzipien fortwährend beruht, die er in seinem Ursprung schon zur Grundlage hatte.»[10] Schelling geht noch weiter und sagt, die Forschung habe gezeigt, daß der Reichseiniger, Kaiser Qin Shihuangdi, «nur der Wiederhersteller eines früheren, ja des ältesten Zustandes» gewesen sei.[11] Dies ist natürlich ebenso unhaltbar wie die aufgrund von Beobachtungen ermittelte Behauptung, die Chinesen hätten die größte «Apprehension davor, sich mit anderen Rassen zu vermischen».[12]

Gerade der Gedanke der rassischen Durchmischung wird in dem materialreichen, aber eben doch auch seiner Zeit verhafteten Werk des Breslauer Anthropologen Egon Freiherr von Eickstedt zur «Rassendynamik von Ostasien»[13] um die Erkenntnis der rassischen Vielfalt Chinas bereichert, wenn er betont, noch kaum habe China ein einheitliches Volk ausgebildet.[14] Die «überragende Geschlossenheit und Stärke von Chinas Kultur» hingegen sei dazu geeignet, ein «geschlossenes Weiterwalzen der Chinesen» zu ermöglichen.[15]

Ökumene und Kulturraum

Der mit der chinesischen Reichseinigung etablierte Gedanke von dem Herrschaftsterritorium *tianxia*, was wir als «Reich» oder «Ökumene» übersetzen, meint die bewohnte, zivilisierte Welt. Daher brauchten von den Bewohnern der chinesischen Welt «grundsätzlich keine Grenzen des möglichen Herrschaftsbereichs anerkannt zu werden»,[16] ein Umstand, der bis heute seine realitätsprägende Kraft behalten hat. Allerdings – und darauf hat vor 40 Jahren bereits Herbert Franke hingewiesen – ist dieser «Identitätsfiktion von Reich und Welt» die durchaus andere Staaten, auch in Form von Verträgen, anerkennende *Praxis* andererseits gegenüberzustellen.[17] So wurde in außenpolitischen Beziehungen häufig die andere Seite als durchaus ebenbürtig angesehen, wie etwa bei dem Frieden von Shanyuan zwischen der Dynastie Song und den Khitan im Jahre 1005 n. Chr. Doch die Aussage, diese Reichsauffassung erkläre sich leicht «aus der geographischen Lage der Zentren der altchinesischen Hochkultur, die von schriftlosen Völkern mit geringerer staatlicher Organisation, eben den ‹Barbaren›, umgeben» gewesen sei,[18] muß einerseits im Lichte neuerer Forschungen revidiert werden, u. a. weil es früh bereits Rivalitäten und Verdrängungskämpfe gab – einmal ganz abgesehen von der Problematik des «Barbaren»-Begriffs. Andererseits muß es wohl richtiger heißen, daß die Verdrängung «barbarischer» Völker im Inneren wie im Äußeren ein konstitutives Merkmal der chinesischen Herrschaft bis heute geblieben ist.

Vielfältigkeit kennzeichnet China auch in sprachlicher Hinsicht. Neben den nicht-chinesischen Sprachen wird in China eine Anzahl von Dialekten gesprochen, die sich voneinander unterscheiden wie manche europäische Sprachen. Die Sprecher der acht großen Dialektgruppen verstehen sich untereinander nicht. Es sind dies Mandarin, Wu, Yue, Xiang, Hakka, Gan, Süd-Min und Nord-Min. Doch auch innerhalb dieser Dialektgruppen herrschen erhebliche Verständigungsschwierigkeiten. Während aber noch am Ende des Kaiserreiches die Standardsprache, die sogenannte «Beamtensprache» *(guanhua)*, schwach entwickelt war und selbst in der Hauptstadt gegenüber der schriftlichen Kommunikation nur eine untergeordnete Rolle spielte, hat sich die dem Nordchinesischen Dialekt nahestehende Umgangssprache in den letzten Jahrzehnten – nicht zuletzt dank der Massenkommunikationsmittel Rundfunk, Fernsehen und Film – immer stärker durchgesetzt. Dies hat aber nichts daran geändert, daß sich ein Nordchinese in der Gegend um Kanton etwa kaum verständlich machen kann und die Kantonesen auch selbst nicht versteht.

Das Bild, das China von sich hatte, blieb nicht ohne Einfluß auf die Chinaberichterstattung der Missionare und frühen Chinareisenden. In ihr spiegelt sich freilich nicht nur das Geschichtsverständnis der chinesischen Eliten wider, auf deren Aussagen sich die jesuitischen Missionare und andere Berichterstatter im wesentlichen stützten, vielmehr diente die idealisierende Darstellung Chinas in Europa dort auch bestimmten Zwecken.[19]

Das «Experiment Moderne» seit dem Ausgang des 19. Jahrhunderts und das Problem der Zwischenschichten

Dem «Experiment Moderne», das seit dem Ausgang des 19. Jahrhunderts in einigen Städten Chinas gewagt wurde, dann aber doch scheiterte bzw. mit seinen ins Ausland emigrierenden Vertretern endete, muß besondere Beachtung geschenkt werden, da sich hier Ansätze und Vorbilder finden lassen, auf die eine ernsthaft an Modernisierung interessierte Elite in China anknüpfen könnte. Denn es ist immer noch das Vorbild der Rolle der Literatenbeamten, das die politische Auseinandersetzung bis heute wesentlich prägt.

In Abwandlung eines Diktums von Otto Franke, der einmal sagte, China sei nicht immer konfuzianisch gewesen und werde es wohl auch nicht für immer bleiben, ließe sich mit gleicher Berechtigung sagen, China ist nicht immer ein Einheitsreich gewesen und wird dies auch nicht für immer bleiben. Denn der Zusammenhalt des chinesischen Reiches wurde nicht zuletzt durch die Interessenlage der weitgehend konfuzianisch geprägten Literatenbeamten gewährleistet, die an den staatlichen Ämtern als Pfründen, aber auch als Orten der Verwirklichung ihrer Vorstellungen interessiert waren. Die Verquickung dieser Literatenschicht mit der Schicht der landbesitzenden lokalen Elite ist eines der wichtigsten, aber auch eines der schwierigsten Probleme der chinesischen Wirtschafts- und Sozialgeschichte. Die Interessen der lokalen Elite waren nicht selten den Interessen des Zentralstaates entgegengesetzt. Unruhen bedrohten oft nicht die lokale Elite, sondern stärkten sie sogar, solange sie jedenfalls gegen die Zentrale gerichtet waren. Denn es konnte dann nicht mehr von Vertretern der Zentralregierung mit dem «Drachen» der Zentralgewalt die Ruhe im eigenen Herrschaftsbereich erzwungen werden. Andererseits büßte die lokale Elite Macht ein, wenn die Zentrale stark war. Der wohl erste und bedeutendste Fall war die Entmachtung der wichtigsten Adelsfamilien durch das Haus Liu zu Beginn der Han-Dynastie (206 v. Chr. – 220 n. Chr.), wobei es sich strukturell um die Entmachtung der Steigbügelhalter handelte. Das Haus Liu trennte die Mitglieder der Aristokratie von ihrer Machtbasis und siedelte sie in großem Stil in der Nähe der Hauptstadt an. Über 100 000 Personen waren hiervon betroffen. Während im ersten Jahrhundert der Han-Zeit die alte Elite weitgehend ausgeschaltet werden konnte, trat bereits im zweiten Jahrhundert eine neue, mächtigere Elite auf den Plan. Diese *haozu* genannten Klane[20] drangen bald wieder in öffentliche Ämter vor. Der erste Kaiser der Späteren Han-Dynastie, Guangwu (reg. 25 – 57), war bereits wieder abhängig von der lokalen Elite. Die so entstehende Elite beherrschte die Geschicke Chinas für das nächste Jahrtausend. Die Einheitsreiche Sui (581–618) und Tang (618–907) haben dann aber wieder versucht, den Einfluß der lokalen Elite zurückzudrängen, wobei die Einführung eines Prüfungssystems für den Staatsdienst eine entscheidende Rolle spielte. Bis heute ist die Rolle solcher Zwischenschichten ein Thema, das von keiner Seite so nachhaltig im Auge behalten wurde wie von den Vertretern der Kommunistischen Partei Chinas, allen voran Mao Zedong, der in den zwanziger Jahren seine großen Klassenanalysen verfaßte.

Das Ende des Kaiserreiches war zunächst auch das Ende der Schicht der Literatenbeamten, die in historischer Perspektive freilich ebenso differenziert zu beschreiben ist wie die Frage der Staatlichkeit des chinesischen Reiches. Der folgende Versuch Liang Qichaos, die Vorstellung des Reiches als Ökumene in die Idee der Nation umzudeuten ist ebenso genial wie seit jeher umstritten.[21] Daß es nach dem Ende des Kaiserreiches zunächst nicht zu der von vielen erhofften Bildung einer republikanischen Verfassung kam, sondern zu einer politischen Desintegration, bestätigte manche Beobachter. Eine Teilung Chinas schien sich anzukündigen, und so veröffentlichte Nakajima Hajime im Jahre 1912 ein Buch mit dem Titel «Teilung, das Schicksal Chinas» *(Shina bunkatsu no unmei),* das weite Verbreitung fand. China, so meinte Nakajima, sei für einen Nationalstaat nicht reif.[22] Gegen solche Positionen wandte sich, ebenso wie Max Weber zur gleichen Zeit, Naitô Tôrajiro in seinem epochemachenden «Über China» *(Shinaron)* betitelten Werk von 1914, in dem er den Nachweis erbringen zu können glaubte, China sei reif für einen Konstitutionalismus. Doch die Frage, die er sich stellte, war, wie Tausende lokaler Einheiten, die traditionell der Zentralregierung fern oder gar ablehnend gegenüberstanden, eine Nation bilden könnten. Und die Lösung des Problems der Herrschaft Chinas über die zahlreichen Minoritäten sah Naitô in einer Loslösung dieser Teile von China, in einer Schrumpfung des Herrschaftsraumes.[23]

Zur heutigen Lage

Chinas politische Einheit, erstmals erreicht im Jahre 221 v. Chr. durch den an den Rändern der chinesischen Welt groß gewordenen Teilstaat Qin, der sich die anderen Einzelstaaten nach und nach unterworfen hatte, blieb mit dem Trauma dieses Einigungsprozesses verbunden. Doch obwohl dieser Staat Qin, auf den unsere Bezeichnung «China» zurückgeht, von der späteren konfuzianischen Überlieferung mit Mißbehagen oder gar Ablehnung betrachtet wurde, ist die Vorstellung von der Einheit des Reiches seither lebendig geblieben, auch wenn das Reich über lange Perioden seiner Geschichte immer wieder in verschiedene Teilstaaten zersplittert war. Die durch den Qin-Herrscher etablierte Institution des Kaisertums und die während der Zeit der Han-Dynastie durchgesetzte zentralistische Verwaltung mit einer konfuzianischen Idealen verpflichteten Beamtenschaft hielten die Idee des geeinten Reiches unter Leitung des als «Himmelssohn» bezeichneten Kaisers am Leben, und es war die an der Aufrechterhaltung ihrer Privilegien interessierte Elite, die das Funktionieren der Reichsverwaltung gewährleistete.

Seitdem aber diese alte Elite mit der Abschaffung des Kaiserstaates entmachtet und die traditionelle Kultur als einheitsstiftende Ideologie obsolet geworden ist, auch wenn hier nichts Abschließendes über eine mögliche Renaissance gesagt werden kann, ist es nicht nur für das Verständnis der historischen Entwicklung Chinas, sondern auch für die Erwägung möglicher zukünftiger Entwicklungen unerläßlich, diejenigen Kräfte namhaft zu machen, die selbst während der Zeiten des Einheitsreiches partikulare Interessen verfolgten. Dabei muß man sich stets des Umstandes bewußt sein, daß die Zeiten der politischen Zersplitterung – auch im Bewußtsein der chinesischen Elite – gerade zu den kulturell produktivsten Perioden Chinas gehörten und daß die Konkurrenz einzelner Teilstaaten den Rationalisierungsprozeß der Frühzeit überhaupt erst ermöglichte. Daher braucht es auch nicht zu verwundern, daß es heute nicht wenige Intellektuelle in China gibt, die eine Regionalisierung bzw. Föderalisierung anstreben, und zwar u. a. mit dem Argument, daß davon eine Besserung der Verhältnisse zu erhoffen sei. Allerdings ist die Erwägung der Chance, daß – wie es einmal im Herbst 1990 für die Sowjetunion erwogen wurde – auf dem Territorium des heutigen China «eine neue Überlebensgemeinschaft von Republiken entsteht, die unabhängig sind und doch voneinander abhängig bleiben»,[24] aus zweierlei Gründen unrealistisch. Erstens sind anders als in der Sowjetunion in China wirtschaftliche Reformen seit dem Ende der 70er Jahre eingeleitet worden, ohne daß eine politische Reform erfolgte, die ja auch nicht zwingend war. Zweitens ist auch keine Schicht mehr sichtbar, die zur Organisation einer solchen politischen Neustrukturierung in der Lage wäre.[25] Gleichwohl ist es heute im Zeitalter der Auflösung der letzten Imperien und angesichts weltweiter Strukturveränderungen notwendig, will man die konkreten Optionen und Handlungsmöglichkeiten in der Politik Chinas ermessen, die Geschichte auf Vorbilder hin zu befragen. Von Politikwissenschaftlern vorgestellte Szenarien ziehen Regionalisierungstendenzen, das «Ende des Nationalstaates» oder andere Formen der Transzendierung bisheriger staatlicher Herrschaftsausübung ebenso in Betracht wie vorübergehende interne – möglicherweise sogar mit militärischen Mitteln ausgetragene – Konflikte. Uns geht es nicht um solche Szenarien, sondern um ein besseres Verstehen des chinesischen Selbstverständnisses und um die Kenntnis der mehr oder weniger lebendigen, stets aber wirksamen Erinnerungen an die Ereignisse und Erfahrungen früherer Zeiten.

2. Zentrum und Peripherie

Identität, Tradition und Vielfalt

Gewiß haben sich Bild und Bewußtsein von der Geschichte Chinas seit dem Zusammenbruch der Mandschu-Dynastie, und ganz gewiß im Laufe der letzten Jahrzehnte, gewandelt. So ist die Rolle der Bauernkriege und der Sozialrebellionen in ein neues Licht gerückt worden, und viele Facetten des kaiserzeitlichen China sind dank der bereits im 17. Jahrhundert deutlich einsetzenden Bemühungen um ein vertieftes Verständnis der eigenen Geschichte bei den Historikern und Intellektuellen Chinas überhaupt erst wahrgenommen worden.[1] Dabei wurde nach früh erkennbaren Neuansätzen wie «Keimen des Kapitalismus» ebenso gefragt wie nach historischen Konstanten und strukturellen Gesetzmäßigkeiten.

Auch die Frage nach der Herkunft und der Identität Chinas wurde mehrfach erörtert. Doch erst seit der Konfrontation mit dem Westen (und dann auch mit Japan) im 19. Jahrhundert[2] ist diese Frage im Rahmen einer nationalen Identitätsdebatte geführt worden, die neuerdings durch Prasenjit Duara in ein neues Licht gerückt wurde.[3] Die dadurch begründete chinesische Nationalgeschichtsschreibung hat überhaupt erst die Rede von der 5000jährigen Geschichte Chinas bewirkt, die von westlichen Beobachtern übernommen wurde. In diesem Zusammenhang ist auch die Bemühung um die Historizität der Xia-Dynastie zu sehen. Gegenläufig hierzu waren historiographiekritische Bemühungen wie jene, die sich in der Serie «Kritische Auseinandersetzung mit dem Altertum» *(Gushibian)* des Gu Jiegang (1893- 1980)[4] niedergeschlagen haben, sowie archäologische Forschungen. Doch all dies hat den weitverbreiteten

Grundkonsens über die Identität eines mehrere Jahrtausende alten Reiches nicht erschüttern können. Das ist deswegen sehr bedeutsam, weil die Konsequenzen dieser Vorstellung von einem gewissermaßen monolithischen Charakter des traditionellen China für das heutige Geschichtsbewußtsein u. a. dazu führen, daß die Modernisierungsbestrebungen und die daraus zwangsläufig resultierenden Prozesse von vielen nicht vor dem Hintergrund einer mehr oder weniger kontinuierlichen Entwicklung oder gar sehr wechselvollen Geschichte gesehen werden. Nur so ist das Aufkommen der These verständlich, daß sich ein modernisierendes China «total verwestlichen» müsse und so seine Identität verlieren werde.[5]

Die Geschichte des alten China scheint im Verhältnis hierzu abgeschlossen, und wenn auf sie Bezug genommen wird, dann hat dies häufig fiktionalen oder allegorischen Charakter. Die «Last der Geschichte», die von manchen für China konstatiert wird,[6] scheint weniger in der Dauer derselben begründet als vielmehr in deren scheinbarer Abgeschlossenheit und Unhintergehbarkeit. Die Modernisierung trägt nach solchem Verständnis die Konnotation des Neubeginns, mit dem zugleich die Wahrung der Identität gewährleistet werden soll. Daher auch wird heute so heftig der Universalitätsanspruch westlicher Normen und Werte bestritten und statt dessen auf eigene chinesische Werte verwiesen, womit vor allem konfuzianische Werte gemeint sind.

Bei der Rekonstruktion seiner Geschichte verliert China dann aber seinen scheinbar monolithischen Charakter, und es treten jene Kräfte deutlicher zutage, die auch heute noch das Schicksal des Landes bestimmen, die räumlichen und klimatischen Bedingungen, die Siedlungsgeschichte und die kulturelle Vielfalt ebenso wie die Tradition regionaler und sozialer Spannungen und Gegensätze. Wenn man die heutige politische Karte Chinas mit alten chinesischen Karten vergleicht, so fällt eines auf: China hatte nicht immer die geographische Ausdehnung, die es heute beansprucht. Dies ist im heutigen China kaum mehr präsent, und nur noch das Bewußtsein von der regionalen Vielfalt (Dialekte, unterschiedliche Küchen etc.) verweist auf den Umstand, daß China aus vielen Teilen zusammengesetzt ist.

Identitätsfragen sind immer auch Fragen der Abgrenzung. China hatte nicht immer die heutigen *Außengrenzen*, und auch jetzt sind diese nicht eindeutig, sondern werden in vielfacher Hinsicht in Frage gestellt. Auch die *innere Struktur* war einem stetigen Wandel unterworfen, sowohl hinsichtlich der Verwaltungsgliederung als auch hinsichtlich der *Lage der Hauptstadt*, aber auch ethnisch und kulturell. Ferner hat es mehrere historische Brüche gegeben, so daß zu gewissen Zeiten frühere Epochen als fremd und unverständlich angesehen wurden. Vor diesem Hintergrund muß die Rede von einer fünftausendjährigen Geschichte Chinas befremdlich erscheinen, und doch hat sich etwa seit der Tang-Zeit die Vorstellung von einem Einheitsstaat und von einer durchgehenden kulturellen Identität behauptet. Diese Kontinuität wurde nicht zuletzt durch die Schicht der Literatenbeamten gesichert, die daraus zugleich ihre Legitimation ableitete. Die Dialektik von Einheit und Vielfalt, von Konstanz und Wandel prägt die «Identität» Chinas auch nach der Machtübernahme durch die Kommunistische Partei.

Das von dieser Identität in China selbst gezeichnete Bild hat auch außerhalb Chinas die Vorstellungen von dem «Reich der Mitte» geprägt. Diesen ist der tatsächliche historische Facettenreichtum entgegenzustellen, ohne den sich die heutigen politischen, wirtschaftlichen und kulturellen Prozesse nicht verstehen lassen. Dies gilt für die gegenüber Taiwan vertretene «Ein-China-Theorie» und für die neuerdings häufiger diskutierte Theorie von einem «Großchina» («Greater China») ebenso wie für die internen regionalen Differenzen. Vor allem stellt sich die Frage, welche Schicht (oder welche Schichten) in erster Linie an der Sicherung des Einheitsstaates ein Interesse haben, nachdem die traditionell diese Einheit garantierende Literatenbeamtenschicht nicht mehr vorhanden ist, auch wenn sich heutige Intellektuelle noch in deren Tradition sehen.

Der Einheitsstaat

Mit der Reichseinigung durch den ersten Qin-Kaiser, Qin Shihuangdi, im Jahre 221 v. Chr. wurden Grenzen zwischen den bis dahin bestehenden Teilstaaten abgebaut, zum Teil aber auch nur geleugnet und überspielt, während die Grenzen nach außen an Bedeutung zunahmen. Die Große Mauer, deren heutiges Erscheinungsbild allerdings erst ein Ergebnis ihres Ausbaus während der späteren Kaiserzeit ist, hat sich gewissermaßen zum Symbol für diese Grenzziehung nach außen hin entwickelt, obwohl Mauern oder Wälle ursprünglich als Grenzmarkierungen «zwischen den chinesischen Teilstaaten» dienten. Die aus Teilen dieser alten Grenzanlagen hervorgegangene und dann weiter ausgebaute «Große Mauer» wurde so zu einer Abgrenzungslinie entlang einer Klimagrenze, an der die Ackerbauzone in das Gebiet der Weidewirtschaft übergeht. Daher war die durch die Große Mauer beschriebene Grenze weniger ein Hindernis für mögliche Invasoren als vielmehr eine Kulturgrenze, an der sich über Jahrhunderte die Auseinandersetzungen zwischen China und seinen nördlichen nomadisierenden Nachbarvölkern abspielten. Erst die Ausdehnung des Reiches unter der Mandschu-Dynastie (Qing, 1644–1911) ließ diese Grenze zu einer innerchinesischen werden; die Erinnerung an die alten Grenzkonflikte wurde dann allerdings in den Konflikten sowohl mit Japan, insbesondere in den 30er Jahren des 20. Jahrhunderts, als auch mit der Sowjetunion wiederbelebt, und nach der neuen Fragmentierung und der Bildung unabhängiger Staaten im Ostteil der ehemaligen Sowjetunion orientiert sich auch die chinesische Politik nach Norden und Nordwesten neu.

Die Reichseinigung war zugleich aber auch ein Ereignis sozialer Restrukturierung, und alle späteren Fälle von oft längeren Zerfalls- und Reichseinigungsprozessen lassen sich als Ausdruck solcher Restrukturierung und zugleich als Rekonstruktion von staatlich-kultureller Identität sowie als Neubildung des politischen Systems verstehen. Dies galt insbesondere für die Reichseinigung unter den Dynastien Sui (581–618) und Tang (618–907) und unter der Dynastie Song (960–1279).

Dabei spielten die Beziehungen zu den Nachbarn, die Bedrohung durch diese ebenso wie die Expansion des eigenen Herrschaftsbereiches über bestehende Grenzen hinweg, eine grundlegende Rolle. Wie man mit den Nachbarn umzugehen habe, wurde immer wieder neu zum Thema der politischen Auseinandersetzung. Schon früh bildeten sich Denk- und Handlungsmuster heraus, die dann zum integralen Bestandteil chinesischen Selbstverständnisses wurden. Es ist bemerkenswert, daß neben einer aggressiven immer auch eine um Ausgleich bemühte Politik von den Trägern staatlichen Handelns gefordert wurde.[7] Die erste Reichseinigung wie die späteren Durchsetzungen eines chinesischen Einheits- und Zentralstaates konnten jedoch die zentrifugalen Kräfte nicht gänzlich und vor allem nicht auf Dauer überwinden. Vielmehr blieben regionale Eigeninteressen und das aristokratische Persönlichkeitsideal der Literatenbeamten ein dauerhafter Gegenpol gegen alle zentralistischen Bestrebungen.

Die Bedrohung von außen und die Bildung von durch nicht-chinesische Eliten getragenen politischen Systemen, zumeist in Form von Dynastien nach chinesischem Muster, an den Rändern Chinas, aber auch auf chinesischem Boden, wirkte sich in der Regel auf längere Sicht stabilisierend aus. Und zwar nicht allein, weil infolge der Konfrontation der innere Zusammenhalt gefestigt worden wäre, sondern auch, weil sich die fremden Herrscher oft «chinesischer als die Chinesen» gaben, wie sich etwa an den Hauptstadtanlagen zeigt. Ja, die einzelnen Staaten wetteiferten in Zeiten politischer Zersplitterung geradezu untereinander darum, wer den klassischen Ordnungsvorstellungen am nächsten käme.

Der bereits angesprochene Umstand, daß gleichwohl die Außengrenzen die Konstituierung Chinas bedingten, läßt China im Rahmen universalgeschichtlicher Betrachtungen einerseits als einen Fall unter vielen erscheinen. Doch der Umgang mit diesem Thema in China selbst, die Selbstreflexivität und die Vorstellung einer Ökumene *(tianxia)* , machen andererseits das Spezifikum Chinas aus, demzufolge es außerhalb der anerkannten Kultur nur solche Zonen gibt, die sich der Kultur erst noch anpassen müssen. Nach dieser seit der Han-Zeit bestimmenden Vorstellung schwächt sich die Intensität der Kultur und damit auch die Einflußmöglichkeit des Staates vom Zentrum zur Peripherie hin ab. So geläufig diese Vorstellung ist, so scheint doch ihre wirkliche Tragweite oft verkannt zu werden. Wir wissen allerdings nicht, wie stark dieses in einem Kulturzonenmodell veranschaulichte Bewußtsein von einem einheitlichen China in der Zeit der frühen Dynastien bis in die Han-Zeit wirklich ausgeprägt war.[8]

Diese Zonentheorie war dann aber entscheidend dafür, daß sich China immer weiter ausdehnte und dennoch seine Größe zu keiner Zeit zu einem wirklichen Grund für dauerhafte Spaltung oder Zersplitterung wurde. Zwar führte die Reichsausdehnung zunächst immer zu Spaltungen, weil einzelne Heerführer in den neu gewonnen Gebieten selbst Dynastien aufbauten, doch bereiteten diese «Kolonialreiche», etwa die Südreiche im 3. nachchristlichen Jahrhundert, stets den Boden für eine Rekonstruktion des Einheitsreiches mit nunmehr größerem Umfang. Solche Integrations- und Rekonstruktionsphasen fanden während der Tang-Zeit im 7. Jahrhundert und wieder im 10. Jahrhundert, aber auch bei allen späteren Dynastiewechseln, statt.

Die Rolle der Bürokratie

Eine weitere wesentliche Voraussetzung für den Zusammenhalt des Einheitsreiches war die Bürokratie, die ja bereits eine Vorbedingung für die Reichseinigung gewesen war. Aber erst infolge von Rationalisierungsprozessen und der endgültigen Zurückdrängung einer landbesitzenden lokalen Aristokratie wurde die Bürokratie seit dem ausgehenden 10. Jahrhundert zum bestimmenden Element für die Geschichte Chinas, äußerlich kenntlich durch die dann seit der Eroberung durch die Mongolen im 13. Jahrhundert dauerhafte, wenngleich latent stets gefährdete Einheit des Reiches, die erst wieder im 19. und im frühen 20. Jahrhundert in Frage gestellt wurde.

Nach einer solchen Lesart der Geschichte des chinesischen Einheitsstaatsgedankens im Zusammenhang mit der Geschichte der Bürokratie reduzierte sich die Bemühung um staatliche Einheit im 20. Jahrhundert auf die Selbstbehauptung gegenüber den imperialistischen Mächten. Die Durchlässigkeit der ideologischen Grenzen, der weitgehende Verlust der traditionellen Ordnungsvorstellungen, und nicht zuletzt die Abschaffung des traditionellen Rekrutierungssystems für die staatliche Bürokratie durch Prüfungen im Jahre 1905 hatten die aus der regionalen Vielfalt erwachsende Dynamik begünstigt. Daher waren viele Publizisten und Intellektuelle zu Beginn des 20. Jahrhunderts der Meinung, daß die Sicherung des politischen Systems aufgrund der regionalen und insbesondere kulturellen Vielfalt nur über wiederholte Phasen der Dissoziierung würde erfolgen können. Es wurden daher ebenso föderale Strukturen diskutiert wie der weitergehende Gedanke einer politischen Teilung Chinas. Zwar galt China manchen als eine Nation unter vielen, und bei den Bemühungen um eine Nationalgeschichtsschreibung wurden die traditionellen dynastischen Zyklen vernachlässigt. Doch es wurde bald klar, daß China zu einem solchen Selbstverständnis nicht bereit und auch nicht in der Lage war. Entsprechend wurde, schließlich auch von Liang Qichao (1873- 1929), die Geschichte Chinas nicht als die einer Nation, sondern einer Zivilisation gesehen, ähnlich wie man von einer Geschichte des Abendlandes sprach.

Trotz aller Ansätze zu einer neuen Sicht der Geschichte Chinas, wie sie, verbunden u. a. mit den Namen Liang Qichao und Zhang Binglin seit dem Beginn des 20. Jahrhunderts unternommen wurden, ist doch die Einteilung nach Dynastien bis in die Gegenwart bestimmend geblieben, wenn man einmal von den Periodisierungsversuchen marxistischer Historiker absieht. Innerhalb dieser auf Dynastien fixierten Betrachtungsweise haben sich jedoch in den letzten Jahrzehnten beträchtliche Akzentverschiebungen ergeben. Insbesondere haben die sogenannten nördlichen «Fremd-» oder «Erobererdynastien» eine neue Bewertung erfahren. Auch wenn Ansätze hierzu freilich weiter zurückgehen – zu denken ist etwa an die Behandlung der Khitan/Liao durch Karl August Wittfogel und die Tuoba-Studie Wolfram Eberhards –,[9] so ist doch, insbesondere durch einzelne Forschungen und die Veranstaltungen von Konferenzen und schließlich und nicht zuletzt aufgrund der lokalhistorischen Interessen in China selbst, dem «Eigenrecht» dieser Dynastien größere Aufmerksamkeit geschenkt worden.

Die dynastischen Zyklen

Aufstieg und Fall staatlicher (und das heißt im Falle Chinas zugleich: dynastischer) Herrschaft sind in China seit der Zeit der «Streitenden Reiche», d. h. seit dem 5. Jahrhundert v. Chr., einerseits mit den sogenannten «Kulturheroen» und Gründungsherrschern verbunden worden, die zugleich solche waren, die Landnahme betrieben, und andererseits mit schlechten Herrschern. So heißt es bei Menzius (372?–289 v. Chr.): «In den Zeiten des Yao war das Reich noch nicht geordnet. Sintfluten strömten regellos und überschwemmten das Reich. Yao allein nahm's sich zu Herzen. Er erhob den Shun, und Ordnung wurde verbreitet. Shun befahl dem Yi, das Feuer zu handhaben. Yi legte Feuer an die Berge und Dschungel und verbrannte die Urwälder. Da flohen die Tiere und Vögel und zogen sich zurück. Yu regulierte die neun Flüsse. Dadurch erst wurde das Reich der Mitte ein Land, das seine Bewohner ernährte.»[10]

Das Auf und Ab erklärte man mit schlechter Regierung sowie mit der Reaktion des Himmels und dem Erscheinen von Geistern.[11] Mit Niedergang wurden reflexive Prozesse wie die der Niederschrift von Geschichtswerken in Verbindung gebracht. Denn erst sich verschlechternde Verhältnisse erforderten den Mahner, das öffentliche Wirken des Vorbildlichen. So heißt es im «Großen Vorwort» zum «Buch der Lieder» *(Shijing)*: «Die staatlichen Chronisten verstanden die Spuren von Erfolg und Mißerfolg; es brach ihnen das Herz angesichts des Verfalls der Regeln des menschlichen Zusammenlebens, und sie beklagten die Strenge der Strafen und der Regierung. Sie sangen ihre Gemütsbewegungen hinaus, um damit ihre Oberen zu kritisieren. Sie begriffen die geschichtlichen Umbrüche und waren beseelt von den alten Gebräuchen.» Mit solcher Rhetorik unterstrichen der Fürstenberater und die sich in dieser Rolle verstehende Schicht der Literatenbeamten ihre Funktion, an der Aufrechterhaltung der Ordnung mitzuwirken. Andererseits galt es der Literatenbeamtenschaft als geradezu anstößig, einen Idealzustand anzuerkennen, da dieser das Charisma des Herrschers unantastbar gemacht und damit die Handlungs- und Kontrollchancen der Bürokratie erheblich eingeschränkt hätte.

Verständlicherweise knüpft die Vorstellung vom Aufstieg und Niedergang des Reiches an Dynastienwechsel an. Damit wurde ein historiographisches Grundmuster entworfen, das seit der Zeit der Han- Dynastie, insbesondere seit den Systematisierungen Dong Zhongshus (179?–104? v. Chr.), seine Gültigkeit hatte, dessen gedankliche Konzeption freilich in die Zeit der «Streitenden Reiche» und zum Teil noch weiter zurückreicht. Im ersten Teil des von ihm verfaßten Werkes «Üppiger Tau des *Chunqiu*» *(Chunqiu fanlu)* verdeutlicht Dong Zhongshu seine Auffassung vom Wesen eines Dynastiewechsels und damit auch vom Wesen historischer Veränderungen, wobei erstmals auch der Faktor Zeit in das Wechselspiel zwischen Kosmos und Gesellschaft systematisch eingeführt wird: «(Der Gründer einer neuen Dynastie) muß seine Residenz an einen anderen Platz verlegen, einen neuen Namen für seine Regierung finden, den Kalenderanfang wechseln, die Farbe der Gewänder austauschen, um dem Willen des Himmels gerecht zu werden und seine eigene Erwählung klar zum Ausdruck zu bringen. Was jedoch die großen Bindungen angeht wie die menschlichen Beziehungen, die Moral, die Regierung, die Erziehung, das Brauchtum und die Sprache, so bleibt alles beim alten. Warum sollte es auch geändert werden? Deswegen gilt von einem wahren König, daß er wohl die Einrichtungen dem Namen nach ändert, die Prinzipien *(dao)* in Wirklichkeit aber unangetastet läßt.»[12] Konstanz trotz Veränderungen ist hier die Devise, und die Hauptstadtverlegung scheint in der Auffassung Dong Zhongshus fast das einzige wirklich neue Element bei einem Dynastiewechsel zu sein. Das Zusammenwirken zwischen Himmel und Erde, die kosmische Harmonie, spielten freilich stets eine wichtige Rolle, wobei der Mensch, ganz ausdrücklich dann der Kaiser selbst, in seiner Mittlerstellung zwischen Himmel und Erde, den Schlüssel für das Glück des gesamten Universums in Händen hielt. Dong Zhongshu schreibt: «Wenn der König von rechter Art ist, dann stehen die Urkräfte (Yin und Yang) in harmonischer Beziehung zueinander.»[13]

Freilich hat das Schema vom «dynastischen Zyklus» auch gewisse Wahrnehmungen gefiltert, und viele Dynastiewechsel sind in Wirklichkeit diesem Schema nicht gefolgt.[14] So muß man innerchinesische Auflösungserscheinungen, soziale Spannungen bis hin zu Bauernaufständen, doch trennen von den militärischen Infiltrationen aus der Steppenzone, die ja oft erst die Folge der Bündnispolitik des Kaiserhofes oder aber einzelner einflußreicher chinesischer Militärgouverneure waren.[15] Trotz aller Einschränkungen[16] kommt der Vorstellung von den dynastischen Zyklen im Rahmen der chinesischen Geschichtsspekulation zumindest eine ordnende Funktion zu.[17] Daß dies freilich zur Herausbildung von Stereotypen geführt hat, zur Vorstellung «des letzten schlechten Herrschers»[18] oder des «letzten schlechten Ministers»[19] etwa, ist unbestreitbar. So nützlich solche Typologiebildungen sind, wie auch der von Wolfram Eberhard vorgestellte typische Ablauf von «Revolutionen»,[20] so verstellen sie leicht den Blick auf die Tiefenstrukturen der Geschichte, wie sie zugleich die Zukunft bestimmen, solange sie nicht als bloße Stereotypen entlarvt worden sind. Nun könnte man meinen, die vielen politischen Wechsel seien Ausdruck einer dynamischen Entwicklung, doch bot eine Veränderung nicht nur eine Chance, Neues einzuleiten, sondern immer auch eine Gelegenheit zur Restauration, zur Wiederherstellung früherer idealer oder idealisierter Zustände.[21]

Hemmend für alle Innovationen wirkte sich der Umstand aus, daß dem Neuen leicht ein späteres Scheitern zugerechnet wurde. Daher muß auch von jener Tradition chinesischer Historiographie die Rede sein, welche den Keim des Untergangs bereits in der Person des Gründungsherrschers und seiner Politik sieht.[22] Ebenso wie (später auch bewußt gefälschte) Prophezeiungen dazu dienten, die Dauerhaftigkeit einer Dynastie zu beschwören, so gab es in Zeiten des Niedergangs Versuche, diesen mit Hilfe von Omina als vorherbestimmt zu bezeichnen. Eine solche Verknüpfung von Erfolg und Mißerfolg mit kosmischen Kräften ist angesichts des in China bis in die Gegenwart wirksamen magischen Weltbildes wenig überraschend.

Von zentraler Bedeutung seit der Song-Zeit wurde der Begriff der «korrekten Reichsnachfolge» (*zhengtong*). Dabei ging es um die Begründung der Legitimität einer Regierung durch territorialen Besitz, vor allem aber durch ihre Ordnung und sozialen Frieden stiftende Funktion. Nach dem Zusammenbruch des Han-Reiches und einer nur durch die Reichseinigung durch die Westliche Jin unterbrochenen über dreihundertjährigen Reichsteilung war die Legitimität von Herrschaft noch stärker unabhängig von der territorialen Ausdehnung gesehen worden. Von besonderem Gewicht wurde die Legitimitätsfrage dann nach Gründung der Song-Dynastie im Jahre 960 n. Chr., jener Dynastie, die weder die Ausdehnung der Han- noch die der vorhergehenden Tang-Dynastie erreichte und unfähig war, die nördlichen und nordwestlichen Nachbarn zu kontrollieren. Gerade wegen dieser minderen Bedeutung der territorialen Ausdehnung gelangen gerade in jener Zeit integrative Prozesse, nicht nur bei den Auseinandersetzungen mit den Nachbarstaaten, sondern auch bei der Integration des

Buddhismus, dessen einzelne Schulen ihrerseits wieder zum Teil erst die Grundlage für weitere soziale und ideologische Integrationsprozesse bildeten. Zugleich diente der historiographische und zum Teil historiographie- kritische Diskurs jener Epoche der Überwindung von Differenzen, während infolge eines zunehmenden Rationalismus seit jener Zeit himmlische Vorzeichen und die Fünf-Elemente-Theorie nur noch in geringerem Maße eine Rolle spielten. Statt dessen sollte das Maß durchgesetzter Territorialherrschaft die Legitimität bestimmen. Damit wurde in ganz pragmatischer Weise die Anerkennung auch jener Dynastien ermöglicht, die nach einer engeren Auslegung «legitimer Abfolge» als illegitim galten.[23]

Aufstieg und Niedergang waren nach diesem Verständnis an territoriale Ausdehnung gebunden und zugleich doch auch unabhängig davon, wobei man Ordnung bzw. Unordnung anhand der rückwärtsgewandten Utopien beurteilte, welche die schlichten Verhältnisse des Altertums zum Maßstab nahmen. Wenn Wang Yi (1322–73) in seinem «Traktat über die korrekte Abfolge» *(Zhengtong lun)* schreibt: «Auch wenn die Dschurdschen-Jin den Norden Chinas beherrschten, konnten sie nicht als das legitime Herrscherhaus angesehen werden, ebensowenig wie die Song im Süden. . . . Erst seitdem die (mongolische Dynastie) Yuan das Reich einigte, ist die richtige Ordnung wiederhergestellt», vertritt er das Territorialprinzip. Doch Zhu Xis (1130–1200) Position vom Vorrang der Durchsetzung des «rechten Weges» *(dao)* gegenüber territorialer Reichseinigung blieb bestimmend für die folgenden Jahrhunderte, und Wang Yi hatte wohl auch nur seine Dienstbereitschaft gegenüber den Mongolen zum Ausdruck bringen wollen.

Spekulationen zum Schicksal des Staates und die Betonung des Wandels

Mit der pragmatischen und moderat-rationalistischen Wendung seit der ausgehenden Tang-Zeit und der frühen Song-Zeit blieb die dynastische Legitimität zwar weiterhin an die kosmische Ordnung gebunden, doch wurde die Beziehung zwischen Aufstieg und Niedergang, Blüte und Verfall, auch neuen spekulativen Ideen zugänglich. So sahen manche das politische wie das kosmische Geschehen in Kreisläufen, in großen Zyklen. Solche Vorstellungen haben dann im 19. Jahrhundert in besonderem Maße Reformüberlegungen beeinflußt. Man sah sich angesichts der Konfrontation mit dem Westen in einer Wendezeit, in einer Zeit des Umbruchs und am Beginn eines neuen Zeitalters. Ansätze dazu finden sich bereits Ende der Ming-Zeit. In dem Büchlein «In einer Zeit der ‹Verfinsterung des Lichts› verfaßte Aufzeichnungen in Erwartung der Konsultation (eines erleuchteten Herrschers)» *(Mingyi daifang lu)* des Huang Zongxi (1610–95) werden etwa Staat und Gesellschaft in der fiktiven Erwartungsperspektive eines künftigen aufgeklärten Herrschers diskutiert. Die solchen Vorstellungen zugrundeliegenden Spekulationen waren insbesondere durch buddhistische Kalpa-Vorstellungen während der Song-Zeit beflügelt worden, doch der Begriff eines großen Umschwungs existierte bereits wesentlich länger. So ist schon im Kommentar zu den «Berichten über die Drei Reiche» *(Sanguozhi)* im Hinblick auf die Ablösung der Han- Dynastie davon die Rede, daß sich einer Großen Wendung *(dayun)* des Himmels keiner widersetzen könne. Auch hier ging es um die Frage nach der Legitimität. Das beste Beispiel aus späterer Zeit ist die in dem Werk «Darstellungen in Wort und Bild von der Tugendbahn der Großen Jin-Dynastie» *(Da Jin deyun tushuo)* niedergelegte Diskussion im 12. Jahrhundert unter der Dschurdschen-Jin-Dynastie.[24]

Gedanken an Erneuerung, Wiedergeburt oder Wiederaufblühen, solche Renaissance-Vorstellungen verbanden sich leicht mit dem Blick in die Vergangenheit, in das idealisierte Altertum, und der Ruf nach solcher Wiederherstellung, der sich in der Literatur und Dichtung ebenso artikulierte wie in der politischen Essayistik, ist seit der Tang-Zeit immer wieder laut geworden.[25] Im 19. Jahrhundert und dann natürlich während der 4.-Mai-Bewegung 1919 verknüpften viele die Forderung nach einer unverfälschten Wahrnehmung des Altertums mit der Erwartung einer Stärkung Chinas.

Freilich gab es immer wieder Versuche, sich solchen Zwängen zu widersetzen, und am spektakulärsten waren die bis in die Tang-Zeit nicht seltenen Versuche von Herrschern, durch Lebensverlängerungstechniken ihre Stellung und ihre Macht zu verewigen. Zugleich gab es eine Tradition des Versuchs, eine Dynastie auf Dauer zu etablieren, wie dies bereits Qin Shihuangdi getan hatte, der seine Dynastie als ewig betrachtete – und der zugleich vielleicht derjenige unter Chinas Kaisern war, der am meisten Angst vor Verrat und Anschlägen hatte. Doch setzte sich die Vorstellung vom Mandatswechsel durch.[26]

Die Rede vom Blühen und Vergehen, Aufstieg und Niedergang, durch die zunächst die Abweichungen von der idealisierten Zeit des Altertums erklärt werden sollte, erfuhr eine Neubelebung in der Regel in Zeiten, in denen man sich als die Fortsetzung einer verschütteten alten Tradition darstellen wollte. Doch gegen die Rede vom Verfall wurde schon sehr früh der Hinweis geltend gemacht, seit alters her seien in verschiedenen Zeiten auch unterschiedliche Sitten und Gebräuche vorherrschend gewesen und damit sei noch kein Niedergang gekennzeichnet. Damit wurde ganz ausdrücklich nicht nur auf die die kosmische Ordnung wiederherstellende Rolle der neuen Herrscher Bezug genommen, sondern das Eigenrecht der jeweiligen Zeit behauptet. Zugleich konnten so historische Brüche und Zäsuren akzeptiert und der Weg zu gänzlich Neuem eröffnet werden. Das Gefühl von der Verschlechterung der Welt gegenüber dem Altertum, besonders stark ausgeprägt seit dem Zusammenbruch der Ming-Dynastie in der Mitte des 17. Jahrhunderts, blieb gleichwohl bis in die Gegenwart vorherrschend.

Dabei hatte es ja bekanntlich grundlegende Veränderungen auf allen Gebieten gegeben. Nach der Reichseinigung unter der Sui- und Tang-Dynastie führte insbesondere der Übergang zur Bürokratisierung und zur Herausbildung eines verzweigten Marktsystems in der Zeit zwischen dem 8. und dem 13. Jahrhundert dazu, daß etwa den Gebildeten des 11. Jahrhunderts die Tang-Zeit nur noch unvertraut erschien. Mark Elvin hat diesen Wandel als eine «Wirtschaftsrevolution» beschrieben,[27] und alle kulturgeschichtlichen Studien bestätigen für jene Zeit ähnliche dramatische Veränderungen im Selbstverständnis der Eliten.[28]

Der gemeinsame Ursprung

Im Zuge solcher grundlegender Veränderungen traten immer wieder gleichzeitig verschiedene Lehren auf, deren Trägerschichten sich nicht gegenseitig verdrängen oder absorbieren konnten. Damit entstand die Notwendigkeit, solche einander widerstreitenden Geltungsansprüche zu versöhnen. Hierfür stand das Bild von den vielen Ästen *(mo)* oder dem Wurzelwerk und Stamm eines Baumes *(ben)* bereit, welches namentlich in den frühen Auseinandersetzungen zwischen Buddhisten und Daoisten im 5. Jahrhundert n. Chr. weidlich ausgeschmückt worden war und das in den synkretistischen Tendenzen seit der Song-Zeit eine neue Blüte erlebt hatte. Mit diesem Bild sollte hierarchisierenden Ansätzen entgegengewirkt werden, die das andere entweder unterordnen oder nur der Fremde und dem Barbarischen zuweisen wollten. Freilich gab es auch solche, wie etwa Ouyang Xiu in seiner Polemik gegen den Buddhismus, die nur die «Wurzel» *(ben)* gelten lassen wollten und die Äste als Abweichung definierten. Die integrative Funktion der *ben-mo*-Formel überwog aber auch in der Folgezeit.

Die Vorstellung von den verschiedenen Wegen, die am Ende doch zum gleichen Ziel führen, und davon, daß «alle Flüsse ins Meer münden», wurde zu einem tragenden Element bei dem fremde Kulturen integrierenden «Sinisierungsprozeß». In sämtlichen Bereichen, in denen es zur Ausformung gegensätzlicher Wege kam, wurde eine Vereinigung gesucht. Sima Tan (starb 110 v. Chr.) beginnt seinen Traktat über die Sechs Schulen mit einem Zitat aus der «Großen Abhandlung» des «Buchs der Wandlungen» *(Yijing)* : «In der Welt *(tianxia)* kehrt alles zum gemeinsamen Ursprung und verteilt sich auf die verschiedenen Pfade; durch eine Wirkung wird die Frucht von hundert Gedanken verwirklicht.» Einheit trotz wesentlicher Abweichungen von den dargestellten Linien also; der Oberbegriff zur Vielfalt wurde nie gebildet, sondern die Vielfalt fügte sich immer einem bereits vorgegebenen Begriff, der dadurch auch Erweiterung erfuhr. Entlastung wurde offenbar in der Vielfalt gesucht, doch dadurch, daß die Vielfalt von vornherein als eine Oszillation der Einheit gesehen wurde, führte niemals Erfahrungsdruck zu neuer Systematisierung, sondern Erfahrung wurde durch den Einheitlichkeitszwang begrenzt oder aber dem Fremden, dem weit Entfernten, zugewiesen. Der Zwang zur Einheit – und auch offenbar das Bedürfnis dazu – deutet ganz offenkundig auf eine Gleichförmigkeit in einem für China kulturprägenden Vorstellungsmodell, das hierarchisch und nach dem patriarchalen Sippenprinzip gestaltet ist. Gewissermaßen an den Gelenkstellen dieses Modells entzündeten sich stets die Konflikte, so im Falle der Auseinandersetzungen um die Integration des Buddhismus in China ebenso wie bei den bis heute andauernden Erörterungen der Übernahme europäischer («westlicher») Wertorientierungen.

Wie dauerhaft das Bild von den Wurzeln und den Ästen in China war, ersehen wir, um nur ein Beispiel herauszugreifen, an Äußerungen wie folgender, in der das Bild auf die Auseinandersetzungen mit dem Westen angewendet wird. Liang Qichao schreibt über das Problem der Modernisierung: «Wenn sie (die Modernisierer) die Wurzeln vernachlässigen, aber die Äste pflegen, dann ist das so, als wenn man beim Anblick des blühenden Wachstums eines anderen Baumes versuchte, seine Äste auf unseren zurückgebliebenen Baum zu übertragen.»[29]

Die Literaten als Garanten der Einheit

Die Literatenbeamten bildeten, wie schon mehrfach betont, im kaiserzeitlichen China die einheitsstiftende Kraft und zugleich diejenige Gruppe, die sich geänderten Machtverhältnissen anzupassen verstand. Hier handelt es sich um die mit dem ersten Einheitsstaat auf chinesischem Boden und der folgenden Han-Dynastie entstandene Funktionärsschicht, für die ihre Interessen wichtiger waren als der Bestand des Herrscherhauses. Die Einigung des Reiches führte, ja zwang die Literaten Chinas zur Anerkennung bestimmter Lehren. Doch gelegentlich führten die Gruppeninteressen und die regionalen Bindungen der Literaten, wie in der zweiten Hälfte des 2. Jahrhundert n. Chr., bei abnehmender Partizipation an der Bürokratie bzw. mit dem Ausschluß dieser Gruppen vom Zentrum der Macht zu einer Auflösung des Interesses am Einheitsstaat, eine Konstellation, wie sie von manchen heute für die Intellektuellen konstatiert wird.

Erst nach der Abnahme der Bedeutung der Herkunft und mit der Zunahme der Bildung bei der Rekrutierung der Anwärter für hohe Beamtenposten blieben Blüte und Niedergang einer Dynastie und das Schicksal des Reiches in der Optik dieser Literatenbeamten fest aneinander gebunden, und zwar aus zweierlei Gründen. Einmal kam es nicht zu einer Versachlichung der Bürokratie und ihrer Lösung vom Legitimationsanspruch der Dynastie. Daraus läßt sich auch die eigentlich erst seit der Song-Zeit so bedeutungsvoll werdende Loyalitätsdebatte erklären. Zum anderen bedeutete ein Schwinden der Ordnungskraft einer Dynastie eine Minderung der Chancen für die Beamtenanwärter, weil die Möglichkeit der Zuweisung von Pfründen an diese von der Zugriffsmöglichkeit der Zentralregierung auf die Erträge, die Steuern und Abgaben, abhing. Diese sicher von manchen erstrebte, aber niemals gelingende Dissoziierung beider Bereiche ist die entscheidende Ursache für die Dauerhaftigkeit der Reiche der späten Kaiserzeit, d. h. der Zeit seit der Eroberung durch die Mongolen im Jahre 1279 n. Chr.

Die Möglichkeit, ein Reich unterschiedlicher Ausdehnung umstandlos als mit sich identisch zu kennzeichnen, gründet im Falle Chinas nicht zuletzt in dem Sachverhalt, daß das chinesische Reich und der Anspruch der Herrschaft über ein geeintes Reich nicht durch Rasse, sondern, wie oben bereits dargelegt und wie Bodo Wiethoff es einmal formulierte, «administrativ -funktionell»,[30] sekundär kulturell, definiert war. Und jede Herrschaft, die sich auf dem einmal «chinesisch», das heißt vor allem: durch eine Verwaltung nach chinesischem Muster geprägten Territorium befand, entwickelte sich letztlich zu einer chinesischen Dynastie. Auf diese Weise wurden die Außengrenzen des Reiches relativ früh festgelegt, auch wenn sich hier im Laufe der Zeit Veränderungen ergaben und die Grenzen immer wieder gegen Angriffe von außen gesichert werden mußten. Von für die Entwicklung Chinas weit größerer Bedeutung ist dagegen die innere Gliederung des Reichsraumes gewesen,[31] die auch für die inneren Grenzen während der Zeit der Reichsteilungen stets bestimmend war.

Das Phänomen des Nationalismus in China muß daher vor diesem Hintergrund gesehen werden, denn insofern er sich auf Großchina bezieht, ist er erst eine Folge der Abwehrhaltung gegen die imperialistischen Mächte und als solcher wenig geeignet, zur Triebfeder von Veränderungen zu werden. Dieser Nationalismus ist es nun, der heute China beengt und den es als Prinzip auch nicht anerkennt, wenn es um nationale Autonomiebestrebungen an seinen Rändern geht. Es ist übrigens sicherlich kein Zufall, daß die Revolution von 1911 auch zur Autonomie der Randgebiete, Tibets und der Mongolei, im Jahre 1913 führte.

3. Die Randzonen

Durchsetzungskraft des Zentrums und die Homogenität der Literatenschicht

Der enthusiastisch klingende Satz Otto Frankes über die Reichseinigung durch den Qin-Staat 221 v. Chr. ist charakteristisch für das Verständnis der europäischen Sinologie vom chinesischen Einheitsstaat und spiegelt zugleich die Hauptströmung im chinesischen Selbstverständnis wider:

«Die Vernichtung der sämtlichen Einzelstaaten durch Qin schafft Raum für die neue Form: das Staatensystem verschwindet, der Großstaat mit zentralisiertem Einheitswillen tritt an seine Stelle. Aus dem Material, das durch das kulturelle Wirken der Zhou geschaffen und zubereitet worden ist, fügt der König Zheng von Qin den neuen Einheitsstaat; erst von nun ab können wir in Wahrheit von einem ‹chinesischen Reiche› im staatlichen Sinne sprechen. Das Jahr 221 v. Chr., in dem der letzte der Staaten, Qi, vernichtet wurde, ist das Geburtsjahr dieses Reiches, das mit Recht den Namen seiner Gründer führt.»[1]

Die Faszination, die das chinesische Kaiserreich bis heute ausübt, hat selbstverständlich nicht nur das chinesische Geschichtsbild, sondern auch die westliche sinologische Forschung nicht unbeeinflußt gelassen, die ihrerseits durch die Geschichtsschreibung der späten Kaiserzeit maßgeblich bestimmt wurde. So ergibt sich eine Spannung zwischen dem historischen Befund eines über lange Strecken seiner Geschichte geteilten und in vielfältiger Hinsicht – übrigens auch in seiner Selbstdarstellung als Vielvölkerstaat – bis heute facettenreichen China einerseits und dem Bild von China als Einheitsreich andererseits.

Ein Versuch, die Durchsetzungkraft des Zentrums zu sichern, war die Multiplikation des Zentrums, die sich auch noch darin zeigte, daß sich der oberste Beamte einer Provinzregierung in vieler Hinsicht wie ein kleiner Kaiser gab.[2] Die Repräsentation des Zentrums kannte vielfältige Formen. So gab es etwa die reichsweite Errichtung von Ahnentempeln für den Herrscher – im Jahre 72 v. Chr. gab es 168 derartige Tempel – oder die Errichtung von Reliquienschreinen (stupa) durch Liang Wudi (reg. 502–49 n. Chr.) oder durch Sui Yangdi[3] oder von buddhistischen Tempeln gleichen Namens an verschiedenen Orten des Reiches.

Ganz offenbar waren es solche Substrukturen, insbesondere aber die in den Siedlungsverbänden gepflegten Formen des Zusammenlebens und gemeinsamer Wertorientierung,[4] die auch über Zeiten dynastischen Verfalls oder der Reichsteilung hinweg eine gewisse Kontinuität sicherten. Dadurch wird auch der Hinweis von Karl August Wittfogel, daß China die längste Zeit seiner Geschichte geteilt gewesen sei oder unter Fremdherrschaft gestanden habe, oder Wolfram Eberhards Feststellung, China sei aus einer Agglomeration von Einzelkulturen zusammengeschmolzen, weniger dramatisch. Tatsächlich hat ja auch «die in der Theorie überragende Stellung des Zentralherrschers in der Praxis ... niemals bestanden.»[5] «Die tatsächliche Macht», so Herbert Franke, «dürfte fast stets bei den lokalen Lehnsträgern und Machthabern gelegen haben».[6] Es war diese Zwischenschicht, von der bereits die Rede war und ohne die sich das Reich nicht hätte immer wieder zusammenführen lassen, deren Funktion sich allerdings im Laufe der Jahrhunderte in einer Weise änderte, die erst noch eingehender untersucht werden muß.[7] Und wichtig ist auch der Umstand, daß sich China zunächst nicht kulturell definierte, sondern durch die registrierten Haushalte, also administrativ bzw. bürokratisch oder nach regionaler Gliederung, wie dies im Text Yugong des

«Buchs der Urkunden» *(Shujing)* auch schon deutlich zum Ausdruck kommt.

Die Stabilität des chinesischen Reiches war zunächst durch die technologische Überlegenheit der Teilstaaten und schließlich des Gesamtreiches gegenüber allen anderen Nachbarvölkern bedingt. Dies bedeutete nicht, daß China gegen Eroberungen durch Fremdvölker gefeit gewesen wäre, aber das agrarisch geprägte Reich blieb infolge seiner technologischen und administrativen Überlegenheit doch von einer dauerhaften Zersplitterung verschont, und die vorübergehenden Teilungen stärkten im Endeffekt sogar die integrativen Tendenzen. Neben der technologischen Überlegenheit waren es die kulturelle Homogenität der Führungselite, der Literatenbeamten, sowie die relative Isolation von der übrigen eurasiatischen Landmasse und nicht zuletzt die bürokratische Tradition, die zur Erhaltung des Zentralstaates beigetragen haben.[8]

Fremddynastien und das Problem der Sinisierung

Bei der Rede von dem Chinesischen Reich wird allerdings leicht zweierlei übersehen, daß nämlich bis weit in das späte Kaiserreich hinein – genau genommen sogar bis heute – nicht unerhebliche Teile Chinas noch gar nicht sinisiert waren bzw. sind, und daß, zweitens, etliche der sogenannten Fremddynastien niemals zu chinesischen Dynastien wurden. So hatte sich schon Karl August Wittfogel gegen die Absorptions- bzw. Sinisierungs-Theorie gewendet und gefragt: «Statt immer wieder die These von der Absorption der Eroberer durch die Chinesen zu wiederholen, sollte man einmal die Frage entgegenhalten: Haben die Chinesen überhaupt jemals die Eroberer absorbiert, so lange Besatzung und politische Teilung dauerte?»[9] Zudem unterschied Wittfogel, insbesondere im Hinblick auf die Art der Eroberung (bzw. allmählichen Infiltration), zwischen verschiedenen Arten von Fremddynastien. Die Erobererdynastien wie die Liao (seit dem 10. Jahrhundert) ebenso wie die Infiltrationsdynastien Tuoba-Wei u. a. folgten danach einem anderen «Muster» als die Dynastien seit der Qin-Einigung. Wittfogel unterscheidet zwischen einerseits *typisch chinesischen Reichen*: Qin, Han, Süd-Dynastien (317–581), Sui, Tang, Song, Ming, und andererseits *Erobererdynastien* (oder: «*Infiltrationsdynastien*»): Tuoba-Wei und vorhergehende und folgende nordbarbarische Dynastien, Liao, Jin (1115–1234), Yuan (1206/79–1368), Qing (1616/44–1911). Es kann in diesem Zusammenhang einmal unberücksichtigt bleiben, daß es verschiedene Stufen der Identitätswahrung bzw. Sinisierung gegeben hat, wie dies an der Entwicklung und Deutung des chinesischen Namens der Dschurdschen- Jin-Dynastie Hok-lam Chan gezeigt hat.[10] In Wittfogels Systematik repräsentierten Qin-Han die frühere und Sui-Tang die spätere Unterform der «typisch» chinesischen Dynastie, während Liao und Jin die beiden Subtypen der Erobererdynastien, der widerständigen und der sich unterwerfenden, darstellten.[11] Einschränkend muß noch hinzugefügt werden, daß möglicherweise die Qin-Herrscher, sicherlich aber die Herrscherhäuser der Dynastien Sui und Tang, ihrer Herkunft nach halbnomadischen Ursprungs waren, womit die Bezeichnung dieser Dynastien als «typisch chinesische» doch sehr relativiert wird.

Besonders sinnfällig wird die merkwürdige Behandlung von Fremddynastien, wenn man die Darstellung der Abwehrkämpfe und überhaupt die Beschreibung der Außenpolitik mit einbezieht. Offenbar war es doch wohl so, daß der Druck von außen zu einem Zusammenhalt im Inneren führte und zugleich Auflösungserscheinungen begünstigte. Die Mobilisierung der Massen gegen den Imperialismus seit dem ausgehenden 19. Jahrhundert liegt auf gleicher Ebene. Ein Ausdruck dieser Abgrenzungsdynamik ist die Betonung der Opiumkriege, mit denen angeblich eine neue Epoche beginnt, sowie die Große Mauer, deren Mythos Arthur Waldron aufgedeckt hat.[12] Schließlich hatte die Mauer in Form eines Lehmwalls in der Zeit der «Streitenden Reiche» ihren Ausgang genommen als Abgrenzung der einzelnen chinesischen Teilreiche untereinander und nur zum Teil als Grenzziehung nach Norden. Auch wenn der Qin-Staat den Ausbau und die Verbindung verschiedener Mauerabschnitte forcierte, hat die Mauer doch nicht in diesem Staat ihren Ursprung.[13]

Das Bild, daß in den letzten Jahrhunderten die politischen Grenzen in Ostasien – mit wenigen Ausnahmen – stabil waren, kommt zu einem nicht unerheblichen Teil dadurch zustande, daß zahlreiche Konflikte Chinas mit den Völkern an seinen Rändern als innerchinesische Angelegenheit angesehen wurden. Andererseits aber ist eine Unterscheidung der einzelnen Völker Ostasiens unter rassischen Gesichtspunkten höchst schwierig, weil es im Zuge zahlreicher Bevölkerungsverschiebungen und Wanderungsbewegungen zu einer erheblichen Vermischung gekommen ist und zudem einzelne Bevölkerungsteile einen Akkulturationsprozeß durchlaufen haben, der eine Unterscheidung extrem schwierig macht. Daher erfordert auch eine Betrachtung der Rassengeschichte eine genauere Untersuchung des historischen Hintergrunds.[14] Dabei wird deutlich, daß sich – anders als im russischen Reich – die han-chinesische Bevölkerung trotz der erheblichen Dialektunterschiede untereinander gegenüber den Randvölkern absetzte und im Zuge der Integration bzw. Verdrängung anderer Völkerschaften eine eigene Identität ausbildete, so daß sich heute über 90 % der Bevölkerung Chinas als Han-Chinesen betrachten, mit allen weiter oben bereits aufgeführten Einschränkungen. Dabei muß von der Frühzeit an stets auch unterschieden werden zwischen der Bevölkerung einerseits und den herrschenden Klanen andererseits. Schon die Herkunft und kulturelle Zugehörigkeit des Herrscherklans der Zhou, welcher die Shang-Dynastie überwand, ist unklar. Während die von ihr beherrschte Bevölkerung Teil der Shang-Zivilisation war, stammt der

Zhou-Herrscherklan möglicherweise von Turkvölkern ab. Solche, zumindest teilweise «barbarische» Herkunft gilt auch für das Herrscherhaus des später das Reich einigenden Staates Qin und dann für eine große Zahl von Staatsbildungen im Norden Chinas bis hin zur mongolischen Yuan-Dynastie und zur Mandschu-Dynastie. Auch erwuchs dem chinesischen Reich aus der Begegnung der Ackerbaukultur Chinas mit den zentralasiatischen Steppenvölkern und dem Aufeinandertreffen unterschiedlicher Militär- und Kriegsführungssysteme eine Komplexität an Herrschaftsmodellen, die zur Jahrhunderte währenden Überlegenheit Chinas beitrug.

Das Chinesische Reich war also, wie es Bodo Wiethoff einmal formulierte, «administrativ-funktionell definiert».[15] Die Entwicklung des chinesischen Reichsraumes ist danach «nicht als das Resultat eines friedlichen Kolonisationsvorganges anzusehen, sondern als das Ergebnis von teilweise defensiven, teilweise offensiven Expansionsschüben, auf die die Kolonisation mit zumeist großer Verzögerung folgte. Das gegenwärtige Raumgefüge ist aus einem Wechsel von Expansion und Kontraktion hervorgegangen, in dessen Verlauf der siedlungspolitische Kernraum, in der Qing-Zeit die ‹Achtzehn Provinzen›, stetig anwuchs. Innerhalb des Gefüges lassen sich mehrere Primär-(Vorzugs-) und Sekundär-(Rückzugs-) Zentren lokalisieren und ein hohes Maß an Regelmäßigkeit in der Fluktuation zwischen den einzelnen Zentren konstatieren.» Bodo Wiethoff stellt zutreffend fest, daß das «Gebiet innerhalb der Pässe» von der Zhou- bis zur Tang-Zeit prinzipiell der Vorzugsraum für die Königsdomäne und später die Hauptstadt (West-Zhou, Qin, Frühere Han, Sui, erste Hälfte der Tang) gewesen sei.[16]

Der Mittelpunkt des Reiches verlagerte sich um die Wende vom ersten zum zweiten Jahrtausend von dem «Gebiet innerhalb der Pässe» zu der geographischen Mitte Nordchinas, nach Bian (heute Kaifeng, Provinz Henan). Die Wahl der Hauptstadt Peking (heutige Umschrift: Beijing) in der ersten Hälfte des 15. Jahrhunderts ist weniger erstaunlich, wenn man sich vergegenwärtigt, daß dieser Ort politisches Zentrum bereits der Fremddynastien Liao-Khitan, Jin-Dschurdschen und der Mongolen gewesen war. Doch mit der Wahl Pekings als Hauptstadt lag das politische Zentrum nicht mehr in einer der wirtschaftlichen Schlüsselregionen, weder im Lößschwemmland am Huanghe noch in den Yangzi-Niederungen oder im Becken von Sichuan.

Geographische Gliederung, Klima und Verkehrswege

Die Einheit Chinas war der Triumph einer Kultur über die Geographie, denn die einzelnen Räume Großchinas sind untereinander durch natürliche Grenzen getrennt, und es bestehen zwischen ihnen große klimatische Gegensätze.[17] Das kontinentale Klima Chinas mit großen Tempera-

turunterschieden zwischen Sommer und Winter wird durch seine Lage
als Teil des asiatischen Festlandblocks bestimmt; die einzelnen Klimazonen reichen von beinahe arktischem Klima im Nordosten bis zu beinahe
tropischem im Süden. Für die Niederschläge ist der Monsun bestimmend, der im Norden durchschnittlich eine Niederschlagsmenge von
53,4 cm und im Süden von etwa 129,5 cm bringt. Allerdings sind die
Abweichungen von diesen Durchschnittszahlen insbesondere im Norden
groß, so daß der dortige Ackerbau ständig von Dürre- und Flutkatastro-
phen bedroht war und heute noch ist, und zwar zunehmend aufgrund
der unverantwortlichen Entwaldungskampagnen der letzten Jahrzehnte
an den Oberläufen der Flüsse. Daraus erklärt sich die bereits in den frü-
hesten schriftlichen Quellen erwähnte Bemühung um Vorratshaltung insbesondere durch Kornspeicher und um Bewässerungstechnik. Ob wir
wegen des dadurch notwendigen höheren Organisationsgrades von einer
«hydraulischen Gesellschaft» (K. A. Wittfogel) sprechen müssen, ist jedoch fraglich.

Die einzelnen Klimazonen führen zu Grenzen sowohl nach außen als
auch nach innen. So ist im Norden bei der Regenfallmarke von 38 cm die
Grenze zwischen der Ackerbauzone und dem Beginn der Viehwirtschaft
gesetzt, die ungefähr mit der Lage der Großen Mauer übereinstimmt.[18]
Allerdings haben Klimaveränderungen im Laufe der überschaubaren Geschichte ebenso wie die Eingriffe des Menschen in die Natur, insbesondere bei der Abholzung und Rodung und bei der Bewässerungsregulie-
rung, nicht unerhebliche Veränderungen zur Folge gehabt.

Zu den Formen, Ausgleich zwischen Mangel und Überfluß herzustellen, gehörten immer auch – freiwillige, angeordnete oder der Not gehor-
chende – Umsiedlungen größerer Bevölkerungsgruppen, Getreidetrans-
porte und generell die Optimierung der Transport- und Kommunika-
tionswege. Denn für die Reichsbildung ebenso wie für den praktischen
Zusammenhalt des Reiches waren rasche und zuverlässige Kommunika-
tionswege sowie leistungsfähige Transportwege notwendig. Während die
innere Kommunikation mit der Vereinheitlichung der Wagenspuren
durch die Reformen der Qin-Herrschaft und durch die Einführung eines
Botensystems mit Relaisstationen schon früh effizient ausgebaut worden
war, bedurfte die Erstellung von Transportwegen für Massengüter, insbesondere für den Getreidetransport, mehrfacher Anstrengungen. Das
Flußnetz des Yangzi schuf ein natürliches Transportsystem zwischen den
Regionen Unterer Yangzi, Mittlerer Yangzi und Oberer Yangzi. Doch
schwierig war die Erstellung der Nord-Süd-Verbindung. Erst mit dem
Großen Kanal der Sui-Zeit (589–618) wurde ein Wassertransportweg
zwischen dem Unteren Yangzi und Nordchina geschaffen. Daneben gab
es zwar lange schon den Küstenseeweg, der aber immer auch durch Piraten gefährdet war. Für die Erschließung des äußersten Südens blieb die
Küstenschiffahrt jedoch von großer Bedeutung, die den Handel von Ling-

nan (Guangxi, Guangdong) über die Südostküste und den Unteren Yangzi ermöglichte.

Die chinesischen Außenländer: Tibet, Xinjiang, Mongolei, Mandschurei, der
Süden und der Südwesten

Immer wieder haben während der vergangenen 2000 Jahre chinesische
Gelehrte und Verwaltungsbeamte die nicht-chinesischen Minoritäten unter der Han-Bevölkerung und am Rande des Han-Reiches zu klassifizie-
ren und zu beschreiben versucht, doch sind die Zuschreibungen oft nicht
eindeutig. Wolfram Eberhard hat in seinem 1950 erschienen Buch «Kultur
und Siedlung der Randvölker Chinas» aufgrund der historischen Überlieferung über 800 ethnische Gruppen unterschieden, die Harold J. Wiens
in 80 nördliche, 345 westliche und südwestliche und 290 südliche unter-
teilt. Von den westlichen und südwestlichen Gruppen werden 62 als
Qiang bezeichnet und gelten als tibetische Tanguten. Daneben gab es 47
Fan und Xi-Fan (Westl. Barbaren), die Tibetisch oder eine mit dem Tibetischen verwandte Sprache gemeinsam hatten. Weiter südlich gab es 93
Wu-Man- oder Lolo-Gruppen. Andere größere Gruppen unter den Südlichen Barbaren waren 39 Gruppen Yao, 65 Miao, 25 Zhuang und 3 Dan.
Bei letzteren handelte es sich nach Ansicht Eberhards um paläo-austro-
nesische Völker.

Die allmähliche Sinisierung nicht-chinesischer Bevölkerungsgruppen
läßt sich auch an deren abnehmendem Anteil an der gesamten Bevölkerung ablesen, der von etwa 50% im ersten nachchristlichen Jahrhundert
auf etwa 20% im 16. Jahrhundert und etwa 9% in der Gegenwart zu
veranschlagen ist, deren Anteil allerdings wieder zunimmt. In diesen 9%
Minoritäten sind auch die 9,8 Mio. Chinesisch sprechenden Nachfahren
der tungusischen Mandschus in den drei nordöstlichen Provinzen Heilongjiang, Jilin und Liaoning und auch die chinesisch sprechenden Muslime in Xinjiang, auch als Hui (früher als Dunganen) bezeichnet, enthalten. Während der Anteil der Minoritäten an der Gesamtbevölkerung relativ klein ist, beträgt er in der Inneren Mongolei 15,5, in Guangxi 38,3,
in Guizhou 26, in Yunnan 31,7, in Qinghai 39,4, in Ningxia 31,9 und in
Xinjiang 59,6%. In Tibet beträgt der Minoritätenanteil 95,1%, was es
schon schwierig macht, hier von einer tibetischen «Minderheit» und nicht
von einer Besetzung durch eine han-chinesische Minderheit zu sprechen.
Der überwiegende Teil der Minoritäten lebt in Gebieten mit einem Sonderstatus, sogenannten «autonomen» Regionen (darunter Tibet, Xinjiang,
Innere Mongolei), «autonomen» Distrikten (31 in sieben Provinzen) und
autonomen Kreisen (96).

Bei der heutigen Beziehung zwischen China und Tibet wird leicht
übersehen, daß Tibet seit dem Ende des 6. Jahrhunderts n. Chr. ein mäch-
tiges selbstständiges Königreich und in mancher Hinsicht dem China

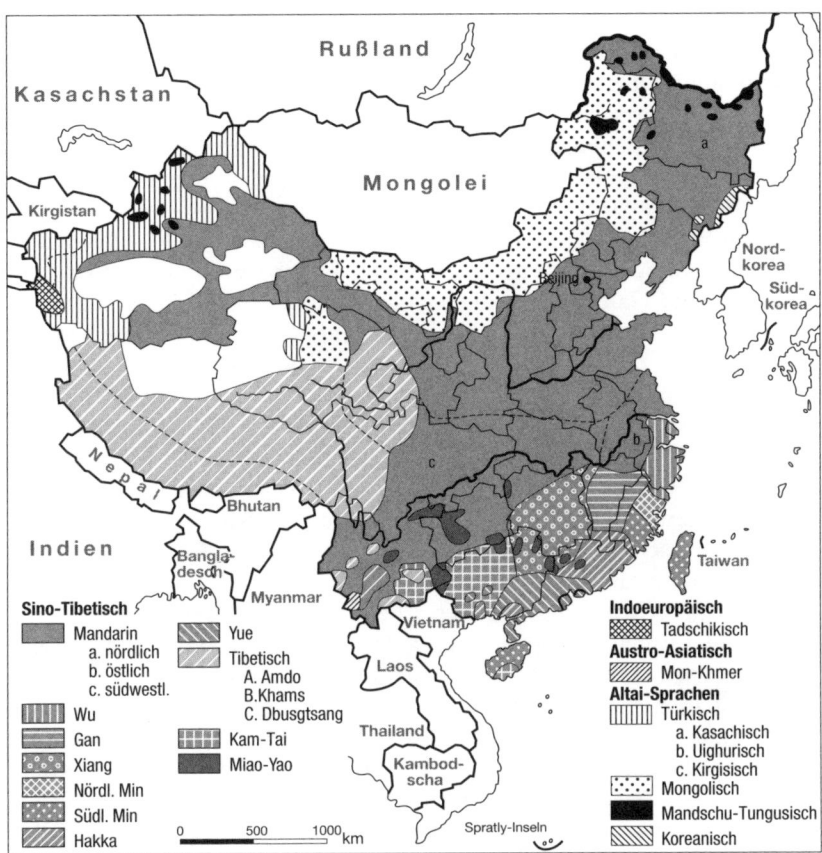

Kasachstan

Rußland

Kirgistan

Mongolei

Beijing

Nord-
korea

Süd-
korea

Nepal

Bhutan

Indien

Bangla-
desch

Myanmar

Vietnam

Laos

Thailand

Kambod-
scha

Taiwan

Spratly-Inseln

Sino-Tibetisch

Mandarin
a. nördlich
b. östlich
c. südwestl.

Wu

Gan

Xiang

Nördl. Min

Südl. Min

Hakka

Yue

Tibetisch
A. Amdo
B. Khams
C. Dbusgtsang

Kam-Tai

Miao-Yao

0   500   1000 km

Indoeuropäisch
Tadschikisch
Austro-Asiatisch
Mon-Khmer
Altai-Sprachen
Türkisch
a. Kasachisch
b. Uighurisch
c. Kirgisisch
Mongolisch
Mandschu-Tungusisch
Koreanisch

Die hergebrachten Sprach- und Dialektunterschiede innerhalb Chinas sind Kommunikationsbarrieren, und der nordchinesische Standarddialekt (Mandarin) setzt sich nur allmählich durch. Die Zukunft der nicht-chinesischen Sprachen innerhalb Chinas ist ungewiß.

jener Zeit durchaus überlegen war. Das in den chinesischen Quellen als Tufan bezeichnete Königreich Tibet hatte durch Unterwerfung und Einverleibung des mit China im Konflikt liegenden Tuyuhun-Königreiches in der Qinghai-Region die Grundlage für eine Machtakkumulation geschaffen. Als Folge des Einfalls der Tibeter in die Oasenzonen zwischen 670 und 678 verlor China den Zugang nach Zentralasien zunächst vorübergehend und dann endgültig im Jahre 791 an die Tibeter, unter deren Kontrolle die Oase Dunhuang bereits im Jahre 781 gekommen war. Im Jahre 792 eroberten sie die Oase Turfan, die sie dann allerdings bereits zwei Jahre später, im Jahre 794, an die Uighuren verloren. Im Jahre 502

n. Chr. hatte sich in Turfan, das erstmals im Jahre 48 v. Chr. unter chinesische Herrschaft gekommen war, zwischenzeitlich ein Königreich Gaochang etabliert. Erst 1756 kam Turfan wieder unter chinesische bzw. mandschurische Herrschaft.

Sieben Verträge wurden in der Tang-Zeit zwischen der Dynastie Tang und den Tibetern geschlossen, um die Verhältnisse zu regeln und kriegerische Konflikte zu beenden: der erste im Jahre 706 und der siebte (und bekannteste) in den Jahren 821/22.[19] Bei dem Abschluß des letzten Vertrages einigte man sich u. a. auf folgende Vereinbarung:[20] «Die zwei Länder, Tibet und Han, werden die jeweiligen Grenzen anerkennen und respektieren. Sie werden weder Kriege gegeneinander führen noch einander angreifen. Sie werden nicht als Feinde kämpfen und nicht in des anderen Territorium eindringen oder dieses besetzen. Wenn es eine verdächtige Person geben sollte oder wenn jemand festgehalten und befragt werden muß, so ist diese Person [nach der Befragung] mit Kleidern und Nahrung zu versorgen und zurückzuschicken.» Dieser Verabredung wurde zugestimmt. Als die Tibeter sich dann 860 zurückziehen mußten, setzten sich türkische Völker an deren Stelle, im östlichen Teil die buddhistischen Uighuren, im Westen besonders die Qarluq.

Trotz früher Kontakte zwischen China und Tibet blieben die Expeditionen chinesischer Truppen entlang der Handelswege nur symbolische Akte; und selbst die Eroberung Tibets unter dem Mandschu- Herrscher Qianlong in der Mitte des 18. Jahrhunderts brachte nur die östlichen Grenzregionen Tibets unter chinesische Verwaltung. Im Gegensatz zum tibetischen Hochland ist das Gebiet um die nach dem mongolisch Kokonor oder (chinesisch) Qinghai («Blaugrüner See») benannten See lange Zeit eine Kontaktzone zwischen tibetischer und mongolischer Bevölkerung gewesen. Während das tibetische Hochland erst relativ spät und zwar von Osten her besiedelt wurde, finden sich Siedlungsreste in Xinjiang oder Chinesisch-Turkestan mit dem Tarim-Becken bereits seit der Mittleren Steinzeit (ca. 40 000 v. Chr.). Dorthin sind Völkerschaften aus Europa und Westasien eingewandert, so daß sich in diesem Gebiet auch Reste indoeuropäischer Sprachen gefunden haben.[21] Von hier aus und später dann auch von Norden und Nordosten her bildeten sich in der Zeit seit der chinesischen Reichseinigung eigene Steppenreiche und Stammeskonföderationen, die zu einer wirklichen Bedrohung für China wurden und zeitweise den Norden Chinas, seit dem 13. Jahrhundert dann über längere Zeiten ganz China eroberten und beherrschten, wie die Mongolen von 1279 bis 1367 und die Mandschu von 1644–1911.

Als die letzte von den Mandschu errichtete Dynastie Chinas im Jahre 1911 zusammenbrach, waren mehr als die Hälfte der etwa 9,8 Millionen Bewohner der Mandschurei, die heute verwaltungsmäßig in die drei Provinzen Heilongjiang, Jilin und Liaoning gegliedert ist, Mandschus oder Tungusen, Nachkommen also jener als tungusisch bezeichneten Mischbevölkerung, die mindestens seit der Han-Zeit in dieser Gegend siedelte. Heute dagegen bezeichnen sich mehr als 95 % der Einwohner dieser Region als Chinesen oder nennen Chinesisch als ihre Muttersprache. Diese «Sinisierung» des Nordostens ist eine Folge mehrerer Faktoren: der anhaltenden Industrialisierung, staatlich geförderter Ansiedlung von Han-Chinesen und der allmählichen Angleichung der mandschurischen an chinesische Lebensverhältnisse und Gewohnheiten.

Infolge dieser Assimilationen handelt es sich bei der heutigen mandschurischen Bevölkerung im wesentlichen um eine «künstliche Minderheit». Einwohner, die einige mandschurische Vorfahren geltend machen können, sind berechtigt, den Minoritätenstatus zu beantragen, der einige Vorteile mit sich bringt.[22] Allerdings ist eine Reethnisierung nicht ausgeschlossen, und manche Vorstellungen von einer Großmandschurei, zu deren Einflußsphäre dann auch Korea und Japan gehören könnten, sind immer wieder vorgetragen worden. Dies gilt insbesondere für die historische Rekonstruktion, denn die Geschichte der Besiedlung Japans, Koreas und der Mandschurei hängen sicher aufs engste zusammen.[23]

Außenpolitik als Fortsetzung der Innenpolitik

Geschichte und Theorie der Außenbeziehungen Chinas sind vielfältig, wenn auch, wie oben festgestellt wurde, noch nicht erschöpfend behandelt worden.[24] Wolfram Eberhard setzt den Beginn fernöstlicher Diplomatiegeschichte mit dem Jahr 200 v. Chr. an, der Übergangsperiode von kriegerischen Auseinandersetzungen Chinas mit den Xiongnu zu friedlichen nachbarlichen Beziehungen. Doch Außenpolitik der Staaten untereinander hatte es bereits lange vorher gegeben, wobei die diplomatischen Beziehungen häufig im Austausch von Geiseln bestanden.[25] Einige Bausteine zu einer Diplomatiegeschichte hat E. Rosner aus der Zeit des späten Kaiserreiches zusammengetragen, und er bestätigt die Feststellung Schwarz-Schillings,[26] daß sich die Chinesen daran gewöhnt hatten, «Reichsidee und politische Praxis mit zweierlei Maß zu messen», indem sie nämlich die Reichsidee der Sphäre der Moral und Kultur zuordneten und damit der bloßen Machtpolitik enthoben.[27]

Abgrenzung und Mauerbau

Die Pflege von Außenbeziehungen und Diplomatie waren nur die Kehrseite des Abgrenzungsbedürfnisses, das, wie bereits Max Weber beobachtete,[28] in der Teilstaatenepoche insbesondere in den Grenzstaaten gegen die Barbaren zu starkem Patriotismus führte. Äußeres Zeichen der Abgrenzung untereinander und gegen die nördlichen Steppenzonen waren mehrere Wälle aus Lehm, Vorformen der späteren Chinesischen Mauer, die von dem Staat Qin nach der Reichseinigung zum Teil zum Bau eines

Gesamtsystems von Abgrenzungswällen verwendet wurden, dessen tatsächlicher Verlauf noch nicht ermittelt werden konnte und über dessen Länge ebenfalls Unklarheit herrscht.[29] Nach Ansicht Waldrons ist fraglich, wo der Wall bzw. die Mauer tatsächlich als Verteidigungslinie diente, vor allem wegen der Schwierigkeit ihrer Bemannung.[30] So ist strittig, ob Juyan, das Tor nach Innerasien, in der Späteren Han-Zeit gehalten oder im Jahre 46 n. Chr. verlassen wurde.[31] In jedem Falle aber spielte die Große Mauer als zumindest symbolische Grenze eine wichtige Rolle und kennzeichnet die Zone des kriegerischen oder friedlichen Kontaktes mit der zumeist nomadischen Bevölkerung am Rande der Ackerbauzone.[32]

Im Zuge der Begegnung der Steppenvölker mit der chinesischen Zivilisation kam es zur Übernahme von Institutionen und Gebräuchen, so daß auch der Prozeß der Staatenbildung bei diesen Völkern als durch das chinesische Vorbild angeregt gelten kann. Dieser u. a. von Wolfram Eberhard beobachtete Zusammenhang[33] ist neuerdings von Th. Barfield eingehender untersucht worden. Barfield spricht von einem von den innerchinesischen Reichseinigungsbestrebungen abhängigen Machtzyklus.[34] Während der die fremden Dynastien zerschlagenden Einigungskriege sei es auch zu einer Einigung innerhalb der Steppe gekommen. Barfield ist der Überzeugung, daß die Steppenvölker der Mongolei dabei eine zentrale Rolle spielten, ohne selbst zu Eroberern zu werden; die Mandschurei dagegen sei immer dann zur Brutstätte von Eroberdynastien geworden, wenn die chinesischen Dynastien infolge interner Unruhen schwach waren oder zerbrachen.[35] Damit wendet sich Barfield ausdrücklich gegen Wittfogel und Feng,[36] die den politischen Charakter der Steppenmächte zugunsten der Hervorhebung ihrer wirtschaftlichen Lebensweise (Hirtennomaden, Hackbauern und Ackerbauern) vernachlässigt hätten.

Der Süden und die Küstenregionen im Südosten

Anders als die Nordgrenze war der Süden in China immer offenes Terrain. Die südlichste Gegend Chinas ist die Insel Hainan. Dort lebten in Urzeiten die von den Chinesen als «Li» bezeichneten Barbaren, die ein Teil der großen Gruppe der sogenannten Man-Barbaren waren. Diese Insel ist Teil der auch als Lingnan («Südlich der Bergpässe») bezeichneten Übergangsregion von der subtropischen zur tropischen Zone, zu der die heutigen Provinzen Guangxi und Guangdong und die nördlichste Gegend Vietnams gehören. Dieses nördliche Vietnam war einst das chinesische Protektorat Annam gewesen, bis sich dieses Gebiet im 10. Jahrhundert verselbständigte und ein eigenes nach Süden gerichtetes Herrschaftsgebiet etablierte.

Die Insel Hainan, lange Zeit zur Provinz Guangdong gehörig und seit 1988 eine eigenständige Provinz,[37] ist der Fläche nach etwas kleiner als

Taiwan. Die frühen Versuche während der Han-Zeit, den Reichtum dieser Insel auszubeuten, waren nicht von Erfolg begleitet, sondern führten vielmehr zu zahlreichen Aufständen.[38] Über Jahrhunderte blieb die Insel ein Mysterium für die Chinesen und ein Schrecken zugleich, war dies doch zugleich der äußerste denkbare Ort für zwangsweise ins Exil Geschickte. Unter den insbesondere seit der Tang-Zeit auf die Insel Hainan Verbannten ist der berühmteste der Dichter Su Shi (1037- 1101), dessen Erfahrungen dort sich auch in einigen Dichtungen niedergeschlagen haben.[39] Wie sehr dieser Teil Chinas auch später noch von Chinesen als fremd empfunden wurde, zeigt die Überlegung Sun Yatsens, diese Insel einer der ausländischen Mächte für 14 Million Dollar zu verkaufen.[40]

Der neue Einheitsstaat und die einzelnen Minderheiten

Die Ausdehnung Chinas bezieht sich nicht nur auf die Ausdehnung von Chinas Grenzen, sondern in gewisser Weise auf die chinesische Zivilisation schlechthin und damit – so widersprüchlich das klingt – auch auf die Ansiedlung von Chinesen außerhalb Chinas, auf die sogenannten «Auslandschinesen» (chin.: *huaqiao*), in Südostasien ebenso wie in den Chinatowns der amerikanischen Metropolen. Die vor allem in der englisch- und chinesischsprachigen Welt geführte Diskussion der letzten Jahre über «Greater China» bezog sich in erster Linie auf die Wirtschaftsregion Chinas einschließlich seiner Nachbargebiete. Doch wie in der Vergangenheit führt eben genau diese Vorstellung eines Großchina dazu, daß Teile der Bevölkerung sich den dabei sich allgemein durchsetzenden Kulturstandards zu unterwerfen nicht bereit oder in der Lage sind. Wir haben es also derzeit mit einem Akkulturationsprozeß zu tun, bei dem Konflikte vorprogrammiert sind.

Trotz dieses Konfliktpotentials lassen sich die Völkerschaften Chinas nur vor dem Hintergrund der expansiven Dynamik des Reichseinigungsgedankens beschreiben. Die Zahl der heute als solche anerkannten Minderheiten ist bekanntlich weit niedriger als die Zahl der entsprechende Anträge stellenden Gruppen. Daher ist der Prozeß der Anerkennung selber zu thematisieren, zumal sich zeigt, daß die Anerkennung des Minderheitenstatus einer Gruppe in erster Linie einem macht- und ordnungspolitischen Kalkül folgt.

Eine Erforschung der Minderheiten und der Randvölker war in der Vergangenheit für die Literaten und Historiker Chinas nur ein Nebenthema gewesen. Freilich hat es seit frühester Zeit Berichte über die «Barbaren» an den Rändern gegeben, und im Zuge der Expansion während der Kaiserzeit sind eine Vielzahl von Berichten über die Nachbarvölker geschrieben worden, die allerdings in erster Linie aus dem Interesse der Unterwerfung verfaßt wurden. Die ethnische und sprachliche Vielfalt wurde erst nach dem Zusammenbruch des Kaiserreiches in positivem

Sinne erforscht, und Ausdruck der Anerkennung der Multiethnizität Chinas sind die Umstände, daß die Sprachen der Minderheiten in den frühen Jahren der Republik erforscht und beschrieben wurden und daß dann auf der Flagge der Volksrepublik China die fünf Sterne neben den Han die vier anderen wichtigsten Völkerschaften, nämlich Mongolen, Mandschus, Tibeter und Tataren, repräsentieren sollten, worauf bis heute von offizieller Seite immer wieder hingewiesen wird.

Eine gründlichere Erforschung der Minderheiten Chinas begann erst seit etwa 1950, zum Teil unter dem Einfluß sowjetischer Berater, die eine Romanisierung derjenigen Minderheitensprachen, die noch keine eigene Schrift kannten, empfahlen – und im Falle der Mongolen statt der uiguro-mongolischen Schrift ebenfalls eine Romanisierung favorisierten, wie dies dann auch in der bis zum Zusammenbruch der Sowjetunion unter deren Einfluß stehenden Mongolischen Volksrepublik geschah.

Eine Zählung und Klassifikation der Minderheiten nahm jedoch längere Zeit in Anspruch, da die einzelnen Völker auch untereinander sehr zersplittert waren und trotz teilweise enger und engster Verwandtschaft unterschiedliche Selbstbezeichnungen verwendeten. So beantragten etwa zu Beginn der 50er Jahre, allein in der Provinz Yunnan in Südwestchina, 260 Gruppen Minoritätenstatus nach den Kriterien Josef Stalins. Tatsächlich ist die Bestimmung der Identität, der Verschiedenheit und Gemeinsamkeit einzelner Gruppen ein subjektiv wie objektiv schwieriges, in vielen Fällen nicht lösbares Problem.[41] Im Jahre 1956 umfaßte die offizielle Liste der Minderheiten die Zahl 45; im Jahre 1957 waren es 46, im Jahre 1959 51 und im Jahre 1963 53. Im Jahre 1981 wurden 55 Minderheitengruppen anerkannt; zusammen mit der Majorität der Han-Bevölkerung gehören zum chinesischen Reich heute 56 Nationalitäten. Vor dem Hintergrund der Tatsache, daß nach Gründung der Volksrepublik über 400 Völker den Minderheitenstatus beantragten, ist die Anerkennungsrate niedrig, wenn auch mit steigender Tendenz. Immerhin weist der Zensus von 1990 noch 750000 Personen aus, die keiner der bisher anerkannten Nationalitäten zuzurechnen sind und noch ihrer Identifikation harren. Der größere Teil der Minderheiten siedelt in sogenannten «autonomen» Verwaltungseinheiten. 1996 gab es fünf Regionen, 31 Distrikte, 96 Kreise (in der Inneren Mongolei und in der Mandschurei heißen sie «Banner») sowie eine große Zahl von Dörfern als autonome Einheiten. Auch wenn diese Territorien dem unmittelbaren Zugriff und den Weisungen der KP Chinas ausgesetzt sind, wird der «Autonomiestatus» doch als Vorteil empfunden. Dies erklärt, warum zwischen 1982 und 1990 18 weitere autonome Kreise hinzugekommen sind, davon drei in der Provinz Liaoning für die Mandschu-Bevölkerung, und noch weitere hinzukommen werden. Von den geplanten acht neuen autonomen Kreisen sind fünf für die Tujia vorgesehen, eine im Südwesten verstreut siedelnde Volksgruppe, deren Zahl sich zwischen 1982 und 1990 von 2,8 auf 5,8 Millionen nahezu verdoppelte.[42] Wie schwierig und teilweise fragwürdig oder sogar bedenklich ethnische Klassifizierung in China gleichwohl ist, hat neben anderen Thomas O. Höllmann am Beispiel der festländisch-südostasiatischen Bevölkerungsgruppen in den südchinesischen Grenzregionen deutlich gemacht.[43]

Nun hängen Klassifikation und Benennung der Minoritäten auf chinesischer Seite seit jeher mit den Herrschafts- und Befriedungsinteressen zusammen. Dies zeigt sich an der Einführung von Euphemismen für die einstmals an der Schwelle zum Tierreich angesiedelten Völker. So setzte man bis in die 30er Jahre bei der Bezeichnung der Yao in Südostchina, die sich selbst «Mian» nennen, neben das Phonetikum *yao* zumeist das sinngebende Radikal *xuan* («Hund»), welches dann allmählich durch *ren* («Mensch») ersetzt wurde. Nach der Machtübernahme durch die Kommunisten wurde dies ersetzt durch das Radikal *yu* («Jade»), so daß das Zeichen «eine nahezu ehrerbietige Konnotation erhielt» (Th. O. Höllmann).[44]

Nun darf freilich nicht verkannt werden, daß diese Verknüpfung von Tierbezeichnung und Barbarenbegriff zwar durchaus eine polemische Komponente hatte und zur Gruppen- und Identitätsbildung der sich von solchen «Barbaren» Unterscheidenden diente, daß es daneben aber spätestens seit der Zeit des Konfuzius auch eine «aufgeklärte» Tradition gab, die den Fremden als «Mitmenschen» anerkannte und der zufolge auch «Barbaren» Menschen sind.[45] Zur Minoritätenpolitik der Volksrepublik China gehört andererseits auch, einen regelrechten Minoritätentourismus durchzuführen, die Minderheiten in den Fernsehprogrammen als Programmelemente zu benutzen und in Volkskulturdörfern die einzelnen Nationalitäten gewissermaßen wie in einem Zoo zur Schau zu stellen.[46]

Trotz nicht weniger ungelöster Geltungs- und Anerkennungsansprüche haben sowohl die offiziell geförderten Forschungsprojekte als auch die Präsenz der Minderheiten in den Medien zu einer gewissen Integration geführt. In diesem Zusammenhang spielen die in China selbst geförderten Studien zu den Minoritäten eine große Rolle, ebenso aber auch die Privilegierung von Minderheiten. Denn es bedeutet der Minoritätenstatus u.a., mehr als ein Kind haben zu dürfen, und nicht wenige Chinesen beantragen solchen Minoritätenstatus, um weniger Steuer und Abgaben leisten zu müssen. Die Privilegierung der Minderheiten an den Grenzen führt darüber hinaus auch zu einer Unterstützung der tendenziellen Ausdehnung der chinesischen Welt, handelt es sich dabei doch auch um ein Propaganda-Argument gegenüber den häufig mit der Grenzbevölkerung verwandten Anwohnern jenseits der Grenze.

Wenn auch nach dem bisher Gesagten die Identifikation der einzelnen Minoritäten durchaus problematisch ist, so kann eine Auflistung doch Hinweise auf die Vielfalt der Ethnien Chinas geben. Gemeinsam bilden die Minderheiten und Ethnien Chinas einschließlich der Han die, um den erst im 20. Jahrhundert geprägten Begriff zu verwenden, *Zhonghua minzu*, «die chinesischen Völker» oder «das chinesische Volk». Damit bleibt offen, wie sich die einzelnen Ethnien innerhalb dieses Oberbegriffes «das/die chinesische(n) Volk/Völker» selbst verstehen. Da die Minderheitenvölker in den Randgebieten des heutigen China zum Teil schon länger dort ansässig, zum Teil auch erst dorthin zurückgewichen sind, leistet heute den bedeutendsten Beitrag zur Korrektur des Bildes vom chinesischen Einheitsreich – Thomas O. Höllmann spricht von einem «Zerrbild»[47] – neben der Ethnologie die Archäologie, deren Erkenntnisse in den nächsten Jahren besondere Beachtung verdienen.

Die Völker Chinas

Es folgt eine Aufstellung der offiziell anerkannten Nationalitäten Chinas. Die Bevölkerungszahlen sind die des Zensus von 1990. Ob tatsächlich noch alle auch die eigene Sprache sprechen, ist strittig, insbesondere bei den Mandschu. Die Hui haben keine eigene Sprache, sondern sprechen die jeweiligen lokalen Dialekte. Siehe auch die Aufstellung bei Heberer 1984, Nationalitätenpolitik, S. 361, sowie bei Ramsey 1987, Languages of China, S. 164 f.[1]

Name	Bevölkerungszahl 1990	Sprachfamilie	Siedlungsraum
Achang	27,708	Tibeto-Burmanisch	Süden: Yunnan
Bai	1,594,827	–	Süden: Yunnan
Bao'an	12,212	Mongolisch	Norden: Gansu
Benglong	15,462	Mon-Khmer	Süden: Yunnan
Blang	82,280	Mon-Khmer	Süden: Yunnan
Bouyei (siehe Buyi)			
Bulang (siehe Blang)			
Buyi	2,120,469	Tai	Süden: Guizhou
Dagur	121,354	Mongolisch	Norden: Mandschurei
Dai	840,590	Tai	Süden: Yunnan
Daur (siehe Dagur)			
Dong (siehe Kam)			
Dongxiang (siehe Santa)			
Drung	5,816	Tibeto-Birmanisch	Süden: Yunnan
Dulong (heute auch: De'ang; siehe Drung)			
Elunchun (siehe Oroqen)			
Evenki	26,315	Tungusisch	Norden: Mandschurei
Gaoshan (siehe Kaoshan)			
Gelao	437,997	–	Süden: Guizhou

---

1 Für die Überlassung der Zensuszahlen von 1990 danke ich Dr. Brunhild Staiger, Institut für Asienkunde, Hamburg. Sehr differenzierte Aufstellungen und Analysen zur Verteilung der Minoritäten in China finden sich in The Cambridge Handbook of Contemporary China. – Cambridge: Cambridge U. P. 1991, S. 205–242.

Name	Bevölkerungszahl 1990	Sprachfamilie	Siedlungsraum
Gelbe Uighuren (siehe Yugu)			
Gin	11,995	–	Süden: Guangxi
Han	1,042,482,187	Sinitisch	landesweit
Hani	1,059,404	Tibeto-Birmanisch	Süden: Yunnan
Hezhen	4,245	Tungusisch	Norden: Mandschurei
Heche (siehe Hezhen)			
Hui	8,602,978	Sinitisch	landesweit, vornehmlich im Nordwesten
Jing (sieheGin)			
Jingpo	119,209	Tibeto-Birmanisch	Süden: Yunnan
Jino	18,021	Tibeto-Birmanisch	Süden: Yunnan
Kam	2,514,014	Tai	Süden: Guizhou
Kaoshan	2,909	Austronesisch	Taiwan
Kasachen	1,111,718	Türkisch	Norden: Xinjiang
Kirgisen	141,549	Türkisch	Norden: Xinjiang
Koreaner	1,920,597	–	Norden: Mandschurei
Lahu	411,476	Tibeto-Birmanisch	Süden: Yunnan
Lhopa	2,312	Tibeto-Birmanisch	Tibet
Li	1,110,900	Tai	Süden: Hainan
Lisu	574,856	Tibeto-Birmanisch	Süden: Yunnan
Loba (siehe Lhopa)			
Lolo (siehe Yi)			
Mandschu	9,821,180	Tungusisch	Norden
Maonan	71,968	Tai	Süden: Guangxi
Miao	7,398,035	Miao-Yao	Süden
Monba (siehe Monpa)			
Mongolen	4,806,849	Mongolisch	Norden
Monguor (Tu)	191,624	Mongolisch	Norden: Qinghai
Monpa	7,475	Tibeto-Birmanisch	Tibet
Moso (siehe Naxi)			
Mulam	159,328	Tai	Süden: Guangxi
Mulao (siehe Mulam)			
Nakhi (siehe Naxi)			
Naxi	278,009	Tibeto-Birmanisch	Süden: Yunnan
Nu	27,123	Tibeto-Birmanisch	Süden: Yunnan
Oluntschun (Orochon, siehe Oroqen)			
Oroqen	6,965	Tungusisch	Norden: Mandschurei
Primi	29,657	Tibeto-Birmanisch	Süden: Yunnan
Pumi (siehe Primi)			
Qiang	198,252	Tibeto-Birmanisch	Süden: Sichuan
Russen	13,504	Indoeuropäisch	Norden: Xinjiang

Name	Bevölkerungszahl 1990	Sprachfamilie	Siedlungsraum
Salar	87,697	Türkisch	Norden: Qinghai
Santa	373,872	Mongolisch	Norden: Gansu
She	630,378	Miao-Yao	Süden: Fujian
Shui (siehe Sui)			
Sibo (siehe Xibo)			
Sui	345,993	Tai	Süden: Guizhou
Tadschiken	33,538	Indoeuropäisch	Norden: Xinjiang
Tatar	4,873	Türkisch	Norden: Xinjiang
Tibeter	4,593,330	Tibeto-Birmanisch	Tibet
Tu (siehe Monguor)			
Tujia	5,704,223	–	Süden: Hunan
Uighuren	7,214,431	Türkisch	Norden: Xinjiang
Usbeken	14,502	Türkisch	Norden: Xinjiang
Vietnamesen (siehe Gin)			
Wa	351,974	Mon-Khmer	Süden: Yunnan
Xibo	172,847	Tungusisch	Norden
Yao	2,134,013	Miao-Yao	Süden
Yugu	12,297	Türkisch	Norden: Gansu
Yi	6,572,173	Tibeto-Birmanisch	Süden
Zang (siehe Tibeter)			
Zhuang	15,489,630	Tai	Süden: Guangxi

Andere (noch nicht identifizierte) nationale Minderheiten:

749,341

Zweites Kapitel

Der Weg zum Einheitsstaat
(ca. 1500 v. Chr. – 23 n. Chr.)

4. Der Triumph des Menschen über die Geographie

Einheit des Reiches als Mythos und Ideal

Es war bereits davon die Rede, daß die Einheit Chinas als ein «Triumph des Menschen über die Geographie» angesehen werden könne. Die «Monographie über die Erde» im *Hanshu*, dem Geschichtswerk zur Früheren Han-Dynastie von Ban Gu (32–92), beginnt mit den Worten: «Im Altertum reiste der Gelbe Kaiser zu Wasser und zu Lande und verband so die noch nicht verbundenen Gebiete; er reiste unter dem Himmel überallhin, vermaß die zehntausend Meilen, grenzte die Wildnis ab und bezeichnete die hundert Bezirke und die zehntausend Gebiete. Das ‹Buch der Wandlungen› faßte dies folgendermaßen: ‹Die früheren Könige belehnten die Zehntausend Länder und behandelten die Lehnsfürsten wie Verwandte›, und das ‹Buch der Urkunden› sagt: ‹Er befriedete und schuf Eintracht bei den Zehntausend Ländern *(wanguo)*.›»[1]

Man wird das chinesische Selbstverständnis von einem kontinuierlich bestehenden China nicht verstehen, wenn man die in der Frühzeit der chinesischen Kultur entwickelten Weltbildkonstruktionen nicht mit in Betracht zieht. Dies wird besonders deutlich etwa im Vergleich der griechischen Vorstellung von Staatlichkeit mit der chinesischen Vorstellung von dem Wechselverhältnis zwischen kosmischer und gesellschaftlicher Ordnung.[2]

Allgemein wird der Anspruch auf die Zentralgewalt bereits mit dem später als Shang-Reich bezeichneten Herrschaftsgebilde in Zusammenhang gebracht.[3] Dies sagt jedoch noch nichts über die tatsächliche territoriale Herrschaftsausübung. E. L. Shaughnessy hat jüngst in einem Beitrag dargelegt, daß die Ausdehnung der Westlichen Zhou weit geringer gewesen ist, als dies bisher von den meisten angenommen wurde. Obwohl der kulturelle Einfluß der Shang und der Westlichen Zhou groß gewesen war, erstreckte sich ihre politische Macht doch nur auf ein relativ kleines Territorium, insbesondere entlang des mittleren und unteren Laufs des Gelben Flusses.[4] Im Vergleich zur Späten Kaiserzeit blieb auch noch in den folgenden Jahrhunderten die Ausdehnung der chinesischen Staatlichkeit auf ein relativ enges Territorium begrenzt. Doch es bildete sich dort, insbesondere unter dem Einfluß der miteinander rivalisierenden Teilstaaten und ihrer Geltungsansprüche, die Vorstellung von einer zivilisierten Welt aus, die Vorstellung von einer Ökumene, die für die politische Entwicklung Chinas bis in die Gegenwart bestimmend geblieben ist.

Staatsbildung und die Frage nach dem Anfang

Das schwierige Problem der Entstehung des chinesischen Volkes und der chinesischen Kultur, zu dessen weiterer Erhellung zweifellos die im Gange befindlichen und zukünftigen archäologischen Forschungen beitragen werden, ist, wie aus den bisherigen Darlegungen schon zu entnehmen, bis heute ungelöst. Die Hypothese, die «Chinesen» seien in eine im Huanghe-Knie und am Wei-Fluß gelegene Keimzelle eingewandert, hat sich ebenso als wenig hilfreich erwiesen wie die These Wolfram Eberhards von der Entstehung der chinesischen Kultur aus einer Amalgamierung verschiedener nicht-chinesischer Randvölker. Wir können jedoch davon ausgehen, daß sich die chinesische Kultur in einem jahrhundertelangen und im einzelnen bisher nicht rekonstruierten Prozeß von Beeinflussung und Auseinandersetzung, von Abstoßung und Aufnahme allmählich herausgebildet hat.

Für die Fragestellung unserer Untersuchung sind jedoch nicht nur Alter und Ausdehnung der chinesischen Kultur von Bedeutung, sondern auch das Bewußtsein von dem Alter dieser Kultur bei den maßgeblichen Kreisen in der durch schriftliche Überlieferung belegten Zeit. Bereits Konfuzius beklagte, von den alten Dokumenten nichts mehr zu wissen, und in den 20er Jahren des 20. Jahrhunderts haben manche Intellektuelle die Existenz des Altertums gar ganz geleugnet. Diese skeptische Haltung ist gleichwohl nicht bestimmend geworden. Begünstigt wird die spekulative Geschichtsausdehnung jedoch durch den Umstand, daß vor allem die steinzeitlichen Geschehnisse, das heißt die Entwicklung bis ins 3. Jahrtausend v. Chr., trotz archäologischen Erkenntniszuwachses, immer noch weitgehend im dunklen liegen. Wahrscheinlich aber ist, daß der späteren Ausdehnung der sinitischen Kultur nach Süden eine nordwärts gerichtete Wanderung von Ackerbauern voranging, bei der in Zentral- und Nordchina als Jäger und Sammler lebende proto-tungusische Stämme verdrängt oder assimiliert wurden, deren Nachkommen dann viel später wieder nach Süden drängte und mit den Dynastien Jin (1115–1234) und Qing (1644–1911) eigene Reiche auf chinesischem Boden errichteten.

Lange Zeit galt die nördliche Zentralebene als das Zentrum der chinesischen Kultur, während durch archäologische Funde belegte Kulturen am Rande als Verzweigungen oder Ableger dieser sinitischen Kultur, die auch als Yangshao-Kultur bezeichnet wurde, eingestuft werden. Doch haben die seit der Entdeckung der Kultur von Yangshao (ein Dorf in NW Henan) durch den Schweden J. G. Anderson im Jahre 1921 in den als peripher geltenden Gegenden gemachten Funde der letzten Jahre die alte Vorstellung von Zentrum und Peripherie zunehmend fragwürdig werden lassen. Bis in die Mitte des 20. Jahrhunderts traten neben die Yangshao-Kultur u. a. die Longshan, Hongshan, Majiayao, Banshan, Machang, Qijia, Siwa, Xindian und weitere Kulturen, und seither ist auch der Ursprung der Yangshao-Kultur wieder zu einer gänzlich offenen Frage geworden. Ein weiterer Grund für die Aufgabe der ursprünglichen Zentrum/Peripherie-Unterscheidung sind die Ergebnisse neuerer geomorphologischer Untersuchungen, die es wahrscheinlich machen, daß infolge klimatisch günstiger Bedingungen die Steppenzonen im Norden Chinas während der Jungsteinzeit noch für den Ackerbau geeignet waren und daher Seßhaftigkeit ermöglichten.[5] Doch während lange Zeit nur wenige der einzelnen regionalen Kulturen als unabhängig entstanden betrachtet wurden, hat seit der Mitte der 70er Jahre eine Neuorientierung eingesetzt.[6] Der kulturellen Vielfalt der frühen Zeit entspricht auch die mannigfache Gliederung Chinas.[7] Vor allem der Norden, d. h. das Huanghe-Tal und die nördlichen Wälder und Steppen, unterscheidet sich in jener Zeit stark von der südlichen Laubwaldzone. Und da die Berge und Hügel in vorgeschichtlicher Zeit bewaldet gewesen sein dürften,[8] waren nur die Täler besiedelt. Insbesondere der Süden mit seinen Hügellandschaften, dem relativ isolierten und erst nach der Eroberung durch den Qin-Staat allmählich sinisierten Roten Becken (Sichuan)[9] und den Seengebieten am Mittleren und Unteren Yangzi-Lauf war weitgehend eigenständig, und die Kolonisierung des Südens ist denn auch ein sich über Jahrhunderte hinziehender Prozeß gewesen, der erst während der Zeit des späten Kaiserreiches – und da auch nicht vollständig – abgeschlossen wurde.

Im Zusammenhang mit der erdgeschichtlichen und klimatischen Evolution bildeten sich insbesondere während der Zeit der «Neolithischen Revolution» seit dem 5. Jahrtausend v. Chr. in verschiedenen Zonen Chinas Ackerbau und erste arbeitsteilige Strukturen heraus, die bereits als «sinitisch» zu bezeichnen sind, weil sie Züge trugen, welche zum Teil wenigstens die Grundmuster späterer chinesischer Zvilisation bestimmt haben. Denn als ganz und gar unsicher muß gelten, ob es sich bei dem als Peking-Mensch gekennzeichneten und in die Zeit zwischen 210 000 und 500 000 v. Chr. datierten Skelettfund von Zhoukoudian (1934) nur um das Exemplar eines *homo erectus* oder um einen *homo sapiens sapiens* gehandelt hatte. In jedem Fall waren es noch Anthropophagen, die andere Menschen verzehrten. Mit Sicherheit taucht der *homo sapiens sapiens* dann im Mittleren Paläolithikum auf und ist in der letzten Eiszeit, der Dali- Eiszeit (etwa 100 000 – 10 000 v. Chr.), durch Funde belegt.

Daß die neuere Forschung gerade für die Frühzeit noch wesentliche Korrekturen bisheriger Vorstellungen mit sich bringen wird, liegt also auf der Hand. Solange aber der Charakter der Xia-Dynastie, der ersten der «Drei Dynastien» des Altertums (Xia, Shang und Zhou), nicht sicher ist und solange auch die frühen Shang-Herrscher nicht zweifelsfrei belegt sind, beginnt die Geschichte in China nicht lange vor dem 13. Jahrhundert. Und mit der Zunahme der archäologischen Funde in den am Rande Chinas gelegenen Gebieten gewinnt die These von der polygenetischen Herkunft der Zivilisation Chinas immer mehr an Gewicht. Man ist geneigt, so Robert L. Thorp, hier eine Parallele zwischen den Auseinandersetzungen zwischen Zentrum und Peripherie in China einerseits und dem Bemühen der chinesischen Gelehrten um Beibehaltung einer einzigen chinesischen Kultur andererseits zu sehen.[10]

Im Hintergrund steht die Frage, ob die Erlitou-Kultur in West-Henan (ca. 1900–1500 v. Chr.) Vorläufer der historischen Shang-Kultur war; jedenfalls läßt sich aber die Erlitou-Kultur bislang weder einem bestimmten Volk noch einem politischen Gebilde, von denen die historischen Berichte (insbesondere das *Shiji*) sprechen, zuordnen. Die wichtigste der verschiedenen Zivilisationen auf chinesischem Territorium ist im zweiten vorchristlichen Jahrtausend jedenfalls die später als «Shang» bezeichnete Herrschaftsorganisation gewesen, und entsprechend hat Kwang-chih Chang auch die Zivilisationen vom Shang-Typ der umliegenden Regionen der Shang-Zivilisation zugerechnet und all jene, die diese Kultur teilten, als Chinesen bezeichnet.[11] Die Überlegenheit der Shang-Kultur mag auch damit zusammenhängen, daß dies, jedenfalls soweit wir wissen, die einzige Schriftkultur jener Zeit östlich des Ural war. Am Herrscherhof der Shang gab es Archivare und Schreiber, die wichtige Ereignisse aufzeichneten. Hinzu kommt, daß sich dort bereits zu Beginn des zweiten Jahrtausends eine Bronzetechnologie entwickelt hatte, die offenbar zur Herausbildung einer Aristokratie in manchen Orten führte.

Gerade wegen dieser Vielgestaltigkeit des chinesischen Altertums ist es verständlich, daß sich spätere Generationen die Frage nach den Anfängen der chinesischen Geschichte gestellt haben, einfach schon deswegen, weil sich die späteren Dynastien auf eine lange Tradition berufen wollten. Die Skepsis gegenüber jeder Frage nach den Anfängen, wie sie Johann Gustav Droysen (1808–84) vorgetragen hat, der es für eine «bedenkliche Illusion» erklärte, nach dem Anfang suchen zu wollen in der Meinung, «*da* das Wesen der Sache, den eigentlichen Lebenskern, aus dem die Entwicklung hervorging» finden zu können,[12] solche Skepsis wurde, wie erwähnt, auch in China immer wieder vorgetragen, doch herrschte daneben die in dem früh zum Klassiker avancierten «Buch der Wandlungen» *(Yijing)* niedergelegte Legende von einem Ursprungsmythos, in dem von den Kulturheroen berichtet wird, mit denen China seine Geschichte beginnen ließ, wobei der Umstand bemerkenswert ist, daß es Kulturleistungen waren wie Schriftentwicklung und Ackerbau, mit denen die Geschichte begann. Für die spätere, wenn man will: «ideologische» Rekonstruktion der Geschichte war einerseits das Bedürfnis des Kaiserstaates verantwortlich, die eigene Geschichte zurückzuprojizieren; andererseits waren Vertreter adeliger Familien bemüht, ihre Stammbäu-

me mit den mythischen Klanheroen an der Spitze möglichst weit zurückzuführen. Diesen Zusammenhang aufgedeckt zu haben ist das Verdienst
der um die Serie von Sammelbänden mit dem Titel «Kritische Auseinandersetzung mit der alten Geschichte» (*Gushibian*, 1926 ff.) wirkenden Historiker, die sich allerdings bereits auf japanische Arbeiten stützen konnten.[13]

Die als Kulturheroen gezeichneten «Heiligen Herrscher» galten allgemein als Vorbilder. Während Konfuzius als älteste Herrscherfiguren der
Geschichte nur die beiden Kaiser Yao und Shun kannte, wußte man ca.
100 v. Chr. bereits von einer Folge von «Fünf Kaisern» (*wudi*): Huangdi
(«Gelbkaiser»), reg. 2674–2575 v. Chr.; Zhuanxu, reg. 2490–2413; Ku, reg.
2412–2343; Yao, reg. 2333–2234 und Shun, reg. 2233–2184.[14] Vor diese
Fünfzahl von Urkaisern hat dann die Pseudohistorie noch die «Drei Er-
habenen» (*sanhuang*) gesetzt und auch ihnen Regierungsdaten zugewiesen, nämlich Fuxi, reg. 2952–2836, Shennong und Yandi. Die Klanheroen
und Heiligen der Legenden werden erst in der Han-Zeit als die *sanhuang*
und die *wudi* systematisiert. Während der längsten Zeit wurde die Historizität dieser Personen, die freilich für das konfuzianische Selbstverständnis auch keine spezifische Rolle spielten, nicht angezweifelt. Erst in den
letzten Jahrzehnten haben Historiker und Volkskundler, aufbauend auf
die erwähnten Arbeiten der empirischen Schule von Historikern um die
Serie *Gushibian*, herausgefunden, daß es sich um Uminterpretationen der
Späten Zhou- und der Han-Zeit handelt.

Immerhin spricht manches dafür, daß Yangcheng, die Stadt, in der
nach einigen Berichten der Große Yu, der Gründer der Xia-Dynastie, den
Thron bestieg, mit Dengfeng in Nord-Henan identisch ist. Dort fanden
sich Reste der Longshan-Kultur. Hieraus wie aus anderen Funden wird
in neuerer Zeit der Schluß gezogen, daß sich eine alte Zivilisation, die
wir mit den Xia gleichsetzen können, bereits weit ausgedehnt hatte, nämlich über Shandong, Hebei und Henan hinaus auch nach Hubei und
Shaanxi. Und von der Longshan-Kultur gibt es eine enge Beziehung zur
Bronzekultur der Shang.[15] Deren Dokumente waren jedoch lange verloren, was bereits Konfuzius beklagte. Die seit der Han-Zeit bekannten
Bronzen jener Shang-Zeit fanden erhöhte Aufmerksamkeit im 11. Jahrhundert – der älteste erhaltene Bronze-Katalog *Kaogutu* von Lü Dalin
wurde im Jahre 1092 verfaßt –, als man sich überhaupt mehr für Archäologie interessierte. Erst um die Jahrhundertwende vom 19. zum 20. Jahrhundert tauchten jene beschrifteten Schulterblätter (von Rindern) und
Schildkrötenpanzer auf, die der religiös-kultischen Praxis am Königshof
der späten Shang- und frühen Zhou-Dynastie entstammen und die unsere Kenntnisse von der chinesischen Frühgeschichte in geradezu revo-
lutionärer Weise erweitert haben.

Die Anfänge dynastischer Kontinuität

Während der Shang/Yin-Zeit wurde die Hauptstadt achtmal verlegt. Einen besonderen Einschnitt bedeutete die Verlegung der Hauptstadt durch Pangeng nach Yin (in der Gegend des heutigen Anyang im nördlichen Henan), die Gegenstand von drei aufeinanderfolgenden Kapiteln im «Buch der Urkunden» ist.[16] Mit der politischen Organisation der Shang, insbesondere mit ihrem bürokratischen Rationalismus wurden Weichenstellungen für die Zukunft vorgenommen.[17] Diese Rationalität trat in einer bemerkenswerten Verbindung mit magisch-mystischen Elementen auf. So deuten die Tierabbildungen und stilisierten Tiermasken darauf hin, daß wir es in der Shang- und auch noch in der Zhou-Zeit mit Schamanismus zu tun haben.[18] Dabei spiegelt die Symmetrie der Tiermotive den Dualismus innerhalb des Shang-Herrscherklans.[19] Denn an der Spitze des Shang-Staates stand der König, der bei Generationswechsel vermutlich alternierend aus einer von zwei aus einzelnen der zehn Segmente *(gan)* des Königsklans gebildeten Gruppierungen rekrutiert wurde, während ein Herrscherwechsel innerhalb einer Generation auch innerhalb einer der Gruppierungen vollzogen wurde.[20] Dem Herrscher stand ein Rat zur Seite, dessen ranghöchstes Mitglied der Oberste eines der Königsklansegmente des jeweils anderen Lagers sein mußte. In der Nachfolgefrage entschied im Zweifelsfall die Stellung der Mutter, d. h. deren Herkunft, oder aber die Stärke des den Anspruch auf die Königswürde erhebenden Klansegments. Die rituelle Differenzierung und die Verteilung von Macht drückte sich in der hierarchischen Organisation einzelner Stammeslinien und Geschlechter innerhalb eines größeren Klanverbandes aus. Wieweit die regionalen Herrschaftsverbände und Städte mit ihren Militärorganisationen miteinander vernetzt waren, ist bis heute unklar. Eine zentrale Rolle spielten die Schreiber, denn die Schriftbeherrschung diente nicht nur der Information über die Vergangenheit, dem Protokollieren der Herrscherwechselprozeduren und dem diplomatischen Verkehr, sondern auch der Kommunikation mit den Ahnen beim Opferritual und bei der Divinationspraxis.

Doch nicht nur das Bild der Vor- und Frühgeschichte Chinas stellt sich aufgrund der archäologischen Funde in neuem Lichte dar, sondern auch unser Bild des frühen Altertums, d. h. die Zeit der Zhou-Dynastie, muß erheblich revidiert werden. Am Anfang aller Staatsbildung in China stand ja, wie wir gesehen haben, die Herausbildung von Klanen, die sich auf einen Ahnherrn und häufig die übernatürliche Geburt desselben beriefen. Es dürfte Hunderte solcher Klanmythen gegeben haben, doch kennen wir heute nur noch Reste der Mythentraditionen derjenigen Klane, die auf Dauer siegreich waren und eine der großen Dynastien gründen konnten.[21] Der Shang-Staat hatte bereits aus einem Netzwerk von städtischen Siedlungen bzw. Ackerbaustädten *(yi)* bestanden und unterschied zwischen dem Hauptstadtbezirk *(neifu)* und dem übrigen Staatsgebiet *(waifu)*.[22] Diese Konzeption stand dann Pate bei der späteren Systematisierung der Ökumene und bei der Herausbildung der Vorstellung von besonders zentralen Orten und Regionen unabhängig von der Lage der Hauptstadt, jener Vorstellung, auf die sich Politiker bei ihren Legitimationsdebatten immer wieder beriefen, wie dies dann auch Chen Liang im 12. Jahrhundert tat.

Die Zhou-Kulturen

Für die Zeit der Östlichen Zhou, als China vom Bronzezeitalter in das Eisenzeitalter wechselte, unterscheidet Yu Weichao neben einigen kleineren Kulturen sechs größere Kulturräume oder Kulturen, die Jin-Kultur (die dann während der Zeit der Streitenden Reiche als die Kultur der drei Jin[-Staaten] und der zwei Zhou[-Krondomänen] bezeichnet wird), die Qin-Kultur, die Chu-Kultur, die Qi- (oder Qi-Lu-)Kultur, die Yan-Kultur und die Wu-Yue- (oder: Hundert Yue-)Kultur, die offenbar jeweils eine längere eigene Vorgeschichte, aber auch eine Geschichte zunehmender wechselseitiger Beziehungen und zwischenstaatlichen Austausches hatten.[23] Daß man nicht mehr von dem Geschichtsbild ausgehen dürfe, «das die Staaten des antiken China als die verrotteten und verworfenen, als die macht- und beutegierigen Zerfallsproukte des vordem souverän geordneten Zhou-Reiches beschrieb», hat vor mehr als einem Vierteljahrhundert bereits Hans Stumpfeldt hervorgehoben.[24] Denn es hatte neben den Xia, Shang und Zhou jeweils noch andere Staaten gegeben, so daß das Vielstaatensystem der Zhou-Zeit nur eine Fortentwicklung früherer Zustände und nicht das Ergebnis eines Zerfallsprozesses war.

Wesentlicher Aspekt der Staatsbildung in China waren, was in der späteren Kaiserzeit ganz in den Hintergrund gerät, die zwischenstaatlichen Beziehungen, die später, zu Zeiten von Reichsteilungen, immer wieder auflebten. Staatlichkeit war «von Anfang an eine Sache der Lehen *(guo)*»,[25] nicht des Reiches. Zwar wurden Reich *(tianxia)* und Welt in der Theorie gleichgesetzt, doch haben in der Praxis dann Herrscher der Han-Zeit ebenso wie spätere Herrscher von Einheitsreichen mit anderen Mächten Verträge schließen müssen. Auf diesen Gegensatz zwischen theoretischem Anspruch einerseits und außenpolitischer Praxis andererseits ist mehrfach hingewiesen worden, und durch alle bisher untersuchten Verträge Chinas mit anderen Staaten ist diese Zwiespältigkeit bestätigt worden.

Mit der Expansion des Staates Qin, der Errichtung seiner Vorherrschaft und der Unterwerfung der anderen Teilstaaten endet das Chinesische Altertum, und es beginnt eine lange Zeit staatlich-gesellschaftlicher Gestaltung, die Stefan Balázs als «bürokratischen Staatszentralismus» bezeichnet hat. Struktur und Gestaltung dieses Herrschaftssystems ist weithin Gegenstand der Betrachtung und Erforschung geworden. Dabei sind zu Recht die Ursprünge im chinesischen Altertum selbst gesehen worden. Creel geht davon aus, daß Formen bürokratischer Verwaltung bereits zur Zeit der Westlichen Zhou entwickelt worden seien.[26] Das System örtlicher Verwaltung sei zuerst im Staate Chu während der Chunqiu-Periode entstanden und Shen Buhai, ein Politiker und Administrator der Zhanguo-Zeit, sei der erste Theoretiker einer bürokratischen Regierung gewesen.

Die Bedeutung der Lokalkulturen

Einer gewissen kulturellen Homogenität auf dem Gebiet der Zentralebene stand eine Vielfalt hierzu disparater Kulturen in der näheren und weiteren Umgebung gegenüber. Für unsere Kenntnisse der alten Lokalkulturen bietet wichtiges Material die bahnbrechende Studie von Wolfram Eberhard, der China als eine aus einer Agglomeration von Einzelkulturen zusammengeschmolzene Kultur sieht, wobei er allerdings Regionen und Völkerschaften etwas allzu umstandslos gleichsetzt.[27] Karl August Wittfogel betont dagegen den nicht-chinesischen Charakter eines Großteils der von fremden Völkern beherrschten Dynastien.[28]

Das Selbstverständnis der einzelnen Regionen wurde durch lokale Kulte geprägt, gegenüber denen es die Zentrale oft schwer hatte, sich zu behaupten. Hinweise auf die lange Geschichte regionaler Sonderentwicklungen geben neuere Ausgrabungsfunde, die auch die These von dem Huanghe- und Wei-Tal als «Wiege der chinesischen Kultur» relativieren und die zudem durch regionale Eigeninteressen bestärkt werden. Insbesondere die südliche Chu-Kultur hat in den letzten Jahren verstärktes Interesse gefunden.[29] Bisherige Theorien von den Lokalkulturen sind andererseits dahingehend zu korrigieren, daß es gleichwohl bereits in der Bronzezeit gewisse überregionale Ähnlichkeiten gegeben haben dürfte. Für unseren Zusammenhang aber ist wichtig, daß der nach innen losen Bindung nach außen der Anspruch gegenüber stand, das chinesische Reich sei nicht nur für die Han- Chinesen, sondern für die gesamte Welt das Zentrum und der Ausgangspunkt aller Kultivierung überhaupt.[30] Zur Sicherung der Randzonen, von denen u. a. aufgrund der kulturellen Differenz Bedrohung ausging, wurden, wie wir sahen, verschiedene Mittel, Verträge, Tributbeziehungen, aber auch kriegerische Mittel eingesetzt. Die Grenzen der Bürokratie bestimmten die Grenzen des Reiches. So ist für das spätkaiserzeitliche China die Bürokratie ein ganz entscheidender Faktor, und mit der weitgehenden Abschaffung der Bürokratie in ihrer traditionellen Form in der ersten Hälfte des 20. Jahrhunderts wurde auch die *Kultur des bürokratischen China* zerstört – wenn auch nicht die dadurch geprägte Mentalität der Chinesen.[31] In diesem Zusammenhang ist darauf hinzuweisen, daß die Rede vom «bürokratischen China» der Kaiserzeit leicht zu dem Mißverständnis führt, China habe eine komplexe Verwaltungsstruktur gehabt. Dies ist nicht der Fall, sondern es handelte sich um eine Bürokratie auf niedrigem Niveau, die aber stets hart an der Grenze ihrer maximalen Leistungsfähigkeit arbeitete – und dadurch Erstaunliches zustande brachte. Nötig erscheint daher heute eine komplexe bürokratische Struktur mit klaren Kompetenzgrenzen.[32]

Der Herrschaftsbereich der Zhou-Dynastie erstreckte sich vom Wei-Tal im Westen über die spätere Hauptstadt Luoyang nach Nordosten, Osten und Südosten und endete etwa am Huai-Fluß im Südosten und reichte im Norden bis in die Gegend des heutigen Peking (d. i. Beijing). Über Trennendes hinweg suchte man die Gemeinsamkeiten zwischen den eigenen Regionen zu betonen. So lesen wir im Werk des Philosophen Xunzi: «Kleinkinder, ob nun bei Völkern wie den Gan, den Yue, den Yi oder Mo geboren, äußern alle die gleichen Laute; sind sie aber erwachsen, dann haben sie ganz verschiedene (Sprachen und) Lebensgewohnheiten; das kommt von der Belehrung (durch andere) her.»[33]

Die einzelnen Teile, aus denen sich China gebildet hatte, neigten – freilich in unterschiedlicher Intensität – immer wieder dazu, sich zu verselbständigen. Dieser zentrifugalen Tendenz wurde zwar regelmäßig mit Erfolg begegnet, doch blieb die Ursache, nämlich Interessenkonflikte insbesondere zwischen den Eliten einzelner Regionen und Bezirke, bestehen und konnte niemals kompensiert werden. Im Gegenteil, das Bewußtsein der Zugehörigkeit zu einer Lokalität wurde durch die Verwaltungseinheiten gestärkt, zu denen sich seit dem Ende der Tang-Zeit eine Regionalgeschichtsschreibung entwickelte. Durch Fremdherrschaft und Vermischung mit anderen Rassen und Kulturen, insbesondere bei der allmählichen Kolonisierung des Südens und des Südostens, wurden nicht zuletzt neue Differenzen, insbesondere zwischen Norden und Süden, geschaffen.

Kosmogonie und Kosmologie

Wie in allen Kulturen so besteht auch in China eine enge Beziehung zwischen Vorstellungen von der Weltentstehung und dem Weltbild, zwischen Kosmogonie und Kosmologie. Verschiedene Vorstellungen von der Entstehung der Welt und ihrer Gestalt sind bereits in der Jungsteinzeit in China ineinandergeflossen und haben sich dann im Laufe der Zeit weiter verändert. Allerdings ist das Zusammenspiel einzelner Lokalkulturen auf dem Gebiet des späteren Reiches heute kaum mehr zu rekonstruieren. Die Hinweise auf einen Welterschaffungsmythos sind gerade in China – vermutlich auch infolge systematischer Unterdrückung durch die konfuzianische Überlieferung, die sich der «Schattenseiten» ihrer Kultur gleichwohl stets bewußt blieb – ohnehin spärlich, und vorhandene Texte sind erst durch spätere Redaktionen überliefert.[34] Eindeutig als solche zu bezeichnende Schöpfungsmythen finden wir erst aus der Zeit des 3. Jahrhunderts v.Chr., etwa den Welteimythos, wonach die kosmische Schöpfergestalt Pangu aus einem Ei hervorgegangen und Himmel und Erde sich anschließend voneinander entfernt hätten. Diesen Mythos, den manche im Kern schon für viel älter halten, haben andere auf einen nicht-chinesischen Ursprung zurückzuführen versucht. Eine Vielzahl von Mythenfragmenten hängt mit dem Thema der Trennung von Himmel und Erde zusammen, andere gehören zu einem Kreis von Sonnenmythen, andere wiederum zu einem Sintflutmythos.[35] Die seit der Unterwerfung der Dynastie Shang und der Übernahme der Vorherrschaft durch die Zhou (11. Jh. – 256 v. Chr.) zunehmend thematisierte Trennung zwischen der Welt der Götter einerseits und der Welt der Ahnen und der Menschen andererseits wird im «Buch der Urkunden» *(Shujing)* folgendermaßen beurkundet: «Chong und Li wurden beauftragt, die Verbindung zwischen Himmel und Erde zu unterbrechen, so daß es kein Herab- und Hinaufsteigen der Geister mehr gab.»[36] Im – allerdings apokryphen, der daoistischen Tradition zugerechneten – Text *Liezi* lesen wir eine andere Version der Weltteilung: «Als Gonggong gegen Zhuanxu um die Herrscherwürde kämpfte, stieß er in seinem Zorn gegen das Buzhou-Gebirge, zerbrach dabei einen der Himmelspfeiler und zerriß einen der Fäden, die die Erde hielten. Daher neigte sich die Erde nach Nordwesten, und Sonne, Mond und Sterne wandern nun in diese Richtung. Und da die Erde nicht den Südosten füllt, wenden sich Flüsse und Regenfluten dorthin.»[37] Am ausführlichsten aber wird von der Trennung in dem Werk «Gespräche aus den Staaten» *(Guoyu)*, dessen Anfänge auf das 4. Jahrhundert v. Chr. zurückgehen, berichtet.[38]

Dem Bericht von der Trennung von Himmel und Erde wurde alsbald ein vielleicht auf viel ältere Traditionen zurückgehendes Motiv von der göttlichen Nügua zur Seite gestellt, das von der Reparatur des eingestürzten Kosmos berichtet. Im Buch *Huainanzi* aus dem 2. Jahrhundert v. Chr. heißt es dazu:

»Zur Zeit des hohen Altertums brachen die vier kosmischen Pfeiler zusammen, die neun Provinzen rissen auseinander, der Himmel bedeckte die Erde nicht ganz, und die Erde trug den Himmel nicht vollständig. Feuer griffen um sich, ohne mehr zu verlöschen, und die Wasser schwollen zu mächtigen Ozeanen an, ohne mehr einzuhalten. Wilde Tiere verschlangen das rechtschaffene Volk und nicht zu bändigende Raubvögel ergriffen mit ihren Klauen die Alten und Schwachen. So schmolz Nügua fünffarbige Steine und flickte mit ihnen den azurnen Himmel. Sie schnitt der Ao-Schildkröte ihre Beine ab und stellte sie als die vier kosmischen Pfeiler auf. Des weiteren tötete sie den schwarzen Drachen und rettete so die Provinz Ji. Schließlich häufte sie die Asche des Schilfrohrs an und gebot damit den wilden Wassern Einhalt.»[39]

Eine der ältesten Vorstellungen von Himmel und Erde ist die von einer Glockengestalt des Himmels *(gaitian)*, der eine Erde überwölbt, welche

die Gestalt einer umgestürzten Schale hat.[40] Eine solche Vorstellung dürfte der Schilderung im 13. Buch des «Frühling und Herbst des Lü Bu Wei»
(Lüshi chunqiu) zugrunde liegen, wo es heißt:

»Der Himmel hat neun Felder, die Erde hat neun Bezirke, das Land
hat neun Berge, die Gebirge haben neun Pässe, in den Seen gibt es neun
Inseln. Vom Wind gibt es acht Arten. Vom Wasser gibt es sechs Ströme.
... Das gesamte Gebiet innerhalb der vier Meere von Ost nach West ist
28 000 *li* lang, von Nord nach Süd 26 000 *li*. Die Wasserläufe sind 8000 *li*
lang, die Gebiete, die Wasser aufnehmen, sind ebenfalls 8000 *li* lang. ...
Alles Gebiet innerhalb der vier Weltpole ist von Ost nach West 597 000 *li*
und von Nord nach Süd ebenfalls 597 000 *li* lang. Die Sterne und der
Himmel bewegen sich, aber der Himmelspol ändert seinen Ort nicht. Zur
Zeit der Wintersonnenwende geht die Sonne den entfernteren Weg über
alle vier Himmelspole, der da heißt dunkles Licht. Zur Zeit der Sommer-
sonnenwende geht die Sonne den näheren Weg und geht höher oben.»[41]

Damit waren Erde und Himmel zugleich ausgeschritten, und die Erde
wurde dem Reich gleichgesetzt, dem *tianxia,* von dem ein Autor des
12. Jahrhunderts, Wang Guangguo (um 1140) schrieb, daß es in 81 Gebiete
zerfalle, von denen eines China sei,[42] womit er freilich nur wiederholte,
was bereits Zou Yan (304–240 v. Chr.) festgestellt hatte.[43]

Gestalt der Erde und die Ausdehnung Chinas

Alte Vorstellungen über die Gestalt der Erde weisen darauf hin, daß der
Himmel als rund, die Erde dagegen als quadratisch und von vier Meeren
umgeben vorgestellt wurde. Es gab jedoch immer auch gegen diese Vorstellung von der Erdgestalt gerichtete Einwände. Einigen Vorstellungen
zufolge – wie denen des Yu Song und Zhang Heng aus dem 1. bzw. 2. Jahrhundert n. Chr. – wurde das Universum als eiförmig vorgestellt und die
Erde als Dotter inmitten dieses Eies. Eine solche Vorstellung von einer
runden, oft auch frucht- bzw. melonenförmig vorgestellten Welt, die sich
einmal in ein Oben und Unten oder ein Innen und Außen aufgespalten
hat, ist bis heute lebendig geblieben. Die Einsicht in die Wölbung der
Erdoberfläche fand jedoch lange keinen Niederschlag in der Kartographie,
deren Anfänge spätestens in die Mitte des 1. vorchristlichen Jahrtausend
zu datieren sind[44] und die im Gegensatz zur sphärischen Kartographie im
Griechenland des 3. Jahrhunderts v. Chr. die Erde als Fläche auffaßte.

Die älteste belegte räumliche Vorstellung von der Erde findet sich im
Kapitel «Die unter dem Großen Yu festgelegten Abgaben [für einzelne
Regionen]» *(Yugong)* (5. Jh. v. Chr.) im «Buch der Urkunden» *(Shujing).*
Diese Darstellung des chinesischen Reiches trug wesentlich dazu bei, die
bereits länger bestehende Ansicht, daß «alles unter dem Himmel» *(tianxia),* was das Herrschaftsgebiet des chinesischen Kaisers ausmachte, eine
von Barbaren und den Vier Meeren umgebene Insel sei, zu zementieren.

Damit verbunden war die bereits erwähnte Vorstellung von konzentrisch
angeordneten Bereichen, in deren Mitte sich der Bereich des chinesischen
Herrschers als Zentrum der Zivilisation befand, deren Wirkung sich nach
außen abschwächte und an deren äußersten Rändern nur noch Barbarei
vermutet wurde.[45] Die Wirkung dieser Vorstellung war nachhaltig, und
eigentlich bis ins 19. Jahrhundert wurde neben dem vagen Wissen von
fernen Kontinenten und Reichen die Ökumene, «alles unter dem Himmel» *(tianxia)*, als ein um ein Zentrum geordneter und von Meeren um-
grenzter Kulturraum mit barbarischen Rändern vorgestellt.

Die schematische Vorstellung von der Ausdehnung des Reiches blieb
neben einer realistischeren Kenntnis von China und seiner Umgebung
bestehen, doch gab es auch auf der Ebene der schematischen Darstellung
unterschiedliche Weltbilder, von denen sich das eine auf das Kapitel *Yugong* des *Shangshu* stützte, während sich das andere noch auf eine Stelle
aus dem Buch «Riten der Zhou» *(Zhouli)* berufen konnte. Während im
ersten von fünf Zonen mit der Hauptstadtzone in der Mitte die Rede ist,
besteht das andere aus neun um eine königliche Domäne gelegten Bereichen.

Die Vorstellung von der Ordnung des Reiches war stets auch verbunden mit Erörterungen der Frage nach der angemessenen Ausdehnung
des Reiches, bei der jene, das Reiche könne nur in gesicherten Verhältnissen bestehen, wenn es sich durch gesicherte Grenzbereiche abschirme
und somit eine möglichst große Ausdehung habe, nicht die einzige war.
Eine gegenteilige Auffassung besagte, die Ausdehnung bringe nur größere Belastungen und schließlich Mißstände im ganzen Land mit sich. Diese
Position wird in dem Werk «Die Debatte über Salz und Eisen» ausgeführt: «Im Alterum umfaßte die Domäne eines Königs im Zentrum des
Staates nicht mehr als tausend *li* im Geviert. Die einzelnen Staaten der
Lehnsfürsten reichten nicht an das Gebiet heran, in dem es nicht möglich
war, Nahrung anzubauen. Das Tributgebiet des Yu (Yugong) hatte eine
Ausdehnung von fünftausend *li* ... Daher genossen die Hundert Geschlechter
Gleichheit und Harmonie, und der Aufwand für Frondienste war nicht
hoch. Nun haben wir die Hu und die Yue mehrere tausend *li* zurückge-
trieben ... und in den Mittellanden herrschen Tod und Untergang.»[46]

Die hier ausgesprochene Einsicht, daß eine Überdehnung der territorialen Herrschaftsansprüche zu Mißständen führen könne, war offenbar
Gemeingut jener Zeit. Das Argument «Je größer die Ausdehnung des
Landes, desto höher die Belastung für das Volk» (ebd.) diente den Geg-
nern einer Expansionspolitik als Argument, und entsprechend dienten
die unterschiedlichen Vorstellungen von der Ausdehnung der Randzonen als Argumente für oder gegen expansionistische Politik, für ein
«großes» oder ein «kleines» China. Die Kraft dieses Arguments zeigt sich
daran, daß es immer wieder, zuletzt in der großen Grenzgebietsdebatte
von 1872, vorgetragen wurde.

Allerdings wird bereits in Texten der Han-Zeit von jenen neun geheimnisvollen Bronzekesseln der Xia gesprochen, die als Insignien imperialer Macht verstanden wurden und auf denen Karten einzelner Gebiete und Abbildungen dort zu findender Gegenstände, Tiere, Pflanzen usw. abgebildet waren. Eine nicht unwichtige Rolle spielte auch das aus hanzeitlichen Grabfunden bekannte Divinatorenbrett *(shi)*, eine symbolische Repräsentation von Himmel und Erde, die mit der frühen Entwicklung des Kompasses auf engste zusammenhängt, alles Vorstellungen, die auf die Gleichsetzung von Welt und Reich hinzielen.

Zur Kartographie

Früh schon gab es auch Handbücher, die als «Weltreiseführer» bezeichnet werden können, wie das *Shanhaijing*, dessen heutige Redaktion auf den Gelehrten Guo Pu (276–324) zurückgeht, dessen Material aber in das 3. und 2. Jahrhundert v. Chr. zurückreicht. Dieses Werk enthält nicht nur geographische Beschreibungen, sondern auch Schilderungen von Fabelwesen, Göttern und Geistern sowie seltsamen Menschenarten.[47] Wenn auch zumeist mythische Elemente enthaltend, muß in diesem Zusammenhang das *Mu Tianzi zhuan* («Berichte über den Himmelssohn, den König Mu») genannt werden, das früh verlorenging, aber bereits im Jahre 281 n. Chr. in dem Grab des 296 v. Chr. beigesetzten Königs Ai von Wei wieder aufgefunden worden ist.

Daneben gab es eine Vielzahl anderer Texte, die sich mit der näheren und der weiteren Umgebung beschäftigten, ganz zu schweigen von dem umfangreichen Wissen über die Gestirne und ihren Verlauf. Und nur alle diese Texte zusammengenommen zeigen das Weltbild, wie es die Chinesen kannten. Entscheidend aber, und zugleich Ausdruck der kulturellen Besonderheit Chinas, ist die Art der Kategorisierung und der Zuordnung des Wissens über die Welt zu unterschiedlichen Textgruppen. So gibt es, in der Tradition des *Shanhaijing*, «Illustrationen über Tribute bringende Völker» *(Zhigongtu)*, die seit dem 6. Jahrhundert belegt sind. In dem *Honglu* bezeichneten Amt für ausländische Delegationen wurden Informationen über die Herkunftsländer gesammelt, wobei freilich auch außenpolitische und insbesondere militärische Interessen mit im Spiele waren. Die stetig zunehmende Literatur über fremde Länder war zwar, worauf Joseph Needham hingewiesen hat, zunächst nicht auf dem Niveau eines Herodot oder Strabo, doch während in Europa das geographische Wissen zwischen dem 3. und dem 13. Jahrhundert wieder abnahm, nahmen die Kenntnisse in China im gleichen Zeitraum stetig zu.[48] Freilich gerieten, vor allem seit dem 14. Jahrhundert, auch dort manche gewonnenen Erkenntnisse wieder in Vergessenheit; dies gilt insbesondere für bestimmte astronomische Beobachtungen und Berechnungsformen, die später nicht mehr richtig verstanden wurden. Daneben blieben, trotz der zunehmenden geographischen Kenntnisse, religiöse Weltvorstellungen wirksam, wie jene buddhistisch geprägte Kosmographie, bei welcher der Berg Sumeru, im chinesischen Kulturkreis ersetzt durch das Kunlun-Gebirge, im Zentrum liegt.

Die enge Beziehung zwischen den Weltvorstellungen und dem zentralen Herrschaftsanspruch des im Jahre 221 v. Chr. durch den Teilstaat Qin geeinten Reiches kommt auch darin zum Ausdruck, daß der Gründungsherrscher, Qin Shihuangdi,[49] alle verfügbaren Karten des Territoriums sammelte. Im Zusammenhang mit imperialer Macht ist auch der Gedanke zu verstehen, bei der Ökumene handele es sich um einen Wagen mit der rechteckigen Erde als Rumpf und dem runden Himmel als neunstufigem, von acht Säulen getragenem Wagendach, was sich in dem Ausdruck *yuditu* (wörtl.: «Wagen-Land-Karten») für «Reichskarten» am Ende des 2. Jahrhunderts v. Chr ausdrückt. Doch erst zwei Jahrhunderte später, nachdem die Erstellung von Reichskarten schon zu einer Selbstverständlichkeit geworden war, wird von Zhang Heng (78–139 n. Chr.) bei der kartographischen Darstellung ein Koordinatensystem eingeführt.

Mit der Kartographie setzt eine Relativierung der spekulativen Weltbeschreibungen ein, und es beginnt zugleich eine Verfestigung der Vorstellung von einem einheitlichen China. Als Begründer der Kartographie gilt der von manchen mit Ptolemäus verglichene Astronom und Geograph Pei Xiu (224–71 n. Chr.), von dem im Kapitel 35 des *Jinshu* ein längerer Traktat mit sechs Grundsätzen zur Kartographie überliefert ist, der Aufschluß gibt über seine Methode.[50] Den Ausführungen Pei Xius, dessen aus 18 Blättern bestehender Atlas möglicherweise der erste Atlas überhaupt gewesen ist, entnehmen wir, daß er sich allen wesentlichen Problemen der Kartographie gestellt hat, unter anderem dem Problem der Darstellung von Unebenheiten der Erdoberfläche unter Berücksichtigung der Distanzen. Er war es auch, der als erster eine Gesamtkarte für China in einem einheitlichen Maßstab anfertigte.

Zur Erweiterung des Weltbildes hatte bereits seit dem 2. Jahrhundert das Eindringen des Buddhismus und die folgende Suche nach neuen Schriften im Westen beigetragen. Dieser durch zahlreiche Pilgerreiseberichte geförderten Ausdehnung der Horizonte entsprach eine Erweiterung der Vorstellung von fernen Glücksräumen, die nicht unwesentlich auch die Utopiebildungen in China prägten.[51] Nach der Zeit der Tang-Dynastie, die insbesondere in ihrer Frühzeit eine große Weltoffenheit kannte, beschäftigte man sich in den folgenden Jahrhunderten wieder stärker mit China selbst. Erst das 13. Jahrhundert brachte, als Folge der mongolischen Eroberung Chinas und insofern erzwungenermaßen, wieder eine Öffnung der Horizonte,[52] die in der folgenden Zeit dann noch ausgeweitet wurden.

Wichtiger aber noch als die Kenntnis der näheren und ferneren Randgebiete war seit der Frühzeit in China die Kennntis und die kartographische Erfassung des eigenen Territoriums. Daraus erklärt sich die große Zahl von Beschreibungen der verwaltungsmäßigen Grenzen, der Wasserwege des Binnenlandes, der Handelswege, der Küstenabschnitte sowie, insbesondere seit der Song-Zeit, von Regionalbeschreibungen *(fangzhi)*, in denen auch wirtschaftliche Aspekte berücksichtigt wurden. Nicht zufällig interessierte man sich seit jener Zeit in besonderem Maße für Fragen der historischen Geographie und fertigte Geschichtsatlanten.

Einen großen Fortschritt hatte die Kartographie während der Tang-Zeit erlebt, deren bedeutendster Kartograph Jia Dan (730–805) war und dessen im Jahr 801 fertiggestellte monumentale Reichskarte mit dem Titel «Darstellung der Chinesen und Barbaren innerhalb der [Vier] Meere» *(Hainei Hua Yi tu)* etwa neun Meter breit und zehn Meter hoch war und bei der es sich eigentlich um eine Karte Asiens gehandelt haben dürfte. Diese Karte war wohl zu groß gewesen, als daß man sie als Ganzes in Stein hätte gravieren können, was man aber zunehmend mit Karten tat. Und so sind uns aus der Zeit der Song-Dynastie etliche auf Stein gravierte Karten als Steinabreibungen erhalten, wie die «Karte Chinas und der barbarischen Länder» *(Hua Yi tu)* von ca. 1040, die ebenso wie die um 1100 hergestellte *Yuji tu* («Karte der Spuren des Großen Yu») im Jahre 1137 in Stein geschnitten worden war. Den Verfassern dieser Karten hatte offensichtlich die monumentale Karte des Jia Dan zur Verfügung gestanden. Bei diesen Karten ist der Norden oben, und daraus wie aus manchen anderen frühen Beispielen wird ersichtlich, daß die später in China geläufige umgekehrte Darstellung mit dem Süden oben und dem Norden unten erst auf arabische Einflüsse zurückzugehen scheint und nichts mit der Blickrichtung des Herrschers zu tun hat.[53]

Infolge des vermehrten Kontaktes mit Vertretern islamischer Kulturen des Westens und durch die nach China gelangenden Kenntnisse persischer und arabischer Gelehrter erreichte die Kartographie unter der Mongolenherrschaft einen Höhepunkt. Der bedeutendste Kartograph war Zhu Siben (1273–1337), dessen Karten bis ins 19. Jahrhundert wirkten. Eine im Jahre 1541 von Luo Hongxian (1504–64) überarbeitete und erweiterte Fassung seines Kartenwerkes wurde um das Jahr 1555 unter dem Titel «Erweiterter Atlas der Erde» *(Guang yutu)* herausgegeben. Bemerkenswert ist dabei, daß Zhu Siben, früher als die europäischen Geographen, die Dreiecksgestalt Afrikas erkannt hatte.[54] Bereichert wurden die Kenntnisse der Seerouten insbesondere dann durch die berühmten Expeditionen des Eunuchen Zheng He (1371–1433) zu Beginn des 15. Jahrhunderts.

Trotz der Vorstellung von einem Einheitsreich und der kartographischen und durch Regionalbeschreibungen verbreiteten Kenntnisse über China und seine Teile blieben die Erwartungen der Reichsteile an die Zentralregierung niedrig, außer in Zeiten der Not.[55] Dieser nach innen losen Bindung stand nach außen der Anspruch gegenüber, das chinesische Reich sei nicht nur für die Han-Chinesen, sondern für die gesamte Welt das Zentrum und der Ausgangspunkt aller Kultivierung überhaupt. Es war die Leistung der Literatenbeamten, das Reich wenigstens mit Elementen einer allgemeinverbindlichen Ikonographie, einer dialektfernen Amtssprache und gemeinsamen Wertvorstellungen durchdrungen zu haben. Innerhalb der Literatenbeamtenschicht fand sich das, was seit Robert Redfield als «Große Tradition» bezeichnet wird. Demgegenüber waren die kulturellen Unterschiede zwischen den einzelnen Lokalitäten erheblich. Freilich gab es eine Vermittlung zwischen den beiden Systemen der «Großen» und der «Kleinen Tradition». Die Schicht der Literatenbeamten bildete eine das ganze Reich überspannende Gemeinschaft, eine Interessengruppe mit bestimmten ihr gemeinsamen, sie zugleich aber auch untereinander auf Distanz haltenden Eigenschaften und Interessen. Diese Gruppe war auch in erster Linie der Träger des Interesses an einem National*gefühl* wie an der nationalen Einheit überhaupt. Sie entzog dem Reich als Ganzem aber immer dann ihre Loyalität, wenn es zu Mißwirtschaft kam oder die Zentrale einfach schwach wurde, so daß dann oft die Loyalität wieder der eigenen Region galt.

5. Die «Streitenden Reiche» und die kriegerischen Traditionen

Friedensideal und strukturelle Gewalt

Die Geschichte Chinas ist voller Kriege, und häufig finden wir expansionistische Bestrebungen, stets Grenzsicherungsbemühungen und in der Regel den Einsatz von Militär gegen Aufstände im Inneren.[1] Angesichts dieser endlosen Kette des Einsatzes militärischer Gewalt ist der Gemeinplatz, daß die Chinesen «pazifistischer» gesonnen seien als viele andere Völker, auch wenn er heute noch vielfach wiederholt wird, offenbar nicht zutreffend. Nicht zuletzt neueste Rüstungsanstrengungen der Volksrepublik weisen eher in die entgegengesetzte Richtung. Und im Zusammenhang mit der Frage nach der Eigenheit des Vielvölkerreiches China spielt das Militär eine zentrale Rolle. Dem steht aber entgegen die Selbsteinschätzung der Bildungselite als *wen*, «zivil», im Gegensatz zu *wu*, «kriegerisch», eine Selbsteinschätzung, die ihre eigene Geschichte hat und ganz elementar mit der politischen Stellung der Literatenschicht zusammenhängt.

Zumal durch die geographischen Verhältnisse begünstigt, entwickelte sich während der Zhou-Zeit eine Vielzahl eigenständiger Staaten auf chinesischem Boden.[2] Da China im 7. und 6. Jahrhundert v. Chr. durch eine kriegerische Aristokratie beherrscht war, die sich dadurch auszeichnete, daß sie nach Verwandtschaftbeziehungen in eine Hierachie einzelner Linien zerfiel, mit je eigener Hauptstadt, Tempel und Militärmacht, kam es zu einem Wettstreit zwischen den Adelshäusern, und innerhalb derselben entstand eine Welt der Blutrache und des Bürgerkriegs, ein Zustand, der nur durch Versöhnungen mit Hilfe ritueller Blutopfer gemildert werden konnte und aus dem die Durchsetzung des staatlichen Gewaltmonopols erst errungen werden mußte.[3] Erst der soziale und militärische Umbruch der Zeit der Streitenden Reiche führte zur Durchsetzung eines einzelnen Staates gegenüber den anderen, so daß es am Ende des 3. Jahrhunderts v. Chr. zu einer Reichseinigung kam. Trotz der Abwesenheit eines Einheitsstaates während dieser kriegerischen Zeit wurde das Ideal des Einheitsstaates in jenen Schriften aus dieser Zeit hochgehalten, die später zu den Klassikern und damit zum Fundament der allgemeinen Bildung wurden. An diesem Ideal orientierte sich die spätere Bildungselite.

Bereits Max Weber hatte, ähnlich übrigens wie Liang Qichao in seiner Schrift «Über den Fortschritt» *(Lun jinbu)* von 1902, diesen den Fortschritt beschleunigenden Charakter der Teilstaatenzeit erkannt und in der Reichseinigung das hemmende Element gesehen, wenn er davon sprach: «Ebenso wie die Literaten während der Zeit der Teilstaaten die Rationalisierung beförderten, hemmten sie diese während der Zeit des Einheitreiches.»[4] Max Weber beobachtete ferner, daß die Teilstaatenepoche «eine Zeit sehr starken Patriotismus, besonders in den Grenzstaaten gegen die Barbaren», gewesen sei.[5] Andererseits hatte sich zwar bereits während des 4. und 3. Jahrhunderts der Handel der einzelnen Staaten nach außen verstärkt,[6] doch nahm erst unter der Han-Dynastie der Handel zwischen den einzelnen chinesischen Regionen und den Ländern des asiatischen Kontinents, und da geradezu sprunghaft, zu. Daher ist auch die Expansionspolitik der Han-Zeit mit dem verstärkten Außenhandel in Zusammenhang gebracht worden.

Während wir über die Zeit der Westlichen oder Früheren Zhou-Dynastie nur wenig wissen, wenn auch aufgrund der archäologischen Funde inzwischen weit mehr als noch zu Beginn des 20. Jahrhunderts, sind unsere Kenntnisse erst über die Zeit der Frühlings- und Herbst-Annalen *(Chunqiu)* (770–476 v. Chr.) und die Zeit der Streitenden Reiche *(Zhanguo)* (481–221 v. Chr.) vollständiger. Zwar lassen sich für die Östliche oder Spätere Zhou-Zeit keine signifikanten Veränderungen in kurzen Zeitabschnitten feststellen, doch über die gesamte Zeitspanne betrachtet, sehen wir ganz wesentliche Veränderungen in der sozialen Schichtung. So finden wir immer wieder die Autorität der nominellen Herrscher durch Minister in Frage gestellt, und diese ersetzen sogar jene in manchen Fällen, etwa im Zusammenhang mit Palastrevolten und/oder Staatsteilungen. Neben dem Machtzuwachs der Minister können wir auch ein zunehmendes Eingreifen der Literaten *(shi)* in die Politik beobachten.

Die Verringerung der Anzahl der Staaten während der Zeit der Frühlings- und Herbst-Annalen und dann vor allem während der Zeit der Streitenden Reiche war in erster Linie die Folge des Machtverlustes der einzelnen Adelshäuser. Die Söhne von Herrschern konnten immer weniger Macht an sich ziehen, und nach dem Ende des 6. Jahrhunderts wurde kein Fürstensohn mehr Minister. Die Macht verlagerte sich von dem Fürstenklan hin zu den Ministern. Dieser Niedergang der Macht der Herrscherfamilien, die ihre Angehörigen zu belehnen und damit reichlich zu versorgen pflegten, fand, mit Ausnahme des Staates Chu, seinen Abschluß mit der endgültigen Abschaffung der Belehnung durch den Reichseiniger Qin Shihuangdi.

Niedergang der Aristokratie und Verfall ritterlicher Kampfformen

Die tatsächliche Rolle des Militärs in China in der Zeit bis zur Han-Dynastie zu bestimmen, ist ein schwieriges Unterfangen. Es scheint jedoch so, daß mit dem Niedergang der Aristokratie ein Verfall ritterlicher Kampfformen einherging.[7] Die Zahl kriegerischer Auseinandersetzungen schwankte, doch die absolute Zahl der Kriegsopfer stieg. Dies war eine unmittelbare Folge der Entwicklung zu einer Massenarmee mit vergleichsweise schlecht ausgerüsteten Fußsoldaten. Nicht eine sich selbst ausrüstende Ritterschaft oder Bürgerschaft bestimmte hinfort das Bild des Krieges, sondern der zu bewaffnende Dienstleistungsverpflichtete, in der Regel der Bauer.

Nicht mehr Schonung des Gegners oder Rücksichtnahme, d. h. die Einhaltung und Befolgung bestimmter Regeln, prägte kriegerische Auseinandersetzungen, sondern Vernichtung der gegnerischen Truppen wurde das Ziel. In dieser Umbruchsituation eines Wertewandels infolge des Zusammenbruchs der Solidarität des alten Adels am Ende der Chunqiu (Frühlings- und Herbst)-Zeit und zu Beginn der Zhanguo (Streitende Reiche)-Periode formulierte Konfuzius die Ablehnung des Krieges und die Abwertung alles Militärischen, und Mo Di argumentierte gegen den Angriffskrieg.

Es ist bemerkenswert, daß jene Zeit, die wir als die Zeit des Klassischen China bezeichnen, nämlich die Frühlings- und Herbst (Chunqiu)-Periode und die Zeit der «Streitenden Reiche» (Zhanguo), daß jene Zeit eine Zeit der Kriege war, allerdings nicht ohne wiederholte Friedensbemühungen. Um so erstaunlicher ist es, daß in den einzelnen Philosophenschulen der Krieg nur eine untergeordnete Rolle spielte. Jene Texte, die sich der Kriegstaktik widmeten, wie die des Sun Zi und die des Wu Zi, wurden zwar überliefert, aber in den späteren Jahrhunderten offiziell nicht sehr geschätzt, dafür inoffiziell aber um so mehr. Andererseits wurde gerade Mo Di, der sich am heftigsten gegen die Angriffskriege der Teilstaaten untereinander wandte, in der späteren konfuzianischen Tradition vehement abgewertet.

Mo Di gründet die Verurteilung von Angriffskrieg auf das Argument, daß Krieg nur Unheil zur Folge habe, nutzlos sei und das Volk sinnlos

bluten lasse. Mo Di wirft seinen Zeitgenossen vor, daß sie bestimmte
Grundsätze nur im kleinen, nicht aber im großen anzuwenden verstün-
den, und weist ihnen damit widersprüchliches Verhalten nach: wenn
einer seinem Nachbarn einen Pfirsich stiehlt, wird er dafür bestraft,
stiehlt einer dagegen einen ganzen Staat, dann wird er noch als Eroberer
gepriesen. Mo Di weist nicht nur auf solche Widersprüchlichkeit in der
Beurteilung von kleinem und großem Diebstahl, von Mord und Völker-
mord seiner Zeit hin, auch die Verluste an Menschen und Material,
die Feldzüge immer mit sich bringen, führt er gegen den Angriffskrieg an.

In etlichen Beispielen aus der Vergangenheit sieht Mo Di Beweise für
seine Auffassung, daß Kriege auf lange Sicht auch dem zunächst Siegrei-
chen schaden, spätestens dann, wenn sich die einzelnen Schwachen in
ihrer Bedrängnis solidarisieren und den gemeinsamen Feind vernichten.
Gut ist, was dem Volke nützt, meint Mo Di, und demnach ist verwerflich,
was ihm schadet. Damit vertritt er in einer Art Vorwegnahme der «Mas-
senlinie» des 20. Jahrhunderts nicht nur die Interessen des Volkes, sondern er verweist zugleich auf das Interesse des Himmels, der es nicht
dulde, wenn einer seine Untertanen tötet und deren Lebensgrundlage
zerstört.

Wir haben in Mo Di einen Kriegsgegner vor uns, der nicht einfachen
blinden Pazifismus predigt, sondern der sich selbst um den Entwurf der
Gestaltung eines friedlichen Miteinander bemüht, mit offenem Blick für
die gesellschaftliche Wirklichkeit seiner Zeit. Wenn er den Eroberungs-
krieg verdammt, so weiß er doch auch von der Berechtigung des solida-
rischen Kampfes der Unterdrückten, der ja nur eine Folge der Unterdrük-
kung ist und diese aufzuheben sucht. Mo Di verfällt also nicht dem Irr-
tum der europäischen Pazifisten des ausgehenden 19. und frühen
20. Jahrhunderts: für ihn bedeutet die Abschaffung des «regulären» Militärs nicht schon «Friede in der Welt».

Wenn Mo Di auch als der schärfste Gegner von Angriffskriegen in
seiner Zeit gelten kann, war er doch nicht der einzige. Bereits Konfuzius
(gest. 479 v. Chr.) lehnte den Krieg als Mittel der Politik ab, wenn er
lehrte, eine gute Regierung werde am ehesten durch ein gutes Beispiel
gewährleistet. Nach dem Wesen der Kriegführung gefragt, sagte er einmal, er verstehe nur etwas vom Opfern, und reiste sofort ab.[8] Auch Menzius (372–289 v. Chr.) verurteilte Angriffskriege. Der einzig richtige Weg,
ein Land für sich zu gewinnen, ist nach Menzius derjenige, die Leute für
sich zu gewinnen. Ein Beispiel für diesen Weg sah Mo Di in dem Verhalten des Königs Wen von Zhou: «Seinem Volke war er in allumfassender
Liebe zugetan und durch gegenseitige Hilfe verbunden, und was im
Überfluß da war, wurde geteilt. So lebten die, die nahe bei ihm wohnten,
friedlich unter seiner Herrschaft, und die entfernt Wohnenden wurden
durch seine Tugend gewonnen. Alle, die von ihm hörten, machten sich

auf und zogen zu ihm, und die Schwachen und Verkrüppelten, deren
Glieder nicht die Kraft hatten, blieben, wo sie waren, und klagten: ‹Wenn
doch das Reich des Königs Wen auch unser Gebiet umfaßte und wir auch
den Nutzen davon hätten! Warum können wir es nicht auch so haben
wie die Untertanen des Königs Wen?›»[9]
Wie Mo Di und Menzius verurteilte auch Xunzi (ca. 298–238 v. Chr.)
den Angriffskrieg; der rechtschaffene Herrscher werde sein Volk durch
dessen Liebe zu ihm vereinigen. Der einzige Fall, der einen Krieg recht-
fertigt, ist die Verteidigung gegen einen Angreifer, komme er von außen
oder von innen; diesen Fall eines «gerechten Krieges» nannte Mo Di auch
«Bestrafung».[10] Und wie nachhaltig solche Sprachregelung noch wirkt,
läßt sich daran ablesen, daß noch im Jahre 1979 China seine militärischen
Aktionen gegen Vietnam als «Strafaktionen» und «Erziehungsfeldzug»
bezeichnete. Und bei Mao Zedong heißt es: «Alle Kriege, die dem Fortschritt dienen, sind gerecht *(zhengyi)*, und alle Kriege, die den Fortschritt
behindern, sind ungerecht *(fei zhengyi)* ... Unser Krieg ist ein heiliger,
gerechter und fortschrittlicher Krieg für den Frieden – für den Frieden
nicht nur in einem einzigen Land, sondern in der ganzen Welt, und nicht
nur für eine kurze Frist, sondern für alle Zeiten. ... In der Geschichte gab
es noch nie eine Periode, wo der Krieg uns dem ewigen Frieden so nahe
gebracht hätte wie heute.»[11]
Ähnlich wie Mao, der seine berühmte «Analyse der Klassen in der
chinesischen Gesellschaft» (März 1926) mit den Sätzen einleitet: «Wer
sind unsere Feinde? Wer sind unsere Freunde? Das ist eine Frage, die für
die Revolution erstrangige Bedeutung hat»,[12] scheidet Mo Di zwischen
solchen, die dem Volke nützen, und jenen, die ihm schaden, wobei er die
klarsten Beispiele für beide Gruppen einerseits in den heiligen Königen
und andererseits in den bösen Königen des Altertums sieht. Doch während für Mao die Unterscheidung von Freund und Feind, das «Kriterium
des Politischen»,[13] die entscheidende Frage ist, die auch auf Kampf und
Austrag drängt, bleibt Mo Di, befangen in seiner Zeit, beim Ideal der
allseitigen Menschenliebe *(jian'ai)*. Wenngleich orientiert an dem, was
den Menschen nützt, verurteilt Mo Di Parteiung, Parteilichkeit *(bie)* und
propagiert Universalität, geordnete Verhältnisse. Und darin wieder sind
sich Mao und Mo gar nicht allzu fremd, spielt es doch auch bei Mao eine
wichtige Rolle, daß die letzte Entscheidung nicht durch Partisanen, sondern durch die Rote Armee herbeigeführt wurde, durch eine «reguläre»
Armee also.[14]
Die Friedfertigkeit bei den Lehren der meisten Philosophen der klassischen Zeit blieb durch die Jahrhunderte hindurch in Erinnerung, doch
verhinderte sie nicht, daß immer wieder heftigste Kriege geführt wurden.
Es hätte sich vielleicht keine so breite Kluft zwischen der offiziellen, konfuzianisch geprägten Lehre der Friedfertigkeit und der kriegerischen
Wirklichkeit aufgetan, wenn sich nicht die konfuzianische Begründung

der Tugendwidrigkeit, sondern die Einsicht Mo Dis in die Nachteiligkeit und Nutzlosigkeit von Kriegen für das Volk offiziell durchgesetzt hätte. Die konfuzianische Ablehnung des Krieges begünstigte zugleich die Herausbildung des Gedankens einer Ökumene mit einem Herrscher an der Spitze, innerhalb derer Frieden zu herrschen habe und die nach außen durch ihre Wohlgeordnetheit andere Völker um Anschluß an ihre Welt streben läßt.

Die Häufigkeit der Kriege in jener Zeit steht in unmittelbarem Zusammenhang mit dem Zusammenbruch der alten Ordnung und dem Übergang von feudalen Verhältnissen zu einem zentralisierten bürokratischen Reichswesen. Mithin waren die kriegerischen Auseinandersetzungen ein Ausdruck der instabilen Verhältnisse. Nach Jahrhunderten blutiger Auseinandersetzungen blieben zunächst nur einige, schließlich nur ein Staat übrig. Die meisten der alten Institutionen waren aufgegeben worden, die einstmaligen Oberschichten deklassiert oder ganz verschwunden, während Leute, deren Fähigkeiten, Talente und Ausbildung gefragt waren, aufstiegen. Die kriegerischen Auseinandersetzungen wurden zunehmend rücksichtsloser und zahlreicher. Und während zunächst die führende Schicht eines Staates oder Stadtstaates noch ihren Status behielt, wurde es bald üblich, daß diese nach der Niederlage auch ihren Status verlor. Man kann sich leicht vorstellen, daß bei mindestens 110 Eroberungen von Staaten allein in der Chunqiu-Periode die Kriege eine ganz entscheidende Rolle bei den sozialen Umschichtungen spielten.

In der Zhanguo-Periode (481–221 v. Chr.) wurden die Kriege länger und ausgedehnter. Eine Infanterie, also eine Fußtruppe, wurde den Kriegswagenverbänden der Chunqiu-Zeit hinzugefügt, wozu man eine beträchtliche Anzahl aus der Bevölkerung requirierte. Eine Folge davon war freilich dann, daß fähige Krieger innerhalb des Militärsystems aufstiegen und so Angehörige neuer Schichten in die Führungselite kamen. In der Feudalgesellschaft der frühen Zhou-Zeit waren die gesellschaftlichen wie die zwischenstaatlichen Beziehungen noch weitgehend wie Familienbeziehungen aufgefaßt und ausgeübt worden. Dies ist leicht verständlich, wenn man bedenkt, daß von den 71 Staaten, die der Zhou-König begründet hatte, 53 von Angehörigen regiert wurden; und die übrigen Fürstenfamilien mit anderen Klannamen waren zumeist durch mehrfache Verschwägerung mit dem Zhou-Haus verbunden. Die Zhou-Könige nannten denn auch die Fürsten «Onkel», andere Edle, die den Zhou- Klannamen trugen, nannten sie «Brüder». Dementsprechend war das Verhalten der einzelnen Fürstentümer untereinander: sie halfen sich aus in Hungersnöten und schonten noch um die Mitte des 6. Jahrhunderts einander, wenn einer in Schwierigkeiten war; als z. B. eine Invasionsarmee der Jin im Jahre 554 v. Chr. bereits nach Qi einmarschiert war, zog sie sich wieder zurück, da die Nachricht gebracht wurde, daß der Fürst von Qi gestorben sei. Ein anderer Vorfall mag das familiäre Verhältnis der Staaten untereinander illustrieren. Als ein Minister von Zheng nach einem Fehler nach Jin floh, fragte der Kanzler von Jin den Kanzler von Zheng, wie er mit dem Flüchtling verfahren solle. Dieser empfahl ihm, den Exilanten gegenüber seiner bisherigen Stellung in Zheng um eine Stufe niedriger einzustufen.

Doch im Verlaufe der Auseinandersetzungen während der Chunqiu-Periode veränderte sich der Stil der Kriegsführung. Kennzeichnend dafür ist auch die Tatsache, daß in zunehmendem Maße nicht mehr die Fürsten selbst die Ausführenden waren, sondern die Kriegsminister bzw. die Heerführer. Diese errangen dabei häufig eine derartige Machtstellung, daß sie letztlich im Staat das Sagen hatten. Bei erfolgreicher Kriegführung konnten sie sich auch einen Zuwachs an privatem Vermögen ausrechnen, was ihre Kriegslüsternheit beförderte. Die üblichen Entlohnungen waren Landgaben und Kriegsgefangene als Sklaven.

In der Zhanguo-Zeit gibt es im Gegensatz zu den 110 Unterwerfungen der Chunqiu-Zeit nur 16 Eroberungen durch die sieben mächtigen Staaten, von denen einer, nämlich Qin, die sechs anderen schließlich unterwarf und damit das gesamte Reich zum ersten Mal in der Geschichte einigte. Der Umstand, daß die Anzahl der kriegerischen Auseinandersetzungen in der Zeit der Kämpfenden Staaten weit geringer war als während der Chunqiu-Periode, hängt vor allem natürlich mit der Anzahl der Staaten zusammen; in der Chunqiu-Periode gab es zwölf oder 13 größere und sieben oder acht mittelgroße Staaten, während in der Zhanguo-Periode sieben große Staaten die Kontrolle ausübten. Doch während die kriegerischen Auseinandersetzungen der Chunqiu-Periode zumeist jeweils nur aus einer einzigen Schlacht bestanden, verlängerte sich bald die Dauer der kriegerischen Handlungen, und in der Zhanguo-Zeit ist es keine Seltenheit, wenn eine Stadtbelagerung sich über Monate hinzog und einzelne Schlachten zehn und mehr Tage dauerten. Diese waren dann auch erheblich verlustreicher, und selbst wenn man die Zahlenangaben der Historiker für übertrieben hält, so ging die Zahl der Opfer doch nicht selten in die Hunderttausende.

Ausdehnung nach Süden

Das Yangzi-Tal galt in der Westlichen Zhou-Zeit noch als südliche Grenze des Kulturraums. Dorthin richtete sich das Interesse der Zhou-Könige auch wegen der im Süden bekannt gewordenen Kupfervorkommen. Mit der Bildung und dem aktiven Auftreten einzelner Staaten in dieser Region wurden diese zugleich allmählich integriert. Im 7. Jahrhundert v. Chr. traten die Staaten Chu (am mittleren Yangzi), Wu (in Teilen von Jiangsu und Anhui) und Yue (in Zhejiang) stärker in Erscheinung, und unter ihnen entwickelte sich Chu zum größten Territorium, indem es im 4. Jahrhundert Yue, das bereits 473 Wu besiegt hatte, annektierte. In dem so gebildeten Kolonialstaat vermischten sich hochchinesische Einflüsse und die lokalen Kulturen von Chu und Yue. Auch in Sichuan hatten sich halbchinesische Staatswesen gebildet, Shu und Ba, von denen letzteres ein von Chu abhängiges Fürstentum war. Beide Staaten fielen im Jahre 316 v. Chr. an Qin, doch blieb Shu zunächst formal selbständig und wurde erst nach einer Rebellion im Jahre 301 in eine Präfektur umgewandelt. Die Qin, nachdem sie bereits im Jahre 280 v. Chr. einmal weit nach Süden bis in das Gebiet der heutigen Provinz Hunan gelangt waren, drangen im Jahre 234 v. Chr. zum ersten Male über Sichuan und das Yunnan-Plateau bis Lingnan jenseits des Yangzi (die Provinzen Guangdong und Guangxi) vor. Dieses mit dichten Wäldern überzogene Malariagebiet war nur von wenigen Sträflingen und Verbannten besiedelt worden. Auch die Qin beschränkten sich zunächst auf eine militärische Eroberung und teilten Lingnan in drei Kommandanturen, Guilin, Nanhai und Xiang, die von Militärgouverneuren verwaltet wurden. Erst im Jahre 224 v. Chr. begann eine erste Kolonisierung mit dem Bau eines Kanals zwischen den Flüssen Xiang- und Li, um den Getreidenachschub über den Yangzi zu sichern. Wehrbauern sicherten Lingnan, das eine Art Puffergrenze bildete und hauptsächlich als Strafkolonie diente, während Hunan und Jiangxi eine reguläre Verwaltung erhielten.

Die friedliebenden Literaten im gerüsteten Reich

Im Ergebnis führte, nach Max Webers Sicht, die Konfuzianisierung des Reiches zu einem Pazifismus.[15] So ist es auch verständlich, daß nicht die Waffen besungen werden, sondern Wuwang als Vollender des Werkes seines Vaters Wenwang gepriesen wird. Der chinesische Held trägt daher seit dieser frühen Zeit stets auch Züge des Literaten und Gelehrten.[16] Dies hatte dann aber auch zur Folge, daß das Militärische in der politischen Rhetorik entwertet wurde und doch unverzichtbar blieb. Auch trug es mit dazu bei, daß nicht- chinesische Truppen in chinesischem Sold durch Verdienste keine zusätzlichen Rechte erlangen konnten, was natürlich auch schon daran scheiterte, daß es die Vorstellung eines Bürgerrechtes im traditionellen China nicht gab – das heißt allerdings nicht, es habe keine Individualrechte gegeben. Noch Mao Zedong wird nicht nur wegen seiner Manneskraft, sondern auch wegen seiner Kalligraphie und Dichtung gerühmt. Selbst auf Briefmarken findet sich seine Handschrift im Faksimile, und er selbst wird in einer Bibliothek sitzend dargestellt.

Wenn bereits im «Buch der Lieder» nach der Schlacht der militärische Geist für unterdrückenswert und überflüssig gehalten wird, so zeigt sich darin ein Pazifizierungsinteresse, welches mit dem Interesse am Machterhalt der jeweiligen Dynastie durchaus aufs engste verknüpft ist. Die Rückkehr von der Schlacht wird besungen, nicht die Heldentat oder der Kampf. Max Webers Bemerkung vom «Fehlen des politischen Schwur-

verbandes wehrhafter Stadtinsassen» deutet auf einen Aspekt des Unkriegerischen hin, und in ganz ähnlicher Weise hat sich der griechische
Arzt Hippokrates (460–370 v. Chr.) in seiner Schrift *Peri aerôn* («Von Lüften, Gewässern und Ortslagen») zur Frage geäußert, warum die Asiaten
im allgemeinen unkriegerischer (apolemôteroi) seien als die Europäer.
Doch der eigentliche Grund für den unkriegerischen Charakter der chinesischen Literaten liegt in den besonderen Bedingungen der Entstehung
der Literatenschicht.[17]

Freilich gab es auch Eigennützige und solche, die sich selbst zu Führern aufschwangen, die keinen Herrn mehr anerkannten und die im Ex-
tremfall sich selbst zum Herrscher machen ließen. Jene gab es vor allem
immer zu Zeiten des Zerfalls staatlicher Macht, und gegen sie mußte mit
allen Mitteln vorgegangen werden. Solche Aufsässige übten gleichwohl
eine gewisse Faszination aus, ebenso wie die rüden Methoden derjenigen
Vertreter der Zentralgewalt, die diese Aufsässigen unterdrückten.

Fan Ye (398–446) schreibt in der «Geschichte der Späteren Han-Dynastie» *(Hou Hanshu)* im Vorwort zu den «Biographien hartherziger Beamter» *(Kuli liezhuan)* über die allgemeinen Bedingungen, unter denen die
Beamten zu Beginn der Han-Zeit zu wirken hatten (A); drei Sätze berichten von ihren Reaktionen auf die Umstände (B); drei Sätze berichten von
den Auswüchsen in ihren insgesamt als notwendig zu bezeichnenden
Reaktionen (C), und der Schlußsatz schließlich beschwichtigt die Kritik
und hebt noch einmal die Verdienste der hartherzigen Beamten hervor
(D).

«(A) Die Han übernahmen die grausamen Verhältnisse der Streitenden
Reiche, und es gab eine große Zahl rohen und gesetzlosen Volkes. Die
sich bereichern wollten, tyrannisierten Provinzen und Ortschaften, während örtliche Wortführer die Dörfer beherrschten. Dabei war das Verwal-
tungsgebiet eines einzelnen Beamten sehr ausgedehnt und die Bevölkerung zahlreich.

(B) Daher mußten die Beamten, die das Volk zu regieren hatten, alle
Macht in ihre Hände nehmen und mit Strenge Entscheidungen treffen:
bei der Ausmerzung von Übeltätern und deren Familien handelten sie
zuerst, bevor sie die übergeordnete Stelle konsultierten. Sie handelten
nach ihrer eigenen Entscheidung und waren ganz und gar unbeugsam.
Sie stellten sich sogar quer zur Masse der Bevölkerung und folgten nur
ihrem eigenen Willen, indem sie ihrer eigenen undurchschaubaren
Durchtriebenheit folgten.

(C) Dies führte dazu, daß strenge Vorschriften mutwillig angewendet
wurden, und es wurden mehr einfach zu Sündenböcken gemacht als man
zählen kann. Es gab Fälle, in denen Berge von Knochen ganze Schächte
füllten und das Blut zehn Meilen weit floß. Wang Wenshu hatte Unterge-
bene, die als Tiger mit Kappen bekannt waren, und Yan Yannian hieß
«König der Schlächter»- und das waren gewiß keine leeren Bezeichnungen!

(D) Doch solche, die die Mächtigen niederschmetterten und die Fürstendiener im Zaum hielten, die niemals zurückwichen, auch wenn es ihnen selbst an den Kragen zu gehen drohte, solche waren doch heroische Männer!»[18]

Die Entwertung des Militärischen durch Konfuzius, die vorherrschend bleiben sollte, ist auch wieder als die Reaktion der Abkömmlinge einer Schicht zu sehen, die, ihrer Privilegien verlustig gegangen, sich mit den neuen Verkehrsformen nicht abzufinden bereit war. Die Vertreter einer solchen Haltung beriefen sich, ganz gegen das Militär und gegen die mächtigen Minister, auf den Herrscher und auf das Volk, vor allem aber auf die Vorbilder des Altertums. Und obgleich sich der Tatsache bewußt, daß ohne Waffeneinsatz auch sie selbst keinen Spielraum hätten, suchten sie diesen Umstand doch stets zu unterdrücken. So gilt ihnen König Wen und nicht dessen Sohn, König Wu, als Gründer des Zhou-Reiches – und später trat der Herzog von Zhou als Gründergestalt ganz in den Vordergrund. Immer wieder suchte man den Kriegsheroen ein Mäntelchen des Zivilen umzulegen, wenn sie eine Dynastie gegründet hatten, wie im Falle des Gründers der Tang, Li Yuan, oder der Song, Zhao Kuangyin, der seine Feldherren bei einer Weinzeremonie entmachtet haben soll. Wir wissen heute, daß es sich hierbei zumeist um Legenden handelt, die aber eben doch bezeichnend sind.

Neben der ambivalenten Haltung gegenüber allem Militärischen gab es freilich auch zu gewissen Zeiten Tendenzen zu neuer Kriegerhaftigkeit, so etwa im frühen chinesischen Mittelalter, in dem wir nicht nur eine Partikularisierung der Machtverhältnisse und eine Refeudalisierung festellen, sondern in der auch, zum Teil unter dem Eindruck einfallender Nomadenvölker aus dem Norden, das Ideal des wehrhaften Anführers einen neuen Wert erhielt. Diese Ambivalenz wird auch im Kapitel 124 im *Shiji* über die umherziehenden Ritter veranschaulicht, wo es u. a. heißt:

«Han Feizi sagte: ‹Konfuzianer bringen Unordnung in das Gesetz mit ihren Schriften, und die fahrenden Ritter verletzen die Vorschriften mit ihren Waffen.› Hier werden beide kritisiert, doch der Gelehrte *(xueshi)* wird oft von der Welt gepriesen. Die Namen und Verdienste von solchen, die Kanzler wurden oder hohe Ämter erlangten durch ihre Fähigkeiten oder durch Unterstützung ihres Fürsten, sind angemessen in den Annalen verzeichnet, und ich brauche über diese keine weiteren Worte mehr zu verlieren. ... Doch was die Ritter betrifft, deren Verhalten ja oft nicht im Einklang mit der Orthodoxie *(zhengyi)* steht, so sind doch deren Worte stets verläßlich und ihre Handlungen bringen Ergebnisse, und die Versprechungen, die sie einmal gegeben haben, halten sie auch. Sie sorgen sich nicht um ihre eigene Unversehrtheit und eilen zu solchen, die in Not sind. Selbst wenn es um Tod oder Leben geht: sie prahlen nicht mit ihren Fähigkeiten, und sie würden sich schämen, mit ihrer Tugend zu protzen.

Auch sie haben also vieles, was man bewundern muß. Schließlich, friedliche und sorgenvolle Zeiten hat jeder einmal zu tragen ...»

Ein anderer Fall ist der Wan-Tanz des *Shijing*, bei dem die Frage strittig ist, ob es sich um einen friedlichen Zeremonialtanz oder um einen Kriegstanz handelte. So hält Arthur Waley den Wan-Tanz für einen Liebestanz, und nur der König von Chu, ein kriegerischer Fürst, habe ihn zu Militärtrainingszwecken eingesetzt.[19] Es gab jedoch stets auch die Auffassung, es habe sich um einen Kriegstanz gehandelt, so bei He Xiu (2. Jh. n. Chr.). Doch wenn Waley darauf besteht, daß es sich um einen Opferungstanz gehandelt habe, muß dies angesichts der langen Verquikkung von Opferung und Kriegsunternehmung[20] während der Westlichen Zhou-Zeit keineswegs der Annahme widersprechen, es habe sich um einen Kriegstanz gehandelt.

Ambivalenz also allenthalben: Yan Zhitui, der Verfasser der «Anweisungen für den Yan-Klan» *(Yanshi jiaxun)*, warnt vor dem Kriegerhandwerk, doch eher aus Vorsichtigkeit, denn Partei bei kriegerischen Auseinandersetzungen zu ergreifen könne den Ruin der Familie bedeuten, zumal wenn man kein wirklich geschulter Kriegsmann sei. Dieser nicht grundsätzlich moralischen, sondern eher pragmatisch begründeten Ablehnung des Kriegshandwerks in der Zeit um 600 n. Chr. entspricht der Umstand, daß wir in der Tang-Zeit noch bis zum An Lushan-Aufstand (um 750 n. Chr.) eine optimistische Kriegsdichtung finden. Entsprechend bemerkt Günther Debon: «Bis zum Jahr 751, als China zwei blutige Niederlagen erlitten, hat ihre Kriegsdichtung einen durchaus optimistischen Ton.»[21] Als Beleg für eine solche Bejahung des Kriegerischen kann ein Gedicht Sui Yangdis gelten, «Ich tränke mein Pferd an der Großen Mauer: An meine Begleiter auf dem Feldzug» – jenem Ausdruck seiner aggressiven Politik gegenüber dem Norden, die im Koreafeldzug dann so kläglich scheitern sollte.[22] Erst die ausgehende Tang-Zeit und die Song-Dynastie hat dann die neuerliche und weitergehende Abwertung des Chevalersken mit sich gebracht, wie dies James T. C. Liu am Beispiel des Pferdereitens und des Polospiels augenfällig gezeigt hat, das, in der Tang-Zeit noch von der Oberschicht geübt, in der Song-Zeit sich dann nur noch in Zeremonien fand.

Die Gegenübersetzung von *wen* und *wu*, von «Zivil» und «Militärisch», ist in übermäßiger Weise ideologisch erst seit der Tang-Zeit aufgeladen worden, als dem Wen-Begriff eine weitergehende Deutung angehängt wurde, als dies bis dahin der Fall gewesen war, ein Umstand, auf den neuere Arbeiten, wie etwa die von Peter Kees Bol,[23] hingewiesen haben. Die Annahme aber, die Song-Zeit sei eine Zeit der Schwäche und des Niedergangs des Militärs gewesen, ist so sicher nicht richtig,[24] sondern ein Vorurteil, das auf die Urteile der Späteren Ming-Dynastie und der Mandschu-Zeit zurückgeht. Andererseits bestätigen gerade die Erobererdynastien die Bedeutung der Zivilverwaltung für die Chancen zum

Machterhalt. Denn indem sie die Zivilverwaltung von den Chinesen übernahmen, vermochten sie ihre Macht zu konsolidieren. Hierfür lassen sich zahlreiche Beispiele anführen, und es sei nur eines genannt, nämlich die Ermahnung Liu Bingzhongs (1216–74) an Khubilai Khan, die Zivilverwaltung gegenüber der Militärverwaltung nicht zu vernachlässigen.[25] Allerdings handelte es sich bei der Ermahnung an Dynastiegründer, daß sie das auf dem Rücken eines Pferdes gewonnene Reich nicht vom Rükken eines Pferdes aus würden regieren können, bereits um einen jahrhundertealten Topos. So wird etwa folgendes Gespräch zwischen Liu Bang, dem Gründungsherrscher der Han-Dynastie, und seinem Berater Lu Jia berichtet. Dem Satz Liu Bangs: «Ich habe das Reich auf dem Rücken eines Pferdes zusammengebracht, warum sollte ich mich um das Buch der Urkunden und das Buch der Lieder kümmern?» entgegenete Lu Jia mit der Frage: «Du hast es auf dem Rücken eines Pferdes zusammengebracht, doch wirst Du es auch vom Rücken eines Pferdes aus regieren können?»[26]

Auf zweierlei ist hier noch hinzuweisen: erstens auf den Umstand einer neuerlichen Integration von *wen* und *wu* am Übergang von der Ming- zur Qing-Dynastie, unterstützt durch den Widerstand der Südlichen Ming-Dynastie, wodurch das Zerrbild der schwächlichen Song wesentlich erst zustande kam. Ferner auf die Beziehungen zwischen dem Philosophischen Daoismus und dem militärischen Denken. Auch scheint sich seit der späteren Ming-Zeit ein Wandel im Selbstbild und im Selbstgefühl der Literaten vollzogen zu haben, eine – bereits sich seit der Yuan-Zeit herausbildende – Form einer Verantwortungsethik und Autonomie.

Trotz aller bellizistischen Rhetorik galten Friedlichkeit und Harmonie dieser Schicht zu allen Zeiten als hohes Gut, und sie spiegelt sich noch wider in dem Bericht, den der Reformer Kang Youwei über seine Reise nach Deutschland im Jahre 1906 gab, wo er über seine Gedanken angesichts der Burgen und Schlösser längs des Rheins schreibt:

«An günstigen Plätzen sind überall Burgen von Rittern aus früherer Zeit; Stätten, wo Kämpfe stattgefunden haben. Sie sind errichtet auf den weißen Knochen von Menschen und mit ihrem roten Blut gefärbt. Das betrübt einem das Herz. Wie viele Schlachtfelder kann man schon in unserem Lande noch sehen? Aber hier an den Ufern des Rheins sind alles, was das Auge erblickt, alte Kampfburgen. Welche Sünden und welche Vergehen hat noch das europäische Volk vor fünfzig Jahren begangen! Und zweitausend Jahre hindurch erduldete es diese Grausamkeiten. Ich kann noch heute das europäische Volk bedauern. In unserem Lande ist das ganze Volk zu einem Reiche zusammengefügt, und in einem Gebiet von zehntausend Li ist keine einzige Kampfburg zu finden. Die Menschen sterben meist erst im Alter. Man sah keine Waffen. Vater und Sohn, Mann und Frau schützten sich gegenseitig. Die erwachsenen Söhne sorgten für die Enkel. Wie sollten sie ein solches Elend wie die Europäer kennen? Die Ritter in den europäischen Ländern zogen am Abend ihre über zehn Pfund schweren metallenen Rüstungen aus, ebenso ihre Knappen. Aus über einem Zoll großen Krügen tranken sie Trauben-Wein. Dann wurden sie betrunken und schliefen auf dem Fußboden, indem sie Frauen aus dem Volke vergewaltigten. Wenn sie wieder nüchtern waren, gingen sie auf die Jagd, drangen in die Häuser ein und raubten, was zu haben war. ... Wer zum ersten Male am Rhein entlang fährt, wird die Farbe des Gesichts wechseln (vor Entsetzen) über das Unglück des europäischen Volkes; und er wird froh sein, daß das friedliche China seine Heimat ist ...»[27]

Das Unglück des europäischen Volkes dient Kang Youwei als Folie zur Ablenkung von dem Unglück Chinas. Doch dann äußert Kang Youwei auch Gedanken, die darauf hinzudeuten scheinen, daß Europa auch etwas gewonnen haben könnte für den Preis, den es gezahlt hat.

»Aber der Wechsel von Glück und Unglück ist nicht bestimmt, und Gewinn und Verlust rufen einander hervor. So hat sich Europa von seinen dauernden Kämpfen zu der jetzigen geordneten Regierung entwickelt [...] Also wenn man reist, muß man unbedingt an den Rhein reisen; und wenn man etwas lernen will, muß man unbedingt die Berichte über die Rheinburgen lesen.»[28]

6. Der Erste Kaiser und die Geburt des China-Imperiums

Aufstieg und Erfolg des Staates Qin

Erst mit der vom Staate Qin begründeten gleichnamigen Dynastie beginnt das chinesische Kaiserreich, und damit beginnt «China» für uns, denn unsere Benennung des Landes, das sich das «Reich der Mitte» nennt, geht auf den Dynastienamen Qin zurück. Spätere Abstammungslegenden einmal beiseite gelassen, hatte der Staat Qin seinen Anfang mit dem Jahr 897 (traditionelle Datierung, denn bis 841 v. Chr. haben wir mehrere divergierende Chronologien) genommen, als der Zhou-König einem Häuptling und Pferdezüchter namens Feizi ein festes Einkommen durch Landzuteilung bei dem heutigen Tianshui (Provinz Gansu) aussetzte, damit dieser Pferde liefere. Der vierte Nachfolger Feizis, Herzog Zhuang (821–778), hatte den Herzog-Titel erhalten, den bis 325 alle Qin-Herrscher führten, ehe sie den Königstitel annahmen.

Infolge der Belehnungen, welche die Zhou nach der Besiegung der Shang vornahmen, war es zu einer Vielzahl von Staatenbildungen gekommen, etwa 170 in der sogenannten «Frühling- und Herbst-Periode» (722–481). Ein Konzentrationsprozeß hatte, wie wir sahen, schließlich zu einer Verringerung der Staaten geführt, so daß zu Beginn der Zeit der Streitenden Reiche nur noch sieben Staaten bestanden, einschließlich des Staates Qin, aber ohne Zhou, das seit 770 durch einen Barbarenangriff seine Westliche Hauptstadt hatte aufgeben und in die Nähe des heutigen Luoyang (Henan) hatte weichen müssen, das bereits vom Herzog von Zhou (Zhougong) als Hauptstadt eingerichtet worden war. Das Zentrum der Qin-Macht wurde mehrfach verlegt, zumeist in Richtung Osten, im Jahre 677 nach Yong (dem heutigen Fengxiang in Shaanxi), im Jahre 350 nach Xianyang (8 km nordwestlich von Xi'an).

Die Macht der Qin wuchs zunächst durch ihre militärischen Auseinandersetzungen mit den sogenannten Rong-Barbaren im Norden und Westen. Durch diese Berührung wurden die Qin geprägt, und sie galten noch im 2. Jahrhundert v. Chr. bei anderen Stämmen Chinas als solche, deren Sitten und Gebräuche unterschieden waren von den Mittelstaaten. Zugleich nahmen die Qin Institutionen und Praktiken aus anderen Teilen Chinas an, so etwa bestimmte Feste wie das Sommerfest und später das Winterfest (La), die dann in der Han-Zeit ihre Bedeutung behalten sollten. Zu den Praktiken zählte auch die Beigabe von Menschen in Herrschergräber: Im Jahre 678 sollen beim Begräbnis Herzog Wu's von Qin erstmals Menschen, nämlich 66 Männer, mitbegraben worden sein, und Herzog Mu wurde im Jahre 621 sogar von 177 begleitet. Im Jahre 384 wurde diese Praxis in Qin verboten, doch 210 wurden mit dem ersten Qin-Herrscher wieder Konkubinen und viele Arbeiter begraben. Von ihren östlichen Nachbarn übernahmen die Qin auch den Brauch, ein schönes Fräulein, vorzugsweise eine Prinzessin, einem Fluß zu opfern.

Unter Herzog Xiao von Qin (361–338 v. Chr.) und seinem Berater Shang Yang (starb 338, auch bekannt als Wei Yang, Gongsun Yang, Fürst Shang) wurden die entscheidenden Weichen gestellt. Shang Yang, zunächst kleiner Beamter im Staate Wei, dem östlichen Nachbarn und Rivalen von Qin, ging, da er in Wei nicht zum Zuge kam, im Jahre 361 nach Qin, um dort die Rückeroberung des im Jahre 385 an die Wei verlorenen Gebietes zu betreiben. Die Staats- und Verwaltungsreformen des Kanzlers Shang Yang sowie einige Jahrzehnte später die Militärreformen des Generals Wei Ran (gest. 265 v. Chr.) schufen die Voraussetzungen für die Expansionspolitik des Qin-Staates. Nach militärischen Erfolgen gegen den Staat Wei wurde die Hauptstadt verlegt (350 v. Chr.). Von 361 bis 338, als er in Ungnade fiel und starb, blieb Shang Yang der führende Beamte im Qin-Staat. Er soll das System der Belohnungen und Strafen durchgesetzt und die Mehrheit der Bevölkerung in produktive Berufe gedrängt haben. Vor allem aber die Zentralisierung der Verwaltung gilt als sein Werk. Im Jahre 350 gliederte er das Qin-Territorium in 31 Kommandanturen (jun), denen jeweils ein von der Zentrale eingesetzter oberster Verwaltungsbeamter (ling) vorstand. Shang Yangs Agrarreform zielte ebenfalls auf die Stärkung der Zentralgewalt hin. Überhaupt waren eine effektive Landwirtschaft und ein starkes Heer das oberste Ziel, wogegen Handel und Handwerk eher behindert wurden. Die Geringschätzung des Handels als unproduktiv sollte, trotz der Beförderung des Handels zu

Beginn der Han-Zeit, zu einem bestimmenden Faktor der späteren Jahrhunderte werden. Der Machtzuwachs der Zentralgewalt beruhte auf der Schwächung bzw. Ausschaltung von Zwischenschichten und der virtuellen – auch vor dem Strafrecht wirksamen – Gleichstellung der bäuerlichen Produzenten. Ein wichtiges Mittel der Disziplinierung wurde nach dem Wegfall intermediärer Lehns- bzw. Vasallenbeziehungen die Gruppenhaftung.

Seit den Reformen des Shang Yang wuchs die Macht des Qin-Staates beständig: Im Jahre 325 beanspruchte der Herzog von Qin, ebenso wie die meisten Fürsten der anderen Staaten, den Königstitel *wang*. Auf Siege über die Nomaden im Jahre 314 v. Chr. folgte im Jahre 311 die Besetzung der Länder Shu (d. i. die Ebene von Chengdu in der Provinz Sichuan) und Ba (im östlichen Sichuan). Die abgeschirmte Lage der Hauptstadt im Wei-Tal spielte ebenso eine wichtige Rolle bei der Konsolidierung des Qin-Reiches wie die Randlage, von der aus sich der Staat nach Nordwesten, vor allem aber in das Gebiet der Provinz Sichuan ausdehnen konnte. (Dort soll auch ein Qin-Beamter für die Einrichtung des Bewässerungssystems gesorgt haben.) Die Expansion des Qin-Staates rief diplomatische Bemühungen der anderen Staaten hervor, einerseits, um sich gegen Qin zu verbünden, andererseits, um sich durch Annäherung an Qin eine gewisse Sicherheit zu verschaffen.

Die Randlage Qins führte auch dazu, daß technologische Neuerungen aus dem Westen zuerst bei den Qin ankamen, die daraus auch als erste den Nutzen zogen. Die Verbesserung der Verwaltung und insbesondere das im Jahre 309 eingeführte Amt des Kanzlers *(chengxiang)*, aufgeteilt in einen Kanzler zur Linken und einen Kanzler zur Rechten, führte zu einer wirkungsvollen Nutzung der Ressourcen. Im Jahre 256 zerstörte Qin schließlich das seit längerem faktisch machtlose Zhou-Haus. Mit der Annektion des kleinen Territoriums einer Nebenlinie des Zhou-Hauses in Gong (Provinz Henan) im Jahre 249 v. Chr. wurde das Geschlecht der Zhou, das einst die frühere Shang/Yin-Dynastie unterworfen und selbst die Vorherrschaft ausgeübt hatte, seit Jahrhunderten aber eigentlich keine Bedeutung mehr hatte, endgültig ausgelöscht. Zugleich kam im Staate Qin der Gedanke auf, den Anspruch auf das Himmelsmandat zu erheben. Dabei spielte eine wichtige Rolle, daß nicht mehr das Territorium, sondern die Blutsbeziehung das entscheidende Kriterium für die Legitimität geworden war.

Ebenso wie in den anderen Teilstaaten wurde auch im Staate Qin die Standardisierung von Maßen, Münzen, Hohl- und Längenmaßen sowie des Achsstandes gefördert, und im Zuge der territorialen Expansion erwies sich schließlich auch eine Schriftreform als unabdingbar. Der Ausbau des etwa 120 km langen Kanals nördlich des Wei-Flusses durch den Baumeister Zheng Guo nach 246 und die Bewässerungskanalisation in Sichuan hatten Qin die nötigen Nahrungsressourcen verschafft, die überhaupt erst die Grundlage für die weitere Expansion bildeten. Hierzu zählt auch der Ausbau der Verkehrswege und nicht zuletzt der Bau von Brücken. Die erste Brücke über den Gelben Fluß bei der Furt von Peng, ca. 20 km oberhalb der Einmündung des Wei-Flusses, wird in das Jahr 257 v. Chr. datiert. Dabei kam dem Qin-Staat weniger eine ihm lange Zeit nachgesagte fortgeschrittene Eisentechnologie zugute, sondern vielmehr vor allem die Effizienz der Verwaltung und die erfolgreichen Agrarreformen. Über die lokale Verwaltung sind wir inzwischen durch die im Jahre 1975 in dem etwa 30 km nordwestlich von Wuhan gelegenen Shuihudi gefundenen Dokumente besser informiert.

Das Datum, an dem der endgültige Sieg der Qin seinen Ausgang nahm, ist das Jahr 250 v. Chr., als der Handelsherr Lü Buwei, einer der reichsten Männer seiner Zeit, Kanzler von Qin wurde und der Mann, der als «Erster Erhabener Kaiser der Qin» (Qin Shihuangdi, geb. 259 v. Chr.) in die Geschichte eingehen sollte, noch keine zehn Jahre alt war. Kanzler Lü wurde nach dem Tod des Qin-Herrschers im Jahre 247 als Regent für den Knaben eingesetzt, der erst seit 238 tatsächlich die Regierungsgeschäfte führte. Daß Lü Buwei als Kanzler mit einem Adelstitel versehen und mit 100000 Haushalten belehnt wurde, zeigt, daß trotz der Bürokratisierung und der Verwaltungsreformen alte Feudalpraktiken weiterlebten. Nachfolger Lü Buweis wurde Li Si, der bereits im Jahre 247 nach Qin gekommen war und über Lü Buwei Zugang bei Hofe gefunden hatte.

Li Si (?280–208 v. Chr.), der aus dem Staate Chu stammte und sich früh der Lehre des Xun Qing (d. i. Xunzi, Meister Xun) angeschlossen hatte, wird in seiner Biographie als lernbegierig und klug geschildert, mit besonderem Interesse für die Maximen einer erfolgreichen Regierung. Als er sich aufmachte, in den Staat Qin überzuwechseln, in dem er die größten Chancen zur Verwirklichung seiner Fähigkeiten sah, begründete er dies mit der Einsicht in die unabwendbaren Eroberungsabsichten des Staates Qin, an deren Erfolgen er zu partizipieren gedenke.[1] Im Jahre 247 am Hof von Qin angekommen, wurde er bald von Lü Buwei gefördert und erhielt dadurch Zugang zu dem jungen König Zhuangxiang, der sich seit 221 v. Chr. als Shihuangdi («Erster Kaiser») von Qin bezeichnen ließ und den er in seinen Großmachtplänen bestärkte.[2]

Früher Kosmopolitismus: Die Throneingabe Li Sis

Im Jahre 237 wurde Li Si vom König von Qin der Titel «Gastminister» *(keqing)* verliehen, den solche Berater bekamen, die aus einem anderen Staate nach Qin gekommen waren. Dies geschah zu einer Zeit, als wegen der Machenschaften eines aus dem Staate Han nach Qin gekommenen Beraters etliche Würdenträger am Qin-Hofe die Ansicht vertraten, ausländische Berater verfolgten nur die Interessen ihrer Herkunftsstaaten. Und sie forderten daher, «sämtliche im Staate Qin befindlichen Ausländer

sollten ausgewiesen werden.« Li Si, den diese Maßnahme selbst getroffen hätte, wandte sich daraufhin mit einer Throneingabe an den
Herrscher:

»Ich habe gehört, die Beamtenschaft habe Dir, o Majestät, den Vorschlag gemacht, die (im Staatsdienst verwendeten) Fremdlinge zu vertreiben. Ich bin nun der Ansicht, daß dies ein großer Fehler wäre. Einst
hat Herzog Mu (von Qin) tüchtige Gelehrte gesucht; er fand im Westen
unter den Rong-Barbaren You Yu, im Osten im Lande Wan den Boli Xi,
ferner lud er Qian Shu aus dem Song-Reiche ein und ließ Pi Bao sowie
Gongsun Zhi aus dem Jin-Reich kommen. Diese fünf Männer wurden,
obwohl sie nicht aus Qin stammten, vom Herzog Mu (im Staatsdienst)
verwendet. So konnte er 30 Reiche unter seinem Szepter vereinigen und
wurde darauf Haupt der westlichen Barbaren.

Herzog Xiao (von Qin) bediente sich der Gesetze des Shang Yang (aus
Wei), wodurch Sitten und Gebräuche günstig verändert wurden; auf diese Weise gedieh das Volk und der Staat wurde reich und mächtig. Das
Volk freute sich zu dienen, und die übrigen Lehnsfürsten unterhielten mit
Qin gute Beziehungen und folgten seiner Führung. Die Armeen von Chu
und Wei wurden (geschlagen und) gefangen genommen, ein Gebiet von
tausend Meilen nach allen Himmelsrichtungen (d. h. 4 Millionen Qua-
dratmeilen) wurde besetzt, und (Qin) ist bis heute in dessen unbestritte-
nem Besitz geblieben.

König Hui (von Qin) richtete sich nach den Plänen des Zhang Yi (aus
Chu), nahm sich das Land der drei Ströme (Henan), eroberte im Westen
die Regionen von Ba und Shu (Sichuan), eignete sich im Norden Yan'an-
fu, im Süden Hanzhong an, unterwarf die neun Barbarenstämme des
reiches Chu und befriedete die beiden Distrikte Yan und Ying. Im Osten
wurde das strategisch wichtige Chenggao (Kaifengfu) besetzt und dessen
fruchtbare Felder weggenommen. Darauf wurde die nord-südliche Allianz der sechs Staaten gesprengt, die sich von nun an alle nach Westen
wandten und Qin gehorchten. Diese Erfolge haben bis jetzt ihre Auswir-
kung gezeigt.

König Zhao (von Qin) verschaffte sich Fan Ju (aus Wei), setzte (Wei
Ran), Marquis von Rang, ab und vertrieb (den Prinzen von) Huayang.
Das königliche Haus wurde immer stärker, alle Sonderinteressen traten
zurück, die Lehnsfürstentümer wurden allmählich einverleibt und Qin
schließlich zu einem Kaiserreich erhoben. Diese vier Herrscher (Mu, Xiao,
Hui und Zhao) haben sich alle die Dienstleistungen von Fremdlingen zu
Nutze gemacht. Wenn man die Sache so betrachtet, wie könnte man sagen, die Fremdlinge hätten Qin geschädigt? Wenn jene vier Fürsten die
Fremdlinge zurückgewiesen und nicht aufgenommen, sich diesen Tüch-
tigen gegenüber kühl verhalten und sie nicht verwendet hätten, dann
hätte das Reich mit deren Hilfe nicht groß und mächtig werden können.

Jetzt hast Du, o Majestät, Jade aus den Kun-Bergen geholt und die

Juwelen des Bianhe sowie des Grafen von Sui erworben; du trägst die glänzende Mondperle und gürtest Dich mit dem Schwerte Tai'e, Du reitest auf dem herrlichen Xianli-Pferd, Du führst die bunte Fahne mit dem Phönixbild mit Dir, Du stellst (vor Deinem Palaste) die Trommel auf, deren Fell aus der Haut wunderbarer Saurier verfertigt ist. Nicht ein einziger dieser wertvollen Gegenstände stammt aus dem Lande Qin und doch schätzest Du sie hoch, warum also? Wenn Du nur solche aus Qin stammende Objekte verwendetest, dann dürften jene die Nacht erleuchtenden Edelsteine nicht mehr an Deinem Hofe erglänzen, die aus Elfenbein und Rhinozeroshorn gemachten Gefäße nicht weiter als Schaustücke dienen, die Mädchen aus Zhao und Wei nicht mehr Deinen Harem füllen, die prächtigen Jueti-Renner sich nicht mehr in Deinen Gestüten vorfinden, das Gold und Zinn aus dem Süden des Großen Stromes nicht mehr verwendet und die Farben des westlichen Shu nicht mehr zu dekorativen Zwecken gebraucht werden. Wenn alles, was die Frauengemächer ausschmückt, was Dir zur Lust dient, was Dein Herz erfreut, Dein Ohr und Auge ergötzt, ausschließlich nur aus dem Reiche Qin entnommen werden dürfte, dann könnten die mit Perlen aus Wan besetzten Haarnadeln, die aus Edelstein bestehenden Ohrgehänge, die Seidengewänder aus Dongexian mit ihren Brokatstickereien (und vieles andere noch) nicht mehr vor Dir erscheinen, und die herrlichen Mädchen von Zhao, die voll anmutiger Unterwürfigkeit und Bescheidenheit sind, dürften nicht länger an Deiner Seite stehen.

Ferner wissen wir alle, daß die Topfmusik, das Harfenspiel, das Schlagen der Schenkel zusammen mit Gesang tatsächlich aus dem Lande Qin stammen. Die Musik von Zheng und Wei, von Sangjian, vom Kaiser Shun (Xie Shao) und der Zhou-Dynastie (Wuxiang) sind dagegen aus fremden Ländern eingeführt. Wenn Du jetzt die (einheimische) Topfmusik verwirfst und dafür die Musik von Zheng und Wei begünstigst, wenn Du das Harfenspiel aufgibst und dafür die Xianshao-Musik spielen lassest, welchen Grund kannst Du dafür anführen? Du fühlst Dich eben wohl, wenn (diese fremde Musik) gespielt wird, und es behagt Dir, (diese ausländischen Tänze) anzusehen. Wenn Du aber Männer auswählen sollst, gehst Du nicht so vor; Du fragst nicht, ob sie tüchtig sind oder nicht, Du kümmerst Dich nicht, ob sie rechtschaffen sind oder nicht. Vielmehr müssen jene, die nicht aus Qin stammen, das Land verlassen; wer ein Fremdling ist, wird vertrieben. Daher scheinst Du gerade auf Frauen, Musik (Perlen und Edelsteine) großes Gewicht zu legen, während Du (die Tüchtigkeit) von Männern des Volkes als Bagatelle betrachtest. Dies ist aber gewiß nicht die Methode, um die ganze Welt zu einem Reiche zu vereinigen und die Lehnsfürsten zu beherrschen. Ich habe mir sagen lassen, ein Land könne nur dann ausgedehnt genannt werden, wenn es eine zahlreiche Bevölkerung besitzt; eine Armee ist nur dadurch stark, daß ihre Krieger tapfer sind.

Daher konnte der Taishan so hoch werden, weil er auch nicht die kleinste Menge Erde verschmähte; Ströme und Meere konnten tief werden, weil sie auch die kleinste Wassermenge wahllos aufnahmen. Ein Fürst, der keinen Unterschied zwischen In- und Ausland (bei der Wahl der Beamten) macht, kann dadurch seine tiefe Einsicht erst offenbar machen. Der Grund, warum die fünf Herrscher und drei Könige unvergleichlich waren, liegt eben darin, daß sie zwischen den Vier Weltgegenden keinen Unterschied machten und auch die Angehörigen fremder Länder wie ihr eigenes Volk ansahen, so daß dann die vier Jahreszeiten in herrlicher Harmonie verliefen und Geister sowie Dämonen Glück im Übermaße herabsandten. Du, o Majestät, jagst jetzt (tüchtige) Menschen weg, um sie gewissermaßen feindlichen Staaten zur Verfügung zu stellen. Du entfernst die Fremdlinge, damit sie in den Dienst anderer Lehnsfürsten treten. Du bewirkst, daß die Gelehrten der ganzen Welt sich von Qin zurückziehen, es nicht mehr wagen, den Weg nach Westen einzuschlagen und, weil ihre Füße gewissermaßen gebunden sind, unser Land nicht mehr betreten können. Dies ist ganz dasselbe, wie wenn wir Räubern Waffen und Proviant liefern würden. Man muß auch wissen, daß es sehr viele wertvolle Gegenstände gibt, die nicht im Lande Qin hervorgebracht werden, und daß es ebenso viele Gelehrte gibt, die zwar nicht aus dem Lande Qin stammen und doch alle diesem treu dienen wollen. Wenn man jetzt die Fremdlinge vertreibt, um sie den feindlichen Staaten zur Verfügung zu stellen, die Bevölkerungszahl (des eigenen Landes) geringer macht und jene des Feindes erhöht, das eigene Gebiet leermacht und die Länder der Lehnsfürsten nur mit neuen Feinden füllt, wie könnte dies mit Deiner Absicht, das Reich vor Gefahren zu schützen, im Einklang stehen?»[3]

Der in dieser Throneingabe zum Ausdruck kommende Kosmopolitismus war und blieb eine der Säulen des Einheitsreiches. Bei seinen Einigungsbestrebungen konnte sich der Qin-Staat darauf stützen, daß es einen breiten Konsens gab, wonach alle einen Himmel und damit auch einen Himmelssohn anerkennen. Dies wird in einem Bericht in der Textsammlung «Pläne der Kämpfenden Staaten» *(Zhanguo ce)* folgendermaßen veranschaulicht:

«Da war einmal ein Mann aus Wen, der nach Zhou übersiedelte. Zhou aber gestattete Ausländern keinen Aufenthalt. ‹Bist du nicht ein Ausländer?›, fragte man ihn. ‹Nein, ein Einheimischer!›, erwiderte er. Sie fragten ihn dann, in welcher Straße er wohne, doch er vermochte nicht zu antworten. Da wurde er ins Gefängnis gesteckt! – Der Herrscher (d. i. König Hui von Zhou) sandte jemanden, ihn zu befragen: ‹Warum hast du dich als Einheimischer bezeichnet, obwohl du doch ein Ausländer bist?›, fragte dieser – ‹Als ich ein Kind war, lernte ich die Lieder aus dem ‹Buch der Lieder›, und ich sang Lieder wie das folgende: Jedes Land unter dem Himmel/Ist des Königs Land./Jedermann zwischen den Vier Meeren/ist ein Diener des Königs.[4] Da Zhou das Reich *(tianxia)* regiert, bin ich ein

Untertan des Himmelssohnes – wie könnte ich da ein Ausländer sein? Daher habe ich gesagt, ich sei ein Bürger.› Daraufhin verfügte der Herrscher von Zhou, den Mann frei zu lassen.»[5]

Der Erste Kaiser

Die bereits während der Zeit der Vorrangstellung der Zhou entwickelte Vorstellung einer Ökumene konnte sich der Qin-Staat zunutze machen. Das Bewußtsein von seiner Rolle als Reichseiniger und Befrieder Chinas war bei Qin Shihuangdi offenbar sehr ausgeprägt. Dies geht auch aus einer Inschrift aus dem Jahre 219 v. Chr. hervor, wo von den früheren Teilungen und der militärischen Durchsetzung des Einheitsstaates die Rede ist und davon, daß es dem Qin-Kaiser gelungen ist, die Menschen zu «einer Familie» zusammenzuführen. Auf immer und ewig werde Frieden und Gerechtigkeit herrschen. Zugleich war die kultivierende Kraft des Edlen bereits seit Konfuzius ein Gemeinplatz. In dessen «Gesprächen» *(Lunyu)* heißt es: «Der Meister äußerte den Wunsch, unter den neun Barbarenstämmen des Ostens zu wohnen. Jemand sprach: ‹Sie sind doch so roh; wie wäre so etwas möglich!› Der Meister sprach: ‹Wo ein Gebildeter weilt, kann keine Rohheit aufkommen!›»[6]

Nicht ganz unähnlich den Zhou, die Shang/Yin überrannt hatten, war es die innere Überlegenheit des Staates Qin, die ihn schließlich dazu befähigt hatte, die anderen sechs Staaten zu unterwerfen und nach dem Untergang des Staates Qi im Jahre 221 v. Chr. ein Einheitsreich zu errichten. Damit endet freilich die Parallele, zumal die Machtübernahme durch die Zhou mit wenigen Kriegern und nicht mit einer Massenarmee erfolgte. Den Eroberungen der anderen Staaten war, wie wir sahen, eine lange Reihe von Ausdehnungsfeldzügen nach Norden und vor allem Südwesten vorangegangen. Zwar hatten manche Staaten versucht, den Siegeszug der Qin aufzuhalten, wie im Jahre 227 der Staat Yan durch einen Mordanschlag durch den Gesandten Jing Ke,[7] doch war dieser nicht aufzuhalten. Nach für die Gegenseite jeweils äußerst verlustreichen Schlachten – an den Zahlenangaben läßt sich allerdings zweifeln –, nahm Qin 230 Han, 228 Zhao, 225 Wei, dann im Jahre 223 Chu, im Jahre 222 Yan und im Jahre 221 Qi ein. Der imperiale Anspruch der Qin wurde auch dokumentiert durch die Eulogien und Lobeshymnen, die der Minister Li Si in Stein einschreiben ließ und die zum Ausdruck bringen, was in den folgenden Jahrhunderten die meisten Regierungen zu ihrem Ideal erheben sollten. Wie später auch manche andere Herrscher Chinas, z. B. Sui Yangdi, Kangxi und Qianlong, durchreiste Qin Shihuangdi auf fünf großen Reisen sein Reich in großem Maßstab und ließ an signifikanten Orten, namentlich auf Berggipfeln, Inschriftensäulen aufstellen.

Irgendwann zwischen 219 und 213 wurde Li Si schließlich Kanzler zur Linken und bekleidete dieses Amt bis zu seinem Tode im Jahre 208, als er

als angeblicher Hochverräter hingerichtet wurde. Li Si wurde der eigentliche «Architekt» des ersten Kaiserreiches.[8] Ihm ist, vielleicht mehr noch
als Qin Shihuangdi, das Verdienst der Reichseinigung zuzuschreiben, und
auf ihn gehen die großen Leistungen des jungen Einheitsreiches zurück,
die Überwindung feudaler Strukturen, die Disziplinierung der Literaten,
die Vereinheitlichung der Schrift und die Rationalisierung der Verwaltung.

Mit der Gründung der Qin-Dynastie war die Eroberungspolitik jedoch
nicht abgeschlossen, sondern die militärische Expansion und die Kolo-
nialisierung namentlich Richtung Norden und Süden gingen weiter. Im
Zuge dieser Kampagnen wurde ein weiteres großes Wasserbauprojekt
durchgeführt, nämlich der sogenannte «Magische Kanal», der das Strom-
gebiet des Yangzi mit dem des Westflusses bis nach Kanton verband und
über den die Truppen im Süden versorgt werden sollten. Zu solchen
Baumaßnahmen, in deren Tradition auch das «Drei-Schluchten» *(sanxia)*-
Staudamm-Projekt am Yangzi zu sehen ist, wurden nicht nur Verbrecher
oder dienstverpflichtete Bauern, sondern auch Angehörige der Bürokratie herangezogen.

Größenwahn und Erfolg

Qin Shihuangdi ließ sich als Gottkaiser verehren. Er betrachtete seine
Dynastie als den Endpunkt einer Entwicklung und als einen qualitativ
neuen Zustand der Herrschaft, den er für alle kommenden Zeiten sichern
wollte. Dies zeigt auch der von ihm gewählte Titel «Erster Kaiser», womit
eine numerisch unendliche Folge von Kaisern impliziert wird. Als in der
neuen Reichshauptstadt (nahe dem heutigen Xi'an) residierender Gottkaiser war Shihuangdi natürlich auch der Vorgesetzte sämtlicher Lokal-
gottheiten des Reiches. Dies kommt darin zum Ausdruck, daß er über
diese genauso wie über seine Untertanen Strafen verhängte. Auch die
Reisen Shihuangdis durch sein Reich hatten die Funktion, Verbindung
mit allen Göttern aufzunehmen und sich ihres Beistandes zu versichern.
In den Küstenregionen meinte er offenbar zudem, am ehesten mit seinen
Gottkollegen in direkte Berührung zu gelangen.

Bereits zu Lebzeiten Shihuangdis, im Jahre 211 v. Chr., soll ein Meteorit
herabgefallen sein, in den jemand die Worte eingravierte: «Shihuangdi
wird sterben, und sein Reich wird auseinanderbrechen.» Da der für diese
Inschrift Verantwortliche nicht zu ermitteln war, ließ der Kaiser alle Menschen in der Nähe des Aufschlagortes dieses Meteoriten töten und den
Stein einschmelzen. Doch soll ihn dieser Vorfall dermaßen verunsichert
haben, daß er Gelehrte beauftragte, Gedichte zur Preisung des Unsterb-
lichen «Vollkommenen», jenem daoistischen Ideal, das er selbst erstrebte,
zu verfassen.[9] Alle Beschwörung konnte nicht verhindern, daß seine Familie statt der erstrebten tausend nicht einmal zwei Generationen lang
das Reich beherrschte.

Daß sich Shihuangdi mehr als Gott denn als Mensch fühlte, ersehen wir auch an seiner Palastanlage, die eine Nachahmung des Sternbildes «Himmelsgipfel» *(tianqi)* darstellte. Dies war der Wohnsitz des «All-Einen» *(taiyi)*, des Obersten aller Himmelsgötter. Qin Shihuangdi, dessen riesige Grabanlage, die in Miniatur das gesamte Universum darstellte, eine letzte Wohnstatt war, wie sie für einen Gottmenschen sich geziemte, ist uns ja heute weit besser vertraut als noch vor einigen Jahren.[10] Shihuangdi nun wurde andererseits wegen der unter ihm durchgeführten Verfolgung der Werke, in denen «das Alte erhoben und das Neue herabgesetzt wurde»,[11] sowie wegen seiner Strafmaßnahmen gegen die opponierenden Gelehrten zu einer der bestgehaßten Figuren der konfuzianischen Geschichtsschreibung. Und doch blieb die Reichsvorstellung der Qin-Dynastie für die Zukunft prägend.

Der Erste Kaiser von China war den Konfuzianern verständlicherweise verhaßt, und auch bei den späteren Generationen von Literatenbeamten waren bis in unsere Tage die Gefühle gegenüber diesem Herrscher bestenfalls gemischt. Hierzu schrieb Otto Franke 1930: «Das Bild, das die Nachwelt von diesem Gründer ihres Reiches geformt und weitergegeben hat, ist das eines teuflischen Ungeheuers. Es gibt keinen Zug des Gemeinen und Schändlichen, des Rohen und Gewalttätigen, des Zynischen und Gewissenlosen, den sie ihm nicht beigemischt hätte.»[12] Die Ambivalenz gegenüber diesem Herrscher war aber auch darin begründet, daß einerseits er es war, auf den das Einheitsreich zurückging, während andererseits alle späteren Dynastien des Kaiserreiches, mit Ausnahme des Kaisers Wudi der Han-Zeit, nicht ihn und das Qin-Reich, sondern das halblegendäre Reich der Shang und die Dynastie der Zhou zu ihren Vorbildern erklärten. Wie Shihuangdi wurden auch später alle starken Kaiser bewundert und gefürchtet, doch dafür, daß keinem abermals eine solche Machtentfaltung gelingen konnte wie diesem, sorgte die Beamtenschaft, der jede Form von Sultanismus und von Caesaropapismus allein schon im Interesse der Bewahrung ihrer eigenen Privilegien als verwerflich galt.

Trotz dieser Ambivalenz blieb die Erinnerung an die Größe und den Glanz der Herrschaft des ersten Kaisers von China lebendig, und die Faszination des Ordnung stiftenden, alle Menschen gleich behandelnden Rigorismus erfaßte auch spätere Generationen. Bereits ein Berater des Ersten Kaisers wies bei jener Besprechung, die dann in der Bücherverbrennung endete, darauf hin, daß, bei einer Schwächung der Zentralgewalt und Unruhen oder Aufstandsbewegungen das Fehlen starker regionaler Machthaber die Unfähigkeit der Behauptung in der Provinz bedeute. Dieser strukturellen Schwäche des Zentralstaats wurde durch eine partielle Aufsplitterung der Macht begegnet, insbesondere eine Stärkung der Gentry bzw. der mit dieser Schicht weitgehend zusammenfallenden Literatenbeamten. In diesem Zusammenhang gehören die an anderer Stelle erörterten Zwischenschichten.

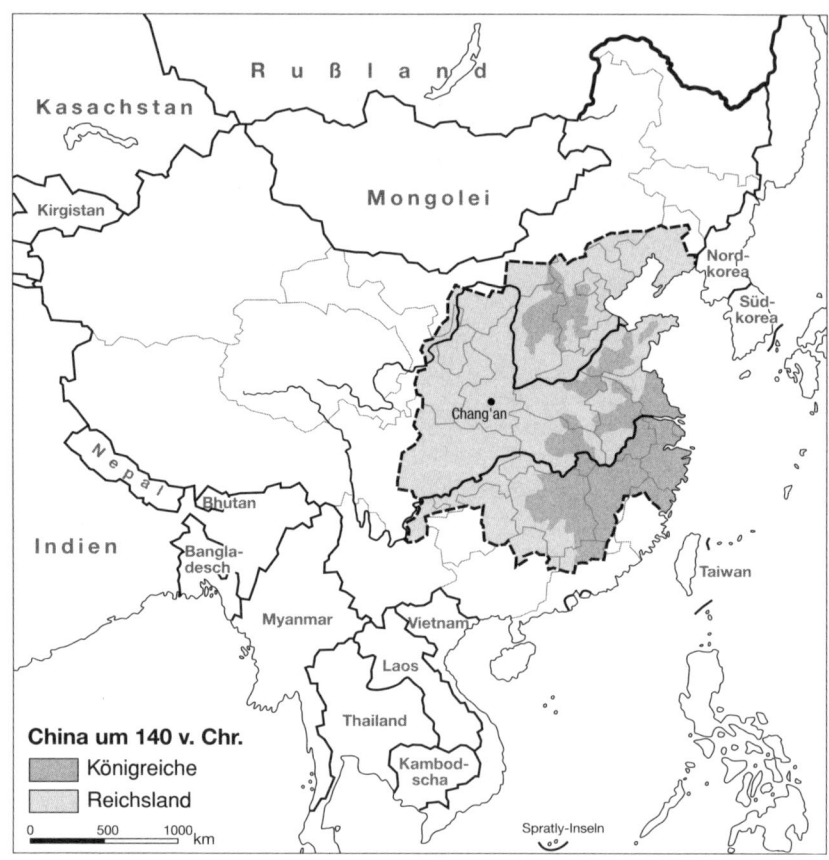

China um 140 v. Chr.
Königreiche
Reichsland
0   500   1000 km

*Eine gleichmäßige Präsenz der Zentralregierung war nur schrittweise –
und dann auch nur vorübergehend – zu erreichen, sie blieb aber das Ziel
der Han-Kaiser. Andererseits blieb die Gliederung in Provinzen bzw. Königtümer
in der Erinnerung lebendig.*

Bei seinen Betrachtungen zur Stellung des chinesischen Kaisers und
seiner Entwicklung des chinesischen Ökumene-Begriffs bezieht sich Peter
Weber-Schäfer auf Henri Frankfort, der für den Vorderen Orient eine drei-
fache Funktion des sakralen Herrschers in einer kosmologisch artikulier-
ten Gesellschaft feststellt: «Der Herrscher stellt durch die Substanz seiner
Person die Repräsentation der Menschheit vor den Göttern sicher, mani-
festiert die Inkarnation der göttlichen Ordnung des Kosmos im Medium
menschlicher Gesellschaft und Geschichte und bringt als Administrator
irdischer Herrschaft die Welt den Göttern zum Opfer dar.»[13] In China
allerdings sei der spekulative Durchbruch nur unvollständig gelungen.

Denn dort stellt der Herrscher vielleicht nur in einer bestimmten Konstellation während der Zhou-Zeit, nicht aber auf Dauer, den Schnittpunkt dar, an dem die Welt der Menschen durchlässig wird für das Einströmen göttlicher Ordnung.

Bereits Otto Franke hat es deutlich ausgesprochen, daß das Werk der Reichseinigung durch den Qin-Staat die Grundlage geworden ist, auf dem sich «das Gefüge des chinesischen Riesenstaates erheben konnte».[14] Daher ist auch die spätere Beurteilung dieses Reiches von so weitreichender Bedeutung, denn dadurch, daß die Konfuzianer später die das Reich einigende Dynastie verteufelten, entzogen sie einerseits dem Einheitsstaatsgedanken die Legitimation, um ihn bei anderen Gelegenheiten aber wieder zu bemühen.

Der wesentliche Unterschied in der Territorialherschaft der die Qin-Dynastie beerbenden Han-Dynastie lag in der Organisation der Provinzen. Dies beruhte nicht zuletzt auf der Option Xiang Yus, der eine Konföderation von 19 Königtümern unter seiner Führung angestrebt hatte. Und Liu Bang, der Rivale und schließlich erfolgreiche Dynastiegründer, mußte entsprechende Erwartungen bzw. Ansprüche seiner Mitstreiter, von denen einige bereits den Königstitel beanspruchten, erfüllen, und er schuf neben seinem in 13 Kommandanturen *(jun,* i. J. 195 waren es 15) und den Hauptstadtbezirk aufgeteilten Reichsland zehn Königtümer im Osten. Diese im Jahre 202 v. Chr. geschaffene Ordnung barg jedoch die Gefahr der Verselbständigung der Königtümer, die ja als Erbkönigtümer beansprucht wurden, eine Gefahr, die Liu Bang dadurch zu bannen suchte, daß er in den folgenden Jahren die Könige durch Angehörige seiner Familie ersetzte, so daß im Jahre 196 v. Chr. bis auf ein Königtum, nämlich das südlichste in Changsha, alle in der Hand seiner Familie waren, was nicht verhinderte, daß es erhebliche Widerstände gab, die sich in besonderer Weise in der sogenannten «Rebellion der Sieben Könige» im Jahre 154 v. Chr. verbanden,[15] ohne jedoch den Einheitsstaat zunächst zu zerschlagen.

Drittes Kapitel

Grenzkonflikte
und Zerfall der Zentralgewalt
(25 – 589)

7. Die Grenzpolitik der Han und die Grundlagen
der chinesischen Außenpolitik

Interner Partikularismus, Außenbeziehungen und Diplomatie

Während der Han-Zeit war es offizielle Politik, die nicht-chinesischen Bevölkerungsteile zu integrieren. Um dies zu befördern, wurden vielfach Stammesführer und Angehörige der Elite einzelner Ethnien mit lokalen Ämtern betraut.[1] Das gelang jedoch nur mangelhaft, und so wird immer wieder von Übergriffen chinesischer Behörden einerseits und Aufständen nicht-chinesischer Bevölkerungsgruppen andererseits berichtet. Dies ist um so verständlicher, wenn man sich vor Augen hält, daß während der Han-Zeit Chinesen und Nicht-Chinesen zum Teil sehr vermischt lebten. Etwa zwei Drittel des Territoriums, der ganze Süden, der Westen und der Norden des damaligen China, waren von chinesischen ebenso wie von nicht-chinesischen Bevölkerungsgruppen besiedelt.[2] Die Verdrängung und zum Teil auch Assimilation der «Barbaren» geschah allmählich und war in den späteren Jahrhunderten dann sogar rückläufig. Nun bedeutete dies nicht, daß es ständige Auseinandersetzungen zwischen diesen unterschiedlichen Völkern gegeben hätte, doch muß festgehalten werden, daß Konflikte insbesondere im Norden stattfanden. Überhaupt war die Zeit ja keineswegs friedlich, sondern von den 440 Jahren der Han-Zeit sahen nur 187 keinen Krieg,[3] und in den letzten 60 Jahren der Späteren Han-Zeit herrschte Bürgerkrieg. Doch diese Kriege waren eben nur zum Teil Ausdruck von Konflikten mit fremden Völkern, auch wenn festzustellen ist, daß den im Laufe der Han-Zeit zunehmenden Kämpfen zwischen Chinesen und Barbaren «eine Zunahme der insgesamt 115 belegten innerchinesischen Rebellionen im Verlaufe der Han-Dynastie» korrespondiert.[4] Hervorzuheben sind aber jene nicht-chinesischen Völkerschaften im Norden und Nordwesten, die zusammenfassend als Xiongnu bezeichnet werden und mit denen die Dynastie in einem dauernden Konflikt lag. In der Auseinandersetzung mit diesen oft mit den Hunnen in Beziehung gesetzten Völkerschaften bewährte sich die chinesische Außen- und Grenzverteidigungspolitik und entwickelte ihre Formen.

In jedem Falle aber spielte die Große Mauer als zumindest symbolische Grenze eine wichtige Rolle und kennzeichnet die Zone des kriegerischen oder friedlichen Kontaktes mit der zumeist nomadischen Bevölkerung am Rande der Ackerbauzone. Der Ausbau dieser nördlichen Grenzbefestigung hat vielleicht zur Stabilisierung der Nordgrenze beigetragen. Insbesondere in der Neuzeit und bis in die Gegenwart diente die Große Mauer dann aber mehr noch als Symbol der Einheit und Stärke Chinas sowie als einigendes Band um den Vielvölkerstaat.[5] Die Mauer gilt zugleich – bis in die Gegenwart – als Ausdruck von Ausbeutung und Unterdrückung. Der Aufwand und die Menschenopfer, die ehrgeizige Projekte wie der Bau der Mauer und andere Infrastrukturmaßnahmen forderten, hatte bereits in der Anfangszeit zu Unruhen im Innern geführt, und von dort waren auch die Kräfte zur Auflösung des Reiches gekommen, die trotz der Despotie Shihuangdis nicht zu bannen waren.

Über die Kontakte an den Nordgrenzen und die Auseinandersetzungen mit nicht-chinesischen Völkerschaften im Süden Chinas und an dessen Grenzen hinaus gab es bereits früh Außenbeziehungen, die vermutlich bis in fernere Länder reichten. Über transkontinentale Beziehungen Chinas wissen wir Genaueres erst seit der Han-Zeit, insbesondere seit der Herrschaftszeit Han Wudis, der das Reich in den Gansu-Korridor bis zu den von F. von Richthofen, dem 1905 verstorbenen bedeutenden Geographen und Forschungsreisenden, als Seidenstraße bezeichneten Handelswegen um die Taklamakan-Wüste ausdehnte.

Auf diesem Wege kamen zahlreiche bis dahin unbekannte Güter und Kenntnisse nach China. Dabei spielten die iranischen Völker die Rolle der großen Vermittler zwischen Ost und West. Durch die über die internationalen Handelswege nach China gelangenden fremdländischen Händler wurde das Bild des Ausländers nachhaltig geprägt, das dann auch in den bildenden Künsten seinen Niederschlag fand.[6]

Im Zuge der Begegnung mit Ausländern und vor allem bei diplomatischen Kontakten entstand die Notwendigkeit, die sprachliche Verständigung zu organisieren. Die Bemühungen in diese Richtung mündeten während der Früheren Han-Zeit in die Einrichtung eines Dolmetscher- und Übersetzungsamtes, das zum Vorbild für spätere Übersetzungsbüros wurde, wie sie dann vor allem im Zusammenhang mit der Übernahme des Buddhismus in China entstanden.

Infolge der Schwäche der Zentralmacht am Ende der Qin konnten fremde Völker am Rande Chinas ihre Chance wahrnehmen. Diese Tendenz nahm auch in der Folge nach der Etablierung der Dynastie Han nicht ab, als die Gefahr bestand, daß sich einzelne Könige mit fremden Völkern gegen den Han-Kaiser verbündeten.[7] Vor allem das Volk der Xiongnu bedeutete eine dauernde Bedrohung der Nordgrenze des Reiches, insbesondere seit gegen Ende der Qin-Zeit unter der Führung der Xiongnu in der Steppenzone eine große Föderation der Nomadenstämme entstanden war, vermutlich angeregt durch die Bildung des chinesischen Einheitsreiches. Dieses von einem gewissen Maodun (209–174) gegründete Xiongnu-Reich bestand von 204 bis 53 v. Chr., bis zu dem Jahr, in dem sich die Steppenstämme aufteilten in Südliche Xiongnu, die sich China anschlossen und in der Inneren Mongolei ansässig waren, und in Nördliche Xiongnu, die das Gebiet der heutigen Äußeren Mongolei bewohnten. Unter der Herrschaft des Sohnes von Maodun, Laoshang (174–160), übten die Xiongnu Einfluß auf die Großen Yuezhi aus, die einen iranischen Dialekt sprachen und sich in den Oasengebieten und in Gansu niedergelassen hatten. Die Yuezhi wurden schließlich nach Westen verdrängt und setzten sich in Griechisch-Baktrien fest. Die Abwanderung der Yuezhi war etwa um 180 v. Chr. erfolgt.

Die Appeasement-Politik heqin

Die erste große militärische Begegnung des Han-Reiches mit den Xiongnu fand im Jahre 201/200 in Pingcheng (das heutige Datong in Shanxi) statt. Nach der Niederlage beschloß der chinesische Kaiserhof die sogenannte heqin-Politik. Diese Politik der Beschwichtigung, deren Bezeichnung wörtlich übersetzt heißt: «sich (dem Gegner) friedlich anverwandtschaften» oder einfacher: «Friede und Freundschaft», war bis zur Regierungszeit Han Wudis vorherrschend. Den Xiongnu wurden beträchtliche Geschenke gegeben, und im Jahre 198 v. Chr. wurde sogar eine chinesische Prinzessin zu den Xiongnu gesandt. Der Architekt dieser Politik war Liu Jing, von dem eine Rede an den Dynastiegründer erhalten ist.[8] Diese Strategie war ganz von dem Gedanken geprägt, kampflos das Nachbarvolk zu Untertanen zu machen.[9] Und der Umstand, daß es sich hierbei im Kern doch um einen Heiratsvertrag handelte, band diese Form zwischenstaatlichen Umgangs an die Dauerhaftigkeit der dynastischen Familien, wobei zudem die erheblichen Tributpflichten immer wieder neu zu legitimieren waren.

Die heqin-Politik erwies sich daher nicht als besonders erfolgreich, und so wurde unter Kaiser Wu eine neue Politik eingeschlagen. Dieser Wandel kam nicht unvorbereitet. So hatte bereits der junge Jia Yi (200–168), ein Berater des Hofes und zugleich ein angesehener Dichter, zur Zeit Kaiser Wens (179–154) die heqin-Politik kritisiert. Er sagte:

»Die Lage des Reiches ist so wie die eines Menschen, der mit dem Kopf nach unten hängt. Der Himmelssohn ist der Kopf des Reiches. Warum? Weil er an der Spitze bleiben sollte. Die Barbaren sind die Füße des Reiches. Warum? Weil sie unten einzustufen sind. – Heute nun sind die Xiongnu arrogant und anmaßend und fallen in unser Land ein und plündern, was man nur als eine ganz außerordentliche Respektlosigkeit uns gegenüber bezeichnen kann. So haben sie dem Reich unermeßlichen Schaden zugefügt. Dennoch senden die Han ihnen alljährlich Geld, Seidengarn und Gewebe. Die Barbaren zu beherrschen steht dem Herrscher zu, und dem Himmelssohn Tribut zu zollen ist die Aufgabe der niederen

Vasallen. Heute indessen ist es gerade umgekehrt, und die Füße sind oben und der Kopf unten. ... Nach meiner Schätzung ist die Bevölkerung der Xiongnu nicht zahlreicher als die eines großen Kreises *(xian)*. Daß ein Reich unter die Kontrolle der Bevölkerung eines Kreises gerät, muß einen, der sich für die Politik des Reiches mitverantwortlich fühlt, zutiefst beschämen. Wenn Ihr meinen Rat befolgtet, würde der Fürst der Xiongnu sich vor Euch verneigen und sich vor Euch niederstrecken und Eure Züchtigung erwarten.»[10]

Der endgültige Umschlag der Außenpolitik der Han gegenüber den Xiongnu wurde eingeleitet durch das Begehren der Xiongnu im Jahre 135 v. Chr., den *heqin*-Vertrag zu erneuern. Die Meinungen bei der Hofkonferenz waren gespalten. Während sich zunächst die «Friedensfraktion» durchsetzte, gewannen schließlich im Jahre 133 v. Chr. die «Falken» die Oberhand, und es begann eine offensive Außenpolitik.

Die Reise des Zhang Qian

Dieser Politik waren bereits Vorbereitungen vorausgegangen. Im Jahre 139 v. Chr. hatte der chinesische Hof den Offizier Zhang Qian mit einem bewaffneten Spähtrupp zu den Yuezhi entsandt, um Verbindungen mit ihnen aufzunehmen und sie zu einer Allianz gegen die Xiongnu aufzufordern. Als Zhang Qian im Jahre 126 v. Chr. nach einer abenteuerlichen Fahrt quer durch Asien wieder in der Hauptstadt erschien, hatte er das Ziel einer Allianz mit den Yuezhi zwar nicht erreicht, aber er berichtete von einer den Chinesen bis dahin nicht bekannten Welt, dem hellenisierten Iran. Von dort erhielten die Chinesen Kunde vom Traubenwein und anderen Kulturpflanzen.[11] Insbesondere wurde durch den Bericht Zhang Qians über das große Interesse der Völker Zentralasiens und der Gebiete nördlich und südlich des Amu-darja für die chinesische Seide die große Expansionspolitik ins Tarim-Becken und in das Pamirgebiet angeregt. Auch soll Zhang Qians Entdeckung von aus Sichuan stammenden Bambus- und Textilwaren in Baktrien, die über Burma und Nordindien dorthin gekommen waren, Kaiser Wu dazu veranlaßt haben, militärische Expeditionen nach Yunnan zu entsenden, um die dortigen Handelswege zu kontrollieren. Tang Mengs Vermutung, daß es zwischen Sichuan und Kanton (Panyu) einen Handelsweg geben müsse, soll der auslösende Faktor für die Feldzüge der Han nach Guizhou gewesen sein: Tang Meng hatte bei einer Mission in Guangdong im Jahre 135 v. Chr. dort eine Sauce entdeckt, die aus einer aus Sichuan importierten Frucht gemacht wurde. Auch der Bericht über die himmlischen Pferde von Ferghana, die in den Jahren 104 und 101 v. Chr. zu einer Expedition Wudis führten, stammt wohl von der langen Kundschaftsodyssee des Zhang Qian.[12] Die militärischen Expeditionen der Chinesen schwächten die Macht der Xiongnu und brachten das Tarim-Becken unter chinesische Oberhoheit.

Doch so stark auch die zentralistische und auf Sicherung der Grenzen bedachte Politik Wudis, der sich auf die Kleinbauern und die Wehrsiedlungen *(tuntian)* gestützt hatte, gewesen war, so bereiteten sich doch schon gegen Ende seiner Regierungszeit gegenläufige Tendenzen vor, die dann bald zu einer erneuten Konzentration von Grundbesitz führten. Kennzeichnend für den Machtverlust der Zentralregierung war auch, daß kurz nach seinem Tode bereits die Diskussion über das staatliche Salz- und Eisenmonopol einsetzte, wie sie dann in dem Werk «Erörterung über Salz und Eisen» *(Yantielun)*, publiziert zwischen 73 und 49 v. Chr., ihren Niederschlag gefunden hat. Es gab zu jener Zeit ja ein ganzes Netz von Wirtschaftszentren,[13] und insbesondere die Zentren für Eisentechnologie entwickelten bei der Lockerung der Anbindung an die Hauptstadt eine eigene regional orientierte Dynamik.

Militär und Expansion

Die Gründung der Qin im Jahre 221 v. Chr. war eine Folge der militärischen Eroberungen von sechs größeren Staaten gewesen, und bis 127 v. Chr. war die Ausdehnung des Reiches konstant geblieben. Vermutlich waren auch die militärischen Aktionen und die Ausweitung des Reiches mit wirtschaftlichen und diplomatischen Unternehmungen verknüpft gewesen. 121 v. Chr. waren bereits Kommandanturen in Dunhuang und an anderen Orten eingerichtet worden, und eine wesentliche Rolle hatten die kriegerischen Auseinandersetzungen mit den Xiongnu, insbesondere in den Jahren 124, 123 und 119, gespielt. Doch als im 1. Jh. v. Chr. das Xiongnu-Reich bzw. die Föderation allmählich zerfiel, nahm die Bedeutung des weitmaschigen Netzes von Garnisonen entsprechend ab. Da erwies es sich dann auch als vorteilhaft, daß die Grenzsicherung nicht nur mit eigenen Truppen, sondern auch mit Hilfe der lokalen Kleinkönigtümer durchgeführt worden war, die als Tributpflichtige die Grenzregionen weiterhin sicherten.

Die Armee war im wesentlichen eine Infanterietruppe aus Wehrpflichtigen; neben diesen gab es aber auch Sträflinge, amnestierte Gefangene und Abkömmlinge von Militärfamilien. Die Kavallerie setzte sich aus einigen Adligen zusammen, vor allem dann aber aus Angehörigen nomadischer Volksgruppen. Einmal aufgebaut, hatte das Vorhandensein von Expeditionsheeren auch die Entwicklung einer eigenen Dynamik zur Folge. So wandte man sich, nachdem die Nordwest-Grenze gesichert worden war, der Gegend des heutigen Vietnam zu, wo sich ein selbständiger Fürst festgesetzt hatte.

Vermutlich mußten einige begünstigende Faktoren zusammenkommen, die erst die Ausdehnung des Han-Reiches ermöglichten. Dazu gehört sicherlich eine massenhafte Pferdezucht, der Aufbau einer Kavallerie und das Auftreten fähiger Generäle. Was waren aber nun die Gründe für die Ausdehnung Chinas? Reiner Expansionsdrang? Waren es Sicherheitsinteressen? Handelsinteressen? Unter anderem reagierte die Expansionspolitik auf die Bedrohung durch die nördlichen und westlichen Nachbarn, namentlich die Xiongnu,[14] und diese Bedrohung hatte bereits in der Chunqiu-Periode bestanden. Entsprechend weist Ying-shih Yü[15] darauf hin, daß wir Berichte aus China über Verteidigungskämpfe gegen die Xiongnu bereits aus einer Zeit haben, in der von Xiongnu-Einfällen nach China noch keine Rede ist. Eine Folge dieser vorsorglichen Verteidigungsbemühungen der nordchinesischen Staaten seien jene Wälle gewesen, die später zur Großen Mauer wurden. Um den Xiongnu gewachsen zu sein, ließen einige Herrscher ihre Leute die fremde Kleidung übernehmen und das Reiten von Pferden erlernen, was Yü als eine Politik der «Barbarisierung» bezeichnete.

In der Han-Zeit verlief die Expansion nach Süden langsamer als zuvor. In Lingnan hatte sich Zhao Tuo, ein Chinese, nach Heirat mit einer Yue zum Herr über das Königreich Nan-Yue gemacht. Es kam zunächst zu einer friedlichen Einigung mit dem Han-Reich, doch die Ermordung einer Abordnung der Han bewegte diese dazu, eine Armee zu entsenden, mit der im Jahre 111 v. Chr. Nan-Yue vollständig erobert wurde.[16]

Eine intensivere Besiedlung des Süden setzte erst mit den durch politische Unruhen und Naturkatastrophen im Norden und Nordosten ausgelösten Bevölkerungsbewegungen ein, die sich nach Jiangsu, Anhui und Hubei, aber auch nach Shandong richteten. Doch eine wirkliche Einbeziehung des Südens in die chinesische Kulturwelt geschah schrittweise und dauerte bis in die Gegenwart. Im Zusammenhang mit der Teilung Chinas in Nördliche und Südliche Dynastien wird hiervon ebenso nochmals die Rede sein müssen wie bei der Behandlung der Südlichen Song-Zeit im 12. und 13. Jahrhundert.

Eine nachhaltige Verlagerung des Bevölkerungsschwerpunktes von Norden nach Süden sollte erst im Laufe der Tang-Zeit erfolgen. Doch auch nach der Song-Zeit gab es noch einige Gebiete, die den Chinesen zur Expansion offenstanden. So begann die Besiedlung Yunnans erst unter den Mongolen, nachdem das einheimische, von China bis dahin de facto noch unabhängige Königreich Nanzhao im 13. Jahrhundert erobert worden war.

Unter der Späteren Han-Dynastie war die Situation grundsätzlich verändert. Die Politik des Gründungsherrschers der Späteren Han, Guangwu (25 – 57 n. Chr.), wird in dem Standardgeschichtswerk zu dieser Periode, dem *Hou Hanshu* des Fan Ye, im Kapitel 48 folgendermaßen beschrieben: «Den Yumen-Paß schließen, um so Geiseln von den Staaten der Westlichen Gebiete nicht hereinzulassen, und unterwürfig mit Worten und Geld die Gesandten der Xiongnu bewirten.»[17] Es wurde mehr und mehr die Methode *yi yi zhi yi* («mit Hilfe von Barbaren die Barbaren kontrollieren») oder *yi yi fa yi* («mit Barbaren Barbaren angreifen») verfolgt, was nicht nur Bündnispolitik bedeutete, sondern auch die Verwendung z. B. von Xiongnu als Kavalleristen einschloß. Allerdings gelang es Ban Zhao (gest. 102 n. Chr.), dem jüngeren Bruder des Historikers Ban Gu, noch einmal, die chinesische Oberherrschaft über die Westlande zeitweise herzustellen.

Während die Ausdehnung Chinas nach Süden und die Sinisierung dieser Gebiete kontinuierlich vorangingen, waren die Behauptung und die Versuche zur Ausdehnung der Nordgrenze immer wieder von Rückschlägen begleitet. Die Vorherrschaft Chinas in Zentralasien hat daher in den folgenden Jahrhunderten nicht immer aufrechterhalten werden können, doch sind mit den Ausdehnungen des Han-Reiches die wesentlichen Herrschaftsansprüche vor allem auch des späteren China ausgeschritten worden.

Obwohl die Qiang, ein «proto-tibetisches» Volk, um Siedlungserlaubnis gebeten und sich zur Grenzsicherung zur Verfügung gestellt hatten, betrachtete Han Wudi sie einfach als Angreifer, um mit diesem Vorwand sein Reich weiter nach Westen auszudehnen. Besonders seit 121 v. Chr. unternahm Wudi eine Serie von Vorstößen in den Nordwesten über den sogenannten Gansu-Korridor. Noch 222 n. Chr. kontrollierte der Staat Wei des Cao Pi diesen, jedoch nicht mehr so intensiv wie zur Han-Zeit, auch wegen der Zunahme der «Barbaren» (z. B. der Di-Stämme). Im 3. Jahrhundert wurden die Qiang in der Ordos-Gegend von den Xiongnu, die West-Qiang zumeist von den Xianbi, aus deren Mitte sich die Tuoba bilden sollten, absorbiert. Reste der Qiang blieben am Fuße des tibetischen Massivs in West-Sichuan erhalten.

Die expansionistische Grenzpolitik wurde, ganz deutlich unter Han Wudi, immer auch durch innenpolitische Maßnahmen begleitet. So verlieh man an Hinterbliebene von in Grenzkriegen Gefallenen sowie an sich unterwerfende Barbaren-Führer Ränge.[18] Die Auseinandersetzung zwischen der Welt der Nomaden und den Ackerbau treibenden Siedlern an Chinas Nordgrenzen, die ja während der Han-Zeit keine festen Außengrenzen im modernen Sinne waren und die überdies in den chinesischen historischen Atlanten viel zu weit ausgedehnt dargestellt werden, blieb auch aus innenpolitischen Gründen ein Element chinesischer Grenz- und Außenpolitik, bis diese nomadischen Völker verschwanden, sich assimilierten oder eben in die Grenzen des sich weiter ausdehnenden Reichs einbezogen wurden.[19] Ein Element der Grenzsicherungspolitik waren Umsiedlungsaktionen und eine rigide und systematische Organisation der Grenzsiedlungen, bei denen es sich um eine geplante und systematisch verfolgte Form der Landnahme handelte. So wurden Menschen aus der Küstenregion des heutigen südöstlichen Zhejiang in die Yangzi-Gegend sowie in die nordchinesische Ebene umgesiedelt,[20] ganz abgesehen von Strafgefangenen, die überwiegend in den Grenzgebieten angesiedelt wurden.

Die Politik gegenüber den Nordvölkern war ein ständiges Thema am Hof. Aufschlußreich hierzu ist auch ein Text zur Xiongnu-Politik des Historikers Ban Gu (32–92), in dem es ihm insbesondere um die Forderung einer flexiblen Politik, der sogenannten *jimi* («lose Zügel»)-Politik, ging.[21] Ban Gu argumentierte, solche Barbaren, mit denen man keine festen Tributbeziehungen aufnahm, könnten daher auch nicht als rebellisch gelten, wenn sie sich verflüchtigten. Er wandte sich gegen die *heqin*-Politik, die erstmals 198 v. Chr. praktiziert worden war. Dabei war ein Vertrag zwischen China und Xiongnu in Form eines Heiratsvertrages geschlossen worden, an den erhebliche Tributpflichten geknüpft waren, der andererseits aber auch Handelsvorteile brachte. Ban Gu war aber auch gegen eine rigide *zhengfa*-Politik, d. h. er war gegen jede festere Beziehung, in der die Xiongnu (untergeordnete) Partner wären. Vielmehr vertrat er eine Politik der Aufmerksamkeit, der Gewärtigkeit. Damit wandte sich Ban Gu auch gegen die Entwicklung, Teile der Xiongnu als «fremde Verbündete» innerhalb der Grenzen zu akzeptieren.[22] Mit solchen Ratschlägen wandte sich Ban Gu an den ersten Herrscher der Späteren Han-Zeit, Guangwudi (reg. 25–57).[23] Ban Gu gibt auch den Nachfolgern Guangwudis in seinem Kommentar *(zan)* zum 94. Buch des *Hanshu*, in dem auch Yang Xiongs große Eingabe zur Hunnenpolitik aus dem Jahre 3 v. Chr. enthalten ist, Ratschläge für eine bessere Fremdenpolitik, und er führt Beispiele an von solchen, die friedlich, und solche, die militärisch mit den Barbaren umgehen wollten.

Ganz im Gegensatz zum Norden wurden die Südgrenzen niemals als Bedrohung empfunden. Der Süden war der Raum, in dem man sich ausdehnen konnte.[24] Diese Bewegung wurde allenfalls verlangsamt durch das feuchtheiße Klima und dadurch begünstigte Krankheiten, so daß der ferne Süden auch als Verbannungsort diente. Daher war die Politik gegenüber dem Süden auch kein großes Thema. 111 v. Chr. eroberte, wie erwähnt, Han Wudi das Nan-Yue-Reich in der Gegend des heutigen Guangdong. Daran knüpfte Ma Yuan im Jahre 43 n. Chr. an, der auszog, das Tongking-Delta zu erobern.[25]

In Korea gab es in der Han-Zeit vier Kolonien der Han, an der Westseite der koreanischen Halbinsel Lelang und Zhenfan, im Nordosten Xuantu, und Lintun an der Ostküste. Im Gebiet des späteren Silla- Reiches bestand das koreanische Reich Zhen. Seit der Zeit Han Wudis bis ins 4. Jahrhundert n. Chr. blieb die Westküste der koreanischen Halbinsel chinesisch und zum Teil auch chinesisch besiedelt. In der Han-Zeit spielten die Eroberungsfeldzüge in das Gebiet der Mandschurei und nach Korea jedoch noch keine so bedeutende Rolle wie später, insbesondere in der Tang-Zeit.[26] Bemerkenswerterweise waren es später häufig diese Feldzüge, die das Reich derart schwächten, daß dadurch dessen Zusammenbruch wesentlich beschleunigt wurde. Daher sind verständlicherweise auch die Koreafeldzüge immer wieder Gegenstand der Kritik gewesen.

Erziehung und Integration

Der imperiale Anspruch der Han-Kaiser, insbesondere Han Wudis (reg. 141–87 v. Chr.), hatte seinen Ausdruck nicht nur in den militärischen Expeditionen gefunden, sondern auch in der Hauptstadt des Reiches, in der neuartige Palastgebäude errichtet und fremdartige Tiere und Pflanzen in Parks versammelt wurden. Freilich erhoben sich gegen solche Prachtentfaltung bald Stimmen, wie etwa in dem Gedicht *(fu)* des Sima Xiangru über den kaiserlichen Park.[27] In diesem Zusammenhang wurde abermals über die Frage gestritten, wie weit die Grenzen des Reiches erweitert werden sollten, wie sich überhaupt – ganz in der Tradition der bereits zitierten Throneingabe des Li Si – mit der Ausdehnung des Reiches stets die Frage nach der Kultur stellte.

Ein wichtiges Mittel zur Gewinnung einer konformen Funktionärsschicht und zur Durchsetzung von Legitimitätsansprüchen war die Bildung junger Menschen. Amtsschulen soll es zuerst in Sichuan gegeben haben, jener Gegend am Rande des Reiches, die häufig eine Sonderrolle, gelegentlich aber auch eine Vorreiterrolle, so etwa bei der Einführung eines großangelegten und ausgeklügelten Bewässerungssystems, spielte. Der eigentlich aus der Provinz Anhui stammende Gouverneur jener Gegend namens Wen Weng soll zur Zeit der Herrschaft des Kaisers Jing (reg. 156–141 v. Chr.) in Chengdu eine Amtsschule errichtet haben, deren Schüler einige Privilegien erhielten, wozu gehörte, daß sie vom Wehrdienst befreit wurden; diesen sowie den in die Hauptstadt zum Studium gesandten jungen Männern wurden hohe Ämter zugesichert.[28] Kaiser Wu hat dann die Einrichtung von Schulen in allen Bezirken und Königtümern verfügt.[29] Wang Mang hat später den Ausbau des das ganze Reich überziehenden Erziehungswesens weiter befördert und die Einrichtungen von Schulen bis auf Dorfebene angestrebt.[30]

Die Diskussion über die «Rettung der Grenzgebiete» beherrschte die innerchinesische Diskussion seit der Han-Zeit. Ein Beispiel hierfür sind die Kapitel 22, 23 und 24 in Wang Fus (um 150 n. Chr.) *Qianfu lun* («Erörterungen eines Untergetauchten»), wo dieser sich mit der «Bedrohung» durch das Volk der Qiang auseinandersetzt.[31] Dabei zeigt sich bereits die Idealisierung des Kaisers Wu, der mit Stärke die Grenzen gesichert habe: «Kaiser Wu aber merzte die Barbaren aus und schuf neues Siedlungsland auf Tausende von Meilen. ... Wohin auch immer sich seine Armee wandte, überall wurden die Barbaren ausgetilgt. Wenn diese Banditen heute sogar bis in die Krondomänen vorgedrungen sind und nicht dingfest gemacht werden können, so entspringt unser Schmerz darüber gleichfalls dem Mißstand, daß wir keine Grenzen haben. Beim Verlust der Lippen frieren die Zähne, bei Verletzungen des Körpers schmerzt auch das Herz.»[32]

8. Kolonisierung des Südens und das Vorbild des Altertums

Das erste Scheitern eines Vielvölkerreiches in Ostasien

Das Han-Reich war in gewisser Weise die Vollendung der idealisierenden Staatsvorstellungen des Altertums gewesen. Mit dem Anspruch eines an kosmologisch begründeter Ordnung orientierten Einheitsstaates der Han und mit der Einbeziehung anderer Ethnien an den Rändern war die Geschichte Chinas zur Geschichte Ostasiens geworden.[1] Zwar hatte bereits Qin Shihuangdi den Weg zum Großreich eingeschlagen, doch erst unter Han Wudi hatte sich die chinesische Kultur nach Westen bis in das zu jener Zeit teilweise von indo- europäischer Bevölkerung besiedelte Tarim-Becken[2] und nach Osten bis nach Japan ausgebreitet. Mit dieser Ausbreitung fanden sich etliche Völkerschaften, die sich bis dahin gänzlich außerhalb der chinesischen Welt befunden hatten, nunmehr am Rande der chinesischen Kultur, der sie sich zumeist nicht lange entziehen konnten, zumal die chinesische Politik ihrerseits im Interesse der Grenzsicherung die Randzonen als Teil des chinesischen Herrschaftsbereichs betrachtete. Nach der Unterwerfung eines Teils der Xiongnu-Völkerschaften und deren Eingliederung in die chinesischen Herrschaftsverhältnisse kamen die Di- und Qiang-Völker in stärkeren Kontakt mit China, was zu Beginn des 2. Jahrhunderts zu Aufständen der Qiang und einer erheblichen Schwächung des Han-Reiches führte. Im Grunde aber war das Han-Reich wohl auch noch nicht in der Lage gewesen, den eigenen imperialen Anspruch wirklich und dauerhaft aufrechtzuerhalten. Dies ist sicher einer der Gründe für seinen Zusammenbruch. Nach dem stärkeren Eindringen fremder Völker nach China, verbunden nicht nur mit der Vermischung von chinesischen mit nicht-chinesischen Bevölkerungsteilen, sondern auch mit der Implementierung von zunächst fremden Organisationsstrukturen und sonstigen kulturellen Errungenschaften, gelang es dann erst im Laufe der Tang-Zeit, die Grundlage für ein langfristig stabiles Einheitsreich zu legen.

Ein anderer Grund für den Zusammenbruch der Han-Dynastie ist auch in der Rolle der Literaten zu suchen, denen es vor dem Hintergrund ihrer religiösen und intellektuellen Traditionen nicht leicht fiel, den Einheitsstaat gedanklich mitzuvollziehen.[3] Zwar hatte es eine ganze Reihe von enzyklopädischen Systematisierungen gegeben, in denen Makro- und Mikrokosmos aufeinander bezogen wurden. Doch waren es gerade diese universalen Konzepte, insbesondere die Systematisierung des Dong Zhongshu (179–104 v. Chr.), die Abweichungen von der Norm, d. h. Sonnenfinsternisse, Naturkatastrophen etc., ebenso wie Dissens von Literatengruppen gegenüber dem Kaiserhof zugleich zu einem Indikator für Legitimitätsverlust werden ließen. Aber auch die regionale Verwurzelung großer Teile der Literaten war ein Grund für die Schwäche der Han-Dynastie.

Zudem war es nicht gelungen, die verschiedenen Ethnien dauerhaft zu integrieren. Demzufolge gab es nicht selten Übergriffe von seiten chinesischer Amtsträger. So heißt es in einem Bericht aus dem Jahre 33 n. Chr.: «Die Qiang-Barbaren lassen ihr Haar wirr hängen und knüpfen [anders als die Chinesen] ihre Kleider links, und doch leben sie verstreut unter den Han-Leuten. Da ihre Gewohnheiten verschieden sind und ihre Sprache unverständlich, werden sie häufig von niederen Beamten und mutwilligen Leuten schikaniert, so daß sie in ihrer hilflosen Entrüstung geradezu zu Aufständen getrieben werden.»[4] Und noch mehr als zweihundert Jahre später, im Jahre 271, vermerkte Ruan Chong, während seiner Prüfungen, daß «jene, die Posten in den Bezirken erhalten, nicht immer die geeignetsten sind. So täuschen sie mit Listen die Grenzvölker, und manchmal schlachten sie diese aus Ehrgeiz und Habsucht einfach hin.»[5]

Es war der Regierung der Han-Dynastie und ihrer Administration offenbar nicht gelungen, die Loyalität der nicht-chinesischen Bevölkerung, die zum Teil freilich in der Peripherie lebte, zu gewinnen.[6] Daher überrascht es nicht, daß für die Zeit zwischen 421 und 589 n. Chr. 64 einzelne Aufstände von Minoritäten verzeichnet sind.[7] Und bei den inneren Unruhen zu Beginn des 4. Jahrhunderts, durch welche die Westliche Jin-Dynastie zerrüttet und geschwächt wurde und in deren Folge der Norden verloren ging, hatte es sich vielfach um Aufstände von Völkern innerhalb Chinas und nicht um Folgen von Invasionen gehandelt.[8]

Gemeindeselbstverwaltung und imperialer Herrschaftsanspruch

Zunächst entstanden seit 189 n. Chr. verschiedene Teilstaaten, bei deren Gründung sich Literaten mit lokalen Kriegsherren verbündeten.[9] Denn auf Dauer konnte einer nur dann seine Macht etablieren, wenn die Führer der Gemeinden und die Vertreter der seit der Zeit der Streitenden Reiche entwickelten staatlichen Ordnungsvorstellungen für ihn optierten und er sich als der Garant ihres Schutzes und ihres Wohlergehens erwies. In diesem Sinne war das Han-Reich die Vollendung des Altertums, insofern nämlich durch das unter Han Wudi eingeführte System der Empfehlung fähiger, vor allem durch Pietät und moralische Integrität ausgewiesener Kandidaten für Verwaltungsämter die autonome Sphäre der auf Solidarität basierenden Gemeindeselbstverwaltung einerseits und der Anspruch des Kaiserhofes auf Gestaltung der Politik und damit auf die Herrschaftsausübung andererseits versöhnt wurden. Dies war die Leistung Dong Zhongshus (179–104 v. Chr.) und der Anhänger konfuzianischer Wertvorstellungen gewesen, denen es um die Aufrechterhaltung der noch unter den Bedingungen der Blutsverwandtschaft der frühen Zhou-Zeit entstandenen moralischen Grundsätze auch unter den geänderten sozialen und politischen Bedingungen zu tun war. Die Versöhnung dieser zunächst widerstreitenden Prinzipien lokaler Autonomie ei-

nerseits und der durch die Zentralstaatlichkeit notwendigen Heterono-
mie andererseits bildete nicht nur die Basis für den trotz der genannten
Widrigkeiten langen Bestand der Dynastie Han, sondern dadurch wurde
– und das zeigt noch mehr die Einzigartigkeit dieser paradigmatischen
Konstellation – die Existenz eines Weltreiches über zahlreiche Völkerschaften und schließlich das Fortbestehen des Weltreichideals auch über
die lange Trennung der Zeit der Sechs Dynastien hinweg gesichert.

Äußerlich freilich hatte gerade diese Versöhnung und die Ausdehnung
des Reiches zunächst auch den Keim des Zerfalls in sich getragen, gekennzeichnet einerseits durch die Emanzipationsbestrebungen der peripheren
Völkerschaften bzw. ihrer Eliten, andererseits durch die Eigendynamik auf
der Ebene der Gemeindeorganisation, die durch jegliche Bedrohung, sei
es durch Naturkatastrophen, sei es durch schlechte Verwaltung oder andere Formen der Gefährdung ihrer Autonomie, in Bewegung gesetzt wurde und dann auch offen für neue Heilsversprechungen war. Niemals aber
hatte sich daraus – soweit wir wissen – ein besseres Versöhnungsparadig-
ma, anders formuliert: eine Vorstellung angemessenerer Verteilung von
Machtverzicht und Sicherheitsgewinn, entwickelt.

Ende des Altertums und Aufrechterhaltung des Ideals

Durch die Herausbildung von Großgrundbesitz kam es im Lauf der Späteren Han-Zeit auch zur verschärften Klassenbildung. Damit war jedoch
nicht das Ideal der Versöhnung aufgegeben worden, von dem allenfalls
strittig sein kann, wer es hochgehalten hat. Es spricht einiges dafür, den
Streit zwischen den später so bezeichneten Parteien der «Lauterkeitsbewegung» *(qingliu)* und ihrer Gegner, der «Schmutzbewegung» *(zhuoliu)*,
am Ende der Han-Zeit als die Beschreibung eines öffentlichen Diskurses
jener Zeit zu verstehen. Die Aristokratie der Zeit der Sechs Dynastien,
die nicht identisch ist mit den mächtigen großen Familien jener Zeit, hat
später dann diese «Lauterkeitsbewegung» beerbt. Damit konstituierte
sich eine durch ihre Moral- und Sittlichkeitsansprüche bestimmte Aristokratie, eine Gesinnungsaristokratie.

Um den Zerfall des Han-Reiches und die folgenden Entwicklungen
verstehen zu können, ist ein Hinweis auf die im Konfuzianismus der
Han-Zeit angelegten Widersprüche unerläßlich. Wie sehr auch im Konfuzianismus eine Art religiöser Monarchismus angestrebt worden sein
mag, so nahm er seinen Ausgangspunkt doch höchstwahrscheinlich in
der Sphäre der Lehnsfürsten und ihrer Ahnentempel, mithin von einer
alles Orgiastische unterdrückenden, später gelegentlich als «rationali-
stisch» gekennzeichneten Position.[10] Werner Eichhorn hat darauf hingewiesen,[11] daß eine Opposition gegen den Wuismus zur Zeit des Zhou-
Königs Li (trad. 879–842 v. Chr.) begonnen haben könnte, der einen Wu
in Dienst nahm, um all diejenigen, die seine Regierung heimlich kritisier-

ten, zu ermitteln und schärfstens zu bestrafen. Im *Shiji* heißt es, die Be-spitzelung sei so wirksam gewesen, «daß die Leute in der Königsdomäne überhaupt nicht mehr miteinander zu reden wagten und sich auf den Straßen durch Blicke verständigten.»[12] Daraufhin kamen die Lehnsfür-sten nicht mehr an seinen Hof, d. h. sie erkannten seine Lehnshoheit nicht mehr an. Ein anderer Fall trug sich unter dem Zhou-König Ling (571–552) zu, der einen Zauberpraktiker anstellte, um die Lehnsfürsten zu zwingen, wieder in die Morgenaudienzen zu kommen. Dieser Zauber-praktiker schoß mit Pfeilen auf einen Fuchsbalg, der die Abwesenden unter den Fürsten repräsentierte. Der Adel hatte also hinreichend Grund, den Praktiken der Wu-Religion mit Abneigung zu begegnen und damit zugleich den vielgestaltigen und überaus häufigen Verkehr zwischen Menschen und Göttern abzulehnen. Die Götter und Geister solle man wohl respektieren, sie aber auf Distanz halten, wie es bei Konfuzius heißt.[13]

Ein weiterer Grund für den Abstieg der Wu-Religion lag in dem zu-nehmenden Rationalismus, der sich beispielsweise darin Ausdruck ver-schaffte, daß man das *do ut des*-Prinzip nicht mehr gewährleistet sah. So wird im *Shijing*, dem «Buch der Lieder», Klage darüber geführt, daß man nicht gegeizt habe mit dem Darbringen von Tieren und Kleinodien und die furchtbare Dürre dennoch nicht aufhöre.[14] Zugleich setzten Diskus-sionen darüber ein, welchem von beiden der Vorzug zu geben sei, dem Dienst an den Göttern oder der Fürsorge für das notleidende Volk.[15] Eine Folge dieses frühen Rationalismus war auch, daß der Mensch vor den Göttern eingestuft wurde, so daß niemals in China eine Ansicht aufkam, nach der die Menschheit von einem Gott gewissermaßen zu dessen Selbstverherrlichung geschaffen sei, d. h. keinen wichtigeren Daseins-zweck habe, als ihm zu dienen und ihn zu verehren.

Die Konzentration auf den «Himmel» *(tian)* bewirkte, daß in der vom Konfuzianismus beherrschten Oberschicht der Glaube an Geister und Kleingötter aller Art abnahm. Das scheint in einem solchen Maße der Fall gewesen zu sein, daß der Philosoph Mo Di (468–376) meinte, dagegen angehen zu müssen.[16] Bereits aus *Zuozhuan*, 711 v. Chr.,[17] ergibt sich, daß diese außermenschlichen Wesen als eine Art Geheimpolizei gesehen wur-den, deren Berichte an den Himmel Strafaktionen in Form von Katastro-phen in Bewegung setzen. Wie wir wissen, konnte sich Mo Di offiziell jedoch nicht durchsetzen, wenngleich die Vorstellung von der Kontrolle und Bestrafung durch Geister bis in unsere Tage erhalten geblieben ist. Dies zeigt sich allein schon an den zahlreichen Schriften gegen den Gei-sterglauben, die uns aus der Geschichte überliefert sind.[18]

Das Staatskultwesen der Han und seine langen Traditionen

Daß dem Kaiser Qin Shihuangdi bei der Ausprägung des imperialen Staatskultwesens eine besondere Rolle als Vorbild zukommt, erkennen wir u. a. daran, daß der Begründer der Han-Dynastie, Gaozu, sich sehr bestrebt zeigte, an die alte Qin-Religion anzuknüpfen. Han Gaozu richtete bereits im Jahre 205 v. Chr. Opfer für Himmel und Erde und «die Obergötter der vier Himmelsrichtungen» ein.[19] Sinnfälliger Ausdruck für die in der Tradition der Qin stehende Herrschaftsauffassung, zugleich aber für die prekäre Macht des Han- Herrschers, war, daß das religiöse Zentrum des Reiches zunächst gar nicht bei der neuen Hauptstadt Chang'an und auch nicht bei dem auf der anderen Seite des Wei-Flusses ihr gegenüberliegenden, nunmehr zerstörten Xianyang war, sondern dort, wo die alte Hauptstadt der Qin gewesen war, etwa bei dem heutigen Fengxiang in Shaanxi, etwa 150 km westlich von Chang'an gelegen. Dort befand sich ein ausgedehnter heiliger Bezirk mit mehr als hundert Kultstätten für Sonne, Mond und eine große Anzahl von Gestirnen, vor allem aber für die fünf Gottkaiser der Weltgegenden. Das bedeutete nun, daß der Herrscher, um den Kontakt mit der überirdischen Welt aufzunehmen, sich der Reise nach Yong unterziehen mußte. Auf die Dauer aber waren solche Expeditionen zu kostspielig, und es gab Bemühungen, die Kultstätten nahe bei der Hauptstadt zu etablieren. Die Durchführung des an die Qin erinnernden Kultes in Yong wurde seit der Durchsetzung der sogenannten «Reformisten» im 1.Jahrhundert v.Chr. als unhaltbar empfunden, da diese eine Politik in der Nachahmung der Zhou-Könige verfolgten. Die nun geforderte Zentralisierung des Kultes und die gegenläufige Tendenz des Auftretens neuer, mächtiger, Opfer erheischender Götter in der Peripherie kennzeichnen ein ganz entscheidendes und immer wieder neu auftretendes Dilemma, dem sich die Herrscher und die Beamtenschaft Chinas gegenüber sahen. Sie mußten geistlich gewissermaßen das ganze Reich pazifizieren und die wesentlichen Kulte an sich binden. Doch bei jeder Schwäche tendierten die lokalen Kulte dazu, wieder aufzuleben und damit den Herrschaftsanspruch der Zentrale in Frage zu stellen. Noch Han Wudi (141–87 v. Chr.), unter dem religiöse Aktivitäten wieder einen Höhepunkt erreichten, begab sich nicht weniger als neun Mal nach Yong. Erst nach dem Tode Wudis setzte sich allmählich jene Gruppe von Wudi selbst eingesetzter Schriftgelehrter am Hof gegen die religiösen Praktiker *(fangshi)* durch und interpretierte den Kaiser als obersten Lehrer der Menschheit. Das, was er lehren sollte, waren die Inhalte ihrer klassischen Bücher. Dadurch entstand mit der Zeit die Grundlage einer Vereinheitlichung, die im Verlauf der chinesischen Geschichte sich immer wieder durchsetzte und alle religiösen Sonderströmungen, wie groß deren Einfluß auch zu manchen Zeiten war, schließlich in den Hintergrund drängte.[20]

Einblicke in die religiösen Strukturen ebenso wie in die Herrschaftsverhältnisse im chinesischen Mittelalter geben diejenigen Fälle, in denen religiöse Reformen durchgeführt oder doch versucht wurden. So sind auch die Reformen Kuang Hengs, die im wesentlichen in das Jahr 31

v. Chr. fallen, in ihrer Bedeutung bisher zumeist unterschätzt worden.[21] Sie betrafen den Sinngehalt des Staatskultes, die Orte der Staatsopfer und die Art ihrer Durchführung. Zugleich wurde eine große Zahl von Schreinen und Tempeln und die dazugehörigen Kulte unterbunden bzw. integriert. Diese religiösen Reformen wurden in der Folgezeit zwar wieder angezweifelt, doch signalisieren sie einen Zustand, der für die kommenden Jahrhunderte beispielgebend blieb. Zugleich läßt sich an ihnen verdeutlichen, wie Herrschaft und Religion unter der Han-Dynastie, aber auch später, miteinander verflochten waren. Die Reform religiöser Praktiken war selbst ja nur Teil einer weit umfassenderen Reformbewegung, die in den letzten 50 Jahren der Westlichen Han-Dynastie verfolgt wurde.

Wie bereits angedeutet, hatten seit dem 8. Jahrhundert v. Chr. die Herzöge von Qin und ihre Nachfolger verschiedene Mächte an bestimmten heiligen Orten verehrt. Bei diesen Mächten handelte es sich in erster Linie um als *di* bezeichnete Gottheiten. Unter allen Orten, an denen diese Mächte – seit der Reichseinigung 221 v. Chr. allerdings in verminderter Intensität – verehrt wurden, nahm Yong die erste Stelle ein. Unter dem Einfluß Kuang Hengs wurde die Zeremonie des Vorstadt *(jiao)*-Opfers dann aber von Yong und anderen Orten in die Hauptstadt Chang'an verlegt. Und anstelle der Fünf Weltgegendgötter, der Erdgottheit und der Großen All-Einheit wurden hinfort nur Himmel und Erde verehrt.[22] Von 683 staatlichen Opferstätten, die sich verstreut im Reich befanden, wurden 475, das sind ca. 70%, aufgelassen. Und von den 203 Plätzen in Yong allein blieben ganze 15 übrig, die zu Bergen, Flüssen oder sonstigen Landschaftspunkten gehörten. Diese Veränderungen bereute Kaiser Chengdi (reg. 33–7 v. Chr.) zwar nach einiger Zeit, vor allem unter dem Einfluß Liu Xiangs (79–8 v. Chr.), doch wurden die alten Kulte nur noch hin und wieder aufgegriffen.

Die so entstandene rationale Weltsicht wurde begünstigt durch die Institution des Kaisers, der alleiniger Mittler zu den Geistern wurde. Doch dies barg zugleich eine Gefahr: geriet der Herrscher unter den Einfluß religiös gestimmter Kreise, wurde der Prozeß rückgängig gemacht. Der Grad der Diesseitsbezogenheit hängt also aufs engste mit der Frage zusammen, auf welche Kreise sich der Herrscher stützte. Während die Magier, die Eunuchen und die Daoisten stets auf das Numinose gerichtete Tendenzen bestärkten oder initiierten, waren die konfuzianisch gebildeten Beamten – zumeist jedenfalls – Verfechter einer Zurückhaltung gegenüber dem Geisterglauben.

Nun war es nicht nur für den Herrscher verlockend, sich einem vielleicht auch seine Person betreffenden Heilsangebot von seiten etwa der Daoisten zu öffnen – dies geschah übrigens weit häufiger als weithin angenommen wird –, sondern auch der sogenannte «konfuzianische» Beamte war gelegentlich bereit oder hatte es gar zum Ziel, den Herrscher durch Rituale zu entmündigen. Eines der trefflichsten Beispiele ist das

Fengshan (Hügel-Altar)-Opfer, das mit der Song-Zeit sein Ende erlebte.[23] Wie aber jeder Rationalismus noch einen irrationalen Rest birgt, zeigt sich auch daran, daß einzelne, die sich als Überwinder von heterodoxen *(yin)*-Kulten profilierten, selbst Gegenstand späterer Verehrung wurden. So ist Di Renjie (607–700), der Hunderte von «unsittlichen Kulten» *(yinsi)* im Unteren Yangze-Tal ausgemerzt hatte, für seinen Ikonoklasmus bekannt. Hundert Jahre später wurde er selbst in einem Tempel in Chang'an verehrt.[24] Damit wurde der Zerstörer sittenwidriger Kulte in der Peripherie für seine «Leistung» in der Hauptstadt kultisch verehrt!

Die Drei Reiche und Wiedervereinigung unter der Dynastie Jin

Die Teilung Chinas in Norden und Süden seit dem 3. Jahrhundert, vollends dann aber erst seit 317 hatte viele Ursachen und viele Konsequenzen. Keiner der Militärführer hatte die Macht, das Territorium der Han-Dynastie unter seine Herrschaft zu bringen, und offenbar gab es keine hinreichend starke Koalition, die an einer Überwindung der Teilung interessiert gewesen wäre. Folge der Teilung war eine Auseinanderentwicklung der einzelnen Regionen, zugleich aber eine zunehmende Kolonisierung der südlichen Gebiete. Die Wanderungsbewegungen, insbesondere der Exodus erheblicher Teile der nördlichen Aristokratie im ausgehenden dritten und im frühen vierten Jahrhundert, bereiteten den Boden für eine spätere Vereinigung. Zunächst aber entfremdeten sich die Regionen voneinander, und die Verschiedenheit von Norden und Süden wurde geradezu zu einem Topos, der noch lange, auch über die Wiedervereinigung des Reiches am Ende des 6. Jahrhunderts hinaus, wirken sollte. Wie sehr diese Zeit der Teilung im Bewußtsein blieb, zeigt sich an den Eingangszeilen des außerordentlich beliebten historischen Romans «Die Drei Reiche» *(Sanguo zhi yanyi)* aus dem 17. Jahrhundert: «Wenn die Welt *(tianxia)* lange zerteilt war, wird sie wieder vereint, und wenn sie lange vereint war, wird sie wieder auseinanderfallen *(fen jiu bi he, he jiu bi fen)*.»

Im Norden hatten seit dem Beginn der Späteren Han-Dynastie die Nomaden begonnen, seßhaft zu werden. Offenbar unter dem Druck dieser Staatenbildungen am Rande (siehe dazu oben) gab es im Norden eine Tendenz zur Zentralstaatlichkeit, die sich nicht nur gegen die «Barbaren» richtete, sondern auch durch die kalten Winter und die Zwänge zum Deichbau am Gelben Fluß und zu Bewässerungsarbeiten begünstigt wurde. Zudem war es der Norden, in dem die «legalistischen Traditionen» der Qin-, der Frühen Han- und der Cao-Wei-Dynastie bleibende Spuren hinterlassen sollten und von wo aus ja auch die Restauration der Han-Dynastie ausgegangen war. Unvergleichlich stärker als durch die Aufstände gegen Wang Mang, die auch nach seinem Tod im Jahre 23 andauerten, war das Vertrauen in die Reichseinheit durch die Bürgerkriege am Ende der Han-Zeit erschüttert worden.

Die Gunst der Lage nutzte als erster Cao Cao (155–220), der sich im Zusammenhang mit der Niederschlagung des Aufstandes der Gelben Turbane 184 n. Chr. eine militärische Basis verschafft und seinen Einfluß in Nordchina allmählich ausgedehnt hatte. Doch nicht nur er, sondern mehrere Heerführer beanspruchten die Nachfolge der Han-Dynastie. Im Herbst des Jahres 196 gelang es Cao Cao, der sich als Garant der Einheit propagierte, den Hof davon zu überzeugen, den Sitz von Luoyang nach Xu zu verlegen, welches zur Kommandantur Yingchuan gehörte, dem Einflußgebiet Cao Caos. Es wurde in dieser neuen vorübergehenden Hauptstadt die Devise «Errichtung des Friedens» *(Jian'an)* ausgerufen, und Cao Cao erhielt einen neuen Titel. Viel wichtiger aber war wohl die Wiedereinsetzung einer Reihe konfuzianischer Gelehrter. Diese Konfuzianer nun hegten die Hoffnung einer Renaissance, wie sie die Dynastie Han unter Kaiser Guangwu zu Beginn der Östlichen Han-Dynastie schon einmal erlebt hatte.

Konstitutiv für die soziale Lage seit dem Aufstand der Gelben Turbane wurde die Bürgerkriegssituation und der desolate Zustand des Militärs, das keine großen Verbände oder gar zentral gelenkte Befehlsstrukturen mehr kannte, sondern das aus kleinen Kampfverbänden mit Anhang bestand. Dem entsprach die gewachsene Rolle der Gentry, ohne deren Unterstützung keiner der Kriegsherren bestehen konnte. Zwar hatte Cao Cao versucht, durch die Einführung von Militärkolonien *(tuntian)* und das *jiupin zhongzheng* genannte Empfehlungs- und Auswahl-System eine unmittelbare staatliche Kontrolle der Bauern zu etablieren und die Zentralverwaltung zu stärken, doch bestand der Kompromiß in dem *jiupin zhongzheng*-System gerade darin, daß im Gegensatz zur früheren Praxis der Einsetzung von Beamten die nun auf Vorschlag ausgewählten Beamten in ihren Heimatpräfekturen eingesetzt wurden, wodurch dem Einfluß der Gentry Tür und Tor geöffnet wurde.

Mit der Ära «Errichtung des Friedens» *(Jian'an,* 196–220) war aber doch eine neue Situation geschaffen. Cao Cao konnte nun mit Hilfe des Hofes bewährte Mitstreiter mit glänzenden Titeln ausstatten und mit Hilfe der alten Beamtenrekrutierungsformen die Administration in seinem Gebiet prägen. Mit dem so gewonnenen Prestige und der ihm zukommenden vielfältigen Unterstützung gelang es Cao Cao in den folgenden Jahren, die meisten seiner militärischen Rivalen zu besiegen oder sie auf seine Seite zu ziehen. Während dieser auch als «Renaissance» bezeichneten Periode bildeten sich Strategien der Machterhaltung, unter anderem Bündnis- und Unterstellungsbeziehungen, heraus, die für die politische Kultur der folgenden Jahrhunderte bestimmend werden sollten. Als Yuan Huan sich Cao Cao unterstellte, teilte er mit diesem die Ansicht, daß «Waffen nur das letzte Mittel sind und daß es darauf ankommt, das Militär auch moralisch zu erziehen und überhaupt politisches Handeln auf den Prinzipien von Menschlichkeit *(ren)* und Rechtschaffenheit *(yi)* fußen zu lassen.»

Im Jahre 200 n. Chr. war es schließlich Cao Cao gelungen, seinen Erz-
rivalen Yuan Shao auszuschalten. Damit kontrollierte er den gesamten
Norden, das Zentrum des damaligen China, und herrschte über etwa die
Hälfte der Reichsbevölkerung. Die wenigen verbliebenen Rivalen waren
alle schwächer als er, hatten keine Allianzen gebildet und bedeuteten für
ihn daher keine ernsthafte Bedrohung mehr. Im Nordosten, in der südlichen Mandschurei, hatte Gongsun Du (?150–204), dem dann sein Sohn
Gongsun Kang (starb ca. 220) im Jahre 204 nachfolgte, einen eigenen Staat
errichtet, der dann aber unter Cao Caos Kontrolle kam. Im Norden und
Nordwesten suchten sich die Reste der Xiongnu-Konföderation gegen
das Volk der Xianbi zu behaupten.

Eine der zahlreichen administrativen und ökonomischen Maßnahmen
Cao Caos war die Wiedereinrichtung von Militärbauern-Kolonien *(tuntian)*, wie sie bereits früher Han Wudi etabliert hatte, die die Selbstver-
sorgung des Militärs, namentlich der Grenzsicherungstruppen, gewähr-
leisten sollten. Aber nicht nur dort, sondern auch im Landesinneren gab
es neue *tuntian*, da im Zuge der kriegerischen Wirren zahlreiche Bauern
ihr Land verlassen hatten. Der Erfolg der verschiedenen Wirtschaftspro-
gramme (u. a. Bewässerungsmaßnahmen) bildete die Basis für die Sicherung seiner Macht. Auf diese Weise schuf Cao Cao, dessen Herrschafts-
stil autoritär war und der die politischen Traditionen des zentralistischen Legalismus fortführte, eine Militärdiktatur mit einer Berufsarmee,
bei der die zum Teil aus Angehörigen der Nomadenstämme bestehenden Soldatenfamilien eine eigene «Kaste» bildeten. Die Institutionalisierung dieses Zentralstaatsideals, dessen Funktionieren durch das an Leistung und Weiterempfehlung orientierte Beförderungssystem *(jiupin)* gesichert wurde, setzte sein Sohn Cao Pi (187–226) später fort, unter dem
auch ein als «Neuer Kodex» *(Xinlü)* bezeichneter Strafrechtskodex erlas-
sen wurde.

Nach der Ausschaltung Yuan Shaos im Jahre 200 schwand aber auch die
militärische Macht Cao Caos allmählich. Sein Ziel, das ganze Reich zu
einen, scheiterte schließlich an einer Militärallianz im Süden zwischen Sun
Quan und Liu Bei. Ein Wendepunkt in der Expansionspolitik und der
Anfang von Bestrebungen der Feldherren im Süden, sich nicht einfach
abdrängen zu lassen, war die entscheidende und später legendär gewordene und in ihrer Bedeutung wahrscheinlich übertriebene Schlacht an der
Roten Wand *(chibi)* im Jahre 208. In der Folge konzentrierte sich Cao Cao
auf die Festigung seiner Macht im Norden, obwohl er die Idee der Reichseinigung wohl niemals aufgegeben hatte. Damit hatten sich drei Herr-
schaftsdomänen herausgebildet, zwischen denen im Mittleren Yangzi-Gebiet eine Art Pufferzone entstanden war, nachdem der dort herrschende
Liu Biao im Jahre 208 gestorben war. Cao Cao, Sun Quan (182–252) und
Liu Bei (161–233) beherrschten jeder einen Teil des Reiches.

Seit 212 hatte Cao Cao den Titel eines Herzogs von Wei geführt, 216 wurde er Titularkönig von Wei und bestimmte seinen Sohn Cao Pi als Nachfolger, der im Jahr 220 den Kaisertitel annahm und seine Dynastie Wei nannte und Luoyang als Hauptstadt wählte. Auch Cao Pi verfolgte das Ziel, den zentralistischen Staat auszubauen. Jedoch gerade seine antifeudale und gegen zentrifugale Tendenzen gerichtete Politik minderte sein Ansehen und verschaffte ihm zahlreiche Gegner.

In Sichuan folgte Liu Bei dem Vorbild des Cao Pi und ließ sich im Jahre 221 seinerseits als Herscher von Han und damit als der eigentlich legitime Nachfolger der Han-Dynastie ausrufen. Sun Quan im Osten hingegen anerkannte zunächst die Vormachtstellung Cao Pis, wofür dieser ihn zum König von Wu ernannte. Liu Bei unternahm nun einen Rachefeldzug gegen Sun Quan, der jedoch scheiterte, mußte sich zurückziehen und starb im Jahr darauf (223). Zur anderen Seite hin lehnte Sun Quan Cao Pis an ihn gerichtete weitergehende Forderungen ab, nahm im Jahr 229 den Kaisertitel an, verlegte seine Hauptstadt von Wuchang nach Jianye (das heutige Nanjing) und baute seine Herrschaft über das Reich Wu am Unterlauf des Yangzi und über die Küstenregion des Südostens aus.

Zunächst schwach und nur durch die natürlichen Flußgrenzen vor rascher Einnahme von Norden her geschützt, war seit dem Ende des zweiten Jahrhunderts in dieser Gegend nicht zuletzt dank eines raschen Bevölkerungszuwachses eine erhebliche militärische Macht aufgebaut worden, die vor allem auf dem südöstlichen Hinterland, das bis zum Perlfluß in der Gegend des heutigen Kanton reichte, basierte. Unter Sun Quans Herrschaft erlebte dieses Reich einen Aufschwung. Doch nach seinem Tode kam es zu Thronnachfolgestreitigkeiten, die auch ein Ausdruck des Übergangs der Macht von den Militärs auf die mächtigen Klane jener Gegend waren. Der Staat Wu wurde im Jahre 280 n. Chr. von Jin annektiert.

Im Inneren vermochte es die Cao-Familie im Wei-Reich nicht, rivalisierende Klane auszuschalten. Namentlich der Sima-Klan gewann an Macht, aus dem schließlich auch Sima Yan (236–290) hervorging, der sich im Jahre 265 als Kaiser von Jin auf den Thron setzte. Die Machtübernahme durch den Sima-Klan, der allgemein als konservativ-unduldsam charakterisiert wird, der seine Familienmitglieder belehnte und auch insofern sich ganz gegen die durch Cao Cao begründete Tradition des Wei-Staates richtete, beschleunigte die Tendenz zu einer neuen Form der Feudalisierung und beendete den Versuch der Cao-Familie, eine am Ideal der Han-Dynastie orientierte zentralisierte Herrschaft zu etablieren. Diesem Staat dienten nicht wenige schon allein deshalb aber immer bereitwilliger, weil sie sich von der Umverteilung von Landbesitz eigene Vorteile versprachen. So gelangte durch Empfehlung der für seine breite Gelehrsamkeit bekannte Literat Zhang Hua (232–300) in dieses Milieu, wo er sich bald dadurch einen Namen machte, daß er den Plan des Generals

Nomadische und halbnomadische Völker hatten während der Han-Zeit zwar zum Zusammenhalt des Reiches beigetragen, doch hatten innere Spannungen das Reich auseinanderbrechen lassen. Dadurch wurde andererseits die Kolonisierung der einzelnen Regionen, die auch eine eigenständige Außenpolitik betrieben, begünstigt.

Yang Hu, den Staat Wu im Südosten zu erobern, unterstützte, ein Plan, der schließlich auch durchgeführt wurde.

Die durch den Jin-Staat geschaffene Einheit war jedoch nicht von Dauer. Denn der den Jin-Staat beherrschende Sima-Klan mußte die Ansprüche seiner zahlreichen Mitglieder befriedigen, wobei insbesondere die Pfründe der Prinzen besonders üppig waren, die sich zudem eigene Armeen hielten und diese auch nach den Abrüstungsbemühungen seit 280 nicht auflösten. Überhaupt war diese Abrüstungspolitik verfehlt, weil sie weder das erwünschte Waffenmetall für die Münzprägung einbrachte, noch die demobilisierten Soldaten in Abgaben leistende Bauern verwandelte. Denn der Staat stellte ihnen nicht das notwendige Land zur Verfügung, so daß sie lieber selbst die Waffen an Angehörige der Grenzvölker verkauften, die ihrerseits die Chinesen als Siedler willkommen hießen und diesen für deren Waffen nicht selten gern Land zur Verfügung stellten. Auf diese Weise nahm die militärische Stärke der Grenzvölker, insbesondere der Tuoba, der Tibeter und der Xianbi sowie der Xiongnu-Stämme innerhalb der Staatsgrenzen, aber auch die Stärke der Truppen der Prinzen erheblich zu. Die Sima-Familie vermochte es ferner nicht, die anderen mächtigen Familien auszuschalten, d. h. deren Grundbesitz und die Zahl der Abhängigen zu begrenzen. Diese hatten Privatmilizen *(buqu)* aufgebaut, die bis zu 5000 Mann stark waren.

Nach dem Tode des Gründers des Jin-Staates Sima Yan im Jahre 290 kam es daher zu Streitigkeiten zwischen den Adligen. Die inneren Verhältnisse im Jin-Staat wurden noch dadurch zunehmend instabil, daß es zu Rivalitäten zwischen einzelnen führenden Familien und zu deren starker Einflußnahme auf die Thronfolgepolitik gekommen war. Auf Sima Yan folgte der geistig unbedarfte zweite Sohn Sima Zhong auf dem Thron, später bekannt als Kaiser Hui (reg. 259–306), doch die tatsächliche Macht übte seine Frau aus dem Hause Jia aus. Ihre despotische Herrschaft entfesselte den als «Rebellion der Acht Fürsten» *(bawang zhi luan)* bekannten Machtkampf von acht Prinzen von 291 bis 306, bei dem man von einem regelrechten Bürgerkrieg sprechen muß. Es kam unter diesen Verhältnissen zu wechselnden Allianzen nicht nur zwischen den Prinzen und ihren Privatarmeen, sondern auch zwischen diesen und den Generälen der Jin. Die Generäle aber ebenso wie die Prinzen verständigten sich mit einzelnen Nordvölkern, vorzugsweise den Xianbi, von denen sie Truppen erbaten und mit denen sie Abkommen schlossen. Aufgrund eines alten Zwistes zwischen den Xianbi und den Tuoba waren letztere besonders leicht zu gewinnen, wenn es gegen die Xianbi ging, was einige Generäle auszunutzen verstanden.

Einige Berater forderten eine Rekolonisierung der durch barbarische Stämme kontrollierten Gebiete durch chinesische Siedler und eine Umsiedlung der Barbaren. So verfaßte im Jahre 299 Jiang Tong eine Throneingabe, in der er die Umsiedlung der Barbaren forderte.[25] Darin schrieb er u. a.: «Die Barbaren können sich mittels ihrer Sprachen nicht mit uns verständigen, ihre Zeremonialgeschenke unterscheiden sich von den unsrigen, ihre Gesetze und Gebräuche sind sonderbar und abartig. ... Die Grundsteuern und Frondienste kann man von ihnen nicht einfordern.» Und die Throneingabe endet mit dem Rat: «All diesen Barbaren kann man den kaiserlichen Befehl kundtun, daß sie fortgeschickt werden und in ihre ursprünglichen Gebiete zurückkehren sollen. ... Das ist eine weit vorausschauende Politik.»

Der Zerfall des Jin-Reiches verstärkte die ohnehin sich vollziehenden Bevölkerungsverschiebungen großen Stils, so daß es zu einer regelrechten Völkerwanderung kam, die nicht nur eine Folge des Bürgerkriegs, sondern auch von besonders schwerwiegenden Naturkatastrophen wie Dürren und Heuschreckenplagen war. Die Gründung von barbarischen Staaten im Norden führte zu neuen Wanderungswellen, in deren Folge es in den südlichen Reichsteilen zu einer erheblichen sozialen Umschichtung und zu einer neuen Form von Sklavenwesen kam. Der später als Westliche Jin bezeichnete Staat zerfiel mit dem Fall der Hauptstädte Luoyang (311) und Chang'an (316).

Die Östliche Jin (317–420) und die Salons des Südens

Der Süden blieb bis zur Wiedervereinigung durch die Sui im Jahre 589 unter chinesischer Herrschaft. Versuche von fremden Völkern gegründeter Reiche, von Norden her den Süden zu unterwerfen, scheiterten. Erst im 13. Jahrhundert, also ca. 900 Jahre später, gelang den Mongolen eine Einigung des Gesamtreiches unter fremder Herrschaft. Gesellschaftlich war der Süden durch die Entstehung einer endogamen Aristokratie gekennzeichnet, die Familienregister *(jiapu)* führte und sich als *mingjia* (namhafte Familien) oder *mendi* gegenüber der gemeinen Bevölkerung, den *hanren*, absetzte. Die Entstehung dieser endogamen Aristokratie und ihr rascher Niedergang im 6. Jahrhundert ist von allergrößter Bedeutung für die kulturelle und religiöse Entwicklung gewesen.

Der im Jahre 317 von einem Fürsten der Familie Sima in Nanjing gegründete Staat suchte die Tradition des Jin-Staates fortzuführen, jedoch war das Kaiserhaus mittlerweile zu einem Spielball unterschiedlicher Gruppeninteressen geworden und blieb dies bis ins 6. Jahrhundert, als es wieder zu einer allmählichen Zunahme der Macht der Zentralregierung kam. Wichtig für die Weiterführung der Jin-Dynastie im Süden war der den Herrscher unterstützende Adel, der Berater stellte und insbesondere die Konflikte mit der bereits ansässigen landbesitzenden Aristokratie ausfocht, die sich zum Teil noch in der Tradition des 280 von den Jin annektierten Wu-Staates verstand. Unter den ersten drei Herrschern dieser als Östliche Jin bezeichneten Dynastie diente Wang Dao (276–339), Repräsentant einer der von den aristokratischen Familien gebildeten Fraktionen, 22 Jahre in höchsten Ämtern. Diese Dynastie hatte zunächst mit dem Problem der Einwanderer zu kämpfen. Man verzeichnete die Einwanderer in «Weiße Listen» *(baiji)* und die Alteingesessenen in «Gelbe Listen» *(huangji)*. Diese Registrierung bereitete vielfältige Schwierigkeiten. Eines der Probleme waren die Bevölkerungsbewegungen, die allerdings zum Teil schon zuvor stattgefunden hatten. Hieraus erklärt sich auch der Versuch, Steuerflüchtlinge (darunter Mönche) zu kontrollieren, wozu verschiedene organisatorische Methoden angewendet wurden. Unter anderem wurden neue Verwaltungseinheiten, etwa Einwandererkommandanturen, eingerichtet, oder aber es wurden einfach alte Verwaltungsgliederungen aus dem Norden nach Süden übertragen, oft unter Beibehaltung des Namens. Letztgenannte Form hieß auch *qiao* (wie bei *huaqiao* Überseechinesen). Übrigens wurden solche Register erst unter der Östlichen Jin-Dynastie auf Papier geschrieben, woraus ersichtlich wird, daß die bürokratische Form der Aktenbearbeitung sich in der Peripherie nur langsam durchsetzte. Die entscheidende Bedeutung der Weißen Register lag wohl darin, daß die darin Eingetragenen weniger Steuern und Abgaben zu leisten hatten. Doch bereits seit 341 n. Chr. wurde versucht, diese Weißen Register zu überprüfen und die darin Eingetragenen in die Gelben Register zu überführen, eine Bemühung, die bis 502 n. Chr. andauerte.

Ein Problem bestand darin, daß man sich frühzeitig gezwungen sah, Angehörige des aus dem Norden zugewanderten Adels an der Macht zu beteiligen. Die ärmeren Einwanderer wurden schnell zu «Gästen» *(ke)* bzw. Dienern *(nubi)* der Großgrundbesitzer. Die wichtigste Rolle spielten wenige mächtige Familien, die Wang, Yu, Huan und Xie, die um die Macht rivalisierten.

Die Integration der einzelnen Regionen des Südens geschah nicht gleichmäßig, und manche Teile blieben auch weiterhin nur lose in das Südreich integriert. Dies gilt etwa für die Gegend der heutigen Provinz Fujian, die erst sehr viel später auch kulturell erkennbar ein Teil des Reiches wurde,[26] der aber heute insbesondere im Zusammenhang der Verhandlungen zwischen Taiwan und der Volksrepublik eine Schlüsselstellung zukommt. Überhaupt blieben diese subtropischen südlichen Zonen lange Zeit Orte der Fremde, faszinierend, aber eben doch heimatfern. Die Dichtung ist voll von Heimwehklagen und Fremdheitserfahrung.

Bereits unter dem ersten Herrscher der Östlichen Jin kam es zu einer Erhebung eines Militärgouverneurs in der Gegend des heutigen Wuhan namens Wang Dun. Zwischen dieser Gegend und der Hauptstadt bestand auch in der Folgezeit ein dauerndes Spannungsverhältnis. Wang Dun aber konnte 323 mit Hilfe des Generals Yu Liang, eines Bruders der Kaiserin, geschlagen werden. 328 gelang es einem anderen Militär, Sun Jun, die Hauptstadt zu erobern. Doch die Gruppe um Yu Liang setzte sich wieder durch. Diese Gruppe wurde bald erweitert um die Familie Huan, ebenfalls eine alte Gentryfamilie. Aus diesem Hause gelang es Huan Wen (starb 372), eine eigene starke militärische Position aufzubauen und im Jahre 347 Sichuan zurückzuerobern. Später sollte einer der Söhne Huan Wens, Huan Xuan, eine besondere Rolle spielen.

Mit dem trotz innerer Schwächen gelungenen Anschluß von Sichuan sicherte sich der Östliche Jin-Staat einen Landzugang nach Zentralasien. Die Schaffung militärischer Stärke geschah jedoch auf Kosten der ohnehin schwachen Zentralregierung. Diese verlor zunächst ihren Einfluß an regionale Kräfte und einzelne Militärmachthaber. Die Versuche der Nanjinger Regierung, die Privatarmeen *(buqu)* zu dezimieren und die Zahl der von den Landbesitzern fast wie Sklaven Abhängigen einzuschränken, führte zu Unzufriedenheit und sicherlich auch Verunsicherung. Eine Form des Widerstandes waren lokale Aufstände. So kam es in der Gegend von Ningbo um 400 zu einer Erhebung unter der Anführung des Sun En, eine «Mischung von Pirat und Magier»[27] aus Shandong, dessen Familie seit Generationen bereits der Wudoumidao («Fünf-Scheffel-Reis»)-Bewegung anhing. Er fand Unterstützung bei Transportarbeitern, Fischern und Piraten, wurde vermutlich aber auch von Großgrundbesitzern und Händlern geduldet oder gar finanziell unterstützt. Die Aufständischen sollen auf mehrstöckigen Schiffen *(louchuan)* umhergefahren sein und ein «Dämonenheer» gebildet haben. Von der Küste her zogen sie auf Nanjing zu, wurden 402 aber vernichtend geschlagen. Zahlreiche, namentlich auch weibliche Anhänger begingen Selbstmord. Einer der an der Niederschlagung beteiligten Heerführer, der bereits erwähnte Huan Xuan, riß die Macht in Nanjing an sich, setzte den Kaiser ab und wollte eine eigene Dynastie gründen. Doch 404 wurde er von einem Rivalen namens Liu Yu vertrieben, der selbst durch die Niederschlagung eines Volksaufstandes im Süden an die Macht gekommen und zum Anführer der gegen Huan Xuan gerichteten Gruppe geworden war und der später die Song-Dynastie (oder Liu Song) gründete. Doch bevor er sich selber zum Kaiser machte, erweiterte er seinen Machtbereich durch Eroberungsfeldzüge. Durch kluge Bündnispolitik und diplomatische Umsicht hielt er sich die Flanken frei und vermochte so den Staat Spätere Qin im Jahre 417 einzunehmen, den er allerdings bald wieder zu großen Teilen einbüßte.

Unter der von Liu Yu gegründeten Song-Dynastie (420–479) scheint das Einwanderungsproblem bereits weitgehend gelöst gewesen zu sein; nach Verteidigungskriegen gegen die im Norden gebildeten Reiche kam es im Yangzi-Reich in der *yuanjia*-Ära (424–453) zu einer relativ friedlichen Zeit. Die Beziehungen nach Zentralasien ebenso wie nach Japan wurden intensiver, und insbesondere konnte die Song-Dynastie ihre Herrschaftsinteressen im Süden besser verfolgen. Der Versuch des Liu Yu, die Provinzverwaltung unter Kontrolle zu bekommen, rief jedoch den Widerstand der großen Adelsfamilien hervor. Hinzu kam, daß die nach Süden drängenden Tuoba innere Zwistigkeiten am Song-Hof zu ihren Gunsten förderten und sich gelegentlich selbst einschalteten. Angriffe der Tuoba-Wei kamen hinzu, so daß es dem General Xiao Daocheng, der die Rebellion eines kaiserlichen Prinzen unterdrückt hatte, schließlich gelang, im Jahre 479 selbst die Macht zu ergreifen. Der von ihm ausgerufenen Qi-Dynastie (479–502) gelang die Stärkung der Zentralmacht auf Kosten der Aristokratie. Neue Schichten drängten nach oben. Ende des 5. Jahrhunderts kam es infolge der massenhaften Hinrichtung Adliger zu Unruhen. Ein Vetter des Kaisers, Xiao Yan, mit Machtbasis in Xiangyang im Norden von Hubei, rebellierte und riß die Macht an sich.

Die Institution der Militärfamilien *(shijia, binghu)*, wie sie die Cao-Familie eingeführt hatte, wurde seit dem 5. Jahrhundert durch halb staatliche, halb private, von lokalen Beamten und Aristokraten rekrutierte Söldnertruppen abgelöst. Die so entstehenden Truppen von Verwahrlosten und Banditen trugen in der Mitte des 6. Jhs. wesentlich zum Sturz der Dynastie Liang bei. Vor allem aber die bis etwa 515 andauernden Kämpfe gegen die Tuoba führten zu einer Stärkung des Militärs und zur Schwächung der alten Eliten, so daß es während der Liang-Dynastie zu einem Niedergang der Aristokratie kam. Dies war nicht nur eine Folge der Militarisierung des Staates, sondern zugleich trug ein Aufschwung des Handels, nicht zuletzt des Außenhandels (mit Südostasien und indisch-iranischen Gebieten), zu dem sinkenden Einfluß der landbesitzenden Gentry bei, so daß die erste Hälfte des 6. Jahrhunderts als «das Goldene Zeitalter der Adelskultur der Südlichen Dynastien» bezeichnet worden ist.[28]

Die Reorganisation der Lokalverwaltung durch Liang Wudi ist ein Ausdruck dieses Strukturwandels und eines, wenn auch zunächst nur teilweise gelungenen Versuchs, die Macht zu zentralisieren. Während im Jahre 502 23 Bezirke, 350 Kommandanturen und 1022 Kreise existierten, gab es ca. 25 Jahre später 107 Bezirke und entsprechend mehr Kommandanturen und Kreise. 518 befahl Wudi umherziehenden Leuten, innerhalb von sechs Monaten an ihren Heimatwohnsitz zurückzukehren, wobei ihnen drei Jahre Steuererlaß zugesichert wurden.

Das Ende der Südreiche und die andauernde Spannung zwischen Norden und Süden

Hou Jing, ein Mitglied der Tuoba-Elite, hatte sich nach dem Tode Gao Huans, des faktischen Machthabers der Östlichen Wei, Anfang 547 mit Yuwen Tai, dem faktischen Herrscher der Westlichen Wei, zu verständigen gesucht, weil er von den Östlichen Wei abtrünnig geworden war. Doch Hou Jing wandte sich auch an den Liang-Herrscher Wudi. Dessen Hofrat – ausgenommen der Minister Zhu Yi – lehnte es zwar ab, Hou Jing zu empfangen. Doch hatte Anfang 547 Wudi noch geträumt, die Gouverneure der Östlichen Wei-Provinzen südlich des Gelben Flusses hätten sich ihm alle unterworfen, und dies hatte Zhu Yi als Anzeichen für eine bevorstehende Einigung des Reiches unter den Liang gedeutet. Entsprechend empfing Wudi Hou Jing und sandte ihm Hilfstruppen zur Sicherung seines Territoriums. Doch Anfang 548 wurde Hou Jing gezwungen, sich nach Süden, jenseits des Huai, zurückzuziehen. Trotz der großzügigen Unterstützung durch Wudi, die um so höher zu veranschlagen war, weil dadurch die Beziehungen zum Östlichen Wei-Staat belastet wurden, suchte Hou Jing eine geheime Allianz zu einem Neffen Wudis, und am 10. Tag des 8. Monats 548, zwei Monate nach Friedensschluß zwischen Liang und den Östlichen Wei, begann Hou Jing, weil er befürchtete, an Wei ausgeliefert zu werden, seine Rebellion gegen Liang. Am 25. Tag des 10. Monats umzingelte schließlich Hou Jing die Stadt

Jiankang, deren Mauerumfang 4×2=8 *li*, das entspricht etwa 5 km, betrug. Es folgte eine längere Belagerung. Am 12. Tag des 3. Monats 549 (28. April 549) schließlich nahm Hou Jing, auch infolge von Verrats auf seiten der Liang, die Hauptstadt.

Der Untergang der Liang-Dynastie wird in Yu Xins (513–581) «Klage um Jiangnan» *(Ai Jiangnan fu)* besungen bzw. beklagt. In einem idyllischen Bild zu Beginn dieses *fu* wird die Veränderung in der Politik im Jahre 547 als Folge eines verheerenden Fehlers des Kaisers Liang Wudi beschrieben, der wegen Senilität dem nicht-chinesischen General, Hou Jing, gestattete, sich mit dem von ihm kontrollierten Land den Liang anzuschließen, nachdem ein Vereinigungsversuch mit den Westlichen Wei gescheitert war.

Nach Einsetzung einiger Herrscher aus dem Xiao-Klan setzte sich Hou Jing selbst als Herrscher einer Dynastie mit dem Namen Han ein. Doch bereits 552 wurde er von Liang-Loyalisten aus Jiankang wieder vertrieben und starb auf der Flucht. Neben diese Aufstände traten Angriffe der Westlichen Wei, die 553 Sichuan und sodann Xiangyang besetzten. Unter ihrer Ägide wurde das Reich der Späteren Liang in Hubei errichtet, das auch von den Nachfolgestaaten Westliche Wei (535–557) und Nördliche Zhou (557–581) geduldet und erst von den Sui (581–618) im Jahr 587 eliminiert wurde.

Der mächtigste der Heerführer im Osten des zerfallenden Liang-Reiches, Chen Baxian, der in Wuchang ein Lehen besaß, riß im Jahre 557 die Macht an sich und gründete die Chen-Dynastie (557–589), die sich nur noch auf das Untere Yangzi-Tal beschränkte. Chen stützte sich vornehmlich auf das Heer. Als aber Sui Wendi, nachdem er das von Norden nur geduldete Spätere Liang-Reich erobert hatte, 589 seinen raschen Vorstoß nach Nanjing ausführte, brach mit dem Staat Chen das letzte der Südlichen Reiche zusammen.

Eine der Erbschaften dieser Zeit der Teilung des Reiches war der Topos von der Unterschiedlichkeit von Norden und Süden, der sich in der Literatur ebenso wie in der politischen und der kulturpolitischen Argumentation bis heute findet.[29]

9. Fremddynastien im Norden

Das Han-Reich als Modell

Auch wenn es vielfältige Spannungen zwischen Han-Chinesen und anderen Völkerschaften gab, so transzendierte doch die chinesische Reichskonzeption ethnische Grenzen und ermöglichte es somit auch nicht-chinesischen Völkern, sich der chinesischen Herrschafts- und Legitimationsinstrumente zu bedienen. Das Modell der Han-Dynastie konnte daher

über China hinaus zum Vorbild werden, und da das chinesische Kaiserhaus nicht an Ethnizität gebunden war, konnte der Angehörige des (pro-
to-tibetischen) Di-Volkes, Fu Jian (338–385), nach Gründung einer eigenen Dynastie die Errichtung eines Imperiums und die – allerdings schei-
ternde – Zerschlagung der Östlichen Jin-Dynastie in Angriff nehmen. Er
sah sich selbst als Nachfahren des legendären Herrschers Yu: «Ich werde
die Provinzen durchziehen, den Berg Kuaiji besteigen, mit den Fürsten
Hof halten und Yus Werk wiederherstellen und die Neun Provinzen wieder einrichten.»[1]

Als zu Beginn des 4. Jahrhunderts ein großer Teil Nordchinas von
nicht- chinesischen Völkern kontrolliert wurde, waren dort die Chinesen
nicht mehr das Staatsvolk, und die nach Süden geflohene Elite befand
sich in einer Umgebung mit einer möglicherweise zahlenmäßig weit
überlegenen nicht-chinesischen einheimischen Bevölkerung;[2] ähnlich
vielleicht, wie dies in der Mitte des 20. Jahrhunderts im Falle Taiwans
war, als nach dem Rückzug der Guomindang-Regierung dorthin die sogenannten «Festlandchinesen» etwa 15 Prozent der Gesamtbevölkerung
ausmachten, die sich als «taiwanesisch» empfand, auch wenn es sich dabei zum allergeringsten Teil um Angehörige der «Urbevölkerung» handelte, sondern um seit der Kolonisierung in früheren Zeiten vom Kontinent dorthin zugewanderte Bevölkerung.[3] Die allmähliche «Sinisierung»
der nördlichen «Barbaren» – immerhin waren um 300 n. Chr. in der Gegend der alten Hauptstadt Chang'an (das heutige Xi'an) etwa die Hälfte
der Bewohner keine Han-Chinesen, sondern Rong und Di![4] – und die
«Konfuzianisierung» der Bevölkerung des Südens oder deren Verdrängung waren allmähliche Prozesse, deren Erfolg sich erst in der späteren
Geschichtsschreibung bzw. im Rückblick zeigt. Hier erlebte die Identität
Chinas ihre größte Krise vor der Konfrontation mit dem Abendland im
19. Jahrhundert.[5] Die Heimat der Exilierten befand sich im Norden mit
dem Zentrum etwa im Gebiet der heutigen Provinz Henan, und daher
blieben auch die Literaten des Südens zunächst vom Hof ausgeschlossen.[6]

Staatengründungen im Norden und Völkerwanderungen

Die erste große Gründergestalt eines der Nordreiche war Liu Yuan
(ca. 250–310). Er war ein sinisierter Xiongnu und Sohn eines der neuen
Führergestalten namens Liu Bao. Dieser hatte in der Folge des Aufstandes von Liu Meng an Macht gewonnen, eines Aufstandes, der möglicherweise eine Folge der nachlassenden Unterstützung durch den Jin-Hof
gewesen war. Liu Bao setzte sich schließlich durch und Liu Yuan, der
zeitweise als «Pro-forma-Geisel» am chinesischen Jin-Hof geweilt hatte,
wurde dann der erste Gründer einer «Erobererdynastie» auf chinesischem Boden. Sein Staat Han und dessen Nachfolgestaat Zhao nahmen
schließlich ganz Nordchina ein.

Die Xiongnu waren erstarkt infolge der Abrüstungspolitik der Jin im Jahre 280, durch welche sie zu Waffen gekommen waren. Liu Yuan etablierte im Jahre 305 eine Konföderation und begann den Marsch auf Luoyang. Nach einem ersten gescheiterten Versuch im Jahre 309 gelang die Einnahme Luoyangs kurz nach Liu Yuans Tod seinem Nachfolger Liu Cong im Jahre 311. Eine wichtige Rolle spielte dabei auch der Einsatz gepanzerter Reitertruppen der Nomaden und die Verwendung des Steigbügels.[7] Ein anderer Feldherr der Xiongnu, Liu Yao, vermochte im Jahre 316 Chang'an zu erobern. Spätere Politiker haben es für den Grundfehler der Jin erklärt, daß sie Nomaden innerhalb ihrer Grenzen siedeln ließen. Dieses Argument aber, das insofern zutrifft, als die Ansiedlung von Nomaden ein Grund für Wanderungsbewegungen der chinesischen Bevölkerung war, diente zumeist nur der nationalistischen Politik ihrer Vertreter. Es ist übrigens diese Zeit des 4. und 5. Jahrhunderts, in der in China, u. a. im Zusammenhang mit antibuddhistischen Polemiken, ein Proto-Nationalismus entstand, der sich dann in der tang-zeitlichen Geschichtsschreibung, etwa im Mythos von der Abwehrschlacht am Fei-Fluß, niedergeschlagen hat.[8] Eine wichtige Rolle bei der inneren Schwächung des Jin-Staates hatte natürlich auch der Kampf der Acht Prinzen um den Thron (s. o.) gespielt.

Bei den Völkern am Rande Chinas handelte es sich um bereits mehr oder weniger stark durchmischte Völker. Wir unterscheiden zwischen tibetischen Di und Jiang, die in Sichuan bzw. im Nordwesten siedelten und von denen vor allem die Jiang seit dem 4. Jahrhundert in die Geschicke Chinas eingriffen. Bei den im Kern wohl türkischen Tuoba handelte es sich um ein im Norden der heutigen Provinz Shanxi, nördlich der Stadt Datong, siedelndes Volk, das bald andere Stämme an sich band. Südlich von den Tuoba siedelten die 19 Stämme der Xiongnu, deren Oberhaupt 287 Liu Yuan wurde. Bei den Xianbi handelte es sich um eine Föderation, deren Führungsfamilie wahrscheinlich eine der mongolischen Sprachfamilie zugehörige Sprache verwendete. Die Tuyuhun waren ein Volk von Hirtennomaden, ursprünglich Teil des Murong-Klans der Xianbi, der sich in der Gegend des Kokonor aufhielt und Ende des 3. Jahrhunderts einen Staat gründete. In der Mitte des 7. Jahrhunderts wurden sie zunächst durch Tang-Truppen, schließlich dann von den Tibetern unterworfen.

Unter den «Sechzehn Reichen der Fünf Barbaren» (*Wuhu shiliuguo*) verstehen die chinesischen Historiker jene Staaten in Nordchina, die im 4. und frühen 5. Jahrhundert nebeneinander bzw. nacheinander bestanden und fast ausnahmslos von Stammeseliten ursprünglich nomadischer Herkunft gegründet wurden. Diese Zeit der Zersplitterung Nordchinas, die erst durch die Wiedervereinigung des Nordens durch die Nachkommen eines Xianbi (oder Xianbei)-Stammes im Jahre 439 beendet wurde, gilt als verworrene Zeit.[9] Die zahlreichen Annexionen und die häufigen

Hauptstadtverlegungen machten «jede übersichtliche Darstellung der Periode unmöglich».[10] Der Verlust Nordchinas an nomadische Eroberer wird allgemein dem bereits erwähnten Liu Yuan (ca.250–310) angelastet, der mit dem Charisma der Herkunft aus dem Stamme des Maodun und großer organisatorischer Geschicklichkeit seine Völker zusammenführte. Liu Yuan gründete die (Nördliche) Han-Dynastie, deren Hauptstadt unter einem Nachkommen Lius nach Chang'an verlegt und die dann in (Frühere) Zhao umbenannt wurde. Sie gilt als die erste der 16 Dynastien und wurde durch die von dem aus dem Volk der Jie stammenden Shi Le (ca.280–332) gegründete (Spätere) Zhao-Dynastie (328–352) abgelöst. Ebenso wie Liu Yuan bediente sich Shi Le traditioneller Techniken zur Legitimierung seiner Herrschaftsansprüche.

Fu Jian (regierte 355–385), ein Di-Anführer, beherrschte mit seiner Früheren Qin-Dynastie (351–394) in der zweiten Hälfte des 4. Jahrhunderts den Nordwesten. Fu Jian gelang es, zusammen mit seinem chinesischen General Wang Meng (starb 375), das Herrschaftsgebiet des von ihm geführten Früheren Qin-Staates (351–394) auszuweiten. Seine großen Eroberungen waren 370 der Staat Frühere Yan, 376 die Frühere Liang- Dynastie und Dai. Von diesen finden sich Chouchih und Dai nicht in der Liste der Sechzehn Staaten, obwohl es sich auch um politische Gebiete mit eigener Staatlichkeit gehandelt hatte. 382 beauftragte Fu Jian Lü Guang (338–400), Chinesisch-Turkestan für den Früheren Qin-Staat zu erobern. 383 zog dieser nach Norden, während Fu Jian mit einer riesigen Streitmacht nach Süden gegen die Östliche Jin zog, um das Reich zu einigen, was jedoch bei der Schlacht am Fei-Fluß endgültig mißlang. Ihm folgte, mit der Späteren Qin-Dynastie, der Qiang-Führer Yao Chang. Eine grundlegende Veränderung in den Machtverhältnissen im Norden trat ein, als im Jahre 386 die bis dahin von einer Konföderation der Tuoba angeführte Nördlichen Wei-Dynastie, deren Zentrum im nördlichen Shanxi und in der Inneren Mongolei lag, ihren Eroberungszug über Nordchina begann.

Seit die Tuoba in den Zentralgebieten Chinas die Staatsmacht innehatten, vertraten der Xianbi-Adel und die Großgrundbesitzerklane der Han-Chinesen gegenüber der einfachen Bevölkerung eine eher gleichartige Politik der Unterdrückung. Der Xianbi-Adel hatte ein starkes Interesse daran, durch Zusammenarbeit mit den Großgrundbesitzern seine politische Macht zu sichern und zu festigen.

Im *Weishu* lesen wir in der Biographie des Cui Hao (381–450 n. Chr.), eines der bedeutendsten chinesischen Ratgeber des Tuoba-Wei-Reiches, daß dieser zu Kaiser Taizong sagt: «Ihr seid mit Hilfe von ehrlichen und aufrechten Leuten aus der Gegend nördlich der Sandwüste nach Süden in das Mittlere Land *(zhongdi)* eingedrungen, Ihr habt die Sitten und Gebräuche gewandelt und (alles innerhalb der) Vier Meere (d. h.: alles was zwischen den Vier Meeren liegt, d. i. die Welt) befriedet und steht selbst

Nach vorübergehender Einigung zwischen 265 und 316 zerbrach die Jin-Dynastie, und neben der Östlichen Jin-Dynastie im Süden entstand im Norden eine Vielzahl von Staaten mit unterschiedlichen Eliten, die mit Jin ebenso wie untereinander im Konflikt standen.

auf gleicher Stufe mit (den legendären Urkaisern) Fu Xi und Shen Nong.»[11] Dann betont Cui Hao aber, daß Taizong die Ökumene *(tianxia)* noch nicht geeint habe. Wichtig war den chinesischen Beratern dieser neuen Dynastien und vor allem dann späteren Historikern, eine gemeinsame Herkunft der chinesischen und der «nicht-chinesischen» Herrscherhäuser zu behaupten und letztere als in die Wildnis, an die Peripherie geflohene Chinesen zu apostrophieren.[12] Auf diese Weise wurden die Eroberer nachträglich zu Chinesen, so daß man sich nicht als von gänzlich Fremden unterworfen fühlen mußte,[13] und der Unterschied zwischen den Chinesen und den Eroberern wurde von einem rassischen zu einem rein kulturellen Unterschied umgedeutet.[14] So war es dann auch möglich, den Sieg eines Nicht-Chinesen über einen chinesischen Herrscher als Ausdruck mangelnder Tugend des letzteren zu deuten. Die Randvölker wurden zu einer Herausforderung und zu einem Prüfstein für die Moralität des Reiches. Dieses Prinzip der moralischen Überlegenheit als Garant für politischen Erfolg galt auch zwischen den «Barbaren». Der Xiongnu Liu Yuan und seine Söhne Liu Cong und Liu Yao, deren Staat Luoyang eingenommen und die neuerliche Teilung Chinas eingeleitet hatte, galten als Auslöser des Übels. Doch obwohl Shi Le, der ursprünglich mit dem Staat Lius verbündet war, dann aber eine eigene Dynastie gründete und schließlich den Staat (Frühere) Zhao einnahm, noch mehr verhaßt war, wurde die von ihm gegründete Dynastie (Spätere) Zhao als die legitime angesehen, weil der Himmel ihm das Mandat gegeben habe.[15]

Militarisierung und Zentralisierung

Der Erfolg, den die Tuoba-Konföderation, die aus 10 Königsklanen und 110 angeschlossenen weiteren Klanen bestand, im 3. und 4. Jahrhundert hatte, war auch eine Folge der erfolgreichen Eindämmung anderer nomadischer Stämme und Stammesgruppen gewesen. Dabei hatten sich die Tuoba einer geschickten Heiratspolitik bedient. Ihre innere Macht aber bewahrten sie in dieser Zeit durch die Befolgung eines männlichen Führerprinzips, bei dem die Frauen bzw. Mütter keinen Einfluß hatten. Erst mit der Übernahme des von den Chinesen praktizierten Prinzips der agnatischen Erbfolge am Ende des 4. Jahrhunderts setzte auch bei den Tuoba der Einfluß des Harems ein. Durch die Einführung der Regentschaft der Mutter eines Thronerben bzw. des Auseinanderfallens von Kaiserin und Kronprinzenmutter kam es bald zu erheblichen Spannungen innerhalb der Tuoba-Elite.

Die Sicherung der Herrschaft der Tuoba ist vor allem der Einführung chinesischer Verwaltungsmethoden zu verdanken, die der Ratgeber Cui Hao in Datong zusammen mit dem chinesischen Strafrecht eingeführt hatte. Diese legalistische Politik führte auch zu großen Umsiedlungsaktionen, vor allem nach Datong, das bis zur Verlegung nach Luoyang im Jahre 494 n. Chr. Hauptstadt war. Seit der Mitte des 5. Jahrhunderts hatte es verstärkt Bestrebungen gegeben, das Zentrum der Herrschaft des Tuoba-Reiches nach Süden zu verlagern. In jener Zeit erreichten die Tuoba den Yangzi und zwangen dem Staat Song eine Reihe von Zugeständnissen ab. Treibende Kraft waren hier auch die in der Folge von Hofintrigen aus dem Süden zu den Tuoba geflüchteten Angehörigen der chinesischen Elite, die neben der Verfolgung ihrer eigenen Interessen im Süden auf diese Weise auch zur Sinisierung des Tuoba-Reiches beitrugen.

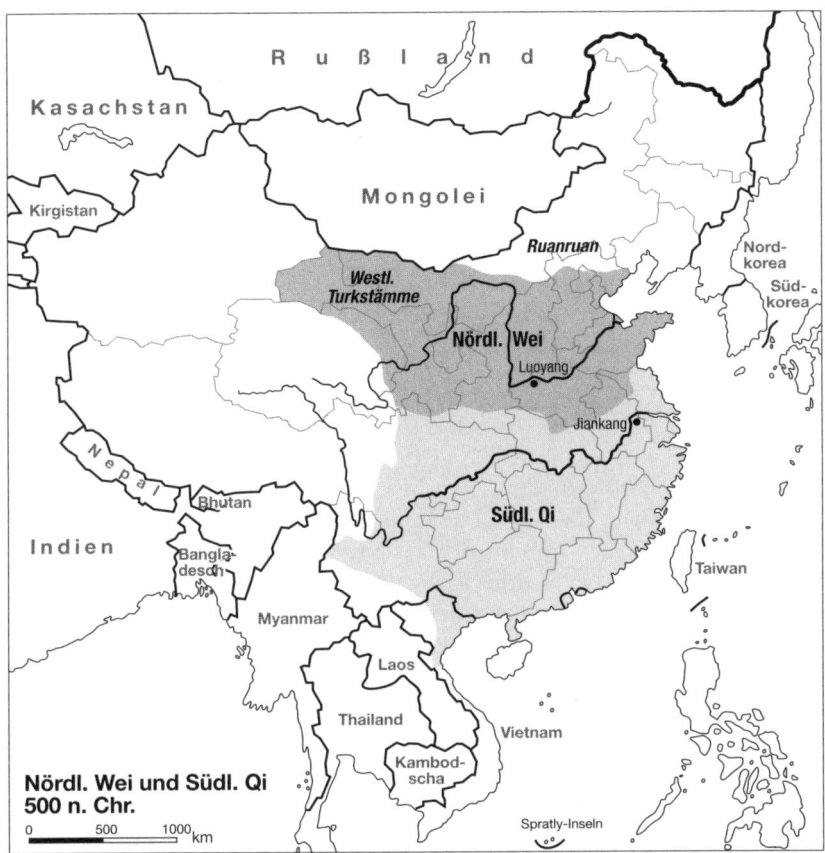

Unter den Tuoba war es im Norden zu einer Teileinigung gekommen, und der Kaiserhof im Süden gewann in der Zeit um 500 n. Chr. wieder stärkeren Einfluß.

Religion und Staat im Norden

Ein wesentliches Element der Machtsicherung waren die Religionen, vor allem Buddhismus und Daoismus. Für die Zeit zwischen 425 und 451 n. Chr. kann man sogar von einer «daoistischen Theokratie» am Hof der Tuoba-Wei sprechen, wobei eine Amalgamierung von Elementen der Wudoumi-Sekte (bzw. der späteren Tianshi-Sekte) und der Taiping-Sekte, eine hohe Empfänglichkeit der Tuoba für Magie und Unsterblichkeitskulte und das Interesse einzelner Berater am Tuoba-Hof miteinander verbündeten. Der Tuoba-Herrscher Taiwu (reg. 424–452) sah sich als «Wahren Herrscher des Großen Friedens» *(Taiping zhenjun)*. Hierzu lieferte die Ideologie Kou

Qianzhi (starb 448), der von seinem älteren Bruder Kou Zanzhi (363–448), nach 417 Gouverneur der Nördlichen Wei für die Flüchtlinge aus dem Späteren Qin-Staat in Luoyang, gefördert wurde. Die Attraktivität der daoistischen Kirche für den Wei-Hof und die konservative Ideologie Kou Qianzhis wirkten hierbei ebenso zusammen wie die Koinzidenz von Kous Traum vom «auserwählten Volk» *(zhongmin)* mit den Plänen des Ministers Cui Hao (381–450), im Norden einen chinesischen Staat zu errichten. Zur Durchsetzung dieser Heilslehre trug auch der Umstand bei, daß Cui Hao einige gegen den Rat einiger Feldherren unternommene Eroberungskriege erfolgreich beendete. So besiegten die Wei-Truppen im Jahre 427 Helian Chang (regierte 424–427), den Herrscher des Dai-Staates in der Ordos-Gegend. Im Jahre 429 schlugen sie die Ruanruan in der Gegend Pekings in die Flucht, und im Jahre 430 verhinderten sie eine Rückkehr des Helian Ding (r.427–430). Im Jahre 439 schließlich vernichteten sie den Staat Nord-Liang in Gansu. Cui sorgte sich jedoch auch um seinen Nachruhm und die in seinem Sinne gehaltene Geschichtsschreibung, indem er nicht nur eigene Anhänger in das Geschichtsamt bei Hofe schleuste, sondern sich selbst, seit dem Jahre 429, an der Zusammenstellung der Wei-Annalen beteiligte. Im Jahre 442 wurde der Herrscher offiziell mit Talismanen aus der Hand Kous versehen, in einer Zeremonie, die einer Investitur des Herrschers durch den Himmlischen Meister gleichkam. Obwohl es geistliche Anknüpfungen an frühere daoistische Lehren und die Taiping-Lehre gab, waren Leute wie Kou Qianzhi und Cui Hao selbstverständlich gegen Sun En sowie gegen dessen Schwager und Nachfolger Lu Xun gewesen!

Im Jahre 444 n. Chr. initiierte Cui Hao eine Reinigung unter dem buddhistischen Klerus, nur mit halbherziger Unterstützung Kous, der selbst ja viel den Buddhisten verdankte und mit diesen eigentlich auf gutem Fuße stand, und im Jahre 446 n. Chr. wurden die Buddhisten geradezu verfolgt. Der Erlaß von 444 war nicht nur gegen privat unterstützte, also nicht offiziell anerkannte Mönche gerichtet, sondern auch gegen Medien und Zauberer *(wuxi)*, ein Angriff also gegen die «heterodoxen Kulte» *(yinsi)* überhaupt. Im selben Jahr wurde ein anderer Erlaß ausgegeben, daß die zahllosen Schreine und Tempelchen der «kleinen Götter» *(xiaoshen)*, die sich überall in den Orten und entlang der Verkehrswege fanden, zerstört würden, und nur 57 offiziell zugelassene Verehrungsstätten sollten belassen werden.

Nach dem Tod Kous dauerte es nur noch zwei Jahre, bis Cui Hao, der bereits den Tuoba-Wei-Adel mehrfach düpiert hatte und vor allem durch eigenmächtige Absetzung regionaler Amtsträger und deren Ersetzung durch Anhänger seiner Fraktion auch frühere Anhänger verprellt hatte, hingerichtet wurde, zusammen mit 127 anderen Angehörigen seiner Familie und seines Klans sowie mitsamt sämtlichen Bediensteten. Der Anlaß war, daß er die in Stein geschriebene Geschichte der Wei durch die Straßen der Hauptstadt tragen lassen wollte.

Nachdem im Jahre 452 Kaiser Taiwu (reg. 424–452) von einem Palast-
eunuchen ermordet worden war, hob der neue Herrscher, Wencheng (reg.
452–465), die antibuddhistischen Gesetze auf und erklärte nun den
Buddhismus zur Staatsreligion. Damit war die daoistische Theokratie
beendet, und es begann eine ausgiebige staatliche Förderung des
Buddhismus, die u. a. in der Erstellung monumentaler Kultbilder ihren
Ausdruck fand, die heute noch in Datong und an anderen Orten des
damaligen Wei-Gebietes zu sehen sind. Für die Geschichte des Daoismus
war diese Periode von größter Bedeutung. Der Daoismus wurde zur
«Daoistischen Lehre» *(daojiao)*, und mit Kou Qianzhi endete die Phase,
die Fukui Kôjun als die Zeit des «Primitiven Daoismus» bezeichnet hat.

Das Phänomen der Gegensinisierung oder «Xianbi-isierung»

Einer der Unterschiede zwischen den Xianbi-Leuten und den Chinesen
waren ihre Namen. So wurde im Jahre 496 verordnet, daß alle Xianbi
chinesische Namen tragen müßten. Doch wenige Jahrzehnte später kam
es zu einer Gegenbewegung, wieder Xianbi-Namen zu vergeben. Die Verleihung von Familiennamen diente dann bei den Dynastien Westliche
Wei und Nördliche Zhou als Mittel zur Aufrechterhaltung der alten Tuoba-Konföderation. Mit der Restauration der ursprünglichen Klannamen
der Tuoba wurde eine Wende der Akkulturation eingeleitet, die in einem
Edikt von 554 ihren ersten Ausdruck fand, wonach Tuoba-Namen an
Chinesen vergeben werden könnten. Auch unter den Dynastien Sui und
Tang gab es die Praxis der Verleihung des kaiserlichen Familiennamens.
    Die im 5. Jahrhundert und beschleunigt dann im 6. Jahrhundert auftre-
tenden Spannungen innerhalb der Xianbi-Gesellschaft, insbesondere zwischen Hof und Heer, bereiteten den Boden für die Rebellion der nördlichen Streitkräfte im Jahre 523, den sogenannten Aufstand der «Sechs Garnisonen» *(liuzhen)*. Dabei handelte es sich um einen Aufstand der
Tuoba-Bevölkerung gegen ihre Herrscher, bei dem Teile Nordchinas auch
in die Hände anderer Völkerschaften (Jiang, Xiongnu, Xianbi) fielen, die
sich – wie übrigens auch Chinesen – ebenfalls erhoben. Die Folge war ein
zehnjähriger Bürgerkrieg 524–534, der nach der Flucht des Wei-Herr-
schers aus Luoyang, der bei Yuwen Tai in Chang'an Schutz suchte, im
Jahre 534 mit einer Trennung in eine Östliche und eine Westliche Wei-Dynastie endete. Während die Östliche dem chinesischen Einfluß gegenüber
feindselig war, wurde die Westliche Wei-Dynastie in Chang'an von den
Überlebenden der sinisierten Aristokratie angeführt; dabei handelte es
sich im wesentlichen um eine Militärherrschaft.
    Yuwen Tai (starb 556) war de facto Herrscher am Ende der Westlichen
Wei; sein Sohn wurde dann 557 (unter der Regentschaft Yuwen Hus) der
erste Herrscher der Nördlichen Zhou, die damit die Westliche Wei- Dynastie ablöste. Dugu Xin (503–557) war dabei einer der einflußreichsten

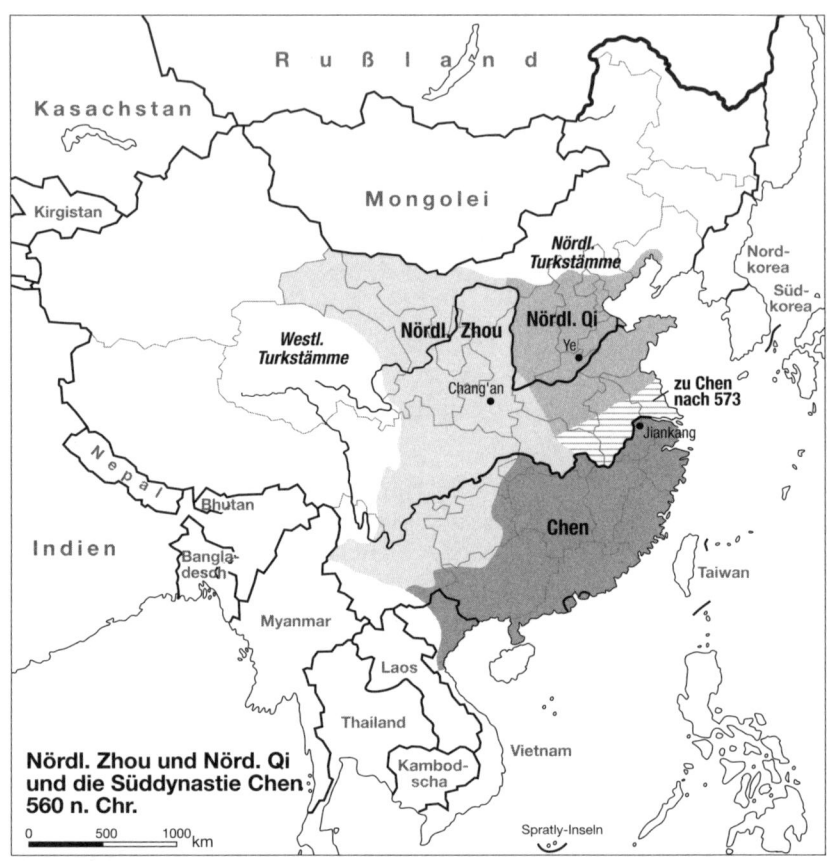

*Die Konflikte zwischen den sinisierten und den noch den Steppentraditionen
verhafteten Mitgliedern der Tuoba-Elite führten zum Auseinanderbrechen
des Wei-Staates im Norden, von denen einer, Nördl. Zhou, von Nordwesten her
die Reichseinigung vorbereitete.*

und verdientesten Generäle, der allerdings, wegen des Vorwurfs, er habe
gegen Yuwen Hu einen Komplott geschmiedet, zum Selbstmord getrieben wurde. Die Dynastie Östliche Wei wurde 557 zur Nördlichen Qi
(557–577), die dann im Zuge des Einigungsprozesses von den Truppen
der Nördlichen Zhou-Dynastie erobert wurde. Ein Angehöriger der weib-
lichen Linie der Kaiserfamilie der Nördlichen Qi-Dynastie, Yang Jian,
gründete die Dynastie Sui im Jahre 581 und ging so unter dem Namen
Sui Wendi als Reichseiniger in die Geschichte ein.

Der Konflikt zwischen Chinesen und Nicht-Chinesen ist bis 573 erst
ein Ergebnis späterer Retrospektive. Der fünfte und letzte eigentliche

Herrscher der Nördlichen Qi (550–77), Gao Wei (556–78), war von dem blinden Beamten Zu Ting gefördert worden, der allerdings im Jahre 573 vertrieben wurde. Noch unter der Sui-Dynastie wurde die Frage heftig diskutiert, warum die Nördliche Qi unterging. Während in der späteren Geschichtsschreibung die Frage der Volksgruppen (Rassen) stark betont wurde, hatte es zumindest bis 573 keine größeren Konflikte zwischen den Chinesen und den Nicht-Chinesen gegeben.[16] Im November des Jahres 573 hatte der Staat Chen den Staat Qi angegriffen, während Nord-Zhou mit seinen Angriffen erst 575 begann. 573 war es auch gewesen, daß mit Zu Ting die Fraktion der Chinesen am Nord-Qi-Hof einen größeren Rückschlag erlitt. In diesem Jahr wurden auch Mitglieder der Wenlin-Akademie von Han Changluan hingerichtet. So waren nicht die Chinesen, sondern Han Changluan und seine Mitstreiter an der Macht, als die Nördliche Qi unterging.

Viertes Kapitel

Weltoffenheit
und Abgrenzung nach außen
(589–1279)

10. Die weltoffene Tang-Zeit

Reichseinigung und Rolle der Hauptstadt

Die Wiedervereinigung des Reiches unter Kaiser Sui Wendi (reg. 581–604), oft als Wiederholung des Einigungswerkes durch den Qin-Staat bezeichnet, beginnt mit der Erneuerung der Hauptstadt Chang'an in «der Gegend zwischen den Pässen» (Guanzhong) im Wei-Tal.[1] Gerade weil das Reich seit dem Zusammenbruch der Han-Dynastie (abgesehen von der vorübergehenden Einigung unter der Dynastie Westliche Jin ab 280) länger als 400 Jahre geteilt gewesen war, war die kulturelle und ideologische Integration eine der wichtigsten Aufgaben des neuen Herrschers, der konsequenterweise das staatliche Prüfungswesen neu einrichtete. Auch der Buddhismus, durch dessen Vermittlung die Aristokratie mit der neuen Dynastie versöhnt werden konnte, spielte eine besondere Rolle.

Chang'an, das für die folgenden drei Jahrhunderte die Hauptstadt und das kulturelle Zentrum Chinas bleiben und seinerseits für die Hauptstädte der neuen Staaten auf der koreanischen Halbinsel und in Japan zum Vorbild werden sollte, bestand aus einer Kaiserstadt im Norden, einer Verwaltungsstadt sowie bloß rechtwinkligen ummauerten Quartieren.[2] Als Wendi am 15. April 583 in seinen neuen Palastbezirk einzog, war die Stadt, die damals Daxingcheng hieß, gemessen an ihrer Anlage und Größe, unterbevölkert und blieb dies noch einige Zeit. Allerdings suchte der Hof, durch Anreize Bevölkerung anzulocken, und schon allein die großen Tempelbauaktivitäten brachten viele Handwerker und Bauleute an diesen Ort. So wurde dann im Laufe des 7. Jahrhunderts Chang'an zur Metropole Ostasiens, zum Schnittpunkt und Endpunkt internationaler Handelswege, an dem sich Angehörige verschiedener Religionen und Völkerschaften einfanden. Es gab dort nicht nur jüdische und christliche Gemeinden, auch der Islam und Lehren wie der Manichäismus hatten ihre Anhänger.

Zur Integration des neugeeinten Reiches genügte es nicht, die Hauptstadt zu stärken. Da die Machtzentren und Hauptstädte der einzelnen Staaten nicht einfach aufzulösen waren, galt es, auch diese einzubinden. Hierzu diente das Projekt einer zweiten und dritten Hauptstadt. Eines der ersten Projekte war der Ausbau Luoyangs zu einer «Östlichen Hauptstadt» (Dongdu).³ Luoyang war ja bereits zuvor von den Tuoba im Zuge einer Sinisierungsbewegung als Hauptstadt der Dynastie Nördliche Wei neu ausgebaut, dann nach wenigen Jahrzehnten allerdings wieder zerstört worden.⁴ Chang'an hieß dann «Westliche Hauptstadt» (Xidu). Wegen der Bedeutung des Südens wurde auch eine dritte Hauptstadt geplant, Jiangdu (das heutige Yangzhou). Dies war um so wichtiger, als das politische Zentrum zwar nun im Norden lag, die wirtschaftliche Bedeutung des Südens aber beträchtlich war und weiter zunahm, so daß man ökonomisch von einer Verlagerung des wirtschaftlichen Zentrums nach Süden in das Yangzi-Tal sprechen muß.

Zur Versorgung der nördlichen Hauptstadt und wegen der Notwendigkeit des Transports der Naturalabgaben mußten die Transportwege von Süd nach Nord ausgebaut werden. Dazu boten sich zunächst und vor allem die Wasserwege an.⁵ Der der Versorgung der Hauptstadt zugemessene Stellenwert kommt auch darin zum Ausdruck, daß Wendi bereits im Jahre 583 vier Getreidespeicher hatte einrichten lassen, um die Versorgung Chang'ans zu sichern.

Wie schon der Gründer der Dynastie Liang, Wudi (reg. 502–549), auf dem Gebiet seiner südlichen Dynastie, so ließ auch Sui Wendi, nun im ganzen Reichsgebiet, Stupas (Reliquienbehältnisse) aufstellen und sich selbst als Bodhisattva verehren.⁶ Spätere Herrscher haben ähnlich durch Repräsentation ihre Macht zu sichern und die Loyalität der Bevölkerung an sich zu binden gesucht. Dies gilt ebenso für den Tang-Kaiser Zhongzong, der nach der Kaiserin Wu im Jahre 705 den Kaiserthron bestieg und der in allen Präfekturen des Reiches ein «Kloster der Renaissance der Großen Tang» (*Da Tang zhongxing si*) errichten ließ, dessen Bezeichnung im Jahre 707 dann in «Kloster des Aufsteigenden Drachens» (*Longxingsi*) geändert wurde. Die Vervielfältigung der Symbole diente der Sicherung des Herrschaftsanspruchs der Zentrale und stärkte zugleich die regionalen und örtlichen Repräsentanten der staatlichen Macht. Obwohl die Grenzen nach außen auch weiterhin als kulturelle Grenzlinie empfunden wurden, gründete sich die Staatsmacht doch zunehmend auf die Implementierung einer Orthodoxie-Vorstellung. Dabei wurde das Zentrum nicht mehr in der Person des Herrschers lokalisiert, sondern es ging auf in einer Vorstellung vom moralischen Zentrum, das jeder in sich selbst verwirklichen sollte.

Die öffentlichen Arbeiten und das erste Scheitern des Einigungsprozesses

Die öffentlichen Arbeiten und die Einigungsbestrebungen der Tang-Zeit können nicht ohne die Berücksichtigung der Sui-Zeit angemessen gewürdigt werden. Neben den militärischen Expeditionen hatten die Großprojekte der Sui zur Verbesserung der Infrastruktur eine integrierende Rolle gespielt. Der Ausbau der Schiffahrtswege und der parallelen Reichsstraßen und Relaisstationen zwischen 587 und 608 mit dem Ziel, die Täler des Gelben Flusses und des Wei-Flusses mit dem Unteren Yangzi-Tal bis nach Hangzhou zu verbinden, ist hier an erster Stelle zu nennen. Dieses Netz wurde durch einen Kanal von Luoyang nach Peking im Jahre 608 noch erweitert. Für die Versorgung des Nordens mit Gütern, insbesondere mit Getreide aus dem Süden, waren diese Transportverbindungen von großer Bedeutung. Daher richtete sich die Kritik auch weniger auf die Ausbaumaßnahme als solche als vielmehr auf die mit solchen Unternehmungen immer verbundenen Zugriffe der Zentralregierung auf die lokalen Ressourcen.

Nachdem der zweite Sui-Kaiser mit dem späteren Tempelnamen Yangdi die Macht übernommen hatte, reduzierte er zunächst die Arbeitsverpflichtungen, doch zielten seine Pläne auf eine weitere Integration des Reichsraumes und erforderten überdies noch stärkere Arbeitsleistungen als zuvor. Die wichtigsten seiner Vorhaben waren der erwähnte weitere Ausbau der Östlichen Hauptstadt in Luoyang und die Planung einer dritten Hauptstadt Jiangdu (heutiges Yangzhou). Yangdi, der durch die spätere Geschichtsschreibung zum Typus des verruchten und verschwendungssüchtigen Herrschers stilisiert wurde, setzte auch die von seinem Vater begonnenen Befestigungsarbeiten an der Nordgrenze fort; vor allem in den Jahren 607 und 608 wurden im Sommer große Mengen von verpflichteten Arbeitern an die Nordgrenze geschickt, von denen angeblich jeder zweite umkam.

Solche Nachrichten verursachten Unruhe, vor allem aber waren es die einzelnen Regionen und die Interessen einzelner Militärführer, an denen das Einigungswerk der Sui zunächst scheiterte. Begleitet von einigen kleineren Aufständen, zettelte im Jahre 613 Yang Xuanguan, der Sohn des einflußreichen Generals Yang Su, in der Gegend um Luoyang eine Revolte an. Trotz dieser inneren Wirren verfolgte Yangdi sein ehrgeiziges Ziel, Korea dem Reich einzuverleiben. Die damit verbundene innere Schwächung ausnutzend, kam es zu neuen Erhebungen. In einem etwas später verfaßten Bericht heißt es dazu: «Banditen und Rebellen schwärmten aus wie Bienen. Die Leute wurden in großer Zahl entwurzelt und verloren den Kontakt mit ihrer Heimat, während die Verbindung benachbarter Orte miteinander unterbrochen wurde und die Truppen ihre Zeitpläne nicht mehr einhalten konnten.»[7]

Nun waren der Zusammenhalt und die Verpflichtung der einzelnen auf eine Dynastie zu jener Zeit auch deswegen nicht leicht, weil bei den damals herrschenden Familien noch nicht der später so wichtige Wert der Loyalität *(zhong)* verankert war, der es einem Mann untersagte, wenn er einem Herrscher gedient hatte, dessen Nachfolger zu dienen. Ihnen ging es vielmehr um die Erhaltung der sozialen Ordnung und der Macht und des Status ihrer Familien.

Anti-Buddhismus und chinesisches Selbstverständnis

Während der Buddhismus eine entscheidende Rolle bei der Formierung der Adelsgesellschaft und der Entstehung neuer Zentralstaatsvorstellungen vom 4. bis 6. Jahrhundert sowohl im Süden wie im Norden Chinas gespielt hatte,[8] wurde er seit der Reichseinigung zunehmend zum Gegenstand von Anfeindungen. Zwar hatte es zuvor schon erhebliche Kritik an dem seit dem 1. Jahrhundert n. Chr. aus Indien nach China eingedrungenen Buddhismus, insbesondere an der Mönchsgemeinde, gegeben, und im Zusammenhang der antibuddhistischen Polemik seit dem Ende des 5. Jahrhunderts hatten sich Argumentationen herausgebildet, bei denen man von «proto-nationalistischen» Positionen sprechen kann; doch seit dem Ende des 6. Jahrhunderts verschärfte sich die Polemik, die sich freilich weitgehend auf bereits entwickelte Argumentationsformen stützte. Es verbanden sich dabei wirtschaftliche (die Mönche sind Parasiten, sie produzieren keine Nachkommen und betrügen den Staat um Steuern und Abgaben; der Tempelbau verschlingt Unsummen an Arbeitskraft und Material) mit politischen Argumenten. Die buddhistische Mönchsgemeinschaft bilde einen Staat im Staate und beeinträchtige damit die Souveränität des Herrschers. Ihre staatsschädigende Wirkung gehe aber noch viel weiter, da ja bekannt sei, daß schon zahlreiche regierungsfeindliche Aufstände von buddhistischen Klöstern ausgegangen seien. Auch der Einfluß des Klerus bei Hofe sei beklagenswert, und es sei nicht von der Hand zu weisen, daß der Buddhismus allen vergangenen Dynastien nur zum Schaden gereicht habe.

Bei den fremdenfeindlichen Argumenten verbanden sich offenbar aus Angst geborene Abwehr und Geringschätzung alles Fremden miteinander. Die Rede von der Weltoffenheit des Tang-Reiches ist daher in mancher Hinsicht zu relativieren. Daneben gab es sozialpsychologische Argumente. Diese beziehen sich auf die Vorschriften der Buddhisten zur Lebensführung und auf ihre Lehren über den Heilsweg, die in der Tat traditionelle chinesische Wertorientierungen ganz grundlegend in Frage stellen.

Trotz kosmopolitischer Züge der Tang-Gesellschaft blieb das Herrscherhaus notgedrungen, nämlich um den Buddhismus-Kritikern in der Beamtenschaft zu entsprechen, an der Kontrolle der Religionen interessiert. Als im Jahre 621 und dann wieder im Jahre 624 der Hofastrologe *(taishiling)* Fu Yi Throneingaben gegen den Buddhismus einreichte, kam es 626 zu ersten Maßnahmen zur Einschränkung der buddhistischen Tempel und Klöster; so wurde die Zahl der buddhistischen Tempel in der Hauptstadt von 120 auf drei reduziert. Wie sehr allerdings solche Maßnahmen mit Fraktionskämpfen und den wechselhaften Interessenlagen der jeweiligen Kaiser zusammenhängen, zeigt der Umstand, daß Tang Taizong diese Maßnahme bereits nach drei Monaten wieder rückgängig machte. In seiner Haltung gegenüber dem Buddhismus, der stärksten Macht außerhalb des Hofes, blieb er jedoch, trotz kleinerer Zugeständnisse, ablehnend.

Die wohl folgenreichste Entwicklung innerhalb des Buddhismus der Tang-Zeit war die Ausbildung des Chan-Buddhismus (jap.: Zen), die auch als eine Folge der sozialen Bewegungen und der Auflehnung gegen Traditionen der Adelskultur zu verstehen ist. Die Frühzeit seit Bodhidharma, Huike und deren Nachfolgern liegt, entgegen späterer Legendenbildung, weitgehend im dunkeln. Zwischen 624 und 674 existierte die Chan-Schule zunächst als eine kleine Gruppe relativ isoliert in Zentral-Südchina in Huangmei (Hubei). Dem Charisma Hongrens verdankte diese Gruppe eine zunehmende Aufmerksamkeit und wachsende Anhängerschaft. Die zentrale Botschaft war die Betonung der Meditationspraxis. Doch hierüber gibt es erst aus dem Ende des 7. bzw. dem frühen 8. Jahrhundert überlieferte Nachrichten. Die Meditationsmeister Faru (638–689) und Lao'an residierten im Shaolin-Kloster auf dem Songshan, von wo sie nach Chang'an und Luoyang wirkten. Die Lehre der Nördlichen Schule wurde hingegen im Yuquan-Kloster von Shenxiu im letzten Drittel des 7. Jahrhunderts formuliert. Shenxiu (Ankunft in Luoyang 701) und seine Schüler wirkten dann in Luoyang und Chang'an und beeinflußten dort die Kaiserin Wu und Kaiser Zhongzong. In den 770er Jahren erlebte die später als Nördliche bezeichnete Schule, die auch nach Tibet, Korea und Japan wirkte, ihren Höhepunkt. Die Linie der Nördlichen Schule bestand ungebrochen in China bis mindestens ins frühe 10. Jahrhundert. Gegen Shenxiu agitierte Shenhui seit etwa 730 bis zu seinem Tod 758. Shenhui brachte auch einen «Fraktionalismus» in die Chan-Bewegung, und diese Kampagne war es, auf die überhaupt erst der Begriff der Nördlichen Schule zurückgeht. In gewisser Weise waren die Lehren Shenhuis nur die Wiederholung etablierter Chan-Lehren, wie sie auch von der «Nördlichen Schule» vertreten worden waren. Warum aber verschwand die Nördliche Schule? Ein Grund war die enge Identifizierung dieser Richtung mit dem kaiserlichen Hof. Insbesondere der Tod des Kanzlers Zhang Jiuling 736 und die Machtübernahme durch Li Linfu, der bis 752 regierte, änderten das politische Klima. Auch war die Gefolgschaft gewissen Moden unterworfen. Nach dem Zerfall der kaiserlichen Macht 755 wuchs insbesondere die Bedeutung der Ochsenkopf (Nuitou)-Schule und der Mazu-Hongzhou-Schule in Zentral-Südchina. Auch war es die von Faru begründete «Überlieferung der Lampe» *(chuandeng)*-Theorie, die der Südlichen Richtung zum Erfolg verhalf. Die lange Zeit übliche Gleichsetzung des Gegensatzes der Lehren von der plötzlichen und der allmählichen Erleuchtung mit den Unterschieden zwischen der Südlichen und der Nördlichen Schule des Chan-Buddhismus ist jedoch nicht mehr haltbar. Diese Unterscheidung war bezeichnenderweise früher schon auf die Unterschiede zwischen Chinesen und Barbaren übertragen

Zeitweise reichte die Herrschaft des Tang-Kaiserhauses bis in die Oasengebiete des Tarimbeckens. Die Machtkämpfe in der Mitte des 8. Jahrhunderts schwächten die Dynastie, der seit jener Zeit auch durch das Reich Tibet und Nomadenstämme im Nordwesten sowie schließlich durch türkische Völker im Westen und im Nordwesten Grenzen gesetzt wurden.

worden. Bereits der Dichter Xie Lingyun (385–433) sprach von einer barbarischen und einer chinesischen Spielart des Buddhismus:

«Die Unterschiede zwischen den Weltanschauungen (in Indien und in China) sind Ausdrucksformen der ungleichen geographischen Lage, die jeweils von Landschaft und Kreatur bestimmt ist. Grob gesagt spiegelt sich darin der Volkscharakter. So besitzen die Chinesen eine besondere Gabe für die (unmittelbare) Einsicht in die Wahrheit *(li)*, haben aber Schwierigkeiten, etwas durch Lernen (allmählich) zu erwerben. ... Die Ausländer dagegen haben umgekehrt eine besondere Gabe, etwas durch

Lernen (allmählich) zu erwerben, sehen sich aber schwer in der Lage, die Wahrheit (unmittelbar) zu erkennen. ... Die Chinesen haben recht, (wenn sie sagen), daß das Erfassen der Wahrheit nicht graduell geschehen könne, aber unrecht, wenn sie meinen, daß der Weg dorthin nicht auch Lernen mit einschließe. Die Ausländer haben recht, (wenn sie sagen), daß das Verstehen der Wahrheit auch Lernen enthielte, unrecht in der Meinung, daß der Weg dorthin graduell sei. So glichen sich also (die beiden Völker) wohl in ihren Prinzipien der Wahrheit, aber in der Weise, wie sie sie anwandten, wichen sie voneinander ab.»

Nachfolgefragen und Gefährdungen der Einheit

Bei einem Thronwechsel war die Einheit des Reiches prinzipiell stets gefährdet. Wenn verschiedene Thronprätendenten vorhanden waren oder sich die Fraktionen bei Hofe nicht einigen konnten, bestand die Gefahr, daß Teile des Reiches die Nachfolge nicht anerkannten. Diese Gefahr wurde erst geringer, nachdem die Adelsstrukturen des Mittelalters durch die zunehmende Bürokratisierung des Reiches ersetzt worden waren. Als Gaozu, der Gründer der Tang-Dynastie, seinem Sohn Shimin, der mit seinen Brüdern um die Thronfolge konkurrierte, eröffnete, daß er ihn nicht unterstütze, soll er gesagt haben: «Ein Herrscher erhält das himmlische Mandat auf natürlichem Wege. Man kann nicht danach streben, sei es durch Klugheit oder durch Stärke, wie sehr du auch danach strebst!»[9] Doch im Jahre 626 gelang es Li Shimin, seinen Vater zur Abdankung zu zwingen und sich nach der Ermordung seines Bruders Jiancheng als Tang-Kaiser ausrufen zu lassen.

Wie andere Angehörige seiner Schicht war Li Shimin türkisch-chinesischer Abstammung und hatte vor allem eine militärische Erziehung genossen. Daneben hatte er allerdings auch eine «konfuzianische» Erziehung erhalten. Seine Kalligraphie etwa wurde später sehr gerühmt. Diese besondere Mischung aus Herkunft und Bildung prägte die Persönlichkeit Li Shimins, der kritisch gegenüber altem Aberglauben und eher rational gestimmt war und der glaubte, daß das Schicksal von Menschen und nicht vom Himmel bestimmt werde. Um seine öffentlich wirksamen, ja gelegentlich theatralischen Fähigkeiten haben sich zahlreiche Berichte gerankt, die alle von der großen Popularität und dem Charisma dieser Herrschergestalt zeugen. Taizong war stets bemüht, dem Volk seine Fürsorge zu zeigen und die Regierung gut zu führen, und so wurde die Zeit der im Jahre 627 ausgerufenen und bis 649 gültigen Regierungsdevise *zhenguan (zhenguan zhi zhi)* für spätere Historiker zum Synonym für «gute Regierung». Das gute Gelingen der Herrschaft Taizongs ist zum großen Teil seinen Beratern zu verdanken, bei deren Auswahl er offenbar eine glückliche Hand hatte und deren bedeutendster Wei Zheng (580–643) war, der als beispielhafter konfuzianischer Moralist in die Geschichte eingegangen ist. Er war bis 618 «Leiter der Personalabteilung» des Rebellen Li Mi und nach dessen Unterwerfung Berater Li Jianchengs, des Bruders von Li Shimin, gewesen.

Die Auseinandersetzungen um die Nachfolge Taizongs setzten bereits um das Jahr 640 ein, als dieser selbst erst knapp über 40 war. Zwar hatte Taizong seinen ältesten Sohn, Chengqian, kurz nach seiner Thronbesteigung zum Thronfolger bestimmt, und dieser hatte zunächst auch gewisse Fähigkeiten bewiesen. Doch entwickelte er, der hinkte und vielleicht an einem Klumpfuß litt, zunehmend Absonderlichkeiten. Er soll mehr und mehr Türkisch gesprochen und türkische Kleider getragen haben. Dagegen meinte Taizong einschreiten zu müssen. So ließ er einen Sängerknaben, mit dem sein Sohn eine homosexuelle Beziehung hatte, umbringen. Und schließlich wurde, nach langen Auseinandersetzungen, die eine Parteienbildung am Hof zur Folge hatten, der neunte Sohn Taizongs, Li Zhi, obwohl Taizong ihn ablehnte, auf Drängen seiner Berater zum Thronfolger bestimmt. Dieser Li Zhi wurde der dritte Tang-Herrscher unter dem postumen Titel Gaozong (reg. 649–683).

Bevölkerungsverschiebungen und neuer Einfluß fremder Mächte

Trotz solcher Verwerfungen und kleinerer Krisen wurde der Zusammenhalt des Tang-Reiches nachhaltig erst im Zusammenhang mit dem Aufstand des An Lushan (755–63) in Frage gestellt.[10] An Lushan war der Sohn eines Grenztruppenkommandanten sogdischer Herkunft. Die Ursachen für diesen Aufstand und den Feldzug An Lushans gegen die östliche Hauptstadt Luoyang sind nur zum Teil in den Folgen der Wirtschaftspolitik der Zentralregierung unter Xuanzong und ihren Konsequenzen zu suchen.[11] Die in der Sui-Zeit begonnenen Kanalbauarbeiten, deren Wichtigkeit für die erste Zeit der Tang-Dynastie überschätzt wurde, hatten ihre eigentliche Bedeutung erst mit den Reformmaßnahmen Xuanzongs (reg. 712–756) erhalten, als die geschätzte Menge an Getreidelieferungen aus dem Süden in die Hauptstadtgegend von 200000 Scheffel *(shi)* um das Jahr 650 auf das Fünf- bis Zehnfache in der ersten Hälfte des 8. Jahrhunderts wuchs. Als Grund für die Rebellion viel wichtiger als die Steuer- und Zentralisierungspolitik unter Xuanzong war der Machtkampf zwischen der alten Aristokratie und den Literaten, bei dem sich der Herrscher schließlich, zur Durchsetzung seiner Effektivierungs- und Zentralisierungspläne, mehr und mehr auf den alten Adel in Guanzhong stützte und schließlich alle Macht in die Hand des Adelssprosses Li Linfu gab.

Eine erhebliche Rolle hatten auch die zunehmende Bedeutung der Hauptstadt gespielt sowie die Schwierigkeit, für die Verwaltung der etwa 300 Präfekturen und etwa 1500 Kreise *(xian)* fähige Verwaltungsbeamte zu finden.[12] Mit der Thronbesteigung Kaiser Xuanzongs im Jahre 712 waren zahlreiche Privilegien drastisch reduziert und insbesondere Anstrengungen unternommen worden, die Steuereinnahmen zu erhöhen. Hinzu kommt die «wirtschaftliche Revolution»,[13] die sich seit der Reichseinigung vollzogen hatte. Durch Abwanderung infolge von Naturkatastrophen sowie – im Nordwesten – von Einfällen von Khitan und Türken am Ende des 7. Jahrhunderts waren für erhebliche Teile der bäuerlichen Bevölkerung die Steuerregister nicht mehr gültig.[14] Die Bevölkerungsverschiebung führte allerdings auch zu einem Ausgleich der Interessen, und die Vermutung ist sicher zutreffend, daß ohne eine solche Wanderungsbewegung die Reichseinheit nicht hätte so lange gehalten werden können.[15] Viele Bauern wollten auch der Dienstverpflichtung in der *fubing*-Miliz entgehen.[16] Interesse des Staates war zunächst allein, die Steuern,[17] Dienstleistungen und Militärdienste zu sichern. Doch trotz der Bemühungen der Regierung, Land neu umzuverteilen, kam es zur Bildung von Großgrundbesitz. Folgenreich war auch das neue Prüfungswesen, das insbesondere von der Kaiserin Wu dazu eingesetzt worden war, die Macht der alten Aristokratie im Nordwesten zu brechen, die noch unter Taizong das Sagen gehabt hatte. Doch auch ihr war es nicht gelungen, fähige Verwalter für Provinzämter zu gewinnen. So wurde etwa gegen Ende ihrer Regierungszeit im Jahre 704 folgende Klage vorgetragen: «Es scheint am Hof wie allgemein eine Anstellung in der Hauptstadt als erstrebenswert zu gelten, während der Dienst in den Provinzen abgelehnt wird. Wenn immer jemand für eine Stellung als Präfekt nominiert wird, lehnen sie solche Bestellungen zwei- oder dreimal ab. So waren in der letzten Zeit die in die Provinzen entsandten Beamten solche, die in Ungnade gefallen und ins Exil geschickt wurden.»[18] So konnten die Ansprüche der Zentralregierung natürlich in den Provinzen nicht durchgesetzt werden.

Zu den unmittelbareren Ursachen des An-Lushan-Aufstandes zählen militärische Tatbestände, nicht zuletzt das *fubing*-System, sowie regionale Sonderinteressen. Ein die Machtentfaltung An Lushans begünstigender Faktor war die Lage Hebeis, das weit genug von den Hauptstädten Chang-'an und Luoyang entfernt und zugleich noch nahe bei den Getreide produzierenden Gebieten Nordchinas war. Andererseits gab es eine alte Spannung zwischen Hebei und Guanzhong, die sich auch darin ausdrückte, daß in Hebei nur wenige *fubing*-Einheiten existierten. Die Regierung vernachlässigte die Verteidigung Hebeis, was sich insbesondere bei den Einfällen der Khitan und der Türken in den Jahren 696 bis 698 gezeigt hatte. Hebei war daher auch bekannt für seine teilweise Barbarisierung. Andererseits finden sich aus dieser Zeit Inschriften über die Errichtung von Schulen. Zwar bewirkten die Invasionen am Ende des 7. Jahrhunderts einen Umschwung in der Verteidigungspolitik nach Nordosten, doch noch 718–20 beklagte sich Zhang Yue, der Gouverneur von Youzhou, über die Schwäche der Truppen in Hebei. Allerdings besserte sich dies nach und nach, und als An Lushan Militärgouverneur dieser Gegend wurde, war man in der Lage, die eindringenden Khitan abzuwehren.

Trotz einer relativen Prosperität blieb gleichwohl ein Ressentiment gegenüber der Hauptstadt-Verwaltung bestehen. Begünstigt wurden Tendenzen zur Eigenständigkeit durch die Tatsache, daß die Versorgungsgüter aus dem Süden von dort direkt nach Youzhou gelangten und nicht den Umweg über Chang'an nehmen mußten, so daß die verteilende Instanz der Militärgouverneur in Youzhou war, der dort geradezu Hof hielt. 742 wurde An Lushan Gouverneur der selbständig gewordenen Militärprovinz Pinglu. Li Linfu, seit 736 mit diktatorischen Vollmachten ausgestattet, unterschätzte offenbar An Lushan. Doch während An Lushan Li Linfu noch gefürchtet und respektiert haben dürfte, hegte er solche Gefühle gegenüber dessen Nachfolger Yang Guozhong nicht mehr, mit dem er zunehmend in Konflikt geriet, so daß er im Dezember 755 gegen die Hauptstadt marschierte.

Die Auflösung des Reiches ging auch nach An Lushan weiter. Im Jahre 782 verschworen sich vier Gouverneure («Revolte der Vier Prinzen») und bildeten halbautonome Gebiete in Nord-China, die etwa 150 Jahre bestanden und deren Existenz wiederum dazu beigetragen haben dürfte, daß die Tang-Dynastie, wenn auch reduziert und geschwächt, weiter fortbestand.[19]

Doch nicht nur politisch, sondern auch geistig war die chinesische Welt der Tang-Zeit seit dem Aufstand des An Lushan in einen Gegensatz zwischen dem Kosmopolitismus und der Weltoffenheit im 7. Jahrhundert und den Reaktionen auf die Erfahrungen mit dem An-Lushan-Aufstand geraten. Dies bewirkte selbst bei einem so umfassend gebildeten Manne wie Han Yu (768–824) und in dessen Kreisen (womöglich aber auch darüber hinaus) einen fremdenfeindlichen Impuls.[20]

Der Kosmopolitismus hatte ja auch in engem Zusammenhang mit der nicht-chinesischen Herkunft der Tang-Gründer gestanden. Dagegen tendierten im späten 8. und frühen 9. Jahrhundert die Intellektuellen dazu, den Kampf um die Einheit des Tang-Reiches als einen Kampf zwischen Zivilisation und Barbarei zu sehen.[21] So wandte sich Han Yu gegen die *Fünfgliedrigkeit der Machtverteilung*,[22] und er wollte nur noch den Herrscher und die Bürokratie gelten lassen.

Integration und Desintegration und die Anfänge eines «kulturellen Nationalismus»

Wie stark das Bewußtsein von seinen integrativen Kräften und Bestrebungen war, hatte Taizong bei einer Besprechung mit seinen Beratern, die im Jahre 647, zwei Jahre vor seinem Tode, stattgefunden haben soll, bekundet. Die von ihm selbst gestellte Frage nach den Gründen für seine erfolgreiche Reichseinigung und -ausdehnung beantwortete er mit den Worten: «Seit dem Altertum hat man immer nur die Chinesen hochgeschätzt und die Yi und Di verachtet; erst ich liebe sie alle gleichermaßen, so daß sich alle ihre Stämme mir wie ihrem Vater und ihrer Mutter zugewendet haben.»[23]

Die Herrscher der Tang-Dynastie zeigten sich immer wieder bemüht, mögliche rassische Differenzen zu überspielen, und diese Bemühung wurde im Prinzip auch von der Schicht der Literaten unterstützt. Damit standen sie in der durch Tang Taizong geprägten Tradition, der etwa im Jahre 644 formulierte: «Die Barbaren sind auch Menschen, und ihr Empfinden ist nicht anders als das der Chinesen. Wenn der Herrscher nur befürchtet, seine Tugend könnte nicht ausreichend sein, so braucht er doch nicht Mißtrauen und Besorgnisse gegenüber anderen Rassen zu hegen. Wenn aber seine Tugend sich überall auswirkt, so kann er die Barbaren der vier Himmelsrichtungen veranlassen, wie eine Familie zu werden. Hegt er jedoch allzuviel Mißtrauen und Besorgnisse, so kann er dem nicht entgehen, daß seine eigenen Verwandten ihm übel und feindlich gesonnen sind.»[24]

Der Essayist Li Hua (ca.710-ca.767) betonte, die Dynastie vereinige das Reich «in einem Haus, in dem Chinesen *(hua)* und Nicht-Chinesen *(yi)* gleich sind.»[25] Und dabei handelte es sich nicht nur um Lippenbekenntnisse, sondern Ausländer bekleideten hohe und höchste Ämter während der Zeit der Tang-Dynastie. Freilich wurde die Einheit des Reiches durch den Kaiser getragen und repräsentiert, wie es Wei Zheng (580–643), einer der Berater Taizongs, ausgedrückt hatte: «Die Sicherheit des Staates und die Stabilität des Landes beruhen ganz und gar auf dem Einen.»[26] Das Selbstverständnis der Tang-Kaiser gegenüber dem der Han-Kaiser unterschied sich dabei in einer Hinsicht grundlegend: Während die Han-Kaiser noch eine chinesische Herrschaft ausdehnen wollten und sich dann mit den Xiongnu verständigten, wollte Taizong sowohl Herrscher der Chinesen als auch oberster Führer *(qaghan)* der Steppenvölker sein.[27] Einen solchen Anspruch auf Universalherrschaft erhoben dann erst wieder die Mongolen, die diesen dann im späten 13. Jahrhundert auch zeitweise verwirklichten.

Doch mit der Abnahme der Stärke, inbesondere der militärischen Stärke der Position des Kaisers, und der Zunahme der Bedeutung des staatlichen Prüfungswesens und der Etablierung des Literatenbeamtenstandes vor allem seit der Song-Dynastie verlor die Vorstellung von der Multiethnizität ihre Grundlage. Die Entmilitarisierung und zugleich Literarisierung der Elite Chinas steigerte die Bedeutung der kulturellen und in gewisser Weise auch rassischen Identität und ließ den Gegensatz zwischen den Chinesen *(hua)* und den Barbaren *(hu)* in bis dahin nicht gekannter Schärfe hervortreten. Dabei ist zu bedenken, daß die Bezeichnungen für die «Barbaren» zwar nicht streng definiert waren, die Bezeichnung *hu* aber doch vornehmlich die westlichen und nordwestlichen Kulturen meinte.[28] Diese Demilitarisierung und gleichzeitige Zunahme der Bedeutung der kulturellen Identität war eine der Grundlagen für das Auseinanderfallen des Tang-Reiches in zwei auch sozial und zum Teil rassisch sich unterscheidende Kulturen und sich daraus entwickelnde

Staaten: Die chinesische Kultur mit dem Zentrum und der Hauptstadt Chang'an einerseits, und die – nicht zuletzt infolge von Zuwanderungen von außen – stark von nicht-chinesischen Elementen geprägte Kultur im Nordosten andererseits.[29] Die fremden Völker, die als «Klauen und Zähne» der Chinesen verstanden worden waren, die sich selbst als Kopf und Rumpf betrachteten, hatten selber ihren Kopf entdeckt.[30] Im Nordwesten wurden An Lushan und sein Nachfolger Shi Siming (starb 761) als Heilige verehrt, und die Bevölkerung errichtete Kultstätten für sie.[31]

Trotz tief verankerter separatistischer Tendenzen blieb unter den Gebildeten im Nordosten die Neigung zu einer Reichskultur ohne Konflikte die wichtigste treibende Kraft. Da der Buddhismus seine einigende Funktion verloren hatte, suchte man nach neuen Wegen, die kulturelle Identität zu bekräftigen, und dabei spielte dann die Chinesen-Barbaren-Unterscheidung wieder eine entscheidende Rolle. Der von der späteren konfuzianischen Renaissance als Vorläufer betrachtete Literat und Beamte der späten Tang-Zeit Han Yu bewunderte die Politik des «Ersten Kaisers» Qin Shihuangdi und repräsentiert eine am Einheitsstaat und an der Unterdrückung von separatistischen Gruppen interessierte politische Richtung seiner Zeit, die zu Recht als «Neo-Legalismus» gekennzeichnet worden ist.[32] Dabei ging es ihm nicht um rassische Differenzen, sondern um die Einheit der Kultur; er wandte sich nicht gegen den Vielvölkerstaat der Tang-Gründer, sondern gegen die Entwicklung zu einer multikulturellen Situation und wollte auf diese Weise ganz im Sinne des von ihm vor allem begleiteten Herrschers Xianzong (reg. 805–820) die Restauration der Tang-Zeit befördern.[33] Han Yu hatte also durchaus nichts gegen einen multiethnischen, aber etwas gegen einen multikulturellen Staat. Die enge emotionale Beziehung zwischen dieser Auffassung und der Orientierung an der Stellung des Kaisers spiegelt sich auch darin, daß er Xianzong als die im Osten aufgehende Sonne apostrophierte,[34] eine Herrscherverherrlichung, wie sie in China in dieser Intensität erst wieder im Zusammenhang mit den Qing-Herrschern Kangxi und Qianlong und später dann mit der Person Mao Zedongs aufkam. Wohl am wichtigsten von allem galt Han Yu, auf den sich spätere Herrscherglorifizierungen berufen konnten,[35] die Bekämpfung jeder separatistischen Strömung, insbesondere unter den Militärs,[36] und es war diese Betonung der Einheit und des Zusammenhalts, die hinter Han Yus zentralen Texten immer wieder zum Vorschein kommt, wie etwa in dem Text «Über den Ursprung des Moralischen Weges» (*Yuandao lun*) aus dem Jahre 805 n. Chr., in dem auch die Lehre von der «Nachfolge auf dem Weg» (*daotong*) vorgestellt wird, die für alle folgenden Debatten über die Rechtmäßigkeit der vertretenen Lehrrichtung von zentraler Bedeutung werden sollte.[37]

Die berühmte Throneingabe des Han Yu gegen die Verehrung des Buddhaknochens in der Hauptstadt, von der auch der zeitgenössische japanische Mönch Ennin in seinem Bericht über seine Reise durch China berichtet, worin er anschaulich die Verfolgungen gegen den Buddhismus und andere fremde Religionen in China beschreibt,[38] trägt unzweideutig fremdenfeindliche Züge. Doch ist auch dieser Text im Kern nicht rassistisch zu verstehen, sondern er unterstreicht den Geltungsanspruch der chinesischen Kultur. In Han Yus Traktat heißt es unter anderem:

«Euer Diener weist untertänigst darauf hin, daß der Buddhismus nur eine Lehre der Barbaren ist, die seit der Späteren Han-Zeit nach China eingesickert ist, die es aber im Altertum noch nicht gab. ... Ich habe erfahren, daß Eure Majestät Mönche beauftragt haben, den Buddhaknochen von Fengxiang zu empfangen, und daß Maßnahmen getroffen werden, dessen Einzug in den Palast von einem Turm aus zu betrachten, und daß die einzelnen Tempel angewiesen worden seien, nacheinander ihre Ehrerbietung zu bezeugen. Auch wenn Euer Diener unwissend ist, ist er doch überzeugt, daß Ihr nicht dermaßen verblendet seid, daß Ihr Buddha verehrt, um Heil zu erlangen, sondern es ist doch wohl eher so, daß Ihr wegen des Wohlstands und Glücks, das unserem Reich dieses Jahr beschieden ist, Euch dazu herablaßt, dem Wunsch der Leute nach einem solchen betörenden und abwegigen Schauspiel zu entsprechen. Doch wie kann sich ein weiser Herrscher wie Eure Majestät zu so etwas verstehen? Freilich, das Volk ist einfältig, leicht zu betören und schwer aufzuklären. Und wenn sie Euch erst gesehen haben, werden sie glauben, daß Ihr ernsthaft Buddha verehrt, und sie werden rufen: ‹Wenn selbst so ein weiser Mann wie der Himmelssohn seine Ehrfurcht und seinen Glauben bekennt, was sollen wir einfachen Leute da unsere Körper und unsere Leben wichtig nehmen?› Und sie werden ihre Köpfe und ihre Finger versengen, und Hunderte von ihnen werden ihre Kleider ablegen und ihr Geld verschenken, und sie werden in solchem Tun noch untereinander wetteifern. Alte und Junge werden in einem Rausch von Verzückung ihre Geschäfte vernachlässigen. Und wenn man sie nicht sofort zurechtweist, werden sie vielleicht von Tempel zu Tempel ziehen und ihre Arme abhacken und Fleisch von ihren Körpern schneiden, um auf diese Weise ihr Opfer zu bringen.»

Wie verbreitet die Debatte über die Chinesen-Barbaren-Unterscheidung zu jener Zeit war, zeigt sich in dem Traktat «Chinese im Herzen» (*Hua xin*) aus der Feder eines sonst wenig bekannten Autors namens Chen An, der etwas jünger als Han Yu war:[39]

«Im Jahre 847 wurde der Militärgouverneur von Daliang, der Herzog von Fanyang, auf einen Li Yansheng aus Arabien (*dashiguo*) aufmerksam, und er empfahl ihn dem Thron. Der Himmelssohn wies das Ritenministerium an, dessen Fähigkeiten zu prüfen, und im nächsten Jahr schon bestand er das *jinshi*-Examen mit Auszeichnung. Doch diejenigen, die andere Kandidaten befürwortet hatten, wollten sich mit den Ergebnissen nicht zufrieden geben. Jemand fragte: ‹Bei Liang handelt es sich um eine große Stadt, und ihr Gouverneur ist ein weiser Mann. Er hat sein Mandat

Am Ausgang des 9. Jahrhunderts standen nur noch die dunkel hervorgehobenen Teile unter unmittelbarer Kontrolle des Kaiserhauses, während die anderen Regionen von weitgehend unabhängigen Militärgouverneuren, einige Landesteile im Norden sogar von nicht-chinesischen Machthabern beherrscht wurden.

von einem chinesischen Fürsten *(huajun)* erhalten, und er erhält sein Gehalt von dem chinesischen Volk *(huamin)*. Doch wenn er Amtsanwärter benennen soll, wählt er sie unter den Barbaren aus. Sollte sich unter den Chinesen *(hua)* denn niemand befinden, der hierfür in Frage käme, so daß dieser Barbar allein in Frage kam? Oder sind dies einfach nur ungerechtfertigte Angriffe gegen den Gouverneur?› Ich antwortete: ‹Der Gouverneur empfahl diesen Mann nur wegen seiner Fähigkeit, ohne Rücksicht auf seine privaten Beziehungen zu diesem. Wenn das Land der Herkunft angesprochen wird, so gibt es Chinesen *(hua)* und Barbaren *(yi)*; doch wenn es um die Erziehung geht, wie kann es da die Unterscheidung zwischen Chinesen und Barbaren geben? Denn die Unterscheidung zwischen Chinesisch und Barbarisch beruht auf dem Herzen [eines Menschen] und ist nach dessen jeweiliger Neigung zu treffen. Wenn einer in den mittleren Provinzen geboren wurde, sich aber in Gegensatz zu Riten und Rechtschaffenheit stellt, dann hat er vielleicht das Aussehen eines Chinesen, aber das Herz eines Barbaren. Wenn einer dagegen auf barbarischem Gebiet geboren wurde, aber im Einklang mit Rite und Rechtschaffenheit handelt, so mag er ein barbarisches Aussehen haben, doch ist er im Herzen Chinese. . . . Man ist Chinese durch das Herz und nicht durch Geburt. Und weil es immer noch Barbaren unter uns gibt, habe ich den Text ‹Chinese im Herzen› verfaßt.›»[40]

Die Abgrenzung des Chinesischen gegenüber dem Nicht-Chinesischen blieb schwierig und fand Widerhall auch in den Selbstverständnisbemühungen religiöser Gruppierungen. So hatten die Vertreter der daoistischen Lehre ursprünglich einen Universalitätsanspruch reklamiert und im Buddhismus nicht mehr als eine Schwesterreligion gesehen.[41] Doch verschob sich die Bestimmung der Grenze zwischen Vertrautem und Fremdem im Zuge der Adaption konfuzianischer Werte im Daoismus, was sicherlich zur Verschärfung des Konfliktes zwischen Buddhismus und Daoismus beigetragen hat. Während die Buddhisten in ihrer Polemik die Daoisten als tendenzielle Unruhestifter verfemten, suchten Anhänger des Daoismus den Buddhismus als eine Lehre für Fremde zu stigmatisieren. Eine dieser antibuddhistischen Polemiken aus dem daoistischen Milieu ist das «Buch der kostbaren Reinheit des Höchsten Großen Dao» *(Taishang dadao yuqing jing)*, verfaßt um 750 n. Chr., in einer Zeit also, die wir gemeinhin noch als die am meisten weltoffene, ja geradezu kosmopolitisch gestimmte Epoche Chinas zu kennzeichnen gewohnt sind.

Nicht nur der Buddhismus galt als Lehre ausländischen Ursprungs – und wurde dann ja im Jahre 846 einer großen Verfolgung ausgesetzt –, sondern später wurde auch der Daoismus als fremde Lehre bezeichnet, einmal weil er starken Rückhalt in den Randgebieten der chinesischen Kultur hatte, vor allem aber, weil seine Erfolgsgeschichte seit dem Ausgang der Han-Zeit von manchen damit erklärt wurde, daß er nur durch die Übernahme buddhistischer Elemente hatte erfolgreich bleiben können.[42] Andere haben den Ursprung des religiösen Daoismus in Tibet vermutet.[43] Eine nähere Betrachtung der Selbstbestimmung des Daoismus zeigt aber, daß die Kriterien für die Abgrenzung gegenüber dem anderen, die Unterscheidung zwischen Korrektem und Unkorrektem, zwischen Reinem und Unreinem, innerhalb der chinesischen Kultur gewonnen wurden und nicht in Abgrenzung gegen andere. Es ging um die Verwerfung alter Opfertraditionen und die Konstituierung einer eigenen Kultgemeinde.[44] Entsprechende Texte und Formulare, mit denen seit dem 4. Jahrhundert die Aufnahme eines «Barbaren» in die daoistische Lehre durchzuführen war, zeigen diesen Zusammenhang.[45]

«Kultureller Nationalismus» hatte seine Argumente bei der Auseinandersetzung zwischen Buddhisten und Daoisten ausgebildet. Denn gerade die aufgrund ihrer Bildung zu einem Amt Befähigten und daran Interessierten waren gegenüber allem Fremden mißtrauisch. Und weil insbesondere unter den Händlern und den Soldaten der Anteil von Ausländern besonders hoch war, richtete sich ihre Polemik außer gegen Buddhisten auch gegen diese. Das Mißtrauen gegenüber den Barbaren zeigt sich auch in dem Gedicht des Wang Zun (um 866), in dem zugleich die Unerreichbarkeit des moralischen Ideals der Literatenschicht zum Ausdruck gebracht wird: «Qin errichtete die Große Mauer wie ein eisernes Gefängnis/Damit die Barbaren niemals über Lintao hinausgingen;/Doch auch weil sie Tausende von Meilen und bis zu den Wolken reicht,/Führt sie doch nicht die drei Fuß zum Thron von Yao.»[46]

Am Ende des 9. Jahrhunderts führte massive Unzufriedenheit unter der Bevölkerung zu dem verheerenden Aufstand des Huang Chao und in der Folge zum Auseinanderbrechen des Reiches in mehr als zehn Einzelstaaten.[47] Bei diesen handelte es sich tatsächlich um die Nachfolger der bereits während der Tang-Dynastie mehr und mehr sich verselbständigenden Provinzen, wobei die Etablierung autonomer regionaler Herrschaftsausübung nicht nur die Folge zielgerichteter separatistischer Politik, sondern zugleich eine Folge des Zusammenbruchs der Zentralmacht war.

Unter den Gebildeten zumindest blieb es unzweifelhaft, daß das Reich irgendwann wieder vereinigt werden würde. Dies galt auch für jene Gebiete im Norden Chinas, die zu Beginn des 10. Jahrhunderts in die Hände benachbarter fremder Staaten gefallen waren und mehr als vierhundert Jahre lang unter fremder Herrschaft bleiben sollten. Auch diese Gebiete galten als unverzichtbar, und an ihrer Wiedereingliederung in die chinesische Welt zu einem späteren Zeitpunkt gab es gar keinen Zweifel. So wurde – und so wird auch heute noch – politische Teilung verstanden als eine vorübergehende Störung der natürlichen Ordnung. Nicht unter Bezugnahme auf die Zeit nach dem Zusammenbruch der Han-Dynastie wurde die Teilung gesehen, sondern sie wurde gleichgesetzt mit dem (wie wir wissen: vermeintlichen) Machtverfall der Zhou-Dynastie und dem Auftreten feudaler Verhältnisse. Während der Sui- und Tang-Zeit hatte sich insbesondere in den Reihen der neuen, durch Prüfungen rekrutierten Literatenschicht die Vorstellung von einem Einheitsreich neuerlich verfestigt. Mit dieser Vorstellung durchaus vereinbar war das Wissen von Randzonen, in denen chinesischer militärischer und politischer Einfluß überwog oder in denen sich unabhängige Staaten einrichteten, die gleichwohl kulturell, geistig und politisch von China abhängig waren und sich auch der chinesischen Schrift bedienten.

Einer dieser Staaten war das Königreich Bohai, das von 689 bis 926 über die Mandschurei, Teile des heutigen Nord-Korea und das heute rus-

sische Ost-Ussuri-Gebiet herrschte und damit über jene Region, von der
später die Dynastien Liao und Jin ihren Ausgang nahmen. Die Geschichte
dieses Staates ist gerade in den letzten Jahren mehrfach Gegenstand der
Beschäftigung in China, Rußland, Japan und Korea selbst gewesen,[48] und
in allen diesen Fällen sind politische Hintergründe mit eingeflossen. So
geht es den koreanischen Historikern verständlicherweise darum, Bohai
als einen Teil der koreanischen Geschichte darzustellen, während die Chinesen darin lediglich einen chinesischen Vasallenstaat sehen und die Russen ihrerseits die Unabhängigkeit dieses tungusischen Staates betonen.
«Jene Mohe-Stämme am Amur besaßen eine eigenständige Kunst und
eine Weltanschauung, welche sich von der geistigen Tradition Chinas
und Japans unterschied, sowie eine entwickelte Gesellschaftsordnung.
Die Gesellschaftsordnung dieser Stämme fand ihre Vollendung in der
Gründung des tungusischen Staates Bohai, welcher den aggressiven Plänen Chinas einen Riegel vorschob.»[49]

11. Regionale Sonderinteressen
und die mittelalterliche ökonomische Revolution

Wohlstand an mehreren Orten

In der späteren Geschichtsschreibung wurde der Prozeß des Zerfalls der
Zentralmacht während der Tang-Zeit als abschreckendes Beispiel geschildert. Die Konflikte der Militärgouverneure untereinander und die Behauptung ihrer Selbständigkeit gegenüber der Zentralregierung galten
als Zeichen des Chaos und der Unordnung. So schreibt etwa Ouyang Xiu:
«Zur Blütezeit der Tang wurde zwar das Reich als ‹die zehn Provinzen
(dao)› bezeichnet, aber seine Macht war ungeteilt. Als indessen der Verfall
eintrat, setzte man militärische Gouverneure *(jiedu)* ein; sie führten den
Titel ‹Lokalschutz› *(fangzhen)* und sollten ihre Gebiete schützen. Die groß-
en unter ihnen umschlossen zehn und mehr Kommandanturen *(zhou)*,
die kleinen immerhin drei bis vier. Die dort stationierten Truppen waren
gewalttätig und drängten dann ihre Kommandanten, und wenn diese
mächtig waren, wurden sie aufsässig nach oben. Die Landgebiete wurden
vererbt (unter den Gouverneuren), und mit Waffengewalt machten diese
sie sich untereinander streitig. Auf diese Weise wurde die Macht des
Reiches zerteilt. Nun hatten die Tang[-Herrscher] seit der Mitte der Regierungszeit vielerlei Sorgen, und wenn sie während ihrer wechselvollen
Schicksale Hilfe in der Not brauchten, so verließen sie sich stets auf die
Unterstützung der Gouverneurstruppen; alle Übergriffe und Anmaßun-
gen, Aufruhr und Untergang hatten schließlich hier ihre Ursache.»[1]
    Der Zerfall, den Ouyang Xiu beklagt, hatte dazu geführt, daß sich im
10. Jahrhundert einzelne Teile des Reiches infolge der größeren Zahl zen-

traler Orte wirtschaftlich konsolidierten. Unter solchen Umständen war es den Angehörigen der sich gerade erst bildenden Literatenschicht freilich nicht möglich, ihre Loyalität an ein einziges Kaiserhaus zu binden. Das klassische Beispiel wechselnder Loyalität in jener Zeit ist Feng Dao (882–954), ein Mann aus Hebei, der als Minister fünf Kaiserhäusern und elf einzelnen Kaisern diente.[2] Eine solche Gestalt mußte Ouyang Xiu als Ausdruck der Degeneration seiner Epoche erscheinen, was er auch in seiner «Neuen Geschichte der Tang-Dynastie» entsprechend brandmarkte. Dabei hatte sich Feng Dao als Konfuzianer betrachtet, und tatsächlich hatte er im Jahre 932 die Neun Klassiker drucken lassen; doch die spätere Historiographie legte einen anderen Maßstab an ihn an und forderte strikte Loyalität der Literatenbeamten gegenüber einer Dynastie.

Auch in anderer Hinsicht sind manche soziale Prozesse jener Zeit durch die spätere Geschichtsschreibung mißdeutet worden. So sind neben anderen Aufstandsbewegungen auch solche des 10. Jahrhunderts lange Zeit als Ausdruck sozialer Spannungen gedeutet worden, während sie tatsächlich in die Reihe lokaler Erhebungen eingereiht werden müssen, durch welche die mit dem Geiste der Selbständigkeit erfüllten Kreise eines Landes gegen das Aufgehen im chinesischen Gesamtreiche protestierten.[3]

Die Fünf Dynastien im Norden und Prosperität im Süden

Es war nicht unvorbereitet, daß das 10. Jahrhundert eine Zeit des Umbruchs in ganz Ostasien wurde. In China ist es die Zeit der «Fünf Dynastien», benannt nach den fünf im Norden aufeinanderfolgenden Dynastien, eine Zeit der politischen Schwäche der Zentrale und zugleich wirtschaftlicher Blüte in einzelnen Regionen. Auf politisch-militärischer Ebene waren aus der Sicht der späteren Geschichtsschreibung, wie wir sahen, die für den Verfall und den Untergang der Tang direkt «Verantwortlichen» die Militärgouverneure *(jiedushi)*; da aber ohne sie die Tang-Dynastie nicht von so langer Dauer hätte sein können, ist es selbst unter dem Gesichtspunkt der Einheitsstaatlichkeit nur bedingt gerechtfertigt, sie der Schwächung der Zentralregierung zu bezichtigen. Die politische Entwicklung jener Epoche war zugleich auch Ausdruck sozialer und regionaler Umschichtungen, ein Prozeß, in den auch die Militärgouverneure eingebunden waren. Während die ersten *jiedushi* noch Angehörige des Adels gewesen waren, rekrutierten sie sich zunehmend aus der Gruppe der Kommandeure der Truppen, bei denen es sich überwiegend um Berufsheere handelte. Dabei kam es dann mehr auf militärische Fähigkeiten und persönliche Autorität als auf Abstammung an. Diese Veränderung in der Stellung der *jiedushi* findet eine Entsprechung in der Übergangsphase von der Tang-Zeit zur Zeit der Fünf Dynastien, die zunächst gekennzeichnet war von der Rivalität zwischen den Militärführern Zhu

Wen und Li Keyong (884–923) und seit 923 dann von der Allianz zwischen Hebei-Chinesen und Shatuo-Türken, die den Namen Li trugen und im Jahre 923 zusammen mit Hebei-Chinesen eine Dynastie namens Tang gründeten.

In Kaifeng, dem damaligen Bian, hatte der General Zhu Wen seine Machtbasis, und dort errichtete er eine Dynastie mit großem Anspruch, den er dann allerdings nur zum Teil realisieren konnte. Die von ihm beherrschte Provinz bestand aus vier Präfekturen entlang des Großen Kanals. Seit 883 war Zhu Wen dort Gouverneur gewesen, mit teilweise eigener militärischer Anhängerschaft. Seine erste Aufgabe hatte darin bestanden, die ortsansässige Armee für sich zu gewinnen, wobei die ihm persönlich verpflichtete Gouverneursgarde *yajun* besonders wichtig war. Unter dem Eindruck der berittenen Truppen Li Keyongs bemühte sich Zhu Wen um den Aufbau einer eigenen Kavallerie, wobei er Gefolgsleute auch aus der weiteren Umgebung anzog und damit seine Machtbasis auch territorial erweiterte. Die so gewonnene Armee wurde bald zu seiner persönlichen Truppe, in der die Soldaten ihre Zugehörigkeit durch Tätowierungen bezeugten. Zudem fand Zhu Wen offenbar materielle Unterstützung von solchen Gouverneuren, die ihrerseits auf seine Unterstützung rechneten; so standen seit 904 alle Abgaben an den Hof in Luoyang Zhu Wen zur Verfügung. Doch obwohl Zhu Wen einen großen Teil des chinesischen Territoriums auf seine Seite hatte ziehen können, blieb die Provinz Hebei seiner Macht entzogen, und von dort kam 923 dann auch die Zerstörung seines Reiches. Trotz einiger Mißerfolge oder vielleicht gerade wegen derselben, vor allem gegenüber Li Keyong, bestieg Zhu Wen im Jahre 907 den Thron am 18. Tag des 4. Monats; damit war die Dynastie Liang begründet.

Grenztruppen aus Chinesen und Nicht-Chinesen

Der ständige Versuch, die Macht der *jiedushi* zugunsten der Zentralmacht zu brechen, blieb erfolglos. Im Laufe der Zeit der Fünf Dynastien wurde jedoch die unter den *jiedushi* entwickelte Form der Provinzorganisation auf den Palast und damit auf die Zentralregierung übertragen. Eine wichtige Rolle spielte die Bemühung um gemischte Truppen, die aus Stammesangehörigen und Han-Chinesen bestanden (*fanhan*, «Grenztruppen», «Hantruppen»), sowie der Propaganda-Slogan, die Tang restaurieren zu wollen. Und solche restaurative Zielsetzungen fanden gelegentlich ihre Bestätigung, etwa im Jahre 923, als Li Cunxu die Liang-Dynastie besiegte, eine Tang-Dynastie errichtete und in der Folge viele Eunuchen, aber auch Angehörige des alten Adels in Hofstellungen zurückkehrten; in diesem Zusammenhang gehört auch, daß Luoyang wieder zur Hauptstadt erklärt wurde. Trotz der Versprechung, die Zustände der Tang wiederherzustellen, blieb das *jiedushi*-System weitgehend erhalten, da Li

Cunxu auf die vor allem finanzielle Unterstützung der einzelnen Gouverneure angewiesen war. Li Cunxus starker Mann war Guo Chongtao, ein Bürokrat neuen Typs, ohne Adelshintergrund oder klassische Bildung, ein starker autokratischer Führer, der viel dazu beitrug, die Zentrale zu stärken.

Die Restauration und die Rückkehr der Eunuchen hatte große Spannungen erzeugt, und als Li Cunxu im Jahre 926 von seinen Truppen ermordet wurde, bedeutete dies auch das Ende für die Eunuchen. Der nach Li Cunxu und Li Siyuan (reg. 926–933) dritte Herrscher dieses Tang-Reiches, Li Congke (reg. 934–936), hatte die Institution der «Armee des Kaisers» begründet. Diese war dann von der dritten der Fünf Dynastien, der Jin-Dynastie, 936–946, fortentwickelt worden, und mit dieser an den Herrscher gebundenen zentralen Truppe ließ sich die Macht der Provinzen wirksam einschränken. Der Krieg mit den Khitan (943–946) stärkte noch die Macht der Jin-Armee. Und unter der Han-Dynastie (947–950) war die «Armee des Kaisers» den Provinzarmeen dann bei weitem überlegen. Im Jahr 950, im 12. Monat, wird Guo Wei von der Armee zum Herrscher einer Dynastie mit Namen Zhou erhoben, der letzten der Fünf Dynastien. Dieser Guo Wei und sein Nachfolger Chai Rong unternahmen eine Reihe von Maßnahmen, um die Macht der Armeen zu kontrollieren. Dazu führten sie das Palastkorps *(tianqian jun)* ein, deren Kommandant, Zhao Kuangyin, dann im Jahre 960 die Song- Dynastie ausrief.

Trotz der Aufspaltung des Reiches in selbständige Staaten, die nur die Realisierung einer seit der Mitte des 8. Jahrhunderts bestehenden faktischen Fragmentierung war, war also über diese lange Zeit hinweg eine zukünftige Wiedervereinigung von allen als selbstverständlich betrachtet worden. Die Orientierung der Norddynastien nach innen bzw. nach Süden wurde durch den Verlust des Zugangs zu den zentralasiatischen Handelswegen und die Verlagerung des politischen und wirtschaftlichen Schwerpunkts nach Süden und Südosten noch verstärkt. Gegenüber dem nach Süden gerichteten Interesse der fünf aufeinanderfolgenden, vornehmlich in Kaifeng ansässigen Nördlichen Dynastien verfolgten die zehn zum Teil nebeneinander existierenden Südlichen Königreiche regionale Sonderinteressen. Bei diesen sogenannten «Zehn Staaten» handelte es sich um die Reiche Shu (907–923) in Sichuan (Früheres Shu, 907–925, und Späteres Shu, 926–965), Chu (907–951) in Hunan, Jingnan (907–963) in Hunan, Südliche Han (917–975) in Guangdong und Guangxi, Min (909–946) in Fujian, Wu-Yue (907–978) in Zhejiang, Wu (901/2–937) bzw. Südliche Tang (937–975) in Jiangsu, Anhui und Jiangxi (am Unteren Yangzi-Lauf.), Südliche Ping (907–963) in Hubei und Nördliche Han (950–979) in Shanxi.

Innenpolitik als Außenpolitik

In den 60 Jahren der Zeit der Fünf Dynastien zerbrach also das *jiedushi*-System, und ein neuer Typ imperialer Machtausübung bildete sich, und zwar unter Verwendung einzelner Elemente des *jiedushi*-Systems. Während dieser Neustrukturierung der Machtverhältnisse im Norden führten die Rivalitäten ebenso wie die Kooperations- und Handelsbeziehungen der Südstaaten untereinander zu einer prosperierenden Entwicklung, die sich besonders gut an dem Beispiel des Staates Wu-Yue veranschaulichen läßt, der aus 13 Präfekturen *(zhou)* bestand, die in 86 *xian* aufgeteilt waren. Es war einer der reichsten Staaten mit etwa 550700 Haushalten *(hu)*, in dem es ein System staatlicher Förderung von Landgewinnung und Wasserbau gab. Der Gründer Qian Liu (852–932), der sich 878 bei der Verteidigung Hangzhous gegen die Huang Chao-Rebellen verdient gemacht und 897 die Revolte seines ehemaligen Vorgesetzten gegen die Tang-Dynastie vereitelt hatte, erhielt 907 von Zhu Wen den Titel eines Prinzen *(wang)* von Wu-Yue, nachdem er bereits 902 Prinz von Yue und 904 Prinz von Wu geworden war. Qian Liu war nahe daran, ein eigenes unabhängiges Kaiserreich auszurufen. Er war aber dann beim Zusammenbruch der Tang doch nicht einigen seiner Berater gefolgt und gegen die Dynastie Spätere Liang vorgegangen. Und statt sich selbst als Östlichen Kaiser *(dongdi)* zu etablieren, erkannte er Zhu Wens imperiale Ansprüche an. Und da dieser Unterstützung brauchte, hofierte er seinerseits Qian Liu und sandte ihm, beispielsweise, im Jahre 905 zehn Polopferde und einen Jadegürtel. Umgekehrt stärkten die Tributleistungen des Wu-Yue-Reiches, erstmals 909 entrichtet, den Liang-Staat erheblich. Trotz der Verleihung zahlreicher Titel durch Zhu Wen an Qian Liu war Wu-Yue ein unabhängiger Staat, was sich daran zeigt, daß Wu-Yue eine eigene Außenpolitik betrieb und etwa diplomatische Beziehungen zu den Nachbarstaaten Nan-Han, Chu und Min unterhielt, wobei auch Heiratsverbindungen eine Rolle spielten. Einer der großen Erfolge Qian Lius war es, daß er einen Friedensschluß zwischen den Staaten Wu und Wu-Yue im Jahre 919 zustande brachte, der 20 Jahre dauerte. 923 wird Qian Liu «König von Wu-Yue» *(Wu-Yue guowang*; kein anderer Fürst seiner Zeit bekam einen gleich hohen Titel) und führte einen eigenen Kalender *(nianhao)*. Nach einer Reihe von Thronfolgern wurde im Jahre 947 Qian Shu (929–988) eingesetzt, der bis zum Ende des Wu-Yue-Reiches auf dem Thron bleiben sollte.

Reichseinigung, Gründung der Dynastie Song und das Fortbestehen von Reichen am Rande

Die Phase der Reichseinigung und Gründung der Song-Dynastie (ca. 956–978) ist gekennzeichnet durch zunehmende Stärke der Späteren Zhou bzw. der Song. Als im Jahre 955 Zhou den Staat Wu-Yue beauftragte, mit Truppen gegen Nan-Tang (Südliche Tang) vorzugehen, entfachte dies eine lebhafte Diskussion in Hangzhou. 958 eroberte Zhou den Nordteil des Nan-Tang-Reiches zwischen Huai und Yangzi, eine Gegend mit hoher Salzproduktion und entsprechender wirtschaftlicher Bedeutung. Dadurch war der Kontakt zwischen Wu-Yue und dem Norden unmittelbar geworden. Als Qian Shu im Jahre 978 nach Kaifeng reiste, mit umfangreichen Tributgeschenken, war auch der Anschluß dieses Reiches an den Song-Staat besiegelt.

Neben den innerchinesischen Konfliktzonen spielte die Konfrontation mit Reichsbildungen am Rande der chinesischen Welt eine zunehmende Rolle. Auch wenn solche Reichsbildungen oft durch China selbst angeregt worden waren, wirkten sie auf die innerchinesischen Verhältnisse zurück, und zwar stabilisierend, weil die empfundene Bedrohung der Integrität der chinesischen Welt die inneren Konflikte geringer erscheinen ließ. Ein Beispiel für dieses Wechselverhältnis ist die staatliche Organisation türkischer Stämme an der Nordwestgrenze des Reiches. Die Tujue, der bedeutendste der türkischen Stämme, waren bereits im 6. Jahrhundert aufgetreten, wo sie die Ruanruan als Herren der Mongolei ablösten. Sie kamen vermutlich aus dem Altai-Gebirge und waren Untertanen der Rouran und bekannt für verfeinerte Technik der Eisenverarbeitung. Neben den Tujue hatte es eine andere unabhängige nomadische Gruppe gegeben, die Tuyuhun im Kokonor-Gebiet, welche die Handelswege nach Turkestan kontrollierten.

Der Türkenführer Tumen hatte in der Mitte des 6. Jahrhunderts seine Macht zu festigen vermocht; doch war es erst seinem Sohn Mugan (Mukan) gelungen, die Tuyuhun zu unterwerfen und mit Hilfe seines Onkels Istämi das Türkische Reich auszudehnen, das sich nun von der Mandschurei bis zum Kaspischen Meer erstreckte. Es handelte sich bei diesem Reich um eine Konföderation. Der höchste Titel war der des Khaghan, doch war er, im Gegensatz zu dem Xiongnu-Titel *shanyu*, nicht immer exklusiv.

Auch zwischen den Tujue und dem Tang-Reich war es wiederholt zu Auseinandersetzungen gekommen. Die türkischen Truppen waren 624 und 626 bis in die Gegend von Chang'an vorgedrungen. Doch Li Shimin, d. i. Tang Taizong, hatte ihnen getrotzt; und als sie sich nach ihrer Rückkehr Aufständen von ihnen beherrschter Stämme gegenüber sahen, nahmen sie ihrerseits Zuflucht zum Tang-Reich, so daß das Tang-Reich eine Politik der Koexistenz und teilweisen Integration verfolgen konnte. Schließlich war es nicht zuletzt die Hilfe des türkischen Militärs, die es der Tang- Dynastie ermöglichte, das Reich in einem Maße auszudehnen, wie dies weder Qin Shihuangdi noch Han Wudi gelungen war. Die Türken wurden ein Teil der Tang-Administration und verschafften China so eine höchst effektive Pufferzone. Doch nach Li Shimins Tod zerfiel dieses System, und die Osttürken vereinigten sich wieder und begannen erneut, das Tang-Reich anzugreifen. Erst 721 kam es zu einem Frieden zwischen dem Türkenreich und China, bei dem sich der chinesische Hof zu hohen Tributleistungen verpflichtete. Neben den Tujue hatten sich die Uighuren zu einer Bedrohung für das Reich entwickelt. Die Umstände brachten es dann aber mit sich, daß sie zum klassischen Fall einer nomadischen Konföderation wurden, die den Chinesen gelegen kam, um aus einem Bündnis mit diesen Kraft zu schöpfen.

Doch nicht nur die nördlichen Grenzen waren einer Herausforderung durch Grenzvölker ausgesetzt. Der Südwesten, insbesondere das Gebiet der heutigen Provinz Yunnan, war besiedelt von einer Mischbevölkerung unter Führung einer Eliteschicht mit der Bezeichnung «Cuan», deren ethnische Identität weiterhin strittig ist. Dieses Gebiet hatte erstmals die Sui-Dynastie, auch wegen der dortigen Pferdezucht und der Salzvorkommen, unter ihre Herrschaft zu bekommen gesucht. Erst einige Jahre nach der Reichseinigung unter den Sui, als sich Cuan Wan nicht zu einer Unterwerfung unter chinesische Kontrolle fügen wollte, kam es zu einer Expedition der Sui unter Shi Wansui. 597 marschierten von Sichuan chinesische Truppen ein. Shi Wansui ließ sich jedoch von Cuan Wan bestechen, diesen nicht nach Chang'an zu bringen. Die sicherlich kluge Überlegung Shis, Cuan nicht aus seinem Land herauszuholen, um dadurch keine Unruhe zu provozieren – und kein Machtvakuum zu schaffen –, nutzte ihm bei der Befragung durch Sui Wendi wenig, die stattfand, als sich Cuan Wan wiederholt weigerte, sich zu unterwerfen. Eine dauerhafte Beherrschung des Südwestens scheiterte jedoch an den Interessen des erstarkten Tibetischen Königreiches. Zwischen diesem und China war es kurz nach der Gründung der Tang-Dynastie zu einem anhaltenden Konflikt gekommen, der bis in die Mitte des 9. Jahrhunderts, dem Zerfall des Reichs der Tibeter, dauerte. Dabei war Tibet oft der Stärkere. Trotz dieses Konfliktes kam es zu einem wirklichen vereinigten Nanzhao-Königreich im Gebiet der heutigen Provinz Yunnan erst in der Zeit zwischen 730 und 790. Dieses blieb lange Zeit unbehelligt, und nach den 880er Jahren gab es bis ins 13. Jahrhundert, als die Mongolen dieses Reich eroberten, keine nennenswerten Kontakte zwischen den chinesischen Dynastien und dem Nanzhao-Reich.[4]

Das Reich Khitan-Liao

Mit der Verbesserung der Militärorganisation und Waffentechnik und mit der Herausbildung eigener spezifischer Kulturtechniken erreichten die von nicht-chinesischen Völkern gegründeten Staaten eine zunehmende Stabilität, so daß sich seit dem Ausgang der Tang-Zeit insbesondere an den Nordgrenzen Chinas Staaten von längerer Dauer bildeten, die zum Teil stark von China geprägt waren und daher als «sinisiert» gelten, die aber gleichwohl eigene Traditionen bewahrten.

Die von dem Volk der Khitan begründete Dynastie Liao (907/946–
1125) war eines jener «sinisierten Reiche». 907 hatte sich Apaoki (starb
926), der Führer des Khitan-Volkes aus dem Klan Yelü, zum Kaiser *(tian-
huangdi)* erklärt und damit eine Dynastie chinesischen Typs begründet,
die freilich nicht von Anfang an alle einer chinesischen Dynastie eigen-
tümlichen Merkmale hatte. So wurde etwa erst 916 eine Regierungsdevise eingeführt. Und auch den Namen Liao, nach einem Fluß in der Mandschurei, führte diese Dynastie erst seit 937.

Die Beziehungen zwischen der Liao-Dynastie und den anderen chinesischen Territorien war vielfältig. So schwang sich Shi Jingtang (starb
942), der Schwiegersohn des Tang-Kaisers Li Siyuan und selbst ebenfalls
ein Shatuo- Türke, mit Hilfe der Khitan zum Herrscher auf und gründete
936 die von manchen als «pseudo-chinesisch» bezeichnete Dynastie Jin.
Dafür mußte er den Khitan Tribute zahlen und 16 Präfekturen in Nord-
Hebei und Nord-Shanxi abtreten, die auch nach der Reichseinigung
durch die Song-Dynastie nicht zurückgewonnen werden konnten. Im
Jahre 942 brach in diesem Jin-Staat ein Konflikt aus unter den Ministern
des verstorbenen Kaisers. Dabei ging es um die Frage, ob der Nachfolger
sich weiterhin gegenüber den Khitan unterwürfig verhalten dürfe oder
ob er diesen auf gleicher Stufe gegenübertreten solle. Der General Jing
Yanguang vertrat eine Politik der Stärke und setzte sich durch. Er schlug
die Gefangennahme eines Handelsbevollmächtigen, der in Kaifeng eine
Vertretung eingerichtet hatte, sowie die Tötung der Khitan-Händler im
Jin-Territorium und die Konfiskation ihres Vermögens vor. Diese Maßnahmen wurden vermutlich nicht alle ausgeführt. Als der Khitan-Bevoll-
mächtigte im Herbst 943 in seine Heimat entlassen wurde, gab ihm Jing
Yanguang eine herausfordernde Botschaft an den Khitan-Herrscher mit
auf den Weg. Die Folge war ein Krieg zwischen Liao und Jin, der 944
ausbrach und nach drei Jahren Dauer zur Einnahme der Jin-Hauptstadt
Kaifeng durch die Khitan führte, die nunmehr auch weiter süd- und
westwärts vordrangen und 946 Luoyang eroberten, sich dann von selbst
aber wieder zurückzogen. Zu dieser Niederlage hatte wesentlich der Umstand beigetragen, daß zuvor bereits zahlreiche Jin-Generäle zu den Khitan übergelaufen waren. Bereits wenige Jahre nach diesen Ereignissen,
unter dem zweiten Song-Kaiser, kam es zu neuen Konflikten. Zur Zeit
des Liao-Kaisers Liao Jingzong (969–82) griff Song Taizong Anfang 979
zunächst den Nördlichen Han-Staat an. Anschließend belagerte er Youzhou (das heutige Peking), doch wurde er von den Liao zurückgeschlagen.
Damit hatte Taizong aber seinen Anspruch angemeldet, verlorenes Gebiet
der Tang zurückzuerobern. Der 1005 unterzeichnete Friede von Shanyuan zwischen Khitan-Liao und Song hielt dann doch mehr als 100 Jahre.
Als die Liao-Dynastie in schweren Abwehrkämpfen gegen die ehemaligen Untertanen, die Dschurdschen, lag, sah der Song-Hof eine Möglichkeit, die 16 Präfekturen zurückzugewinnen, und suchte ein gemeinsames

Vorgehen mit den Dschurdschen gegen Liao. Dann aber warfen die Dschurdschen, die inzwischen die Dynastie Jin («Goldene») gegründet hatten, den Song fortgesetzten Vertragsbruch vor, eroberten Peking, und im Jahre 1126 besetzten sie ganz Nordchina.

Das Tanguten-Reich Xixia

Am Nordwestrand der chinesischen Ökumene bildete sich im frühen 11. Jahrhundert ein von tangutischen Volksstämmen beherrschter neuer Staat namens Xia oder Westliche Xia (Xi Xia, auch Xixia geschrieben), der bis zur Unterwerfung durch die Mongolen im Jahre 1227 bestand. Die Entstehung dieses Staates steht in engem Zusammenhang mit der Politik des Song-Reiches gegenüber den tibetischen Stämmen in der Hexi-Region, einem der wichtigsten Zentren für die Pferdezucht.[5] Die Führungsschicht des Xixia-Staates bestand aus mit Xianbi (Xianbei) vermischten Tanguten, die ihrerseits Nachkommen der Tabγac-Tuoba und der Tuyuhun mit einer tibeto-birmanischen Sprache waren, die der Sprache der Yi (Luoluo) in Südwest-China ähnlich ist.

Im Jahre 1028 hatten die Tanguten, aus dem Ordos-Gebiet kommend, zwei große Handelszentren eingenommen, nämlich Wuwei, das bis dahin tibetisch gewesen war, sowie das lange von den Uighuren kontrollierte Zhangye. Bereits im Jahre 1036 wurde eine eigene tangutische Schrift eingeführt. Im Jahre 1038 gaben die Tanguten als das überwiegend aus Viehzüchtern und Bauern bestehende Staatsvolk des von den Chinesen Xixia genannten Reiches ihrem etwa 3 Millionen Einwohner umfassenden Reich den Namen Xia, und nahe dem Gelben Fluß, stromabwärts von Lanzhou, bezogen sie ihre Hauptstadt. Im Gegensatz etwa zu den Khitan, die bei der Einführung der auch für die Legitimation des neuen Staates so wichtigen buddhistischen Lehre die chinesische Sprache benutzten, ließen die Tanguten seit 1038, vornehmlich mit Hilfe uighurischer Mönche, den buddhistischen Kanon ins Tangutische übersetzten, so daß etwa im Jahre 1090 der buddhistische Kanon übersetzt und in Zehntausenden von Kopien gedruckt vorlag.[6] Neben solchen Übersetzungen hatten die Tanguten auch eine eigene Literatur, und ihre Musik wurde später von Dschingis Khan als Hofmusik bei den Mongolen eingeführt. Die Zeugnisse dieser Kultur sind in den ersten Jahrzehnten unseres Jahrhunderts durch verschiedene Expeditionen nach Charachoto (durch den Russen P. Koslov 1908/09; den aus Ungarn stammenden Engländer Sir Aurel Stein 1914; den Schweden Bergman 1927/28) wieder ans Licht des Tages gebracht und zum Teil dann in europäische Museen und Sammlungen verbracht worden. Die tangutische Xixia-Kultur ist bis heute gleichwohl in vielerlei Hinsicht noch ein Rätsel geblieben. So sind System und Prinzip der tangutischen Schrift bis heute nicht vollständig entschlüsselt.

Die mittelalterliche ökonomische Revolution

Die mittelalterliche ökonomische Revolution (Mark Elvin) ist nicht vorstellbar ohne die erstaunliche Bevölkerungsverschiebung, die Abnahme der Besiedelung im Norden und die Zunahme im Süden zwischen der Mitte der Tang-Zeit und dem Beginn der Yuan-Zeit, so daß 1290 weit über die Hälfte der Bevölkerung im Süden lebte. Dieses Phänomen ist durch Naturkatastrophen und politische Unruhen alleine nicht zu erklären.

Die neu gewonnene Bedeutung des Südens wird in einem Text aus dem frühen 13. Jahrhundert geschildert:

«Die Ernten im Reich waren im Altertum üppig im Norden; nun sind sie es im Süden. Seit unsere Dynastie sich über das südliche China erstreckt, ist es überall südlich von Yangzi und Jiange (in Nord-Sichuan) ruhig und friedlich. Darüber hinaus bilden die Länder Ba und Shu (d. i. Sichuan) und die Nordufer des Yangzi einen äußeren Schirm. Bezogen auf die 23 Kreise der Yuanfeng-Zeit (d. i. 1078–1085) umfaßt unsere Dynastie (d. i. Südchina) heute an Bevölkerung und bebautem Land zwei Drittel des Gesamtreiches. Hinsichtlich der geographischen Ausdehnung und des Reichtums sind es sogar drei Viertel. Früher war der Nordwesten drei Viertel des Reiches; jetzt ist sein Anteil gerade noch ein Viertel. Die konfuzianische Gelehrsamkeit blühte einst in Zou und Lu (d. i. Shandong), heute trifft dies für Min und Yue (Fujian und Guangdong) zu. Früher hatte die Textilindustrie ihr Zentrum in Qing und Qi (Shandong und Hebei). Heute sind Ba und Shu (Sichuan) dafür berühmt. Mit Datteln und Hirse machte früher der Norden seine Geschäfte, weil es dies im Süden nicht gab. Heute verdient der Süden an Duftessenzen und Tee, Produkte, die es im Norden nicht gibt. Der Norden vermarktet seine Hasen, der Süden Fisch, jeweils das, was im anderen Teil nicht vorhanden ist. Doch während die Produkte des Nordens nur einen mageren Profit einbringen, erzielt man mit den Produkten des Südens große Gewinne. Obwohl also südlich des Yangzi heute nur ein Teil der Bevölkerung Chinas lebt, verfügt diese Gegend über zwei Drittel von Chinas Reichtum. Heute sind der Yangzi und der Huai-Fluß für den einkömmlichen Wassertransport berühmt, etwas, was man von den Flüssen zwischen den Pässen (in der Gegend um Chang'an) nicht vernommen hat. Bekannt für seine einträglichen Salzgärten ist heute Haiyan (Nord- Zhejiang), und das Reich ist inzwischen davon abhängig und holt dieses Salz in alle Mangelgebiete. Heute ist die Gegend um den Unteren Yangzi- Lauf bezüglich der Ertragsstärke von landwirtschaftlichen Produkten und von Fischereiprodukten die Nummer Eins im Reich, und der Norden kann sich daran nicht messen. Im Bewässerungsanlagenbau ist heute die Gegend um den Tai-See in Zhejiang führend, und weder am Gelben Fluß noch am Wei-Fluß gibt es Vergleichbares.»[7]

Handel zwischen Norden und Süden fand durchaus statt, und zum Teil war der Süden der Nutznießer, wie dies Hok-lam Chan für den Teehandel im 12. und 13. Jahrhundert überzeugend dargelegt hat.[8] Zwischen dem 8. und dem 12. Jahrhundert hatten hauptsächlich im Süden wirtschaftliche Umwälzungen stattgefunden, die jene Teile Chinas zum ökonomischen Zentrum des Reiches werden ließen und damit natürlich auch für den Norden nicht ohne Auswirkungen blieben. Vor allem auf dem Gebiet der Landwirtschaft trug die Verbesserung des Naßreisanbaus zu einer großen Bevölkerungswanderung bei. Das Zentrum agrartechnischer Erfindungen war Liangzhe (Jiangsu und Zhejiang), und deren Verbreitung und Popularisierung geschah überwiegend durch Angehörige der Beamtenschaft, die an der Wohlfahrt des Volkes traditionell ein eigenes Interesse hatten. Seit der erzwungenen Verlegung der Hauptstadt nach Süden wurden die neuen Kenntnisse verstärkt auch durch den Druck von Handbüchern verbreitet. Neben der Verbesserung der Feldbestellung und der Bewässerung wurden die Erträge durch Einsatz eines frühreifenden und dürrebeständigen Champa-Reises (im Jahre 1012 aus Vietnam eingeführt) gesteigert. Die Spezialisierung einzelner Regionen auf bestimmte Produkte und der Ausbau des Verkehrswege- und Handelsnetzes begünstigten sich gegenseitig, führten zu erhöhter Prosperität und neuen Markt- und Stadtgründungen.[9] Schon Zeitgenossen registrierten den besonders intensiven Verkehr zu Wasser im Süden und die dadurch ermöglichten Profite.[10] Und das wohl deutlichste Zeichen für die wirtschaftliche Prosperität ist die Ausbildung einer Geldwirtschaft und die Einführung von Papiergeld zumindest in einigen Teilen Chinas bzw. in bestimmten Handelskreisen.[11]

Die innere Kolonisierung Chinas ging zum Teil allmählich, zum Teil in Schüben vor sich. Dabei war eine der wichtigsten Ausdehnungsrichtungen der Süden, eine Dynamik, die dann durch eindringende Fremdvölker noch verstärkt wurde, wie etwa bei dem Eindringen der Dschurdschen und der Flucht des Song-Hofes von Kaifeng nach Süden, wo er sich schließlich in Hangzhou niederließ. Ähnlich wie in früheren Zeiten – und zum Teil auch auf frühere Stereotype in der Beschreibung zurückgreifend – kam es zu einem verstärkten Nord-Süd-Antagonismus, bei dem es auch um die Zugangschancen zu Ämtern und politischem Einfluß ging. Bezeichnend ist hier die schriftlich geführte Debatte zwischen Sima Guang (1019–1086), dem Miglied einer Familie aus dem Nordwesten, und dem aus einer einfachen Beamtenfamilie in Jiangxi stammenden Ouyang Xiu (1017–72).[12] Die regionalen Verschiebungen trugen noch dazu bei, nichtchinesische Bevölkerungsgruppen einzubinden. Insbesondere die Bemühung um den Aufbau eines reichsweiten Schulwesens half mit, Teile der einheimischen nicht-chinesischen Bevölkerung zu integrieren. Dabei spielte die durch den Buchdruck vereinfachte und vor allem kostengünstige Herstellung von Fibeln und Handbüchern eine wichtige Rolle.[13]

Ohne diese Integrationsleistungen durch das staatliche Schul- und Prüfungssystem wäre das Einheitsreich der späten Kaiserzeit nicht möglich gewesen. Bereits während der Nördlichen Song-Zeit wurden in einigen Grenzgebieten «Schulen für Barbaren» *(fanxue)* erlaubt, in denen in fremder Sprache die Klassiker, die Gesetzesvorschriften, die chinesische Sprache und buddhistische Texte unterrichtet wurden, «um die Sitten allmählich zu ändern». Und es finden sich aus jener Zeit genügend Hinweise, daß Angehörige einheimischer nicht-chinesischer Völker im Normalverfahren an den Staatspüfungen teilnahmen.[14] Die Bedeutung dieses Bildungs- und Prüfungswesens für die Integration des Reiches und die Verankerung einer eben doch auch an bestimmten kulturellen Werten orientierten chinesischen Sozialisation sind gar nicht zu überschätzen. Die Rolle der Erziehung für die Sozialisation der Einwohner Chinas zu loyalen Subjekten ist bis in die Gegenwart von allen Regierungen ernst genommen worden, die neben der Durchsetzung des nordchinesischen Standarddialekts zugleich immer auch einige Minderheitensprachen zugelassen haben, um damit das Selbstverständnis als Vielvölkerstaat unter Beweis zu stellen, ohne die Einheit des Reiches zu gefährden.

12. Koexistenz von Chinesen und Fremdvölkern

Kleine Reichseinigung und regionale Unausgewogenheiten

Das von dem ersten Kaiser der Song-Dynastie, Taizu, begonnene Einigungswerk wurde erst von seinem Nachfolger, Taizong, vollendet. Dieser suchte nicht nur die militärische und politische Kontrolle zu gewinnen, sondern orientierte sich an der Idealisierung des Altertums und dem Bewußtsein von der Abhängigkeit aller irdischen von der kosmischen oder natürlichen Ordnung.[1] Diese Suche nach universeller Harmonie kommt in seiner Regierungsdevise «Großer Friede und Prosperität des Reiches» (Taiping xingguo) ebenso zum Ausdruck wie in den von ihm in Auftrag gegebenen und das Wissen seiner Zeit versammelnden Kompilationsunternehmungen wie dem *Taiping yulan* («Vom Kaiser durchgesehenes Werk aus der Regierungsperiode Taiping») und dem *Taiping guangji* («Erweiterte Aufzeichnungen aus der Taiping-Ära»).[2] Doch im Gegensatz zur Etablierung des Tang-Reiches im 7. Jahrhundert waren den Song-Herrschern enge äußere Grenzen gezogen. Teile des Nordens, in denen die Khitan ihre Dynastie Liao errichtet hatten, blieben ebenso wie andere Randgebiete, die dann die Mandschu erst wieder dem Reich einverleiben konnten, unter fremder Herrschaft. Es war somit eine – im Vergleich zu früheren und späteren Ausdehnungen – kleine und dazu eine nur relativ kurze Zeit dauernde Reichseinigung, denn bereits 1127 mußte die Song-Dynastie den eindringenden Dschurdschen nach Süden weichen. Herbert

Franke meinte sogar, es habe im 12. und 13. Jahrhundert kein China als Ganzes gegeben, sondern nur chinesische Zivilisation.[3]

Das Interesse am Ausgleich innerer Unterschiede und daraus resultierender oder doch befürchteter Spannungen war daher nur allzu verständlich. Denn es gab große Ungleichgewichte im Reich, insbesondere seit sich die Bevölkerungsschwerpunkte aus dem Norden in das Mittlere und Untere Yangzi-Tal verlagert hatten. Die eigenen Interessen waren den regionalen Eliten im Süden und Südosten durchaus bewußt, und Stimmen wurden laut, die von der Eigenständigkeit dieser Region sprachen. So äußerte sich Li Gou (1009–59), einer der Reformer des 11. Jahrhunderts, zu diesem Thema im Jahre 1044 folgendermaßen: «Heuzutage ist die wirtschaftliche Basis für das Reich das Yangzi- und Huai-Gebiet. Wäre das Reich ohne die Yangzi- und Huai(-Gebiete), könnte es sich nicht ausreichend versorgen; wären Yangzi- und Huai(-Gebiete) ohne das Reich, könnten sie einen eigenen (lebensfähigen) Staat gründen. Es verhält sich doch so, daß jährlich regelmäßig Hunderttausende von Tonnen Getreide sowie Geld und Textilien und alle möglichen anderen Sachen zum Lebensunterhalt den Eingang des Pian(-Versorgungskanals) in Mengen passieren, die man nicht mehr zählen kann. ... Das Gebiet von Wu und Chu (d. i. Südchina) hat eine Fläche von mehreren tausend Meilen in alle Himmelsrichtungen. Durch den Feldbau dort gibt es einen Überschuß an Kleidung und durch die Arbeit einen Überschuß an Gütern. ... Mir ist nie zu Ohren gekommen, daß ein einziges Produkt aus dem Norden gekommen sei. Das ist der Grund dafür, daß die Yangzi- und Huai(-Gebiete), wären sie ohne das Reich, einen eigenen Staat gründen könnten.»[4]

Die regional unterschiedlichen Entwicklungen und ein damit einhergehendes Wohlstandsgefälle hatten die Zentralregierung immer wieder herausgefordert, und es waren gerade die Reformer des 11. Jahrhunderts, die entsprechende Ausgleichsformen vorschlugen. So war es ein Bestandteil der «Neuen Gesetze» des Wang Anshi, ein Preisausgleichssystem einzuführen. Die Reformgesetze des Wang Anshi, die im 20. Jahrhundert als eine Form des «Staatssozialismus» betrachtet und auch vor aktuellem Hintergrund diskutiert wurden,[5] sind zugleich Ausdruck der Bemühungen des Song-Staates, das Reich zu integrieren. Es gelang in erstaunlichem Maße, insbesondere durch das Prüfungssystem, die regionale Bürokratie an die Zentrale zu binden und aus – dann allerdings notwendigerweise erhöhten – staatlichen Steuereinnahmen zu finanzieren. Unter der Präfekturebene galt weiterhin das Prinzip der Selbstorganisation bzw. der Einsatz von Dienstverpflichteten einzelner Bevölkerungsgruppen.[6]

Andererseits konnte gerade eine schwache Steuererhebungspraxis dazu führen, daß prosperierende Entwicklungen zustande kamen. Dies hatte bereits im Laufe der Tang-Zeit einzelne regionale Entwicklungen begünstigt, und aus eben jenem Grunde erlebte das Untere Yangzi-Gebiet im späten 11. und im 12. Jahrhundert eine beispiellose Blüte. Der Auf-

*Erst unter der Nördlichen Song-Dynastie wurden die bürokratischen Strukturen
voll entfaltet, die eine der Voraussetzungen für die folgende Kontinuität der
Reichseinheit sowie für die Integration der nicht-chinesischen Territorien,
namentlich Tibets, Ost-Turkestans und der Mongolei bildeten.*

schwung des Südostens war also nicht erst eine Folge der Verlagerung
der Hauptstadt nach Hangzhou nach dem Verlust des Nordens an die
Dschurdschen (1127), sondern wurde ganz wesentlich durch die Zuwan-
derung und eine Steuererhebungspraxis bedingt, die weniger streng war
als zu Beginn der Tang-Dynastie und später dann zu Beginn der Ming-
Zeit.[7]

Als Folge der Reichsbildungen an den Rändern Chinas ergab sich eine
dauernde Spannung zwischen der traditionellen Staatsstruktur und den
daran geknüpften Legitimationsstrategien einerseits und den politisch-
sozialen Strukturen der Grenzvölker andererseits.[8] Unter dem Gesichts-

punkt der daraus resultierenden Auseinandersetzungen und Neubildungen in China ist der Zeitraum zwischen dem 10. und dem 14. Jahrhundert für den Historiker von besonderem Interesse, jene Epoche, in der sich China den Reichen Liao (927–1125), dessen Staatsvolk die Khitan waren, Jin (1115–1234), begründet von dem tungusischen Volk der Dschurdschen, und dem tangutischen Reich Xixia und schließlich den Mongolen gegenübersah, die dann seit etwa 1279 ganz China beherrschten. Denn so wichtig das chinesische Vorbild für die neuen Staaten auch war, so brachten die diese tragenden Völker doch auch eigene Traditionen mit, die zum Teil aus früheren Kontakten mit der chinesischen Kultur hervorgegangen, zu einem erheblichen Teil aber gänzlich anderer Herkunft waren.

Unterschiedliches Recht und die Rolle der Amnestien

Auch wenn das Zusammenwachsen des chinesischen Reiches, wie wir gesehen haben, eine Integration und Verschmelzung unterschiedlicher kultureller und ethnischer Traditionen gewesen war, so stellte sich die Situation unter den Erobererdynastien des hier näher ins Auge gefaßten Zeitraumes noch gänzlich anders dar. Denn man war eigentlich erst jetzt damit konfrontiert, einen Vielvölkerstaat zu regieren, in dem die Chinesen die Mehrheit bildeten, in dem aber die politische und militärische Macht doch von anderen Ethnien gehalten wurde. Den daraus resultierenden Unterschieden und Differenzen mußte in vielfältiger Weise Rechnung getragen werden, obwohl die zumeist weiter gültigen traditionellen Regelungen hierfür nicht geschaffen waren. So kannte das Recht keine ethnischen Unterschiede, und in dem auch für die späteren Jahrhunderte maßgeblichen Rechtskodex der Tang-Zeit findet sich hierzu lediglich die Vorschrift, daß Strafrechtsfälle zwischen solchen Beteiligten, die nicht der chinesischen Kultur angehören, nach deren heimatlichem Gewohnheitsrecht abgeurteilt werden müßten.[9]

Formen eines dualen Rechtssystems mußten daher von den Erobererdynastien entwickelt werden, wobei dann durchaus ethnische Gesichtspunkte eine Rolle spielten. Daraus resultierten dann nicht selten Klagen über Ungerechtigkeiten in der Anwendung des Rechts.[10] Andererseits galt auch später die Einsicht, daß «die Chinesen nach chinesischem Recht, die nördlichen Völker nach deren Recht» abzuurteilen seien.[11] Dies wurde u. a. mit den unterschiedlichen Verhältnissen begründet. Hu Zhiyu (1227–93) formulierte dies folgendermaßen: «Den Süden an den Norden anzugleichen ist unpraktisch, und den Norden an den Süden anzugleichen ist noch weniger ratsam. Die Verhältnisse im Süden sind verwickelt; und wenn die Verhältnisse kompliziert sind, müssen auch die Gesetze entsprechend differenziert sein. Im Norden sind die Verhältnisse einfach, und entsprechend sind dort die Gesetze unkompliziert. Wollte man differenzierte Gesetze auf einfache Verhältnisse anwenden, würde dies die

Ausübung von Herrschaft erschweren; und einfache Gesetze auf komplexe Verhältnisse anwenden zu wollen würde bei der Bevölkerung Unmut und Verbitterung bewirken.»[12] In solcher Argumentation spiegelt sich die jahrhundertealte Klischeebildung der Charakterisierung der Unterschiede zwischen Norden und Süden; dabei darf freilich nicht übersehen werden, daß das Gewohnheitsrecht der nach China eindringenden Völker nicht ohne Einfluß auf die Ausgestaltung des chinesischen Rechts blieb, wie dies insbesondere unter der Mongolenherrschaft der Fall war. Dabei erwies es sich als Vorteil, daß Regulationen des Alltags und des alltäglichen Verkehrs in China nicht Gegenstand der Rechtskodifikation geworden waren, sondern sich nach Sittenvorstellungen richteten, die bei den einzelnen Schichten und Gruppen und auch regional durchaus nicht einheitlich waren. So forderten Konflikte in diesem Bereich nicht die staatliche Normierungsautorität heraus.

Im Vordergrund der Rechtskodifizierung stand im kaiserlichen China das Strafrecht. Aufschlußreich in diesem Zusammenhang ist die Entwicklung des Gebrauchs des Instituts der Amnestie. Forschungen haben eine Tendenz zur Liberalisierung während der Frühen Han-Zeit festgestellt, die in mehreren Amnestien – so gab es zwischen 180 und 141 v. Chr. allein acht Generalamnestien –, aber auch in der Abschaffung besonders grausamer Strafen sowie in einer Milderung der Steuerpflicht ihren Ausdruck fand. Umso wichtiger ist dann aber die Feststellung, daß, beginnend mit der Liao-Dynastie und fortgeführt von den Dynastien Jin und Yuan, in der späten Kaiserzeit die häufige Amnestieerteilung des ersten nachchristlichen Jahrtausends nicht fortgeführt wurde. Einen Grund für die Verminderung der Amnestien hat man darin gesehen, daß es einfach weniger Gefangene gab und daher die Gefängnisse nicht so überfüllt waren. Die Gründe hierfür wiederum könnten darin liegen, daß die Konflikte in abnehmendem Maße von den staatlichen Gerichten gelöst wurden, während die meisten minderen Konflikte und Vergehen durch «ständische» Instanzen (Gilden, Familien etc.) gelöst wurden. Die Verminderung der Amnestien in der späten Kaiserzeit hat aber noch einen anderen Grund: Es handelte sich hier, mit Ausnahme der Ming-Dynastie, um Staaten unter fremder Herrschaft mit Herrschaftsgebieten auch über nicht-chinesisches Territorium.[13]

Vielsprachigkeit

Mit der Ausdehnung des Herrschaftsgebietes verschärfte sich auch das Problem der Mehrsprachigkeit.[14] Zwar hatte auch die Vereinheitlichung der Schrift durch die Bürokratie des Reichseinigers am Ende des 3. vorchristlichen Jahrhunderts selbstverständlich nicht die Unterschiede zwischen den einzelnen chinesischen Dialekten der einzelnen Regionen überwunden; und es hatte immer auch noch Bevölkerungsgruppen unter

chinesischer Herrschaft mit einer eigenen, nicht-chinesischen Sprache gegeben, doch war bis zur Song-Zeit das Chinesische, sowohl die Sprache
als auch die Schrift, das Medium der Verwaltung und der zu Ämtern
befähigenden höheren Bildung geworden. Dies galt dann aber nicht mehr
für die Eroberdynastien der Khitan, Dschurdschen, Tanguten, Mongolen und später der Mandschuren, die für ihre Sprachen eigene Schriften
entwickelten bzw. bereits mitbrachten. So kam es, daß zeitweise mehrere
Sprachen (und Schriften) nebeneinander benutzt wurden. Oft sind etwa
die aus der Zeit der Yuan-Dynastie auf Chinesisch erhaltenen Dokumente
nichts als reine Interlinearversionen zu einem mongolischen Original.
Aus diesem Zusammenhang ist auch die große Zahl heute noch überlie-
ferter mehrsprachiger Inschriften zu verstehen. Und für die Mandschu-
Zeit, für die letzte chinesische Kaiserdynastie Qing, sind die wichtigsten
Quellen in mandschurischer Sprache geschrieben worden und zu einem
großen Teil bis heute erhalten geblieben, so daß die Erforschung der Geschichte Chinas von der Mitte des 17. Jahrhunderts bis ins 19. Jahrhundert
die Kenntnis des Mandschurischen ebenso voraussetzt wie die des Chinesischen. Und die zur Zeit Dschingis Khans aus der Schrift der Uighuren
entwickelte Schrift für das Mongolische ist heute noch die offizielle Schrift
in der Autonomen Region Innere Mongolei, die ja einen Teil Chinas bildet.

Vielstaatlichkeit und die Geschichtsschreibung

Aus der vorübergehenden Gleichzeitigkeit mehrerer Dynastien auf chinesischem Boden ergaben sich aber auch besondere Probleme für die
Geschichtsschreibung. Immer dann, wenn auf chinesischem Boden mehrere Dynastien gleichzeitig ihren Legitimitätsanspruch geltend machten,
war es nicht in erster Linie die Pietät gegenüber der früheren Dynastie
(übrigens einschließlich der von Barbaren begründeten sogenannten
«Fremddynastien»), welche die Betonung der Legitimität der eigenen Dynastie auf Kosten der vorhergehenden zu verhindern drohte, sondern die
prinzipielle Unschärfe in der Bestimmung legitimer Herrschaft überhaupt. Gleichwohl hat man sich insbesondere seit der Zeit der Song-Dynastie, und dabei besonders heftig im 11. Jahrhundert unserer Zeitrechnung, mit der Frage konfrontiert gesehen, welche Dynastien der Vergangenheit anzuerkennen seien. Dabei spielten dann, wie bereits früher
dargelegt, weniger die Prozedur des Dynastienwechsels und auch nicht
bestimmte Insignien eine besondere Rolle, sondern bei manchen die moralische Qualität, bei anderen die Durchsetzungskraft der namhaft gemachten Dynastien.[15]

Zu einem Problem für die Geschichtsschreibung war die politische
Zersplitterung Chinas eigentlich erst seit dem 11. Jahrhundert geworden,
seit jener Zeit, in der sich auch Ansätze zur Herausbildung eines Nations-
begriffes finden[16] und in der man sich allgemein des Umstandes bewußt

war, daß die aristokratischen Traditionen des Mittelalters verlorengegangen waren.[17] Die Literatenschicht als Träger der Bürokratie suchte sich ihrerseits nun eine eigene Identität zu schaffen, indem sie sich um die Erstellung von Familien- bzw. Klan-Chroniken bemühte, oft verbunden mit dem Versuch der Ansippung an ältere Familien. Zugleich kam es, wie bereits dargelegt, zu einer Regionalgeschichtsschreibung, die sich auf den aus dem ersten Jahrtausend v. Chr. stammenden Text *Yugong* im «Buch der Urkunden» *(Shujing)* berufen konnte. Diese sollte in erster Linie dem praktischen Zweck der Landesbeschreibung dienen, war aber doch auch Ausdruck einer enger werdenden Bindung an bestimmte Gebiete und Regionen. Darin finden sich jedoch Gründungsberichte oder -legenden allenfalls für religiöse Bauwerke wie Tempel oder Klöster, nicht jedoch für Städte, für die wir erst später entsprechende Berichte haben.[18] Seit dem Altertum hatte es ja die Vorstellung von regionaler und lokaler Zugehörigkeit gegeben, doch war man zugleich gegen solche, aus der Sicht des Einheitsreiches zentrifugale Tendenzen seit der Han-Zeit immer wieder eingeschritten.

Seit dem 12. Jahrhundert jedoch tendierte man dazu – und auch dies stützt die These von dem frühneuzeitlichen Charakter Chinas seit der Jahrtausendwende –, nach innen den Legitimitätsanspruch der eigenen Dynastie gegenüber anderen gleichzeitigen Herrschaftsgebilden zu behaupten, mit deren Existenz man sich abfand. Und zugleich gab es in der Geschichtsschreibung das, was James T. C. Liu für die Politik einmal mit dem Begriff der «accomodative policy» umschrieben hat[19] und was sich besonders prägnant in den universalgeschichtlichen Geschichtswerken buddhistischer Mönche niederschlug, die die Geschichte des Buddhismus (freilich unter Hervorhebung ihrer eigenen Schultradition) in die Gesamtgeschichte Chinas einbetteten und dabei gleichzeitig bestehende Dynastien auch als solche betrachteten.[20]

Die Besonderheit der Herrschaftslegitimation blieb in China bezüglich der Topik und der Instanz der Anerkennung, wie wir sahen, geprägt durch die Besonderheit der chinesischen Weltbildkonstruktion[21] und wurde sozial geprägt durch die Tradition der Literatenbeamten. Obgleich diese Schicht im Zuge der Bürokratisierung des Reiches ihre alte wirtschaftliche und soziale Unabhängigkeit verlor, verstanden es doch einige, ihre geistige Unabhängigkeit unter Berufung auf die Ideale des Altertums zu wahren. Und wie wirkungsvoll dadurch die Rolle des Literaten wurde, der ja potentiell immer auch Historiker war, zeigt sich in der Vielzahl von privaten Geschichtswerken, die seit der Song-Zeit häufiger werden[22], die aber bereits eine lange Tradition haben. Der Historiker wurde zwar bemüht, und sein Urteil wurde erbeten, ja gebraucht, wenn es um die Frage ging, wie die Legitimität der herrschenden Dynastie zu begründen sei. Aber eigentlich schuf er nicht die Legitimität, sondern er – und die Literatenklasse überhaupt – war selbst eigentlich der Prüfstein der Legitimität einer Dynastie. Insofern bildete der Historiker als Repräsentant seiner Schicht einen entscheidenden Faktor bei der Bildung der die Meinungen beherrschenden Öffentlichkeit.

Die Stimmungen im Volk und der religiöse Partikularismus

Die Volksmassen, d. h. die bäuerliche und die einfache städtische Bevölkerung, hatten von den Literatenbeamten gelegentlich abweichende Vorstellungen. Doch nicht alle Volksbewegungen und Aufstände in China, und dies gilt auch für in der Gegenwart gelegentlich aufflammende Unruhen, haben, auch wenn es vordergründig so scheinen mag, etwas mit Suche nach Eigenständigkeit oder gar Separatismus zu tun. Als ein Beispiel hierfür kann der Aufstand des Nong Zhigao (1026–55?) in der Mitte des 11. Jahrhunderts gelten. Wiederholt ist über die Gründe für diesen Aufstand spekuliert worden. Sicher hatte die Gründung einer Dynastie in An-nan (Vietnam) und die Staatenbildung der Khitan (Liao) und Tanguten (Xixia) auf das vom Nong-Klan beherrschte Territorium im Grenzgebiet zwischen Vietnam und China anregend gewirkt und den Wunsch befördert, einen eigenen Staat für das Tong(Zhuang)-Volk zu schaffen. Es war aber zugleich so, daß Nong, trotz mehrfachen Bestehens der Präfekturexamina, nicht zur Palastprüfung in der Hauptstadt zugelassen wurde, und darin ist wohl der Anlaß für den Aufstand zu suchen.[23]

Diese Aufstände ebenso wie andere ähnliche Strömungen in den folgenden Jahrhunderten[24] waren in der Regel regionale Ereignisse, und es ist eine der entscheidenden Veränderungen, die China zwischen der Han-Zeit und der Song-Zeit erlebte, daß der darin zum Ausdruck kommende religiöse Partikularismus einerseits derart verstärkt wurde, daß Gottheiten nur noch lokale und dazu keine wirklich dauerhafte Funktion erhielten und somit für den Staat in der Regel ungefährlich wurden.[25] Die wenigen zu reichsweit gültigen Gottheiten erhobenen Gestalten und ihre Kulte andererseits konnten vom Staat weitgehend kontrolliert werden. Gleichwohl gab es eine Reihe sich ausbreitender lokaler Kulte, die leicht zu Herden regionaler Unruhe werden konnten und daher als besonders gefährlich gelten mußten, sobald sie durch Ablegung ihrer Lokalgebundenheit eine kritische Größe erreicht hatten; gegen solche Kulte richteten sich seit der Song-Zeit zunehmend Stimmen der Beamtenschaft.[26] Diese Entwicklung hängt natürlich aufs engste mit der wirtschaftlichen Prosperität zusammen und mit der Zunahme von Städten und dem Bedürfnis der städtischen Bevölkerung nach Identifikationssymbolen.

Staat und Gesellschaft im Jin-Reich.

Die Dschurdschen-Jin-Dynastie steht etwas im Schatten der Mongolenherrschaft, doch ist letztere nicht ohne die vorhergehende Dschurdschen-

Herrschaft zu verstehen. Mit der Jin-Dynastie hatte die Song-Dynastie regelrechte diplomatische Beziehungen, die in den Jahren 1123, 1126, 1141, 1165 und 1207 zu Verträgen führten. Wie sehr große Teile der Geschichte Chinas gekennzeichnet waren durch andauernde Integrationsbemühungen, zeigt sich nämlich besonders an der Dschurdschen-Dynastie Jin, die lange Zeit nur als Vorspiel der mongolischen Eroberungen gesehen wurde. Die Entwicklungen hin zu einer «neokonfuzianischen Orthodoxie» während der Südlichen Song-Zeit (1127–1279) in den in jener Zeit prosperierenden Gegenden am Unteren Yangzi-Lauf haben das Bild des 12. und 13. Jahrhunderts stärker geprägt als die Entwicklungen im Norden. Doch waren es in nicht unerheblichem Maße auch die Kulturleistungen im Norden zur Zeit der Jin-Dynastie, durch welche die folgenden Einheitsdynastien Yuan, Ming und Qing, d. h. die Zeit vom ausgehenden 13. bis zum Beginn des 20. Jahrhunderts, mit geprägt wurden.[27] Denn es war die Jin-Dynastie, die sich über ein größeres Territorium erstreckte als irgendeine der Erobererdynastien zuvor und unter der ein bis dahin nicht erreichter Grad an Sinisierung und kultureller Integration unter den Völkern in Nordchina erreicht wurde.

Die Integrationsleistung läßt sich auf verschiedenen Gebieten verfolgen, in der Literatur ebenso wie auf dem Gebiet der Religion, als die «Drei-in-Eins-Lehre», d. h. eine Vermittlung von Buddhismus, Konfuzianismus und Daoismus, neu erörtert und propagiert wurde.[28] Hier wie auch in ähnlich gelagerten früheren Fällen brachten die Eroberer ihre eigenen religiösen Traditionen mit, wobei der Buddhismus, den die Dschurdschen etwa aus Korea übernommen hatten und den sie in anderer Form in China dann bereits vorfanden, bei den Integrationsprozessen eine besondere Rolle spielte.

Ein entscheidendes Problem der Stabilität der Jin-Dynastie waren das Selbstverständnis und die Legitimierung der Dschurdschen-Herrschaft. Dabei lassen sich in der Entwicklung des Selbstverständnisses der Jin-Dynastie fünf Phasen unterscheiden.[29] Allerdings ist hier wie bei den meisten der anderen sogenannten «Fremddynastien» wesentlich, ob man die Jin-Dynastie als vorübergehenden Triumph eines Grenzvolkes über die Han oder als fremde Erobererdynastie betrachtet. Die Hofdebatte zur Legitimität in der Zeit von 1194 bis 1214 zeigt, wie sehr die Beamtenschaft und die Berater des Hofes um die Einbindung der Dschurdschen-Herrschaft in die chinesischen Herrschaftstraditionen bemüht waren.[30] Am meisten diskutiert wurde die Herrschaftszeit Kaiser Wanyan Liangs (reg. 1150–61; 1162 zum Fürsten von Hailing degradiert), der eine forcierte Sinisierungspolitik betrieb, die, wie wir gleich noch sehen werden, ihren Niederschlag auf nahezu allen Gebieten, nicht zuletzt auf dem Gebiet des Rechts gefunden hat.[31] Daß es den Truppen Wanyan Liangs Ende des Jahres 1161 einfach nicht gelang, nach Süden vorzudringen, hat die spätere Geschichtsschreibung fälschlich als Verdienst des Widerstandswillens der Armeen der Südlichen Song bezeichnet.[32] Kaiser Wanyan Liang hatte einfach eine «schlechte Presse», und es wird ihm nachgesagt, er habe mit nackter Gewalt und militärischer Macht regiert, was auch zutraf. Doch daß er 1162 zum Prinzen Hailing und 1181 dann sogar zum Gemeinen degradiert wurde, hatte auch darin seinen Grund, daß Liang, gegen den Widerstand von Teilen des Dschurdschen-Adels und auf Kosten weiter Bevölkerungsgruppen, China unter seiner zentralisierten Herrschaft vereinigen wollte. Eine der in diesem Zusammenhang durchgeführten Maßnahmen war die Umsiedlung der Dschurdschen-Oberschicht seit 1153 in die neue Hauptstadt Yanjing (d. i. Peking oder Zhongdu).

Bewahrung der eigenen Kultur oder Sinisierung und Selbstaufgabe

Wie sehr die chinesische Literatur von der Grenze her kam, wird auch an den neueren Arbeiten zur Geschichte der Literatur der Dschurdschen während der Jin-Dynastie (1115–1234) deutlich. Der überwiegende Teil der überlieferten Literatur der Dschurdschen ist in Chinesisch geschrieben, doch war die Durchsetzung des Chinesischen unter den Herrschern Xizong (reg. 1135–50) und Wanyan Liang von erheblichen Spannungen begleitet.[33] Der Dschurdschen-Herrscher Xizong war von chinesischen Beratern erzogen worden, und es heißt von ihm, er habe seine Dschurdschen-Eigenschaften vollkommen abgelegt.[34] Dies ist um so erstaunlicher als er unter Dschurdschen lebte. Freilich führte auch die Sinisierung nicht zu einer vollkommenen Angleichung, sondern ließ Nordchina zu einem «anderen China» werden,[35] die absichtsvolle Tilgung der eigenen Kultur dieser nicht-chinesischen Eroberer und ihr Chinesischwerden konnten nicht ohne Folgen bleiben für die mentale und soziale Tiefenstruktur der Bevölkerung des Nordens. Im Süden und Südwesten hatte es je andere und ebenfalls nicht folgenlose Akkulturationsprozesse gegeben. Die Verachtung, die dieser Dschurdsche seinen eigenen Landsleuten und seiner ursprünglichen Kultur entgegenbrachte, wird in einem Bericht zum Ausdruck gebracht, wonach er selbst einen Gründungsminister der Dynastie als «unwissenden Barbaren» beschimpft haben soll; dieser soll entgegnet haben: «Wie ein kleiner Chinesenjunge!»[36] Trotz heftiger Gegnerschaft, Xizong wurde das Opfer eines Mordanschlages durch einen Usurpator, der ihm dann als Herrscher Wanyan Liang von Jin nachfolgte und von dem bereits die Rede war, verstärkte letzterer sogar noch die Sinisierungspolitik seines Vorgängers. Er ließ die Gräber der ersten Jin-Herrscher zerstören und ordnete an, daß die Paläste und Häuser der führenden Dschurdschen-Klane in Shangdu, der «Oberen Hauptstadt», zerstört würden. Er wollte die Dschurdschen-Kultur und die Erinnerung an die eigene Herkunft austilgen, vor allem um die stammesherrschaftlichen Strukturen aufzulösen. Selbst war er ein bedeutender Dichter im Chine-

sischen, das er glänzend beherrschte, was für einen fremden Herrscher
nicht selbstverständlich war,[37] und er schrieb in einem *Ci*-Gedicht für
einen seiner Generäle: «Es gibt keinen Unterschied zwischen dem Altertum und Heute./Bediene dich der Pläne des Schlafenden Drachen/Und
du wirst siegen.»[38] Mit dieser Vergegenwärtigung der Vergangenheit werden hier zugleich Konflikte der Gegenwart überspielt. Mit dem Bild des
«Schlafenden Drachen» spielte er auf Zhuge Liang (181–234) an, jenen
Feldherrn und Berater, der einst den Norden von Süden her zurücker-
obern wollte. Bei allem Verständnis für die Eroberungsabsichten und
Reichseinigungswünsche durch seine Landsleute wurde ihm die Abkehr
von seiner Herkunft dann aber zum Verhängnis und er wurde von seinen
vor den Song zurückweichenden Truppen ermordet. Ähnlich wie unter
der Tuoba-Wei-Dynastie in der Zeit um 500 n. Chr. führte seine Sinisierungspolitik zu Unruhen, und er wurde in der erwähnten Weise durch
die Historiographie negativ dargestellt.

Der nächste Herrscher, Shizong (reg. 1161–89), besann sich der
Dschurdschen-Traditionen, und es heißt von ihm in seiner Biographie:
«Er wies die Sänger an, die Dschurdschen-Epen zu singen. Und zu dem
Kronprinzen und anderen Prinzen gewandt sagte er: ‹Ich gedenke stets
der Leistungen der Anfangszeit unserer Dynastie und werde diese nicht
vergessen, nicht für einen Augenblick. Daher muß ich diesen Gesängen
immer wieder lauschen, und darum müßt auch ihr es tun.»[39] Trotz dieser
Rückbesinnung auf das eigene Dschurdschen-Erbe und der darin zum
Ausdruck gebrachten Anerkennung kultureller Differenz setzte sich im
Jin-Staat das Chinesische durch, unter anderem auch deshalb, weil die
erst kürzlich entwickelte Dschurdschen-Schrift noch nicht ausdrucksstark
genug war und weil gerade die chinesische Literatur selber bereits viele
Elemente aus den nördlichen Steppenkulturen verarbeitet hatte, so daß
manches den Dschurdschen bereits vertraut vorkommen konnte. Erst in
der Zeit um die Jahrhundertwende (1196–1212) wurden Beamtenexemina
in der Dschurdschen-Sprache und -Schrift durchgeführt. Doch die darin
niedergelegte Literatur war bereits eine hybride Form, die den Einfluß
des Chinesischen nicht leugnen konnte.

Die Rückeroberungsrhetorik Chen Liangs

Auf der sich von den fremden Eroberern absetzenden chinesischen Seite
wurde unter den nach Süden gewichenen Literatenbeamten der Verlust
des Nordens beklagt. Ein Rest von lokaler Bindung und so etwas wie das
Gefühl von «Heimat» fand seinen Ausdruck in der von dem Politiker Chen
Liang (1143–1194) und anderen vertretenen Auffassung, das zu seiner Zeit
von den Dschurdschen besetzte «Kernland» Chinas der «Mittleren Ebene»
müsse schon allein deswegen zurückerobert werden, weil nur dort die
Bedingungen für ein Gedeihen der chinesischen Kultur günstig seien.[40]

Wie so oft nach dem Einfall fremder Völker nach China und der Errichtung von Dynastien durch diese fiel auch nach der Eroberung des Nordens durch die Dschurdschen die prinzipiell geforderte und auch im Bewußtsein vorgestellte und die Ausbildung eines chinesischen Nationalismus verzögernde Einheit von Staatswesen und Kulturraum auseinander.[41] Dieses Auseinanderfallen bewegte Chen Liang, jenen utilitaristischen Gelehrten aus Yongkang (Zhejiang), der in einer im Jahre 1178 eingereichten Throneingabe den Ausdruck für «Reich der Mitte» *(Zhongguo)* auf eine neue Weise deutete. «Reich der Mitte» sei der Ort der «ersten kosmischen Energie» *(zhengqi)* und zugleich der Legitimität *(zhengtong bzw. daotong)*. Mit der Dschurdschen-Invasion in Nord-China hätten die Chinesen ihr «Reich der Mitte» und ihre Kultur mit nach Süden genommen.[42] Aber obwohl die Song die Verbindung mit dem Herrschaftsmandat und den Herzen des Volkes noch aufrechterhalten hätten, warnt Chen, «die Herzen des Volkes und das Herrschaftsmandat lassen sich nicht für lange Zeit in einer Randgegend halten».[43] Diese Verbindung zwischen dem Raum und der «wahren» oder «ersten kosmischen Energie» war neu. Um die «üble Energie» *(xieqi)* fernzuhalten, dürfe man mit den Barbaren keine Gemeinsamkeiten haben. Und da Wu (Zhejiang) und Shu (Sichuan) nur die «periphere Energie» *(pianqi)* von Himmel und Erde hätten und eine Wiedereroberung von dort aus schwierig sei, schlägt er vor, das Gebiet von Hunan und Hubei als Ausgangsgebiet zu nehmen, das zwar peripher gelegen *(pianfang)* sei, aber noch nicht von «peripherer Energie».[44]

Chen Liang setzt sich bewußt gegen die Ansichten früherer «Weiser» über den Umgang mit den Barbaren ab und argumentiert: «Wie kann man es nur zulassen, daß man ebenso wie mit den Xiongnu während der Han-Zeit und den Uighuren und Tibetern während der Tang-Zeit mit den Khitan in der heutigen Zeit so umgeht, daß man unter Hinweis auf das unwandelbare *dao* einfach sagt: ‹Laßt sie an China teilnehmen!›? Alle kamen sie über die befestigten Grenzen und haben nicht nur an unserer Kultur teilgenommen, sondern auch Teile davon sich einfach angeeignet, und sie brüsten sich dabei auch noch ihrer barbarischen Ungehobeltheit. Doch es kann einfach nicht gutgeheißen werden, daß unsere Töchter mit ihnen verheiratet werden oder daß ihre Soldaten zur Befriedung von Konflikten innerhalb Chinas herangezogen werden. Denn wenn wir dies täten, gäbe es am Ende keinen Unterschied mehr zwischen Barbaren und Chinesen. Die Ereignisse der Han und der Tang sollten hier als warnende Beispiele gelten. Zwar folgen wir dem Vorbild dieser beiden Dynastien, doch entrichten wir an die Barbaren jährlich Gold und Seide und halten dies, solange es nur zu keinen kriegerischen Auseinandersetzungen kommt, für ein Glück. Schließlich hat man selbst in der Han- und der Tang-Zeit nicht einen Zustand anerkannt, daß es zwei Kaiser gibt.»[45]

In einer seiner Abhandlungen über den «Weg» *(dao)* stellt Chen Liang den Zusammenhang zwischen der Wirkung des *Dao* und der Abgren zung Chinas gegenüber den Fremden folgendermaßen dar: Der Herzog von Zhou habe einst die Welt in fünf Bereiche aufgeteilt und mit Hilfe von Vorschriften der Zhou sowie solchen der Barbaren die Grenzen bestimmt, um so die Fremden draußen zu halten. Doch mit dem Niedergang der Macht der Zhou seien Fremde in die Zentralebene eingedrungen. Dagegen habe Konfuzius sein *Lunyu* «Gespräche» verfaßt, um so das *Dao* wiederherzustellen. Doch wegen der inzwischen erfolgten Vermischung habe dies nicht mehr das alte *Dao* sein können.[46]

Diese Polemik Chen Liangs und seine Rückeroberungsrhetorik dürfen jedoch nicht darüber hinwegtäuschen, daß sich seit der Süd-Song-Zeit die Elite überwiegend nicht mehr überregional, sondern regional und lokal orientierte;[47] dabei spielte natürlich der Umstand eine Rolle, daß die praktische Politik eher auf regionaler und lokaler Ebene entschieden wurde und der Einfluß der Zentralregierung zurückging, eine Entwicklung, die sich allerdings nicht ohne gegenläufige Tendenzen und auch nur sehr langsam vollzog.[48]

Frühneuzeitlicher «Nationalismus»

Wie die Zurückweisung der Barbaren und die Trennung zwischen Chinesen und Barbaren zu bewerkstelligen sei, darüber herrschte zur Zeit der Südlichen Song verständlicherweise keine einheitliche Meinung.[49] Dies trug mit dazu bei, daß es im älteren China nicht zur Herausbildung eines Nationalismus kam; diese Chance, wenn sie überhaupt bestanden hatte, war mit dem Sieg des Neokonfuzianismus vertan. Diejenige Schicht, die der Träger eines Nationalismus hätte sein können, entwickelte ein Wertesystem, bei dem die Vorstellung von der Legitimität des Herrscherhauses sich widerspruchslos verknüpfte mit einer Ethik des Staatsdienstes. Man sah sich nicht dem Herrscherhaus, sondern dem «Weg» *(dao)* verpflichtet und zugleich den Gemeinden und dem Wohlergehen der Bevölkerung insgesamt, und somit wurden die Tugenden der Gefolgschaftstreue und der Loyalität *(zhong)* erheblich relativiert.[50]

Das Thema der Besonderheit Chinas blieb allerdings seither auf der Tagesordnung. Wang Fuzhi (1619–92), der Patriot und Ming-Loyalist, beklagte den Verlust der Hauptstadt im Jahre 1644 an den Aufständischen Li Zicheng und zog sich aus Kummmer zum Klassikerstudium zurück. Auf ihn haben sich am Ende des 19. und zu Beginn des 20. Jahrhunderts viele Anti-Mandschu-Leute berufen. Während Wang die Klassiker studierte und sich mit den grundlegenden Veränderungen von der Zhanguo- zur Song-Zeit beschäftigte, hat sein Zeitgenosse Gu Yanwu (1612–82) eine monumentale Reichsbeschreibung vorgelegt, das *Tianxia junguo libingshu* von 1662, das allerdings weniger Interesse an historischen Stätten bezeugt, als vielmehr «die Gegenden bäuerlicher Aufstandsbewegungen persönlich in Augenschein nehmen möchte, um so die strategischen

Gegebenheiten kennenzulernen».[51] Hier wird deutlich, wie eng das Territorialitätsprinzip mit dem Pazifizierungsgedanken, zugleich aber immer auch mit Sezessionsüberlegungen, verknüpft war; zugleich, wie sich das Interesse der Mandschuren an der Kontrolle des Reiches mit den traditionellen Interessen der Literatenschicht an friedlichen Verhältnissen verbunden hatte.

Das heutige Selbstverständnis der Chinesischen Volksrepublik als Vielvölkerstaat wird ohne Zweifel durch die Erfahrungen der Erobererdynastien auf chinesischem Boden, zuletzt der Mandschu-Dynastie, gestützt. Dies hat Herbert Franke auf den Punkt gebracht: «Man könnte die Fremdherrschaften, zumal aber diejenige der Mongolen, charakterisieren als eine Art Kolonialregierung. Lokale, regionale und ethnische Traditionen wurden nicht grundsätzlich ausgeschaltet, sondern nur überlagert durch ein relativ loses System der Überwachung, das im wesentlichen auf militärischer Kontrolle beruhte. Im übrigen ist die Multinationalität (treffender wäre wohl «Multiethnizität») in China auch heute noch eine Tatsache, und auch die chinesische Volksrepublik hat hier im Grunde noch das gleiche Problem zu lösen wie die Erobererdynastien im Mittelalter. Freilich ist heute die Anerkennung der Rechte nationaler Minderheiten ... durch die Schaffung autonomer Kreise, Präfekturen und Provinzen territorial sanktioniert worden und nicht personalistisch wie im Mittelalter.»[52]

Fünftes Kapitel

Einheit, Zwang und neue Horizonte
(1279–1861)

13. Modernisierung und Stagnation – Die Mongolenzeit

Bürokratisierung

Die Zeit der Song-Dynastie war eine Zeit wirtschaftlicher Prosperität in einzelnen Regionen, und insbesondere wegen des hohen technischen Entwicklungsstandes und wegen modern anmutender Rechtsbeziehungen bei der Regelung von Landbesitz- und Eigentumsverhältnissen ist diese Zeit auch von zahlreichen Historikern als der Beginn der chinesischen «Neuzeit» bezeichnet worden. Von allen Antworten auf die Frage, warum es in China dann etwa um 1300 zu einem Abbruch der bis dahin auf nahezu sämtlichen Gebieten stürmischen Entwicklungen kam, interessieren in unserem Zusammenhang nur jene, bei denen die regionale Gliederung eine Rolle spielt. Die Feststellung einer «Stagnation» ist übrigens weitgehend, freilich nicht ausschließlich, aus einem durchaus problematischen Vergleich mit Europa gewonnen worden, auf den an dieser Stelle, so reizvoll dies wäre, nicht eingegangen werden kann. Die Auffüllung des Raumes ohne weitere Expansionsmöglichkeiten, die Reduktion des Überseehandels sowie die Änderung der Haltung der Literaten gegenüber naturwissenschaftlichen bzw. technischen Problemen sind nur einige von zahlreichen Faktoren. Die Bevölkerungsverschiebungen sowie das absolute Anwachsen der Bevölkerung spielten ebenfalls eine Rolle. Zwischen 742 und 1200 waren viele erfahrene Beamte und Angehörige der Elite in den Süden gezogen. In dieser Zeit stieg die Bevölkerung im Südosten um 695 % und am Mittleren Yangzi um 483 %.

Parallel zu dieser demographischen Entwicklung hatte sich – eine Konsequenz der Ausdehnung der Flächen mit hoher Bevölkerungsdichte – seit der Mitte des 8. Jahrhunderts bis zum 14. Jahrhundert eine allmähliche Machtverschiebung von der Zentralregierung auf große regionale Verwaltungseinheiten vollzogen. Die vertikale Kontrolle über Informationen hatte abgenommen, während die Koordination auf untergeordneter Ebene zunahm. Trotz eines erheblichen innerchinesischen Wohlstandsgefälles kam es aber nicht zur Ausbildung dauerhafter Vermögensbildungen.[1] Die «Neuen Gesetze» des Wang Anshi und die Reformen Jia Sidaos[2] hatten, auch wenn diese Maßnahmen selbst nicht erfolgreich waren, gezeigt, in welche Richtung Reformmaßnahmen, insbesondere zur Fiskal- und Agrarreform und zu den Landbesitzverhältnissen, würden gehen müssen. Der Niedergang wurde jedenfalls nicht nur von außen verursacht, durch die eindringenden mongolischen Truppen, denen die chinesischen Machthaber in Südchina keinen nachhaltigen Widerstand entgegenzusetzen vermochten. Für sich genommen ist dies jedoch um so erstaunlicher, weil die Bevölkerung wegen der durch die mongolischen Truppen zu erwartenden Grausamkeiten für einen Verteidigungskampf motivierbar hätte sein müssen.

Während die Gesellschaft Chinas durch den Einfall der Mongolen erschüttert wurde, läßt sich, aus der mongolischen Perspektive gesehen, die Entstehung und Blüte des mongolischen Weltreiches in drei Phasen unterteilen. Die erste Phase des mongolischen Reiches umfaßt das Leben Dschingis Khans und den Aufbau der Militärorganisation, die die späteren Eroberungen möglich machte. Die zweite Phase erstreckt sich auf die Regierungszeiten Ögödeis, Güyüks und Möngkes (1229–59). Sie ist durch weitere territoriale Expansion und durch die Konsolidierung der bisherigen Eroberungen gekennzeichnet. Die dritte Phase beginnt im Jahre 1260, als Khubilai das Erbe seines Bruders Möngke antritt, und dauert bis zum Zerfall des Reiches im frühen 14. Jahrhundert.[3]

Der allmähliche Aufstieg der Mongolen zur Weltmacht

Vor dem 12. Jahrhundert hatten die Mongolen in Zentralasien keine herausragende Rolle gespielt. In entferntem Verwandtschaftsverhältnis zu den Türken und Tungusen stehend, gehörten sie – außer jenen Stammesgruppen, die sich in der nördlichen Waldzone durch Jagd, Rentierzucht und Pelzhandel ernährten – zu jener fluktuierenden Nomadenwelt an den Grenzen Chinas, die für die Geschichte der Nordgrenze Chinas bereits seit der Zeit des Einheitsreiches der Han immer wieder eine Rolle gespielt hatte. Die soziale Organisation jener nomadischen Stämme war die einer aristokratischen Stammesverfassung. Die Führerschaft lag bei den Stammes- und Klanhäuptlingen, die «Khan» genannt wurden. Der Herrscher über eine Stammeskonföderation trug den Titel «Khagan». Die wirtschaftliche Grundlage waren die Weidegebiete, und von ihrer Qualität und Größe hing es ab, welche Entfaltungsmöglichkeiten, welchen Wohlstand ein Stamm erreichen konnte.

Während des 12. Jahrhunderts scheint sich ein Umbruch in den Stammesverhältnissen vollzogen zu haben, der schließlich zu einer Form des nomadischen Feudalismus führte. Die wohl wichtigste Einrichtung war der Khuriltai, die Versammlung der Fürsten und Häuptlinge, der Große Rat. Diese Stammesgesellschaften, die in jener Zeit nach stammesmäßiger Zersplitterung zur Bildung einer großen Föderation tendierten, lassen sich als klassenmäßig strukturiert darstellen. Dem Herrscher und seiner Familie folgte eine Militäraristokratie, und beide stützten sich auf eine breite Schicht von Leibeigenen und Sklaven.

Die charakteristischste «feudale» Institution und der tragende Macht-faktor innerhalb des Stammesverbandes war die Leibgarde des Herr-schers, die Gefolgschaft, die durch einen gemeinsamen Ehrenkodex als Interessenverband und oft durch blutsmäßige Verwandtschaft zusam-mengehalten wurde. Aus diesem Gefolge, *nöküd* (die Pluralform von *nö-kur*, «Gefährte»), rekrutierten sich, obgleich es außerhalb der Militärorga-nisation stand, später die Statthalter und militärischen Führer Dschingis Khans. In diese Gesellschaft wurde etwa um 1160 Temüdschin als Mit-glied des vornehmen Klans der Bordschigin geboren. Sein Vater, Yesügei Baghatur, dessen Großvater Habul Khan bereits den Titel eines Khagan angenommen haben soll, war ein Herr über Herden und Leibeigene. Von Temüdschins Jugend wissen wir, daß sie trotz der glanzvollen Abstam-mung recht hart gewesen sein muß; doch scheint er mit der Zeit ein solches Durchsetzungsvermögen und einen solchen Scharfsinn entwik-kelt zu haben, daß er einen Kreis von Gefolgsleuten um sich scharte, der zum Kern seiner späteren Machtentfaltung wurde.

Gegen Ende des 12. Jahrhunderts waren die Tatar, die einstmals mit den Dschurdschen das mongolische Machtstreben Khabul Khans, des Ur-großvaters Temüdschins, erstickt hatten, zu gefährlicher Größe herange-wachsen. Die Dschurdschen verbündeten sich mit den Kereit, die bereits engere Kontakte zu China und dem Tangutenreich der Xixia hatten, und mit deren Fürst Toghril. Mit Temüdschins Hilfe griff dieser von Westen, die Dschurdschen von Süden die Tatar an, die man besiegte. Doch Te-müdschin war nach wie vor Toghrils Untergebener, was zu vielen Miß-verständnissen führte. Schließlich besiegte Temüdschin den Kereiten Toghril; der Einfluß der Kereit blieb jedoch auch danach noch bedeutend.

Anschließend unterwarf Temüdschin die Naiman, dann die Merkit, und er vereinigte somit alle mongolischen Stämme zu einer Stammeskon-föderation, deren unbestrittener Führer er wurde. Dokumentiert wurde dieser Bund durch einen Khuriltai, der im Jahre 1206 im Quellgebiet des Onon, einer der beiden Quellflüsse des Amur, abgehalten und auf dem Temüdschin zum Großkhan erklärt wurde. Auf die Zeit dieses Khuriltai gehen auch die Anfänge der Yassa zurück, jener Gesetze, die als festste-hende Verhaltensvorschriften später rücksichtslos durchgesetzt wurden.

Von der Ausdehnung der Mongolenherrschaft in alle Richtungen inter-essiert hier in erster Linie die Ausdehnung nach Süden und Südosten. Dort waren es vier Königreiche, die das Interesse und den Eroberungstrieb der mongolischen Konföderation reizten: das Reich der Dschurdschen in Nordchina, das Song-Reich südlich des Huai-Flusses und des Yangzi, das Tangutenreich Xixia und schließlich Tibet. Im Jahre 1209 drang Dschingis Khan in das Reich Xixia ein, das er nicht ganz eroberte, weil sich der Tangutenherrscher als Vasall unterwarf. Mit diesen Erfahrungen und nach weiteren gründlichen Vorbereitungen, vor allem dem Einziehen von Er-kundigungen, überschritt Dschingis Khan im Jahre 1211 mit seinen besten

Heerführern und seinen vier Söhnen (Dschotschi, Dschagatai, Ögödei und Tolui) die Grenze des Dschurdschen-Reiches, und im Jahre 1214 stand er vor den Mauern Pekings. Ohne die Stadt einzunehmen, schloß er zunächst Frieden, erhielt eine kaiserliche Prinzessin – und zog reich beschenkt ab. Der Jin-Kaiser war zu jener Zeit auch im Inneren stark bedrängt, vor allem durch den Volksaufstand der sogenannten «Rotjacken»; auch hatte er seine Residenz bereits nach Kaifeng verlegt. Im Jahre 1215 wurde Peking dann genommen. Unter den Gefangenen war ein Abkömmling der früheren Liao (-Khitan)-Dynastie, Yelü Chucai (1189–1243), der vor allem aufgrund seiner astrologischen und Verwaltungskenntnisse bald zum Beraterkreis Dschingis Khans gehörte und schließlich zum höchsten Verwaltungsbeamten des mongolischen Reiches wurde. Vermutlich auch, um sich durch Unterwerfung noch unbesiegter Nomadenvölker an den Flanken des Reiches abzusichern, drang Dschingis Khan zunächst nicht weiter nach China ein. Erst eine unbotmäßige Haltung der Xixia gab ihm Anlaß, im Jahre 1226 gegen diese vorzugehen und sie nunmehr endgültig zu schlagen. Die Verwüstungen und Massaker des mongolischen Heeres waren dabei wohl auch deshalb so grausam, weil Dschingis Khan selbst auf diesem Feldzug vom Tode ereilt worden war. Erst 1229 wurde sein Sohn Ögödei zum Großkhan gewählt, und damit setzte die zweite Phase des mongolischen Reiches ein.

Ögödei (1185–1241) setzte die Erweiterung des Reiches fort. Er selbst wird als ein höflicher, großmütiger und verhältnismäßig humaner Herrscher geschildert. Sein Hof in Karakorum, der früheren Hauptstadt der Kereit, entfaltete eine ungeheure Pracht und kann wohl als Kulturzentrum des östlichen Zentralasien jener Zeit bezeichnet werden. Unter seiner Herrschaft bildete sich in den Händen uighurischer, chinesischer, persischer und arabischer Beamter eine Zivilverwaltung aus, die eigentlich erst die Sicherung der mongolischen Eroberungen ermöglichte. Ganz Nordchina – 1234 war die Dynastie Jin endgültig gefallen, und die Mongolen beherrschten China bis zum Huai-Fluß – muß damals in recht chaotischem Zustand gewesen sein, da die mongolischen Kommandanten nach Gutdünken die Bevölkerung belasteten.

An den Verwaltungsreformen der Mongolen war maßgeblich Yelü Chucai beteiligt, der diese allerdings nur gegen starke Widerstände durchsetzen konnte. Yelü Chucai, 1189 in eine stark sinisierte, in Zhongdu (d. i. Peking) ansässige Khitanfamilie geboren, wurde 1218 von Dschingis Khan an den Hof nach Karakorum gerufen, dem er bis zu dessen Tod diente. Unter Ögödei führte Yelü, der sich von dem himmlischen Mandat der Mongolen überzeugt zeigte, seit 1230 Reformen durch, doch erstarkten am Hof in Karakorum seit 1235 die antichinesischen Kräfte zusehends, und allmählich setzten sich promuslimische Gruppen durch. Die «Sinisierung» der mongolischen Politik war jedoch nicht mehr aufzuhalten, und unter Khubilai Khan setzte sich, maßgeblich befördert durch dessen Berater Liu Bingzhong (1216–1274), die Zentralisierungspolitk durch. Es galt die Devise: «Obwohl das Reich auf dem Sattel erobert wurde, läßt es sich nicht aus dem Sattel verwalten!»[4]

Die chinesische Bevölkerung hatte die Mongolen nicht als Befreier begrüßt, sondern hatte unter diesen noch mehr als unter den Dschurdschen zu leiden. Die Grenze zwischen den Südlichen Song und den Mongolen verlief entlang dem Huai-Fluß, einer Grenze, welche die Song schon 1140 als Nordgrenze hatten anerkennen müssen. Nur war an die Stelle des Jin-Reiches der sehr viel bedrohlichere Nachbar getreten. Andererseits hegte man am Song-Hofe in Hangzhou doch immer noch die Hoffnung, daß die Gebiete in den «Mittleren Ebenen» einmal unter Ausnutzung der Unzufriedenheit der Bevölkerung wieder heimgeholt werden könnten.

Als Ögödei im Jahre 1241 starb, machten sich Spannungen innerhalb des Mongolenreiches bemerkbar. Dschingis Khans Söhne waren nun alle tot, und in der Annahme, daß die Nachfolge für die Linie Ögödeis bestimmt sei, wurde dessen Sohn Güyük im Jahre 1246 zum Großkhan gewählt. Dieser hatte sich jedoch zuvor schon mit dem Sohn Dschotschis, Batu, dem Khan der «Goldenen Horde», zerstritten. Dieser, der nun der älteste Dschingiskhanide war, verband sich mit Möngke, dem ältesten Sohn Toluis, der von Dschingis Khan als Hofbesteller eingesetzt worden war, gegen die Familie Ögödeis. Während seiner kurzen Regierungszeit (1246–1248) entfremdete sich Güyük die mächtigsten Mitglieder seiner Familie, und zum Zeitpunkt seines Todes – er soll von Batu und Toluis Witwe vergiftet worden sein – stand eine kriegerische Auseinandersetzung unmittelbar bevor. Die Dschingiskhaniden waren nun in zwei Lager geteilt, auf der einen Seite Batu und Möngke, welche die Linie Dschotschis und Toluis vertraten, auf der anderen Seite die Nachkommen Ögödeis und Tschagatais. Ein Khuriltai im Jahre 1250, der die Differenzen beilegen sollte, kam zu keinem greifbaren Ergebnis, und erst auf dem Khuriltai im Jahr darauf setzte Berke, Batus Bruder, die Wahl Möngkes zum Großkhan durch.

Unter Möngke schritten die Mongolen zu neuen Eroberungen. Im Jahre 1253 standen zwei große Expeditionsheere in der Mongolei bereit, das eine befehligt von Möngkes Bruder Khubilai, der das Song-Reich in Sichuan angreifen sollte, das andere unter Führung Hülägüs, der nach Westen zog.

Die vollständige Eroberung Chinas

Khubilai war bei seinem Feldzug gegen die Song so erfolgreich, daß Möngke in ihm eine Gefahr für sich sah, so daß er ihn im Jahre 1257 zurückrief und anschließend gemeinsam mit Khubilai gegen die Song zog. Doch durchkreuzte eine Krankheit seine Pläne, und er starb im Jahre 1259 an der Ruhr. Khubilai kehrte daraufhin in die Mongolei zurück, um dort seinen Anspruch auf die Position des Großkhan durchzusetzen. Als ältester der drei noch lebenden Söhne Toluis war er nicht der natürliche Nachfolger Möngkes, denn die Thronfolge stand dem Jüngsten zu. Noch bevor Khubilai in die Mongolei zurückkehren konnte, hatte sein jüngerer Bruder Arigh Böge einen Khuriltai einberufen, auf dem er sich selbst zum Großkhan wählen lassen wollte. Unterstützt wurde er hierbei offenbar von jenen mongolischen Fürsten, denen die Neigung Khubilais zu den Chinesen nicht paßte. Khubilai berief daraufhin einen Gegen-Khuriltai ein, auf dem er sich zum Großkhan wählen ließ. Khubilai setzte sich schließlich durch und hatte im Jahre 1264 den größten Teil von Möngkes Reich in der Hand.

Als Khubilai zurück in die Mongolei eilte, um dort seinen Herrschaftsanspruch anzumelden und durchzusetzen, war für die Südliche Song die Gefahr zunächst gebannt, konnten sie doch den Abzug der mongolischen Truppen aus Sichuan als Sieg deuten. Die Leitung der chinesischen Politik lag damals in den Händen des Kanzlers Jia Sidao (1213–75). Dieser hatte angesichts der wirtschaftlichen Schwierigkeiten, insbesondere der Ausweitung des Großgrundbesitzes und der Steuerflucht, 1263/64 eine radikale Wirtschaftsreform in Angriff genommen, die sich jedoch nicht mehr landesweit durchsetzen ließ. Khubilai seinerseits hatte nach seiner Wahl zum Großkhan den Song zunächst Koexistenz zubilligen wollen, doch verhielten sich diese ihm gegenüber feindselig. Als im Jahre 1268 der Krieg zwischen den Song und den Mongolen wieder aufflammte, ergaben sich viele der Kommandanten des Song-Reiches kampflos, zumal sie durch die ungeschickte Landenteignungspolitik Jia Sidaos in ihrer Loyalität zur Dynastie Song erschüttert worden waren. Über Xiangyang, die strategisch wichtigste Festungsstadt am Han-Fluß, zogen die mongolischen Truppen unter dem Feldherrn Bayan nach Hangzhou, und die letzten Loyalisten stürzten sich mit zwei mitgenommenen Prinzen im Jahre 1279 bei Kanton ins Meer. Damit war China zum ersten Mal in seiner Geschichte in seiner Gesamtheit unter «barbarische» Herrschaft gefallen und Teil eines – wenn auch sehr bald in unabhängige Teilreiche zerbrechenden – Weltreiches geworden, das sich vom Fernen Osten bis nach Rußland erstreckte und über das in Westeuropa sagenhaft erscheinende Berichte verbreitet wurden, von denen derjenige Marco Polos der bekannteste ist.

Khubilai regierte mehr nach chinesischen als nach mongolischen Traditionen, und die Verlegung der Reichshauptstadt von Karakorum nach Khanbalik (Peking) im Jahre 1264 war nur ein Zeichen der Abwendung von der Steppe. Seit 1267 wurde Peking ausgebaut und eine ganz neue Stadtanlage nordöstlich der aus der Dschurdschen-Zeit stammenden begonnen. 1272 verlegte Khubilai die zentralen Behörden nach Peking, dessen Bedeutung von da an ständig zunahm. Während der Aufbau der Behörden dem Vorbild der Jin folgte und auch die Namen chinesisch waren, lagen Verwaltung und Regierung vorwiegend in der Hand von Nicht-Chinesen. Die Verwaltungssprache war neben dem Mongolischen im allgemeinen das Chinesische. Da die fremden Beamten nahezu niemals der chinesischen Schrift mächtig waren, benötigten die meisten Ämter einen Stab von Übersetzern. Dieses Problem der Mehrsprachigkeit ist nur ein Aspekt des Phänomens der sogenannten Dualen Herrschaft.[5]

Die Rassenpolitik der Mongolen

Unter Khubilai wurden am Hof und in den Provinzen Verwaltungsstellen doppelt besetzt, mit Mongolen oder Zentralasiaten, welche die militärische Macht innehatten, und Chinesen, die die zivile Macht führten. Dabei waren Sprach- und Verständigungsprobleme an der Tagesordnung; selbst Khubilai, der sich doch so um das Image eines chinesischen Herrschers bemühte, vermochte nie mit seinen chinesischen Beratern unmittelbar zu sprechen. Dem Prinzip der Dualen Herrschaft in China entsprach die Rassenpolitik der Mongolen. Danach wurden die Einwohner Chinas in vier Klassen mit abgestuften Rechten eingeteilt. Die Mongolen waren das herrschende Staatsvolk, eine kleine privilegierte Schicht, wenn man bedenkt, daß sie kaum einige Hunderttausend zählten gegenüber einer Gesamtbevölkerung Chinas von rund 100 Millionen, von denen wiederum mehr als 80 % der ackerbauenden und Steuern zahlenden Bevölkerung im Süden, dem Gebiet des ehemaligen Süd-Song-Reiches, lebten. Der Norden war zudem durch die chaotischen Verhältnisse zu Beginn der Mongolenherrschaft entvölkert und ausgelaugt, waren doch die Einwohner ganzer Landstriche Generälen und Fürsten als Apanage geschenkt worden. So lag die Wirtschaftslast auf dem Süden, namentlich der Überschuß-Provinz Zhejiang.

Die zweite Gruppe waren die «Personen mit Sonderstatus» *(semuren)*, meist zentral- und vorderasiatische Verbündete der Mongolen, vielfach Türken, aber auch Perser, Syrer und sonstige «Fremde». Ihnen fiel weitgehend die Finanz- und Vermögensverwaltung zu, und es bildeten sich unter ihnen gildenähnliche Zusammenschlüsse, die bankenmäßige Geschäfte tätigten, Geldverleih betrieben etc.

Die dritte Gruppe waren «Hanren», mit welcher Bezeichnung eigentlich Chinesen benannt wurden, doch faßten die Mongolen alle Einwohner Nordchinas so zusammen, also auch Khitan, Dschurdschen und Koreaner. Als vierte Gruppe galten die Manzi, «Südbarbaren», die ganz überwiegend ja chinesische Einwohner des früheren Südlichen Song-Reiches waren. Ihnen blieben, von Ausnahmen abgesehen, alle wichtigen Ämter versperrt, wozu ein Mittel war, daß man ihnen das Erlernen fremder Sprachen verbot, selbstverständlich auch, um sie aus dem Handel mit Zentralasien herauszuhalten. Natürlich bedienten sich die Mongolen der Literaten zur Durchführung der Verwaltungsarbeit und verhielten sich diesen gegenüber durchaus großzügig. Seit dem Jahr 1324 wurden dann auch wieder die staatlichen Prüfungen durchgeführt. Es spielt also auch hier wieder die alte Nord-Süd-Unterscheidung eine Rolle, die bis in die Gegenwart fortwirkt und die verständlicherweise in Zeiten der Reichsteilung ebenso verstärkt wurde wie in Zeiten der Fremdherrschaft nördlicher Fremdvölker auf chinesischem Boden. Es darf dabei auch nicht übersehen werden, daß sich an den südlichen Rändern bestimmte Typen und Charaktere herausbildeten, die zum Teil aus der kulturellen oder auch blutsmäßigen Vermischung mit dortigen Nachbarn entstanden, so daß Edward H. Schafer von «Kreolen» gesprochen hat.[6]

Die Eroberung Chinas durch die Mongolen hatte sich auf nahezu ein Dreivierteljahrhundert erstreckt. Dies ermöglichte einen allmählichen Anpassungsprozeß, innerhalb dessen sich die Legitimationsformen und – muster verschoben. Auch nach der Erringung der Herrschaft über ganz China setzte Khubilai seine Eroberungspolitik fort, nach Südosten und nach Osten, etwa in Form von Flottenexpeditionen gegen Japan (1274 und 1281) und gegen Java (1293), Expeditionen, die sich jedoch als große Fehlschläge erwiesen. Diese militärischen Unternehmungen zeigen übrigens, daß die expansionistische Dynamik ungebrochen war, die sich in den späteren Jahrhunderten dann noch weiter zeigen sollte. Im Gegensatz zu anderen Staaten auf chinesischem Boden war die mongolische Yuan-Dynastie nur ein Teil eines supranationalen Weltreiches. China war, vor allem zur Zeit der Herrschaft Khubilais, nur eines der verschiedenen Reichsteile (mongolisch: *ulus*), die sich nach den Eroberungen Dschingis Khans herausgebildet hatten.

Legitimation der Mongolenherrschaft

Die meisten Gründer von Dynastien in China gehörten, mit Ausnahme der Gründungsherrscher der Han- und der Ming-Dynastie, der Oberschicht an. Und in den Fällen Liu Bangs und Zhu Yuanzhangs war es so, daß sie nicht sofort den Thron bestiegen, sondern sich zuvor allmählich einen immer höheren Rang verschafften, bis sie die höchste Stufe erreicht hatten. Auch bei Dynastiegründern mit ausländischer Herkunft finden wir dieses Schema. Immer waren sie bereits integriert in das hierarchische und bürokratische System Chinas, und sei es auch nur als Gebietskommandeur (*jiedushi*) des chinesischen Reiches in den Grenzgebieten oder als Träger chinesischer Lehntitel jenseits der Grenzen. Dies trifft beispielsweise zu für Aguda und seine Vorläufer, die für mehrere Generationen Gebietskommandeure – eingesetzt durch die Liao – waren, bis Aguda die Dschurdschen-Stämme vereinigte und gegen seine Khitan-Herren marschierte. Mit anderen Worten: Leute wie Aguda verfügten bereits über legitime Macht, bevor sie in den Status eines chinesischen «Kaisers» (*huangdi*) aufstiegen, auch wenn diese legitime Machtstellung nur eine mittlere war. Der Aufstieg fand also innerhalb des Systems statt, nicht außerhalb.

Im Falle der Mongolen aber finden wir ein anderes Muster vor: sie hatten unter Dschingis Khan bereits eine Staatlichkeit jenseits des chinesischen Territoriums und unabhängig von chinesischer Staatlichkeit entfaltet, bevor sie nach China eindrangen. Freilich, dies ist von manchen angezweifelt worden, die sich auf Berichte stützen, aus denen hervorzugehen scheint, daß bereits um 1147 den Mongolen von den Jin (Dschurdschen) Titel verliehen worden waren; doch es bleibt die Tatsache bestehen, daß die Mongolen selbst diese frühe organisierte Staatlichkeit mit Regierungsdevise nicht als Legitimationsargument benutzten. Die Tatsache, daß der Aufstieg der Mongolen außerhalb des chinesischen Systems erfolgte, und nicht einmal am Rande desselben, bleibt unbestreitbar.

In China ging die Übergabe kaiserlicher Herrschaft, die *translatio imperii*, häufig auf dem Wege freiwilliger Abdankung *(shanrang)* vor sich. Im Fall der Mongolen fand eine solche Abdankung und Übergabe nicht statt, auch nicht in Form eines Pseudokontraktes. Die Mongolen erhielten ihre Legitimation von außerhalb des chinesischen Reiches, auch wenn sich dann während der Mongolenzeit einige Literaten nachdrücklich darum bemühten, die Legitimation der Yuan-Dynastie in der Reihe einer legitimen chinesischen Dynastienfolge zu begründen.[7] Welche Insignien zur Legitimation im innerchinesischen Kontext erforderlich waren, brachte einmal Yang Po gegenüber Aguda, dem ersten Dschurdschen-Herrscher, zum Ausdruck: «Seit alters her gilt, daß, wenn tapfere Helden einen Staat gründen, sie ihren Rang entweder durch freiwillige Abdankung erhalten oder den mächtigeren Staat um ein Einsetzungdokument bitten. Daher wurde ein Gesandter (zu den Liao) geschickt, um ein solches Dokument zu erbitten.» Yang Po zählt dann zehn Punkte auf, um die es bei diesen Dokumenten gehen solle und die verbindlich geregelt werden sollten. Neben dem Zugeständnis bzw. der Überlassung bestimmter Insignien und Herrschaftssymbole war der Gesandtschaftsaustausch und die Tributhöhe zu regeln: «6. Es sollte eine Beziehung mit den Liao wie zwischen älterem und jüngerem Bruder unterhalten werden. – 7. Gesandtschaften sollten zu den Geburtstagen der Herrscher und zum Neuen Jahr ausgetauscht werden. – 8. Jährlich sollten 250 000 Unzen Silber und Seidenballen des selben Wertes gezahlt werden, 50% dessen, was die Song jährlich (den Liao) zahlten.»[8]

Agrarsoziale Spannungen und das Ende der Mongolenherrschaft

Von allen Völkern, die bis dahin Teile Chinas beherrscht hatten, waren alle verschwunden oder waren doch nicht Träger eigener Staaten geblieben. Anders im Falle der Mongolen, die auch nach dem Verlust ihrer

Herrschaft über China ein wichtiger Machtfaktor blieben und in ihr eigenes Selbstbild zahlreiche jener legitimierenden Elemente übernahmen, die ihren Fürsten während ihrer Herrschaft über China von den chinesischen Beratern empfohlen worden waren.

Das Ende der Mongolenherrschaft scheint leicht erklärt. Franke und Trauzettel schreiben dazu: «China war zu groß, um von einem fremden Eroberer auf die Dauer gehalten werden zu können, es sei denn, die Invasoren vertrauten sich in der Regierungsweise den stabilisierenden Kräften der chinesischen Institutionen an. Gerade dies aber war den Mongolen nicht gelungen, und vielleicht war es auch gar nicht von ihnen gewollt.»[9]

Die Gründe für den Untergang der Yuan-Herrschaft waren aber nicht nur interner, sondern auch externer Natur. Im Kernland des Mongolenreiches, der Gegend westlich des Baikal-Sees, hatten sich jene Kräfte um Khaidu, einen Enkel Ögödeis (reg. 1229–41), gesammelt, die sich an den Traditionen der Steppe orientierten. Es brach also der Widerspruch zwischen Sinisierung und Bewahrung der Steppentraditionen auf wie bereits unter den Tuoba im späten 5. und frühen 6. Jahrhundert und dann auch bei den Dschurdschen. Gegen Khaidu hatte Khubilai (starb 1294) mehrfach militärische Erfolge erzielt, doch blieb Khaidu über den Tod Khubilais hinaus eine Bedrohung; erst unter der Herrschaft Temürs beendete der Tod Khaidus (1301/02) die aggressive Politik der westlichen Mongolen.

Damit war die Steppe als bestimmender Faktor der Politik des Yuan-Reiches jedoch nicht ausgeschaltet. Bei der Auseinandersetzung um die Nachfolge Temürs nach dessen Tod Anfang des Jahres 1307 vermochte sich Khaishan (starb 1311), der Vertreter der Steppe, gegen seinen jüngeren Bruder Ayurbarwada durchzusetzen. Bei näherer Betrachtung der Konfliktsituation wird deutlich, daß die Nachfolgefragen auch bei den Yuan-Herrschern nur noch in den Begriffen der Konfuzianer ausgetragen werden konnten. Es standen sich gegen Ende der Yuan-Zeit also Fraktionen gegenüber, die den streitenden Gruppen während der Nördlichen Song nicht unähnlich waren. Die Tatsache, daß es sich bei den Protagonisten des Streites um Mongolen und *semu*-Bürokraten handelte, muß hierbei eher als Nebensache erscheinen. Es war also nicht die Verweichlichung der Mongolen, die, wie bisweilen behauptet, den Niedergang der Mongolenherrschaft in China bewirkte, sondern vor allem der Umstand, daß der schwache bürokratische Apparat nicht mit den agrarsozialen Spannungen fertig wurde. Die Gründe für den Untergang der Yuan nach zahlreichen sich ausweitenden lokalen Aufständen und jene für den Zusammenbruch der vorangegangenen Song sind also nicht so sehr voneinander unterschieden, wie es zunächst scheint.

Als im Jahre 1307 die Brüder Khaishan und Ayurbarwada um die Thronfolge stritten, setzte sich der Vertreter der Steppe durch; als im Jahre 1328 wieder zwei Brüder, Khoshila und Tugh Temür, um die Thronfolge stritten, setzte sich der Vertreter Chinas durch. Ein «Kampf zweier Linien» also. Bereits seit der Verlegung der Hauptstadt nach Peking unter Khubilai hatte sich die Linie der Dschingiskhaniden, die das Großkhanat besetzten, dort gehalten. Dies zeigt einen deutlichen Vorteil der Ackerbau-Regionen gegenüber jenen der Steppe. Khaishan, durch die Anhänger der Steppentradition gestützt, tat seinerseits jedoch alles, die Bedeutung des östlichen Teils des Mongolischen Reiches gegenüber der Zentrale herabzumindern, indem er nämlich dem nördlichen und nordwestlichen Zentralasien einen Provinzstatus verlieh und ein Netz zentralisierter bürokratischer Verwaltung einrichtete. Man kann diesen Vorgang mit gutem Recht als *roll back* traditioneller chinesischer Herrschaftsmuster bezeichnen. Dabei versuchte sich Khaishan den mongolischen Adel dadurch gefügig zu machen, daß er ihn mit einem abgestuften System von chinesischen Prinzen- und Königstiteln belegte. Mit diesen einschneidenden Veränderungen in der Steppenperipherie, veranlaßt durch die Zentralregierung, war solchen oppositionellen Bewegungen wie denen Arigh Böges und Khaidus das Wasser abgegraben.

Unter diesen Bedingungen ist es verständlich, daß sich Tugh Temür gegen seinen Bruder Khoshila, den «Vertreter der Steppe», durchsetzte. Damit war die Entwicklung der Mongolei von der Rolle als Zentrum der Herrschaft (bis 1260) über einen eher anarchischen Status (1260–1307) zu verwaltungsmäßiger Unterordnung unter die Yuan-Herrschaft abgeschlossen. Das zwiespältige Verhältnis der Mongolen zu ihrer neuen Umgebung wird auch deutlich an dem Unterschied zwischen Bayan und Toghto. Zwar waren Toghto und Bayan beide Mongolen aus dem Klan der Merkiten; Bayan war bei der Niederwerfung Khaidus beteiligt sowie an der Restauration von 1328. Eigentlich berühmt und berüchtigt ist er wegen seiner antikonfuzianischen Politik als Kanzler in den Jahren 1335 – 40. Ihm folgte sein Neffe Toghto (oder: Toqto, 1313–55), der abermals die Wiedereinführung der literarischen Examina durchsetzte, die bereits unter Kaiser Renzong (1312–20) für einige Jahre bestanden hatten. Ihm, Toghto, ist auch die Kompilation der Reichsannalen der Dynastien Song, Liao und Jin zu danken. Aufgrund von Verleumdungen wurde Toghto jedoch im Jahre 1344 gezwungen, zurückzutreten, und er konnte erst später wieder als Kanzler (1349–54) wirken. Denn eine konservative Fraktion unter Berke Buqa (starb 1350) setzte auf jene Konservativen in der Beamtenschaft, die in Toghto einen Shang Yang oder einen zweiten Wang Anshi vermuteten, womit sie sich implizit gegen eine rationale Bürokratie stellten und damit dem chinesischen Einheitsreich entgegenarbeiteten. Wie gering allerdings das Zusammengehörigkeitsgefühl und die Möglichkeiten zur Mobilisierung von Widerstand bei der chinesischen Bevölkerung entwickelt waren, wird daran ablesbar, daß sie sich trotz erheblicher, zum Teil grausamer Unterdrückung durch die mongolischen Besatzer nicht wirklich nachhaltig zur Wehr setzte.

Die Mongolen in China nach dem Ende der Yuan-Dynastie

Mit der Ming-Dynastie und der langen Herrschaft ihres Gründers Ming Taizu (regierte 1368–98), der gerade das Gegenteil der ineffizienten Herrschaft während der Mongolenzeit durchzuführen sich vorgenommen hatte, endete die Mongolenherrschaft in China. Doch bis heute lebt auf dem Gebiet der Inneren Mongolei ein überwiegend unterschwellig schwelender Konflikt zwischen han-chinesischen Siedlern, Mongolen und anderen Ethnien am Rande der Steppenzone fort. Der hier wie in anderen Grenzgebieten Chinas seit dem 19. Jahrhundert verstärkt zu beobachtende Prozeß der Kolonisierung der Randzonen Chinas hat diese Spannungen eher verstärkt.[10] Dabei hatte die Pekinger Siedlungspolitik zu Beginn des 20. Jahrhunderts – 1906 war in Peking eine Einwanderungsstelle *(Yiminju)* für die Mongolei eingerichtet worden – dazu beigetragen, daß es 1911 in der Mongolei zu einer Unabhängigkeitsbewegung kam, bei der sich erstmals in der Neuzeit ein ostasiatisches Land von seinen Besatzern, Chinesen und Mandschus, befreite.[11] Walther Heissig schrieb hierzu im Jahre 1941: «Vor der Revolution 1911 gab das chinesische Kolonisationsgesetz den chinesischen Siedlern die Möglichkeit, sich im Weisegebiet der heutigen mandschurischen Mongolengebiete anzusiedeln. Die Aufstände der Jahre 1911 und 1915 gegen diese immer mehr Boden an sich reißende chinesische Siedlertätigkeit konnten diese nicht aufhalten. ... Seit 1926 drangen etwa 1 Million chinesischer Einwohner jährlich in die Mongolensteppe vor.»[12]

Mongolische Einigungsbewegungen hatte es nach dem Zusammenbruch der Yuan-Dynastie während der Ming-Dynastie mehrfach gegeben, und auch noch zur Zeit der Mandschu-Herrschaft, als diese, bis in die Mitte des 18. Jahrhunderts, nach und nach alle mongolischen Länder ihrem Imperium einverleibte. Insbesondere im 19. Jahrhundert kam es erneut zu «nationalistischen» Strömungen, begünstigt durch die Auflösungserscheinungen in der Mandschurei am Ende des 19. Jahrhunderts, die ihrerseits durch den Bau der Mandschurischen Eisenbahn durch Rußland im Jahre 1896, die Besetzung Koreas durch die Japaner seit dem Sommer 1894 und durch die Besetzung von Tsitsihar, Kirin und Mukden durch die Russen im Zusammenhang mit dem Boxer-Aufstand von 1900 neue Nahrung erfuhren. Nicht zuletzt unter dem Einfluß der mongolischen Unabhängigkeitsbewegung erklärte dann auch Tibet am 6. Januar 1913 seine Unabhängigkeit.

Durch die Auflösung der Sowjetunion und die Selbständigkeit der bis in die zweite Hälfte der 1980er Jahre als enger Satellit der damaligen UdSSR bestehenden Äußeren Mongolei hat sich die Beziehung zwischen der chinesischen Inneren Mongolei und diesem neuen Staat vereinfacht; dabei muß offen bleiben, ob die in der Inneren Mongolei lebenden Mongolen in Zukunft engere Beziehungen zur Mongolei suchen werden.[13] Das Interesse Chinas an den Entwicklungen in der Mongolei jedoch ist nachhaltig und zeigt sich etwa in der Unterstützung der Revolutionären Forschrittspartei durch die Kommunistische Partei der Volksrepublik China während des mongolischen Wahlkampfes im Sommer 1992. Damit wird im übrigen eine längere Tradition fortgesetzt, die etwa in der Bestrebung Mao Zedongs in den 30er Jahren des 20. Jahrhunderts ihren Ausdruck fand, die Mongolei zu einem Teil einer chinesischen Föderation werden zu lassen, eine Vorstellung, die selbst in der Republik China auf Taiwan ihre Anhänger hat.[14]

14. Expansion nach außen und innere Kolonisation

Das Einigungswerk Zhu Yuanzhangs

Neben Grausamkeiten gegenüber der Bevölkerung, schlechter Verwaltung und der Belastung durch den Konflikt zwischen Sinisierung und Bewahrung der Steppentradition hatten auch Naturkatastrophen zum Niedergang der Mongolenherrschaft beigetragen. So hatte der Huanghe, der «Gelbe Fluß», seit 1327 große Überschwemmungen mit sich gebracht. Hinzu kam die Mobilisierung sektenähnlich organisierter Gruppen. In der nordchinesischen Ebene dominierte die Geheimgesellschaft Rote Turbane *(huangjin)* unter der Führerschaft des Han Shantong, der eine Reinkarnation Maitreyas und ein Nachkomme Song Huizongs gewesen sein soll, mit dem «Auftrag», die Barbaren aus dem Lande zu treiben. Als dann Ende 1354 der Yuan-Hof den Kanzler Toghto entließ, begab er sich damit der Möglichkeit, die Aufstände im Gebiet zwischen Huai- und Yangzi-Tal zu unterdrücken.

1355 übernahm Zhu Yuanzhang (1328–98), der 1344 zur Zeit einer großen Hungersnot in einem Kloster Zuflucht gefunden hatte, das Kommando des Guo Zixing, eines der Kriegsherren jener Zeit, dem er seit 1348 als Anführer einer Gruppe von Aufständischen gedient hatte. Nachdem seine Truppen eine gewisse Stärke gewonnen hatten, vermochte er in erstaunlich kurzer Zeit die Herrschaft über große Teile des Reiches zu erlangen. 1359 besetzte er Nanjing und Umgebung, 1363 beherrschte er bereits ganz Zentralchina, was er dadurch bekräftigte, daß er sich zum «König des Staates Wu» (Wuguowang) ausrief. Bis zum Jahr 1364 hatte es verschiedene Versuche einzelner Kriegsherren gegeben, untereinander Allianzen einzugehen. Nach der Ausschaltung einiger Rivalen im Unteren Yangzi-Gebiet und in Zhejiang[1] rief Zhu Yuanzhang schließlich im Jahre 1368, nachdem er auch Peking erobert hatte, die Große Ming-Dynastie aus, deren Aufbau und Konsolidierung er in den folgenden drei Jahrzehnten seiner Herrschaft fortsetzte.

Der Ming-Gründer mußte die durch die Fremdherrschaft der Mongolen und deren Vorgänger zerrütteten Strukturen neu festigen, wobei eine

der größten Schwierigkeiten darin bestand, die Orientierung der Literatenschicht an den regionalen Interessen soweit zurückzudrängen, daß sie
sich wieder der Dynastie verpflichteten. Jedenfalls waren die despoti-
schen Züge des Ming-Gründers vielleicht weniger ein Erbe der angeblich
so brutalisierenden Mongolenherrschaft,[2] sondern der Versuch, die «un-
strukturierten und lockeren Züge der mongolischen Herrschaft zu überwinden».[3] Diese Sichtweise hat Herbert Franke folgendermaßen zusammengefaßt: «Aus heutiger Sicht können wir also folgern, daß der chinesische Staat unter den Ming gestärkt werden mußte, weil er durch die
vorangegangenen Fremdherrschaften entscheidend geschwächt worden
war.»[4] Tatsächlich hatte Ming Taizu selbst die Mongolenherrschaft als
nachlässig und lax gekennzeichnet.[5]

Die Vereinigung des Reichsgebietes unter seiner Herrschaft dauerte
jedoch fast 20 Jahre und war erst im Jahre 1387 abgeschlossen. Die nach
seiner Regierungsdevise bezeichnete Periode Hongwu (1368–98) und die
Zeit der Regierung des Yongle-Herrschers (1403–24) waren noch von
diplomatischer und zugleich militärischer Expansion sowie von seewärtigen Expeditionen begleitet. Bereits seit 1364 war die Außenpolitik von
drei Aspekten gekennzeichnet:[6] 1. Sicherung der Nordgrenze und Errichtung von Militärkolonien. 2. Eroberung und Assimilierung im Süden und
Westen, bei der jedoch 1427 der Yongle-Kaiser bei einer Expedition gegen
Annam eine große Niederlage erlitt. 3. Die Beziehungen nach Osten und
Südosten waren bestimmt durch Handelsbeziehungen und Tributge-
sandtschaften. Der berühmteste Bericht aus diesem Zusammenhang ist
jener über die Reisen des großen Seefahrers Zheng He von dessen Begleiter Ma Huan unter dem Titel «Wunder der Meere» (Yingya shenglan).[7]
Diese expansive Politik wurde seit der Mitte des 15. Jahrhunderts durch
eine Phase des Rückzugs und der Verteidigung abgelöst. Im Vergleich
zur vorhergehenden mongolischen Yuan-Dynastie schrumpfte China.

Fremdenpolitik der Ming-Herrscher

Während der ersten Phase der Ming-Zeit waren nicht alle Chinesen
auf der Seite der neuen Dynastie, der andererseits zahlreiche in China
zurückgebliebene Mongolen dienten.[8] Dabei wurden weder die mit
den Mongolen geflohenen Chinesen als Verräter noch die in China
verbliebenen Mongolen als Eindringlinge betrachtet, und es ist die
Beobachtung wohl zutreffend, daß es während der Frühzeit der
Ming-Dynastie in China keinen Nationalismus gegeben habe. Vielmehr gab es Loyalität gegenüber einem Herrscherhaus oder einem
General oder sonstigen charismatischen Gestalten oder Familien-
bzw. Klanoberhäuptern. Andererseits aber hatte es vor der offiziellen
Gründung der neuen Dynastie gewisse «nationale» Töne gegeben.
Am 15. November 1367 hatte Zhu Yuanzhang erklärt: «China liegt in

Das Ming-Reich
1368-1644

0   500   1000 km

*Von 1279 bis 1368 war China ein Teil des Mongolischen Weltreiches gewesen,
bei dessen Zerfall sich die «nationale» Ming-Dynastie gebildet hatte.*

der Mitte, um die Yi und die Di[-Barbaren] zu regieren, und die Yi und
Di leben an den Rändern, um China zu dienen. Niemals jedoch ist davon die Rede gewesen, daß sich die Yi und Di in China niederlassen
und das Reich regieren.[9] ... Daher will ich die barbarischen Anführer
vertreiben und den Unruhen ein Ende bereiten.»[10] Diese Erklärung war,
wie Henry Serruys hervorhebt, nicht gegen die Mongolen als solche
gerichtet, wie auch aus einer späteren Passage der Erklärung deutlich
wird, wo es heißt: «Die Mongolen und die ‹klassifizierten Leute› *(simu-
ren)* sind, auch wenn sie der Rasse nach keine Chinesen sind, doch zwischen Himmel und Erde geboren. Jene, die unter den Einfluß unserer
Zivilisation geraten sind und unsere Untertanen sein wollen, werden
genauso wie Chinesen behandelt.»[11]

Andererseits sollten Mongolen in chinesischen Diensten nicht berechtigt sein, eigenmächtig ihre Namen zu ändern, woraus ersichtlich wird, daß eine gewisse Unterscheidung nach Volkszugehörigkeit durchaus bestehen bleiben sollte, so wie sie ja seit alters her getroffen worden war.[12] Die erklärte Politik des Ming-Hofes gegenüber den Mongolen ebenso wie gegenüber Angehörigen anderer Völker in China war jedoch deren Sinisierung. Wie sehr dies eine bewußte Politik war, wird deutlich anhand einer Erklärung des Hongwu-Kaisers, die er anläßlich jener Nachricht vom 15. März 1378 abgab, die besagte, in Liangzhou (Provinz Gansu) seien 25 frühere Beamte des Yuan-Hofes festgenommen worden und 1960 Mann hätten sich ergeben: «Der Mensch kann von Natur aus stets gut handeln; die Barbaren durch chinesische [Sitten] zu bekehren ist die Lehre der Alten. Die jetzt festgenommenen Yuan-Beamten und diejenigen Männer, die sich ergeben haben, sollen in das Reich gebracht werden, wo sie sich den Lehren unserer Heiligen unterwerfen und nach und nach unsere Riten und Umgangsformen lernen und ihre bisherigen Umgangsformen ablegen können.»[13] Dieses großzügige Verhalten gegenüber Fremden, auch dann, wenn sie sich zunächst unbotmäßig verhielten, blieb ein Kennzeichen auch späterer Politik. So bemerkte der Yongle-Kaiser, nach der Niederschlagung eines kleineren Aufstandes von Mongolen, vor dem er sogar gewarnt worden war: «Leute aus der Ferne, die sich ergeben, behandele ich mit äußerster Korrektheit und ohne sie zu verdächtigen. Hätte ich eurem Rat folgend gegen diese Rebellen vorsorglich Soldaten entsandt, wäre es zu großen Verlusten an Material und Leuten gekommen. Der Grund, warum ich nicht gleich Truppen dorthin schickte, war der, daß ich mich großmütig zeigen wollte; ich wollte nicht behaupten, daß wilde Wölfe niemals zu zähmen seien.»[14] Im gleichen Jahr wandte sich der Yongle-Herrscher vehement gegen Vorwürfe, er beschäftige «Barbaren» in seiner Leibwache; Fähigkeit habe nichts mit Volkszugehörigkeit zu tun, und in allen früheren Dynastien habe es Ausländer in chinesischen Diensten gegeben, wobei er freilich unterschlägt, daß es auch schon Zeiten stärkerer Fremdenfeindlichkeit gegeben hatte, wie etwa in Phasen der Tang-Zeit und der Song-Zeit.[15]

Konsolidierung des Einheitsstaates

Die Ming-Dynastie führte die Einigungspolitik der Mongolen-Dynastie fort, und während in der Zeit seit 221 v. Chr. bis 1279, dem Datum der Reichseinigung durch die Mongolen, China länger geteilt war (59 %) als vereinigt (41 %), gelang es nun den Ming-Herrschern, das Einigungswerk auf Dauer zu sichern. Edward L. Dreyer formuliert dies folgendermaßen: «Die Errichtung und Aufrechterhaltung der Reichseinheit in der Anfangsphase der Ming-Zeit war eine außergewöhnliche Leistung, zumal sie unter widrigen Umständen vollbracht wurde, die in früheren Zeiten immer

wieder zum Verlust der Einheit geführt hatten.»[16] Diese Leistung ist um
so beachtlicher, wenn man sich vor Augen hält, daß zu Beginn der Ming-
Herrschaft durchaus die Möglichkeit zu einer «Refeudalisierung» bestanden hatte, gab es doch in Ansätzen eine Adelsschicht und eine Schicht
erblicher Militärführer. Die Lösung der frühen Ming-Herrscher bestand
nun darin, das Heer ganz einer zivilen Kontrolle zu unterwerfen. Dem
Zusammenhalt dienten aber auch, wie oben angedeutet, eine ideologische Kontrolle und erzieherische Maßnahmen, wobei auch die Kontrolle
der Religionen eine wichtige Rolle spielte. Überhaupt war es eine allgemeine Verständigung über geteilte Wertorientierungen, durch welche die
zivile Ordnung gestützt und das Reich zusammengehalten wurde.[17]

Bedeutung Pekings als Hauptstadt für die Ming und die Mandschu

Warum verlegte Yongle (1403–24) die Hauptstadtfunktionen schrittweise
und dann 1420–21 ganz von Nanjing nach Peking? Er hatte doch, im
Gegensatz zu den Mongolen und den späteren Mandschu, jenseits der
Mauer im Norden nur Feinde. Aber genau hierin liegt der Grund! Denn
wenn die Hauptstadt in Nanjing geblieben wäre, hätte der Bestand der
Ming vielleicht gesichert werden können, aber nur wie im Falle der Südlichen Song-Dynastie, nämlich unter dem möglichen Verlust von Teilen
des Nordens.[18] Die Hauptstadtverlegung war also eine Bedingung zur
Wahrung der Reichseinheit. Zugleich wurde damit eine Hauptstadtent-
scheidung getroffen, die es dann den Mandschu in der Mitte des 17. Jahrhunderts erleichterte, die Herrschaft über China zu erlangen.

Eine Folge der Hauptstadtverlegung war indessen die Entfremdung
der Regierung von der Lebens- und Handelswirklichkeit des Südens, des
seit jener Zeit bis zum heutigen Tage prosperierendsten Teils Chinas – ein
Problem, das sich am Ende des 20. Jahrhunderts erneut stellt. Mit dem
Ende der Yongle-Ära erfolgte auch, bedingt nicht zuletzt durch Widerstand von seiten der Nomaden in der Mongolei, ein Rückzug der Ming-
Truppen an den Grenzen. Und in der Zeit zwischen 1438 und 1449 kam
es sogar zu mehreren mongolischen Angriffen auf das Reich, und nach
einer schweren Niederlage des chinesischen Heeres wurde sogar der Kaiser von den Mongolen gefangengenommen. Andere Gefahren an den
Rändern traten hinzu, nicht zuletzt das mit zunehmendem Seehandel
wachsende Piratentum, insbesondere japanischer Piraten, das schließlich
zu einer seewärtigen Abschließungspolitik, der sogenannten Seeverbotspolitik, führte.[19] Die technischen Veränderungen und insbesondere die
Fortschritte in der Waffentechnik hatten ja nicht nur den Regierungstrup-
pen Vorteile verschafft, sondern waren auch Rebellenbewegungen zugute
gekommen. Die Gründe für den Zusammenbruch der Dynastie im
17. Jahrhundert sind dann vor allem in der Unfähigkeit der Regierung zu
suchen, mit den durch eine neue wirtschaftliche Prosperität im 16. Jahr-

hundert einhergehenden sozialen Veränderungen und Spannungen fertig
zu werden bzw. angemessen auf diese zu reagieren.[20]

Während von manchen der «Zusammenbruch der Ming-Herrschaft»
im wesentlichen als ein Zusammenspiel innerer Unruhen und der Staatsbildung jenes Stammes von Dschurdschen, die sich dann Mandschu nennen sollten, dargestellt wird,[21] sind von anderen die staatliche Finanzkri-
se der letzten 50 Jahre, die politische Krise, insbesondere der Konflikt
zwischen Beamten und Eunuchen, sowie die großen Volkserhebungen
herausgestrichen worden.[22] Der Aufstieg des Dschurdschen-Stammesfür-
sten Nurhaci (1559–1626), 1606 bereits von den Khalkha-Mongolen zum
Khan ernannt, 1616 Khan von Jin, wurde von seinem Nachfoger Abahai
fortgesetzt, der 1629/30 nach Nordchina einfiel; doch erst 1636 nannte er
seine Dynastie «die Große Qing» *(Da Qing)*.[23] Begünstigt wurde die
Machtübernahme der Mandschu durch die seit 1629 verstärkten Aufstandsbewegungen in Shaanxi, Gansu und Shanxi, die schließlich unter
die Führung von Li Zicheng (1605–1645) und Zhang Xianzhong (ca.
1605–47) gerieten. Als Li Zicheng im Jahre 1644 Peking eroberte und der
Kaiser sich erhängte, nicht ohne zuvor seiner Tochter aus lauter Aufge-
regtheit – er hatte sie eigentlich töten wollen – einen Arm abgehackt zu
haben, kam es auf das Verhalten des Kommandeurs der Nordtruppen an.
Dieser, namens Wu Sangui, stellte sich dann auf die Seite der Mandschu
– und damit war das Schicksal der anderen Kriegsherren bzw. der Aufständischen besiegelt.

Die Leistung der Mandschu-Dynastie bestand hinsichtlich der Struktur
dieses tungusischen Volkes in der Transformation des Systems der Stam-
mesgesellschaft in eine zentralistische Herrschaft mit chinesischen Insignien[24], wobei die chinesischen Gefolgsleute *(baoyi)* eine wichtige Rolle
spielten. Bei der Sicherung des Reiches spielte wieder die Expansionspolitik eine entscheidende Rolle, durch die innere Spannungen verdeckt
werden konnten. Seine größte Ausdehnung erreichte das Reich im Jahre
1759, eine Ausdehnung über die Außengrenzen der heutigen Volksrepublik China hinaus; doch war es den Mandschu erst 1751 gelungen, sich
endgültig in Tibet festzusetzen, ein Umstand, der gegenwärtig von der
Zentralregierung nur ungern zur Kenntnis genommen wird.

Grenzpolitik, Rassentrennung und die Flüchtlingsfrage

Die Ming-Dynastie hatte mit ihrer Gründung die Mongolen aus der
«Mittleren Ebene» *(Zhongyuan)* endgültig vertrieben und chinesische Militärkolonien jenseits der Großen Mauer etabliert, um die Nordgrenze zu
sichern. Doch auch weiterhin wurde die Nordgrenze als gefährdet betrachtet. So äußerte der Gelehrte Zhun Yunming etwa um das Jahr 1520:
«Die fernen Völker jenseits der Meere und all unsere behaarten und ge-
fiederten Nachbarn sind, auch wenn sie ähnlich aufrecht gehen wie Men-

schen, nicht von unserer Art. Sie organisieren sich in Konföderationen, und wenn man sich ihnen nähert, verhalten sie sich wie Ameisenvölker oder Bienenschwärme.»[25] So wurden Widerstände gegen die Ansiedlung von Mongolen oder Zentralasiaten in China begründet.[26] Schon der Reichsgründer Ming Taizu hatte die Japaner, Koreaner und die Bewohner von Annam (heutiges Nord-Vietnam) als «nichts anderes als Moskitos und Skorpione» bezeichnet, die Nordvölker hingegen als «Gefahr für unser Herz und unseren Bauch»,[27] und in der Tradition der Wehrsiedlungen hatte er entlang der Nordgrenze ein «*weisuo*» genanntes Wehrdörfer-System errichtet.[28]

Diese Militarisierung der Nordgrenze erschwerte im 17. Jahrhundert dann die Eroberungsfeldzüge der Mandschu-Truppen, und Aufstände in Shandong ebenso wie Muslimaufstände im Westen – der bedeutendste fand 1648 statt – sowie die sich nach Süden zurückziehenden Ming-Loyalisten machten China während der Eroberung durch die Mandschu-Banner zu einem einzigen Kriegsschauplatz. Gerade wegen dieser anhaltenden Widerstände führte der Übergang von der Ming- zur Qing-Dynastie zu einer grundlegenden Veränderung Chinas. In den Städten galt strikte Rassentrennung, Heiraten zwischen Mandschuren und Chinesen waren verboten, und insbesondere im Norden wurden zahllose Bauern enteignet und statt dessen Staatsdomänen eingerichtet.[29] Andererseits hatten sich im Zuge der Eroberungskriege einzelne administrative und militärische Kader, die sich frühzeitig von der Ming-Dynastie abgesetzt und auf die Seite der Mandschus geschlagen hatten, ihre eigene Machtbasis geschaffen und suchten nun ihrerseits regionale Selbständigkeit. So mußten die Mandschu-Truppen dann auch solche separatistische Bestrebungen unterbinden und insbesondere im Südwesten und im Süden abermalige Eroberungsfeldzüge führen. Mit der Einnahme von Guizhou im Jahre 1681 endete daher erst die Eroberungszeit – 1683 wurde Taiwan endgültig eingenommen –, und von da an konnte sich das Mandschu-Reich konsolidieren, so daß dann im 18. Jahrhundert China unter fremder Herrschaft eine beispiellose Blüte erlebte.[30] Doch die Spannung zwischen Zentral- und Lokalgewalt blieb bis in die Endphase dieser Dynastie latent erhalten und prägte die Konflikte zu Beginn des 20. Jahrhunderts.

Die Grenzen für die Mandschu-Dynastie lagen nicht nur am Rande, sondern – und dies ist bis heute so geblieben – auch im Inneren. Insbesondere infolge des raschen Bevölkerungswachstums und des dadurch bedingten Bevölkerungsdrucks in den traditionellen Siedlungsgebieten drängten chinesische Siedler nicht nur in neu eroberte Gebiete an den Grenzen, sondern auch in bis dahin gemiedene Wald- und Sumpfgebiete im Inneren Chinas. Eines der letzten besiedelten inländischen Berggebiete war das Bashan genannte Gebirge zwischen dem südlichen Shaanxi, Hubei und Sichuan.[31]

Eine besondere Seite der chinesischen Grenz- und Außenpolitik, die mit dem Selbstverständnis Chinas als Zentrum von Kultur schlechthin aufs engste zusammenhängt, ist der Umgang mit Asyl suchenden Fremden.[32] Denn von dem chinesischen Kaiser sollten alle Menschen wie «seine Kinder» behandelt werden. So verkündete der Qianlong-Kaiser im Jahre 1746 den Dsungaren: «Wir regieren den gesamten Erdkreis und trennen nicht zwischen ‹innen› und ‹außen›. Wir betrachten alle gleichermaßen mit Menschlichkeit. Wir tragen Sorge, daß jedes Lebewesen seinen ihm gemäßen Ort findet.»[33] Zwar gab es in den zwischen China und seinen nördlichen Nachbarn geschlossenen Grenzverträgen in der Regel auch Klauseln über die gegenseitige Auslieferung von Flüchtlingen, deren Einhaltung sogar als Prüfstein für Vertragstreue gewertet wurde, doch wurden andererseits «Flüchtlinge» von chinesischer Seite immer auch ermuntert, das chinesische Territorium aufzusuchen. Zu dieser Maßnahme «induzierter Massenflucht» (E. Rosner) wurde während der Ming-Zeit, aber auch während der Mandschu-Zeit immer wieder gegriffen, und dadurch gelang es etwa dem Qianlong-Kaiser, die Torghuten wieder chinesischer Hoheit zu unterstellen.[34]

Bemerkenswert in diesem Zusammenhang ist die in außenpolitischen Schriften und in diplomatischen Dokumenten der Ming-Zeit noch anzutreffende Unterscheidung zwischen «wirklichen» Barbaren (zhenyi) und «chinesischen» Barbaren (Hanyi),[35] während in der Mandschu-Zeit nur noch von Leuten die Rede ist, die «kommen, um sich zu unterwerfen» (touxiang, laixiang) oder ihre «Loyalität erklären» (toucheng). Daß diese Begriffe die schlichte Unterwerfung anzeigen, zeigt ihre Nähe zu der strafrechtlich relevanten Terminologie, in der die Wendungen «sich loyal zeigen und sich den Behörden stellen» (toucheng zishou) oder «sein Verbrechen bereuen und sich loyal erklären» (huizui toucheng) die Selbstanzeige von Straftätern umschreiben.[36]

Ein wesentliches Mittel zur Sicherung des Anspruchs waren die Berichte der örtlichen Beamten, die zu den von ihnen verwalteten Gebieten Handbücher und Enzyklopädien verfertigten, in einer Tradition der Lokalgeschichtsschreibung, die seit der Song-Zeit fest etabliert war und bis in die Gegenwart lebendig geblieben ist. Gerade zu den Grenzgebieten wurden nicht nur die bekannten Niederwerfungsberichte, sondern auch Handbücher und Enzyklopädien zu Geographie und Geschichte in Auftrag gegeben, so daß die «Sinisierung» dieser Gebiete und deren Sicherung für das chinesische Reich ganz wesentlich auch eine historiographische Seite hat. Die Verarbeitung der Fremde in solchen Berichten, aber auch in der zum Teil von verbannten Literaten verfaßten Literatur und in den sogenannten Miao-Alben ist ein deutlicher Ausdruck kolonialer Gesinnung. So schrieb etwa Ji Yun (1724–1805) über den Nordwesten im Jahre 1771: «Ich bin jetzt selbst in die Grenzgebiete gegangen und habe Gesehenes und Gehörtes zusammengetragen, in dem Wunsche, daß alle innerhalb und außerhalb des kaiserlichen Gebietes und der Ozeane erfahren, daß die majestätische Tugend des heiligen Kaisers so überströmend war, daß man Longsha (d. i. die Grenzgebiete im Nordwesten) und Congxue (d. i. die Pamir- und Tianshan-Gebirge) an der äußersten Grenze erschloß. Das, wohin früher nie der Ruhm und der veredelnde Einfluß (des Kaisers) drangen, ist ein Land geworden, wo man pflügt und (Brunnen) gräbt, musiziert und singt, und eine Gegend, wo Lieder und Tänze Lustbarkeiten sind.»[37] Und im selben Jahr notiert er zur Winterszeit die Beobachtung, daß sich das Wetter dieser Gegend dem chinesischen angleiche: «Das Wasser am Roter- Faden-Tuschreibstein war [heute] nicht mehr eingefroren! Früher war das Klima äußerst kalt; seit einigen Jahren hat es sich allmählich an das chinesische angeglichen. Die Stimmung der Leute war [daher] überschwenglich.»[38]

Die Mandschu-Politik gegenüber Zentralasien

Die Mandschuren, die ursprünglich als Nomaden- und Jägervolk den Nordosten Zentralasiens, die heutige Mandschurei (die Provinzen Heilongjiang, Jilin und Liaoning sowie den östlichen Teil des Autonomen Gebietes Innere Mongolei) bewohnten, hatten sich im 17. Jahrhundert unter einem mit besonderem Charisma ausgestatten Führer namens Nurhaci (1559–1626) vereinigt. Nach der Eroberung Chinas durch die in die «Acht Banner» organisierte Mandschu-Herrschaft, deren Erfolg freilich ohne die Beteiligung zahlreicher chinesischer Beamter gar nicht denkbar gewesen wäre, kam es verständlicherweise auch zu einer neuen Politik gegenüber den zentralasiatischen Völkern, denen die tungusischen Mandschu ja selbst zugehörten. Die Einführung eines «multi-ethnischen Elements» (Sabine Dabringhaus) stärkte das chinesische Kaisertum und «ließ seine Imperialmacht nochmals aufleben».[39] So gelang den mandschurischen Qing-Kaisern nicht nur die Erneuerung des chinesischen Reiches, sondern auch die «Eingliederung der zentralasiatischen Gesellschaften Tibets und der Mongolei in den Reichsverband» (Dabringhaus).

Grundlage für diese Entwicklung bildete, wie Sabine Dabringhaus hervorvorhebt, die Abkehr der Mandschu-Dynastie «von der jahrhundertelangen *passiven Tributpolitik* des chinesischen Kaiserhofes gegenüber den zentralasiatischen Völkern und dem Übergang zu einer *aktiven Expansionsstrategie*», wobei freilich anzumerken ist, daß es seit der Han-Zeit wiederholt aktive Expansionsphasen gegeben hat. So wurden die grenzpolitischen Probleme zu einer inneren Angelegenheit Chinas. Dabei wurde der Vielfalt der zentralasiatischen Völker in ihrer Religion, Kultur, politischen Organisation und Wirtschaft nur insofern Rechnung getragen, als durch das Ministerium zur Verwaltung der Randvölker «die Oberschicht der zentralasiatischen Gesellschaften in den bürokratischen Apparat des Kaiserhofes eingebaut und durch die Vergabe von Titeln und Privilegien dem Qing-Hof verpflichtet» wurde.[40]

Die tibetisch-mandschurisch-mongolischen Beziehungen hatten seit dem ausgehenden 16. Jahrhundert die Lage auch in Tibet bestimmt. Diplomatische Kontakte zwischen Tibet und den Mandschuren hatten schon vor der Errichtung der Mandschu-Herrschaft über ganz China bestanden, jedoch behaupteten die Mandschu nach der Errichtung der Qing-Dynastie ihre Oberhoheit über Tibet, und zwar nicht ganz unberechtigt. Denn schließlich war es dem Fünften Dalai Lama nur mit Hilfe der militärischen Macht des Mongolen-Khans und der Rückendeckung durch die Mandschuren gelungen, seinen Herrschaftsanspruch über ganz Tibet auszudehnen. Andererseits hatte die mongolisch-tibetisch-mandschurische Allianz den Mandschuren die endgültige Unterwerfung auch der letzten Reste Chinas, wo sich im Südosten eine Nachfolge-Dynastie von Ming-Loyalisten festgesetzt hatte,[41] erheblich erleichtert.

Mit Kaiser Kangxi (reg. 1661–1722) hatte dann eine Periode zunehmender imperialer Machtentfaltung der Qing-Dynastie begonnen. 1691 wurde formell die Eingliederung der Khalkha-Mongolen, die ihrerseits von den westmongolischen Dsungaren bedrängt wurden, in das mandschurisch-chinesische Imperium besiegelt. Die nunmehr dem Qing-Imperium eingegliederten Stämme der Äußeren wie der Inneren Mongolei unterlagen jedoch nur einer indirekten Verwaltung durch die Zentralregierung in Peking. Die westmongolischen Dsungaren dagegen blieben weiterhin eine Bedrohung für das Qing-Reich. Im Jahre 1690 ging Kaiser Kangxi gegen den Dsungaren-Khan Galdan militärisch vor. Da Kangxi zudem die Beziehungen zwischen Tibet und Galdan mißbilligte, geriet auch das mandschurisch-tibetische Verhältnis in eine Krise. Kangxi proklamierte: «Von nun an sollten wir mit allen Mitteln erwägen, Galdan auszulöschen und den Rest seiner Anhänger vollständig zu unterwerfen. Dies ist reiflich von Beginn bis zum Ende zu planen, so daß wir durch einen Zug für immer Frieden errichten können. Laßt keinerlei Keime von möglichen Unruhen zurück. Diskutiert alles aufs genaueste und berichtet mir davon.»[42]

Der Dalai Lama hielt sich wohlweislich aus dem Konflikt zwischen den Mandschu und den Dsungaren heraus und bat Kangxi um die Anerkennung seines Regenten als seines Vertreters. Dieser Bitte kam Kangxi 1694 nach, indem er dem Regenten ein goldenes Siegel mit dem Titel «Siegel des Buddha Abhayamdada, des Königs, der weithin den Buddhistischen Glauben verbreitet und die Lehre des Vajradhara Dalai Lama aufrechterhält».[43] Tatsächlich aber war der Fünfte Dalai Lama bereits 1682 gestorben, und es war dem Regenten nur gelungen, dies geheim zu halten. Als diese Geheimhaltung am chinesischen Hof bekannt wurde, bestimmte der Regent zwar rasch einen Sechsten Dalai Lama, doch war nunmehr auch die Vertrauensbasis zwischen Mandschu-Hof und Tibet zerbrochen.

So führte, nach Auskunft der Regesten des Mandschu-Hofes, Kaiser Kangxi selbst Anklage:

«Als der frühere (der Fünfte) Dalai Lama noch am Leben war, gab es sechzig Jahre lang kein einziges Mal Unruhe jenseits der Grenze. Alles war friedlich. Daran erkennt man das Ungewöhnliche seines Betragens. Später starb der Dalai Lama. Obwohl der Regent nicht davon sprach, ersahen Wir aus den Ausdrücken in den Berichten, die man Uns schickte, daß dies nicht der Stil des früheren Dalai Lama war. So merkten wir, daß er gestorben war. Wir schickten Abgesandte, um die Sache zu untersuchen, und konnten uns ein vollständiges Bild von der Täuschung machen. Seit dem Tod des Dalai Lama ist der sDe-pa (der Regent) den Lehren Galdans gefolgt und hat überall Unruhe gestiftet.»[44]

Mit dem Tode Galdans im Jahre 1697 und der Ermordung des tibetischen Regenten im Jahre 1706 waren die zwei wichtigsten Gegner der imperialen Machtausweitung des Qing-Reiches beseitigt. Das Mandschu-Reich hatte nicht nur die Dsungaren, ihre stärksten Widersacher in Zentralasien, besiegt und sich die Khalkha-Mongolen unterworfen, sondern auch die tibetisch-mongolische Allianz nachhaltig geschwächt. So war eingetreten, was Nurhaci, der Begründer des Qing-Reiches, einst gesagt haben soll: «Die Mongolen sind wie diese Wolkenbildungen. Wenn die Wolken sich zusammentun, so gibt es Regen. Wenn die mongolischen Stämme sich zusammentun, so gibt es Armeen. Ihr Auseinandergehen ist, wie wenn die Wolken sich verziehen und der Regen aufhört. Wenn die Zeit gekommen sein wird, daß sie auseinandergehen, werden wir ihnen nachsetzen und sie uns holen.»[45]

Die Mandschu-Regierung hatte es trotz starker Abwanderung von Chinesen in die Mandschurei, die Innere Mongolei und nach Qinghai (Nordost-Tibet) und Nord-Xinjiang zu ihrer erklärten Politik gemacht, daß die Han-Bevölkerung im eigentlichen China bleiben solle. Dies wurde überhaupt nur dadurch möglich, daß das erhöhte Bevölkerungswachstum (von 150 Millionen im Jahre 1700 auf 450 Millionen im Jahre 1850) eine intensivere Nahrungsmittelproduktion in den Ballungsgebieten und ihren Zulieferzonen zur Folge gehabt hatte.[46] Inzwischen hat sich die chinesische Bevölkerung mehr als verdoppelt, und es gibt gegenwärtig eine geplante oder zumindest doch geduldete Migration von Chinesen in die umliegenden Gebiete.

Die Ausdehnung und Konsolidierung der Herrschaft während der Qing- Zeit, insbesondere während der Regierungszeit der Kaiser Kangxi und Qianlong (1736–96), wurde begleitet von erheblichen Bemühungen zur kulturellen Integration des Reiches. Dazu dienten Wörterbücher ebenso wie monumentale Texteditionen.[47] Der Geltungsanspruch des Herrscherhauses und der Zentralregierung wurde durch Reisen der Kaiser in die verschiedensten Landesteile, insbesondere aber nach Süden – wie im Jahre 1992 dann von Deng Xiaoping wiederholt –, unterstrichen.

Hinzu traten Elemente der Massenindoktrination wie das «Heilige Edikt», welches in verschiedenen Formen, zum Teil illustriert, verbreitet wurde und die Prinzipien der Sozialmoral und insbesondere die absolute Loyalität gegenüber der Dynastie lehrte.

Die weitere Ausdehnung der Mandschuherrschaft im 18. Jahrhundert und die damit einhergehende Beendigung der Auseinandersetzung mit den Steppenvölkern veränderte das Verhältnis Chinas zu seiner Umgebung in grundlegender Weise. Waren bis dahin die friedlichen wie die kriegerischen Begegnungen mit den Völkern an den Nordgrenzen eine immer wieder neue Herausforderung gewesen, so erloschen mit der Vereinnahmung dieser Gebiete und ihrer Völker in die Reichsgrenzen diese Impulse.

Machtkonflikte um Tibet und die Rolle des Dalai Lama

Einer Gefahr von seiten Tibets beugte die Mandschu-Administration vor, indem sie, zu Beginn des 18. Jahrhunderts, das sogenannte Amban-System institutionalisierte. Dabei handelte es sich um eine Statthalterschaft des Qing-Hofes in Tibet.[48] Die Mandschu suchten auf diesem Wege, sich über die Situation im fernen Tibet stets informiert zu halten.

Der Anspruch des Mandschu-Hofes auf die Oberhoheit in Tibet blieb indes nicht unangefochten; auch die wiedererstarkten Dsungaren erstrebten die Macht in Tibet. Im Jahre 1717 fielen sie mit ihren Armeen ein. Doch sie verspielten schnell alle Sympathien, als sie ein Massaker in Lhasa anrichteten und das Grab des Fünften Dalai Lama schändeten. Die mandschurischen Truppen, die zur Unterstützung des tibetischen Widerstandes entsandt worden waren, erreichten im Herbst 1720 schließlich Lhasa und befreiten Tibet von westmongolischer Besatzung. Zugleich erlangten sie mit der Rückführung des Siebten Dalai Lama, der im osttibetisch-chinesischen Grenzgebiet «entdeckt» worden war, einen religiösen und propagandistischen Erfolg. Damit begann eigentlich erst die Oberherrschaft Chinas über Tibet, auf die sich China heute zur Legitimierung seiner Herrschaft beruft.

Mit immer stärkerer Hand versuchte die Mandschu-Regierung ihren Machtansprüchen in Tibet Geltung zu verschaffen, so daß Tibet schließlich am Ende des 18. Jahrhunderts «im festen Griff der mandschurisch-chinesischen Imperialmacht» war.[49] Insbesondere bei der endgültigen Vernichtung der Dsungar-Mongolen, ihrer hartnäckigsten zentralasiatischen Rivalen, kam der aggressive Kolonialcharakter der mandschurisch-chinesischen Expansion nach Zentralasien zum Ausdruck, und nicht zufällig zählen die beiden großen Dsungaren-Feldzüge von 1718–39 und 1754–59 zu den «wichtigsten militärgeschichtlichen Ereignissen des 18. Jahrhunderts».[50] Der endgültige Sieg über die Dsungaren im Jahre 1759 wurde nicht zuletzt jedoch auch durch die Unfähigkeit der zentral-

Im 18. Jahrhundert erreichte die von den mandschurischen Eroberern errichtete Qing-Dynastie erst die Ausdehnung, die zur Grundlage der heutigen Gebietsansprüche wurde.

asiatischen Völker zu einem gemeinsamen Widerstand gegen die mandschurisch-chinesische Expansion ermöglicht. Sabine Dabringhaus faßt diese Entwicklung folgendermaßen zusammen: «Mit dem endgültigen Sieg der kaiserlichen Heere über die Dsungaren im Jahre 1759 und der Eingliederung dieser ‹Neuen Territorien› (so die wörtliche Übersetzung des späteren Namens dieser Provinz: Xinjiang) in das Qing-Reich erreichte eine über ein Jahrhundert sich erstreckende imperiale Machtexpansion auf grausame Weise ihren Höhe- und Endpunkt: das Land wurde nicht nur von den restlichen Truppenteilen der Dsungaren ‹gesäubert›, sondern auch die dsungarische Zivilbevölkerung fiel zum großen Teil den kaiserlichen ‹Befriedungsaktionen› zum Opfer.»[51] Und zur Funktion des

Mandschu-Expansionismus schreibt sie: «Für das 18. Jahrhundert spielten in China weniger außenpolitische Faktoren eine Rolle als der Drang einer ‹Eroberer-Dynastie›, ihren Anspruch auf den Kaiserthron in Peking zu sichern und zu legitimieren.»[52]

Nach dem Höhepunkt der chinesischen Stellung in Tibet um 1800 ließ das Interesse und Engagement Chinas an Tibet wieder nach, woran sich ablesen läßt, daß die mandschurisch-chinesischen Tibet-Interessen nur indirekter Natur waren. Erst der stärkere britische Zugriff auf Tibet im 19. Jahrhundert und zu Beginn des 20. Jahrhunderts rief Widerstände auf chinesischer Seite hervor. In manchen Punkten aber hatte sich China auch über Tibet hinweg mit England über einige territoriale Fragen geeinigt, etwa als es 1890 Sikkim, ursprünglich ein Vasallenstaat Lhasas, in einer chinesisch-britischen Konvention zum britischen Protektorat erklärte. Allerdings hatte sich die Lhasa-Regierung selbst für handlungsunfähig erklärt, als sie Verhandlungen mit den Engländern unter Hinweis auf die Zuständigkeit Pekings schlichtweg verweigerte. Als Reaktion auf den wachsenden russischen Einfluß in Lhasa entschloß sich der damalige englische Vizekönig von Indien, Lord Curzon, militärisch gegen Tibet vorzugehen. 1903/04 fand die sog. Younghusband-Expedition gegen Lhasa statt, wodurch der Machtanspruch Chinas über Tibet wieder erheblich ins Wanken geriet.

Der östliche Teil Tibets wurde nunmehr von Sichuan aus reorganisiert und der Dalai Lama gezwungen, bei seiner Rückkehr 1908 aus der Mongolei über Peking zu reisen und der Kaiserinwitwe Cixi seine Referenz zu erweisen. Doch konnte der Dalai Lama bereits 1912, nach dem Zusammenbruch des chinesischen Kaiserreiches, nach Lhasa zurückkehren und die Unabhängigkeit Tibets proklamieren. Yuan Shikai aber, der Präsident der neuen Republik China, hatte in einer Erklärung am 12. April 1912 Tibet, Xinjiang und die Mongolei zu festen Bestandteilen der Republik China erklärt.

Kurz zuvor, nämlich bereits 1911, hatte eine unter russischem Einfluß stehende fortschrittliche Unabhängigkeitsbewegung in der Äußeren Mongolei einen eigenen Staat ausrufen können.[53] Damit wurde die schon länger bestehende De-facto-Teilung der mongolischen Völker besiegelt.[54] Eine panmongolische Nationalbewegung indessen lag weder im Interesse Chinas noch im Interesse des zaristischen Rußland – und dies ist bis heute so geblieben. Statt dessen hatte Rußland mit den Mongolen und den Chinesen eigene Verträge geschlossen und seit 1907 mit Japan in verschiedenen Geheimverträgen die Aufteilung der Mongolei in Interessenssphären beschlossen. Die Teilung der Mongolei wurde in einer chinesisch-russischen Deklaration von 1913 besiegelt. Diesem Vorbild folgend, bemühte sich Großbritannien 1913 und 1914 in der Konferenz von Simla, auch Tibet in ein Inneres und ein Äußeres Tibet aufzuteilen.[55]

Tibetische Unabhängigkeitsbestrebungen und die Flucht des Dalai Lama

Im Jahre 1950 waren chinesische Truppen in Tibet eingefallen, doch hatten sie im Jahre 1951 in einem Vertrag Tibet Unabhängigkeit zugesichert und die Rechte des Dalai Lama anerkannt. China erhielt danach das Recht, Garnisonen zu errichten und das Land außenpolitisch zu vertreten. Als nach dem Scheitern der Einrichtung von Volkskommunen in Tibet die Pekinger Regierung ein «Vorbereitendes Komitee für die Autonome Region Tibet» einsetzte und seine Volkskommunen-Politik weiterhin verfolgte, kam es am 5. März 1959 zu einem Aufstand, und Tibet erklärte am 19. März 1959 seine Unabhängigkeit. Der Aufstand wurde in wenigen Tagen von den chinesischen Verbänden niedergeschlagen, und der Dalai Lama floh am 20. März 1959 nach Indien.

Seither gibt es nicht nur immer wieder aufflammende separatistische Aktionen in Tibet, sondern weite Teile der tibetischen Bevölkerung fühlen sich durch die chinesische Kulturpolitik einer Überfremdungswelle ausgeliefert. Hinzu kommt, daß China im Jahre 1965 nicht nur den östlichen Teil der früheren tibetischen Provinz Kham annektierte, sondern dort auch eine große Abholzungsaktion durchführte. Dabei sind nicht nur chinesische Funktionäre Steine des Anstoßes. Im Jahre 1988 etwa hatten Studenten in Lhasa dagegen demonstriert, daß an ihrer Universität nur in Chinesisch gelehrt werde. Die Pekinger Regierung hatte insbesondere nach Unruhen in Tibet – für die Zeit zwischen Oktober 1987 bis März 1989 hatte die Militärverwaltung 21 Unruhen mit 600 Opfern bekanntgegeben – immer wieder eine Politik der Beschwichtigung verfolgt, zugleich aber auch regelmäßig den Ausnahmezustand über Lhasa verhängt, mit dem Hinweis auf zu befürchtende separatistische Unruhen. Auch mit Verurteilungen von sich gegen die chinesische Hegemonie richtenden Demonstranten, darunter nicht selten Mönche, hielt sich der Volksgerichtshof in Lhasa nicht zurück. Und wiederholt wurde bekräftigt, daß es für das «von China friedlich befreite» Tibet keinerlei Unabhängigkeit geben könne, wie in dem am 21. September 1992 veröffentlichen Weißbuch mit dem Titel «Souveränitätszugehörigkeit Tibets und seine Menschenrechtssituation» unmißverständlich dargelegt wird.[56] Bezeichnenderweise wurde dieses rund 37000 Schriftzeichen umfassende Dokument vollständig in der Pekinger «Volkszeitung», dem Organ des Zentralkomitees der KP China, abgedruckt.[57]

Doch die Proteste gingen weiter, nicht zuletzt weil auch chinesische Kaufleute die Tibeter zunehmend aus Handel und Handwerk verdrängen. Und bis heute ist kein Ende der Feindseligkeiten abzusehen. In regelmäßigen Abständen werden neue Vorschläge zur Beilegung des Konfliktes vorgetragen, wie im März 1995, anläßlich des 36. Jahrestages des Aufstandes von 1959, als der Dalai Lama vorschlug, unter den Exiltibetern eine Abstimmung stattfinden zu lassen, ob «die Forderung nach Wiederherstellung der Unabhängigkeit Tibets durch die Forderung nach Autonomie innerhalb des chinesischen Staatsverbandes ersetzt werden soll». Indessen hat die chinesische Regierung nichts unversucht gelassen, ihren Einfluß auch auf den tibetischen Buddhismus und zuletzt auf die Wahl des Elften Panchen Lama, die als Inkarnation des Buddha Amitâbha verstandene zweitwichtigste religiöse Autorität der Tibeter, auszudehnen, womit sie zwar in Widerspruch gerät zur verfassungsmäßig gewährten Garantie der freien Religionsausübung, sich aber konform zu einer langen Tradition der Dominierung jedweder religiösen Aktivität durch die Politik verhält.[58]

Und bezeichnend sind auch die internationalen Reaktionen, die Thomas Hoppe folgendermaßen zusammengefaßt hat: «Am 9. 11. 1995, d. h. während der noch nicht zu einer Bestimmung der Kandidatenliste vorangeschrittenen Klausurtagung der buddhistischen Würdenträger und Kader, verwahrte sich ein Sprecher des chinesischen Außenministeriums gegen Versuche des Auslands, sich in die Frage der Reinkarnationsbestimmung einzumischen. Am 7. 11. d. J. hatte das dänische Parlament – mit Blick auf die chinesischen Eingriffe in die Reinkarnationsbestimmung – beschlossen, die Situation der Menschenrechte in Tibet zu debattieren. Auch das US- Außenministerium hatte am 9. 11. mit einer Stellungnahme in die Diskussion eingegriffen: ‹We believe that the continuing controversy over the selection of the reincarnation of the Panchen Lama raises additional questions about the Chinese Government's commitment to respect for religious beliefs and the practices of the Tibetan Buddhists.› Kurz vor der Proklamation des Panchen Lama durch den Dalai Lama hatte Bundesaußenminister Klaus Kinkel dem Dalai Lama bei einem Besuch in Bonn, der von den üblichen lautstarken Protesten aus Peking begleitet war, zugesichert, sich für die Achtung der Menschenrechte in Tibet und die Gewährung religiöser und kultureller Autonomie einzusetzen. ... Auch nach dem 13. September 1995, als der Dalai Lama im Weißen Haus mit Vizepräsident Al Gore und mit Präsident Bill Clinton zusammengetroffen war, war es wie gewöhnlich zu heftigen Protesten aus Peking gekommen, in denen Clinton die verdeckte Unterstützung des Dalai Lama bei seinen ‹separatistischen Aktivitäten› vorgeworfen wurde. Sehr deutlich ist in diesem Zusammenhang die Stellungnahme des ‹elder statesman› Lee Kuan Yew aus Singapur, der unter Berufung auf Beamte aus der Pekinger Administration warnte, daß China bereit sei, sowohl in der Taiwan-Frage, falls Taiwan sich unter Berufung auf seine Beziehungen zu den USA für unabhängig erklären sollte, als auch in der Tibet-Frage jederzeit Gewalt anzuwenden: ‹Anything that threatens China's unity is cause for war›, so Lee Kuan Yew.»[59]

Sechstes Kapitel

Auf der Suche
nach einem neuen Einheitsstaat
(1861–1997)

15. Staatlicher Zerfall, Öffnung und innere Differenzierung

Zwang zur Integration

Die latente Spannung zwischen dem Zentrum und der Peripherie[1] war im älteren China wegen eines vergleichsweise niedrigen Erwartungshorizontes und geringer räumlicher Interaktion kaum zur Wirkung gekommen. Hinzu kommt, daß erst eine höhere Bevölkerungsdichte in den Randgebieten dort auch entsprechende Geltungs- und Repräsentationsansprüche zur Folge hatte. Die Spannung zwischen Zentrum und Peripherie wurde durch die Beamten-Literatenschicht bzw. durch die lokale Gentry weitgehend aufgefangen, die unterhalb der Kreis *(xian)*-Ebene nahezu sämtliche öffentlichen Aufgaben durchführte bzw. organisierte.[2] In dieser Rolle der Gentry und ihrer Organisationen lag die Basis für den Erhalt des Reiches.

Nun hatte China, wie wir sahen, bereits seit Jahrhunderten Erfahrungen damit gesammelt, entferntere Gebiete und Völkerschaften zu beherrschen und insbesondere durch Erziehung an sich zu binden.[3] Andererseits fürchteten die Mandschu-Herrscher die Verselbständigung lokaler und regionaler Gemeinschaftsbildungen und insbesondere die Entstehung von Gruppen mit abweichenden Meinungen; daher wandten sie sich zunächst auch gegen die Akademien, weil sie darin – sicherlich nicht ganz zu Unrecht – mögliche Unruheherde sahen. Erst seit etwa 1730 waren wieder solche Akademien zugelassen worden. Und fürchten mußte die Zentralregierung auch immer wieder das Aufbegehren der Mitglieder jener hauptstädtischen elitären Bildungseinrichtungen, die andererseits ja unverzichtbar für die Zuteilung von Bildungs- und Ämterchancen waren.[4]

Unter den Bedingungen zunehmender räumlicher Interaktion kam es, worauf Joseph Whitney unter Bezugnahme auf Karl W. Deutsch hingewiesen hat,[5] zu größeren Spannungen.[6] Die in der Geschichte immer wieder zutage tretenden zentrifugalen Tendenzen[7] verstärkten sich daher in neuerer Zeit, und die Machtzentren verlagerten sich in die Provinzen.[8] Von dort aus wurden in den ersten Jahren des 20. Jahrhunderts Bemühungen unternommen, eine konstitutionelle Monarchie zu etablieren, womit die Mitglieder der Gentry zugleich eine neue Sicherung ihres Einflusses anstrebten. Parallel und in gewisser Weise gegenläufig dazu verliefen die Bemühungen der Zentralregierung um eine Stärkung ihrer Lenkungsfunktion. Dadurch und durch die Bedrohung von außen ist zu erklären, warum die Autonomiebestrebungen in den 1920er Jahren,[9] denen auch Mao Zedong zeitweilig anhing,[10] letztlich nicht erfolgreich waren.

Bürgerkrieg und Bedrohung von außen

Das 19. Jahrhundert war eine Zeit zunehmender Fremdbestimmung und innerer Unruhen für China. Eine besondere Rolle spielten dabei die Unruhen in Innerasien, in der Mandschurei, der Mongolei, Xinjiang und Tibet. Während China im 17. Jahrhundert dem Expansionsdrang Rußlands Einhalt geboten und das Amurgebiet im Vertrag von Nercinsk zurückgewonnen[11] und im 18. Jahrhundert weite Teile Innerasiens dem Mandschureich einverleibt hatte,[12] nutzte Rußland im 19. Jahrhundert im Verein mit den europäischen Mächten die Schwäche Chinas und erzwang im Vertrag von Aigun (1858) und im Frieden von Peking (1860) die Abtretung nicht nur des Gebietes nördlich des Amur, sondern auch südlich davon gelegenen Territoriums sowie eines Küstenstreifens bis hin zur Grenze nach Korea. Diese Ostexpansion Rußlands wurde dann allerdings durch die aufsteigende neue asiatische Großmacht Japan im Jahre 1905 nach dem Sieg Japans über Rußland und dessen Besiegelung im Frieden von Shimonoseki gestoppt. Begünstigt durch diese Machtverschiebungen und zudem angeregt durch Ideen aus Europa, bildeten sich in der Peripherie protonationalistische Bewegungen, die dann Anfang des 20. Jahrhunderts zu Autonomiebestrebungen bei den Mongolen und Tibetern – und in begrenztem Umfang auch bei den Mandschuren – führen sollten.

Die innerlich durch wirtschaftliche Schwierigkeiten und Aufstände und durch die infolge der Reichsausdehnung zersplitterten Kräfte geschwächte Dynastie litt zusätzlich seit etwa 1820 an einem insbesondere durch den Opiumhandel verursachten stark defizitären Außenhandel.[13] Demütigend aber waren vor allem die Verträge mit den imperialistischen Mächten. Dem nach dem ersten Opiumkrieg (1839–42) aufgezwungenen Vertrag von Nanjing (1842) folgte der Vertrag von Tianjin (1858), sodann die Konventionen von Peking (1860), Zhifu (1876) und Chongqing (1890). Nach einer Konferenz über die Gebiete Sikkim und Tibet (1893) mußte China 1898 der Abtretung der sogenannten New Territories gegenüber der Insel Hongkong an England zustimmen, die 1997 wieder von England an China zurückfallen. Doch traumatischer noch als diese «Ungleichen Verträge» war die Niederlage Chinas gegenüber einer anderen asiatischen Macht, nämlich Japan, und zwar im Chinesisch-Japanischen Krieg 1894/95. 1897 gelang es dann auch noch dem Deutschen Reich, sich eines Gebietes auf der Shandong-Halbinsel zu bemächtigen.[14] Ein weiteres Trauma in den chinesisch-westlichen Beziehungen wurde die «Strafexpedition» der westlichen Alliierten gegen den Boxeraufstand, an dessen Ende 1901 China in einem Protokoll dazu verpflichtet wurde, eine Kriegsentschädigung von 450 Millionen Silberdollar zu zahlen. Zwar wurden die Zerfallsprozesse, die insbesondere durch die Taiping- Rebellion und durch Muslim-Aufstände zwischen 1850 und 1878 bestimmt wurden, durch eine auf staatliche «Selbststärkung» ausgerichtete Restaurationspolitik während der Tongzhi-Ära (1862–1875) etwas gemildert,[15] doch ließen sich die inneren Konflikte zwischen den ultrakonservativen Patrioten des Nordens und den eher pragmatisch gesonnenen Politikern des Südens nicht ausgleichen. Vor allem die Taiping-Rebellion wurde sicher nicht ganz zu Unrecht von Zeitgenossen als schrecklichster Bürgerkrieg der Welt bezeichnet. In ehemals dichtbesiedelten Gebieten habe man nach den Aufständen tagelang durch verlassene Ortschaften und ein Meer von Leichen gehen können, ohne eine Menschenseele anzutreffen. Fünfzehn Jahre Mordbrennerei und Hungersnot kosteten zwischen zehn und 20 Millionen Chinesen das Leben.[16] Für die weitere Entwicklung war dann die Reaktion auf die Taiping-Bewegung mit der Militarisierung Zentralchinas von entscheidender Bedeutung. Vor allem wurde die Machtstellung Zeng Guofans (1811–72) bestimmend, der seit 1853 eine Armee gegen die Taiping-Bewegung organisiert hatte. Seit 1860 hatte er unbeschränkte Vollmachten erhalten. Im Jahre 1861 richtete Zeng Guofan drei Militärzonen ein, von denen er die eine (Jiangsu) Li Hongzhang (1823- 1901), die andere (Zhejiang) Zuo Zongtang und jene von Anhui sich selbst unterstellte.

Die Verluste im Zuge der großen Moslem-Rebellion in Nordwest-China standen denen der Taiping-Rebellion nicht viel nach. Manche Berichte sprechen von über zehn Millionen Toten. Und Zuo Zongtang berichtet in einem seiner Berichte an den Thron, nicht mehr als 60000 der ursprünglichen 700000 bis 800000 Muslime in Shaanxi hätten überlebt.[17] Die bereits erwähnte Vernichtung der Dsungaren im Jahre 1759 hatte zu einer Einwanderungswelle von Muslimen nach Chinesisch- Turkestan geführt. Aber auch andere Gruppen, insbesondere Mongolen, wurden auf Betreiben des Qing-Hofes in Nordwestchina angesiedelt. Zwar gab es Stimmen, die einen Rückzug aus diesem eigentlich nicht-chinesischen Gebiet befürworteten, doch setzten sich schließlich strategische Überlegungen durch, denen zufolge die Westgrenze Xinjiangs leichter und kostengünstiger zu verteidigen sei, als dies bei einem Rückzug bis in den Gansu-Korridor der Fall wäre.[18]

Während die frühen Mandschu-Herrscher sich sehr wohl des Umstandes bewußt waren, daß sie über einen Vielvölkerstaat herrschten, verblaßte dieses Bewußtsein im Laufe der Zeit, und weniger der geschickte Umgang mit den einzelnen Völkern stand im Vordergrund als die Forderung nach Anpassung an chinesische Standards. Manche Politiker, wie etwa der bedeutende Staatsmann, Militärstratege und spätere Diplomat Li Hongzhang, plädierten wegen zunehmender Schwierigkeiten in dieser

Region für eine Aufgabe Xinjiangs, doch konnte sich schließlich Zuo Zongtang, der große Militärführer, durchsetzen. Dieser war es dann auch, der Xinjiang verwaltungsmäßig in eine Provinz überführte und es damit zu einem integralen Teil des Reiches machte.

Konstitutionalismus

Seitdem die Mandschu-Dynastie in einem seit ihrer Gründung nachhaltig betriebenen Prozeß des Ausbaus und der Verfeinerung der Staatsmaschinerie, der zentralistischen Monarchie, erlahmte und durch ausländische Mächte herausgefordert wurde, wuchs unter den Angehörigen der chinesischen Literaten und bei der chinesischen Elite überhaupt der Unmut gegenüber der «Fremdherrschaft» der Mandschu, die ja lange gar nicht als solche wirklich empfunden worden war, und es regte sich der Wunsch nach Partizipation an der Macht.[19]

Das Selbstverständnis der Literaten in den letzten Jahrhunderten des Kaiserreiches war einem erheblichen Wandel unterworfen. Eine besondere qualitative und zugleich quantitative Veränderung hat es dann im 19. Jahrhundert gegeben, so daß Albert Feuerwerker die Mitte des 19. Jahrhunderts als Wendemarke bezeichnet hat.[20] Diese Veränderungen fanden u. a. innerhalb der Elite statt, die als integrierende und vermittelnde Schicht zwischen der Zentralregierung und der sogenannten «einfachen Bevölkerung» wirkte und daraus für sich einen herausgehobenen Status, Macht und Reichtum sicherte.[21] Jede einzelne Familie dieser als *shenshi* bezeichneten Literatenschicht brauchte nicht unbedingt auf allen drei Ebenen (Reichtum – Macht – Sozialstatus) an der Spitze zu stehen, sondern nur auf einer oder zwei Ebenen. Ferner war die Stellung dieser Familien stets prekär gewesen und hatte oft nur wenige Generationen gedauert. Die formale Qualifikation für den *shenshi*-Status war mindestens der unterste Examensgrad. Entsprechend hat man den Umfang der gesamten Gentry, der lokalen ebenso wie der bürokratischen Elite, auf 2 % der Gesamtbevölkerung geschätzt.

Trotz der erheblichen Veränderungen seit der Mitte des 19. Jahrhunderts gilt noch für die Zeit der Jahrhundertwende, daß die Intellektuellen, so kritisch sie auch Staat und alte Gesellschaft sahen, geprägt waren durch die konfuzianische Auffassung von der Regierung als einer moralisch-spirituellen Angelegenheit.[22] Die Veränderungen innerhalb der Gentry im 19. Jahrhundert hängen nun aufs engste mit der raschen Zunahme der Zahl der Zulassungen zu den untersten Examina zusammen.[23] Ferner wuchs die Zahl derer, die durch Ämterkauf einen *jiansheng*-Grad erworben hatten von 355 000 (vor Taiping) auf 533 000 (nach Taiping). Eine Folge des sprunghaften Anstiegs der Zulassungsquoten war die Kritik und die schließliche Abschaffung des Prüfungssystems.[24] Doch war das konfuzianische Wertesystem bei allen, die sich zu den Literaten zählten, so tief verankert, daß die Abschaffung der Staatsprüfungen allein noch keinen Wandel in der Wertorientierung zu Folge hatte, zumal die Mandschu-Dynastie diese Zwischenschicht, ganz im Gegensatz zu Qin Shihuangdi, der das Klassikerstudium zu unterbinden gesucht hatte, durch die Klassiker zu kontrollieren und an sich zu binden gesucht hatte.[25]

Andererseits gab es bereits eine längere Tradition des Protestes und der Entwicklung neuer politischer Ansätze. Seit der ausgehenden Ming-Zeit, im späten 16. und im 17. Jahrhundert, hatte sich eine Tradition von Dissensbildung und Gewinnung autonomer Positionen gegenüber der Dynastie herausgebildet. Die Debatte über Vor- und Nachteile des feudalen Systems (*fengjian*) gegenüber dem bürokratischen System (*junxian*) des Einheitsstaates ist sogar so alt wie der chinesische Einheitsstaat, und diese Debatte prägt die politische Diskussion bis in die Gegenwart.[26] Insbesondere seit dem 17. Jahrhundert wurden die Vor- und Nachteile beider Konzepte neu gegeneinander abgewogen. Dabei plädierten so herausragende Denker wie Gu Yanwu (1613–82) für den Versuch, die positiven Elemente des *fengjian*-Systems in das zentralistische bürokratische Modell zu integrieren. Die Beschwörung der vorbildlichen Herrscher des Altertums Yao, Shun und Yu, jener Epoche, in der es noch keinen zentralistischen Staat gab und die als *fengjian*-Periode gilt, gehört in diesen Zusammenhang. Andere favorisierten eine Mischung aus beiden Systemen. Der damit verbundene Diskurs griff die alte Debatte über zentralistische (*junxian*) bzw. feudale und dezentrale Verwaltungsorganisation (*fengjian*) auf und zielte nun nicht mehr auf die Zerschlagung des Kaiserreiches, sondern auf die Partizipation an der Machtausübung bzw. auf die Begrenzung und Eindämmung der Macht der Zentralregierung.[27] Andererseits suchten manche, wie etwa Liang Qichao in den letzten Jahren des 19. Jahrhunderts, gerade angesichts der Bedrohung durch die europäischen Mächte, eine Verbindung lokaler Autonomie mit westlichen Rechtstraditionen und proklamierten «basisdemokratische» Strukturen.[28] Damit glaubten sie, auch Perioden staatlicher Schwäche und eventuell sogar der Zersplitterung überstehen und eine Modernisierung einleiten zu können.

Es entwickelte sich eine konstitutionalistische Bewegung, die dann in den 20er Jahren des 20. Jahrhunderts unter dem Druck des Nationalstaatsgedankens wieder zurückgedrängt wurde.[29] Auch wenn sich manche Vertreter eines Konstitutionalismus, wie etwa Liang Qichao, persönlich bald wieder von solchen Vorstellungen lösten – manche taten dies auch unter dem ernüchternden Eindruck der Verhältnisse in den USA –, blieben die Vorstellungen der Reformer durch ihre Schriften doch lebendig. Es war das Interesse solcher Leute wie Feng Guifen, Kang Youwei und Huang Zunxian (1848–1905), den *fengjian*-Diskurs der frühen Mandschu-Zeit im Sinne der Bewahrung autonomer Elemente auf lokaler Ebene und im Interesse der Beförderung einer Modernisierung des Landes aufzugreifen. Manche meinten, in dieser Tradition bereits «Sprossen des Parlamentarismus» erkennen zu können.[30] Auch wenn die in der Zeit der Jahrhundertwende auftretende Vielfalt von Ideen und Vorstellungen höchst unübersichtlich ist, so läßt sich doch in der Gestalt Liang Qichaos der Wandel von einer evolutionistischen, eine vereinigte Menschheit vorausahnenden Geschichtskonzeption zur Favorisierung eines Nationalstaatsgedankens mit darwinistischen Zügen feststellen. Gleichwohl erkannte Liang die frühe Überwindung der Feudalverhältnisse durch den zentralen Einheitsstaat als Ursache für die Schwierigkeit der Einführung einer Herrschaft durch das Volk in China.[31] Dabei war die Zentrale gar nicht stark, sondern es gab nur den Diskurs vom starken Staat, wie ja auch heute die Zentralregierung Mühe hat, ihre Steuerquote zu sichern, woraus die mangelnde Souveränität der Zentralregierung gegenüber den Provinzen und letztlich auch gegenüber den einzelnen Staatsbürgern resultieren mag.

Wie es insbesondere in der Position Huang Zunxians deutlich wird, stand seit langem schon das *fengjian*-Prinzip nicht mehr im Gegensatz zum Einheitsstaat, sondern sollte gerade diesem förderlich sein und gar zu dessen Ausdehnung beitragen. Für unseren Zusammenhang ist deshalb auch die Debatte des Jahres 1872 von Bedeutung, die in der Peking Gazette verzeichnet wurde, bei der es um die Frage ging, ob sich China auf seine 18 Provinzen beschränken oder auch die Randzonen, namentlich Xinjiang, als Bestandteil des Reiches ansehen solle. Die von den meisten geteilte – und bis heute nicht revidierte – Meinung besagte, daß diese Randzonen zur Bewahrung des eigentlichen China, d. h. der «18 Provinzen», ein Teil Chinas sein sollten. So korrespondiert diese Vorstellung eines China ohne wirkliche Außengrenzen der Vorstellungen der Reformer von 1898 von einer weltumspannenden Menschheitsvereinigung. Bezeichnenderweise galt auch gegenüber Japan keine solche Grenze, sondern die Wahrnehmung Japans durch viele Intellektuelle jener Zeit geschah im Zeichen chinesischer Weltwahrnehmung, weswegen der Aufstieg Japans und die chinesische Niederlage im Chinesisch-Japanischen Krieg von 1894/95 für das chinesische Selbstverständnis geradezu traumatische Folgen hatte.[32]

Nationalismus

Die Unfähigkeit der Regierung, den imperialistischen Mächten Einhalt zu gebieten, hatte viele gegen die Regierung aufgebracht. Bei der Nationsbildung in Westeuropa hatte es eine relativ apolitische, wenn auch oft gewalttätige Frühphase gegeben, in der Herrscher militärische und territoriale Kontrolle erlangt, Bürokratien ausgebildet und ihre Finanzierungsbasis erweitert hatten, der dann eine Phase der Nationsbildung, der Erziehung, zunehmender Regierungsbeteiligung und der Einpflanzung bürgerlicher Loyalität folgte. Die Ausgangssituation in China war davon grundverschieden.[33] Dort nämlich hatten all diese Prozesse gleichzeitig zu geschehen. Diese Überlastung führte zu einer Entfremdung zwischen Regierung und Elite, und die Elite ihrerseits fühlte sich in ihrem Patriotismus nicht an den Staat, sondern vor allem an die eigenen Interessen gebunden.

Die daraus resultierende Orientierungslosigkeit[34] schlug sich in der ersten Phase der Republik nieder in dem Konflikt zwischen zentraler bürokratischer Modernisierung einerseits, betrieben von Yuan Shikai, und Aktivitäten der Elite andererseits, die in der demokratischen Bewegung ihren Ausdruck fand. Die lokalen Gremien und Versammlungen blühten, bis sie nach 1913 von Yuan Shikai unterbunden wurden.[35] In den 20er Jahren gab es eine neue Welle von Elite-Mobiliserung in den Städten. Auch diese wurde konterkariert durch die Anstrengungen der Nanjing-Regierung, bürokratische Modernisierung mit Zentralisation zu verbinden, indem die Regierung ihre Macht und ihre Institutionen bis auf die unteren Ebenen ausdehnte und jede soziale Mobilisierung unter die Aufsicht der Partei oder ihrer Hilforganisationen stellte.[36]

Die Elite-Organisationen wären gleichwohl in keinem Falle in der Lage gewesen, eine zureichende politische Struktur Chinas zu bilden. Sie vermochten sich vor allem keine eigene Machtbasis zu verschaffen. Unter dem militärischen und politischen Schutz der Qing entstanden, konnten sie sich nach dem Zusammenbruch der Dynastie nicht gegen die Kriegsherren wehren. Ein weiterer Faktor ist das *Fehlen eines nationalen Zentrums*, so daß die politische Spaltung der Elite während der Republik größer war als während der Qing-Zeit.

Alle Ansätze zur Ausbildung einer Beteiligung breiterer Bevölkerungskreise am politischen Prozeß wurden jedoch durch die allmähliche Durchsetzung des Nationalstaatsgedankens konterkariert und im Zuge der Abwehrkämpfe gegen Japan und dann der Durchsetzung der Herrschaft der Kommunistischen Partei vollends zerstört. Dabei spielte nicht nur der westliche Einfluß, sondern auch das japanische Modell der Meiji-Reform eine große Rolle. Nach dem Boxer-Aufstand und den demütigenden Bedingungen des Boxer-Protokolls schien dann den meisten Modernisierung und Nationalstaatsbildung gleichbedeutend zu sein. Obwohl der Nationalstaatsgedanke allgemein als die prägende Vorstellung im chinesischen Revolutionsprozeß des 20. Jahrhunderts angesehen wird, bleibt gleichwohl der Nationsgedanke vage, und gegenüber der Vorstellung einer chinesischen kulturellen Einheit, verbunden mit dem Begriff des «Kulturalismus», bleibt weiterhin unklar, ob von einer chinesischen Nation oder nicht doch von verschiedenen Nationen gesprochen werden muß.[37] Insofern einerseits der Nationsgedanke seit dem Ende der Mandschu-Dynastie mit dem Rassegedanken der han-chinesischen Nationalität verknüpft ist,[38] andererseits sich aber China als Vielvölkerstaat begreift, besteht ein anscheinend unauflösbares Dilemma.

Die vier Jahrzehnte zwischen den Aufständen und dem Zusammenbruch der Qing-Dynastie waren eine Periode der «Transformation innerhalb der chinesischen Gesellschaft».[39] Neue Typen von Menschen traten auf den Plan und behinderten bzw. durchkreuzten das Planen und Handeln der alten Elite: Revolutionäre aus dem Süden, Boxer im Norden und nicht zuletzt mächtige Händler mit ausländischen Beziehungen, die Kompradoren.[40] Insbesondere die Zeit zwischen 1894 und 1904 wurde auch von vielen Zeitgenossen in China als eine Zeit beschleunigten Umbruchs betrachtet.[41] Diese Veränderungen zeigten sich bei der Elite viel deutlicher als bei der Masse der Bevölkerung. Nicht mehr nur Gelehrte in ihrem blauen Gewand, sondern zunehmend Auto fahrende Geschäftsleute im englischen Anzug zeigten sich auf den Straßen der Küstenmetropolen.

Man muß daher von einer Diversifizierung der herrschenden Klasse sprechen, für die es mehrere Gründe gab: Zunächst war es der erweiterte Zugang zum *shenshi*-Status und die bereits erwähnte «inflationäre» Zunahme der irregulär zu diesem Status Gekommenen. Dazu trug bei, daß die Erziehungsreform der Guangxu-Ära den Verkauf von Titeln nicht aufgehoben hatte; wichtiger aber war, daß neue Schulen eine Vielzahl von Titeln anboten. Durch die sprunghafte Vermehrung der Titel und der damit verbundenen Ansprüche wurden die Einheit und die Solidarität der Titelträger aufgebrochen, das labile Gleichgewicht zwischen Amtsanwärtern und Amtsinhabern – das in Max Webers Augen die Eigenart der Literatenschicht geprägt hatte – war aufgehoben. Die Folge war ein Niedergang von Schichten, die bis dahin mit ihren Examina bestimmte Statuserwartungen verbinden konnten.

Hinzu trat der Aufstieg einer neuen Militärkaste. Eine neue Gruppe von Militärs bildete sich im Zuge der Unterdrückung der Aufstände zwischen 1850 und 1874. Dies hatte auch eine Militarisierung der Gelehrtenschicht zur Folge.[42] Generäle wie Li Hongzhang suchten sich die Offiziere zunehmend nach Tüchtigkeit aus, so daß eine immer größere Zahl militärischer Führungskräfte keinen Prüfungsrang mehr besaß. So hatten nur noch 12% der Offiziere der Huai-Armee und nur höchstens 30% der zentralen Armeeführung dieser Armee einen Rang. Damit wurde für soziale Anerkennung, Macht und schließlich auch Reichtum eine hohe militärische Stellung wichtiger als ein Prüfungsrang. Bemerkenswert ist aber auch, daß für die meisten die Militärkarriere nur eine Zwischenstation zu einer Stellung in der Bürokratie war, deren höchste zumeist der Gouverneursposten war. Dies spiegelt den Umstand, daß auch am Ende des 19. Jahrhunderts eine zivile Position immer noch angesehener war als eine militärische Position.[43]

Die Militärs waren es, die der westlichen Technologie am aufgeschlossensten gegenüberstanden; so ist es nicht erstaunlich, daß Zeng Guofan, Li Hongzhang, Liu Mingchuan, Guo Songdao, Zuo Zongtang, Liu Zhangyou und Shen Baozhen zu den ersten gehörten, die große moderne Unternehmungen förderten.[44] Militärs wie Militärveteranen spielten also eine wesentliche Rolle bei der Überwindung der Rolle der alten Literatenschicht, indem sie einer fachlichen Spezialisierung und innovativem Wirtschaftshandeln Geltung verschafften. Dabei waren sie freilich auch privat interessiert. Denn private Aneignungsinteressen ließen sich auf Dauer nicht von den zunächst öffentlich veranstalteten Unternehmungen insbesondere in der Rüstungs-, Bergbau-, Transport- und Textilindustrie fernhalten.

Die Rolle des Militärs und die Westorientierung der Intellektuellen

Nicht zu unterschätzen ist die neue systematische Ausbildung der Militärs, zum Teil nach westlichem Vorbild und mit Hilfe französischer und englischer Militärberater. Die Angliederung einer Kadettenanstalt an das Fuzhou-Arsenal im Jahre 1867 sei hier als Beispiel genannt. Die Marineausbildung bildete jedenfalls eine Vorreiterrolle; zahlreiche der jungen Kadetten absolvierten in den siebziger und frühen achtziger Jahren des 19. Jahrhunderts zudem eine Zusatzausbildung in Frankreich und England. Bereits im Jahre 1872 hatte Li Hongzhang Armeeoffiziere zur Ausbildung nach Deutschland geschickt.

Nach 1895 machte die Militarisierung einen neuen Sprung, sowohl was die Zahl der Kadetten, als auch was das Landheer angeht. Von besonderem Interesse in unserem Zusammenhang ist dann die Ablösung älterer Militärkader durch eine neue, insbesondere technisch gebildete Generation. Aus dem Offizierkorps Yuan Shikais rekrutierten sich die meisten Kriegsherren, Premiers und sonstige Führungskräfte im Norden nach 1916. Dabei spielte die Vielzahl der militärischen Ausbildungsanstalten eine wesentliche Rolle.[45] Nach 1895 wurde die militärische Karriere auch attraktiver als eine Zivilkarriere, so daß die hohen Offiziere dazu neigten, in der Armee zu bleiben. Zeng Guofan hatte zwar noch nach der Devise gehandelt: «Die Bauern durch konfuzianische Literaten führen» (*yong rusheng ling nong*), doch nach dem Chinesisch-Japanischen Krieg 1894/95 hatte die Armee allmählich die Vorreiterrolle übernommen. Insbesondere im Zuge zunehmender patriotischer Gesinnung fanden militärischer Geist und die Wertschätzung des Militärischen überhaupt Eingang in die Erziehungsverbände und -gesellschaften, die weitgehend ja noch von Literaten bestimmt waren. Nationale militärische Erziehung: *junguomin jiaoyu* wurde im Jahre 1911 auf dem nationalen Erzieherkongress zur ersten Devise erklärt.[46] Doch innerhalb der Armee fehlte es an einem einigenden Band, an Solidarität untereinander.

Mit den Westkontakten bildeten sich auch neue soziale Kategorien innerhalb der Oberschicht, die sich nicht nur auf das Militär beschränkten.[47] Dolmetscher und Sprachkundige erhielten eine neue Bedeutung, da sie als Unterhändler gebraucht wurden. Solche Experten fanden sich überall dort, wo mit westlichen Mächten zu verhandeln war. Die größte dieser Gruppen war – in den Jahren 1870–95– bei dem für die Handelsregulierung in den nördlichen Häfen beauftragten Li Hongzhang angesiedelt. Andere Experten zog das Tsungli-Yamen, das neu gegründete Außenministerium, an sich, und in Kanton hatte sich um Zhang Zhidong eine Expertengruppe gebildet, die er 1889 mit nach Wuchang nahm. Zwischen diesen Gruppen gab es gelegentlichen personellen Austausch. Der Gruppe dieser Experten sind solch klingende Namen zuzurechnen wie der von Gu Hongming (1857–1928), Wu Tingfang, Luo Fenglu, Cai Xiyong, Shen Baojing, Sheng Xuanhuai und Zheng Kuanying. Diese Männer waren auch für die Einrichtung von Unternehmungen nach westlichem Vorbild sowie zum Teil für die Planung und erste Durchführung des Eisenbahnbaus verantwortlich.[48]

Ein Beispiel für die westlich orientierte Intelligenz ist Wang Tao (1828–97), der als Journalist ganz von seiner Schriftstellerei lebte.[49] Der gleichen Gruppe sind auch Liang Qichao oder der Übersetzer Yan Fu zuzurechnen[50] sowie zahlreiche Rechtsanwälte und Ärzte; die Mehrzahl von ihnen lebte relativ bescheiden und ohne groß beachtet zu werden. Zu dieser neuen Intelligenz gehörte auch der in der chinesischen Gesellschaft bis dahin unbekannte Typus des Berufspolitikers wie auch der des Berufsrevolutionärs. Ein Beispiel hierfür ist Sun Yatsen. Diese neue Intelligenz trat an, das Alte abzulegen und das Neue zu suchen.

Die sogenannten Kompradoren übernahmen nach der Abschaffung der Cohong-Gilde insbesondere in der Gegend von Kanton eine wesentliche Funktion im Außenhandel. 1854 gab es etwa 250, 1870 etwa 700, 1900 etwa 20 000 Kompradoren.[51] Sie waren entscheidend bei der Einrichtung neuer Unternehmungen, vor allem aber bei der Beschaffung des Kapitals. Ende des 19. Jahrhunderts wandten sich die Kompradoren zunehmend eigenen, von den westlichen Unternehmungen unabhängigen Geschäften zu. Kulturell bildete diese Gruppe ein Amalgam zwischen westlichem und chinesischem Auftreten, und in ihren Kreisen entstand die als *Pidgin*-English bekannte Mischsprache. Neben den Händlern öffneten sich in besonders starkem Maße exportorientierte Unternehmer dem Ausland und dem Fremden überhaupt.[52]

Um 1900 wandelte sich eine größere Zahl von Angehörigen der alten Gentry zu Unternehmern, sogenannten «Gentry-Kaufleuten» *(shenshang)*. Bei dieser Schicht handelte es sich noch nicht um eine Bourgeoisie als Klasse, denn dazu waren sie noch zu sehr in traditionelle Verhaltensmuster und Verpflichtungen eingebunden. Erst in den letzten Jahren des Kaiserreiches zeigten sich Anfänge einer kapitalistischen Bourgeoisie.[53]

Funktionäre, vor allem hohe Provinzbeamte, hielten sich private Beratergruppen. Nach diesen Gruppen *(mufu)* ist auch das System benannt, das dann von Zeng Guofan, Zhang Zhidong und anderen dahingehend weiterentwickelt wurde, daß man «Beauftragte» *(weiyuan)* ernannte.[54] Gerade aber die mangelhafte «Versachlichung» des Politischen bildete einerseits eine Grundlage für die Ermöglichung späterer Siege der kommunistisch-revolutionären Bewegung und begünstigte andererseits ein dauerhaftes Ressentiment gegenüber Bürokratien, die mit Korruption und Mißwirtschaft gleichgesetzt wurden. Dabei geriet zunehmend aus dem Blick, daß eine Bürokratie eigentlich erst die Voraussetzung für moderne rationale Entscheidungsprozesse und für Modernisierung überhaupt ist.

Der Fortbestand der neuen Schichten wurde gesichert durch moderne Schulen: 1907 gab es 35 787 moderne Schulen westlichen Typs mit einer Million Schülern; 1912 waren es 87 272 Schulen mit 2,9 Millionen Schülern. Fast wichtiger aber noch als die Schulen wurden private Studiengesellschaften *(xuehui)*. Aus solchen Verbänden ging ein großer Teil der politischen Aktionen hervor. So sind die 1909 gewählten Provinzversammlungen bereits ein Spiegel dieser Entwicklungen. Bei all diesen Veränderungen unter westlichem Einfluß konnte es jedoch nicht ausbleiben, daß es zu Spannungen innerhalb der Schicht der Gebildeten kam. Die Spaltungen innerhalb der herrschenden Klasse wurden besonders offenkundig bei den Auseinandersetzungen über einzelne Fragen wie etwa jene, ob man westliche Fächer oder Gebräuche übernehmen solle.

Regionale Unterschiede, neue Bourgeoisie und die Politisierung der Händler

Insbesondere seit der Jahrhundertwende ist eine neue Identifikation mit politischen Verwaltungseinheiten (Kreis, Provinz) zu beobachten,[55] und gegenüber traditionellen Eliteorganisationen bildeten sich neue Selbstverwaltungsorganisationen und sonstige Verbände heraus. Die Grundlagen für die Veränderungen und damit für eine politische Transformation Chinas waren freilich bereits in früherer Zeit angelegt worden.[56]

Es hatte also schon in den letzten Jahrhunderten des Kaiserreiches dramatische Veränderungen gegeben, und dabei war es auch zur Ausbildung von Mittelschichten sowie zu einer nicht mehr allein – zum Teil überhaupt nicht mehr – auf Bildung, sondern auf durch Handel erworbenem Wohlstand beruhenden Bourgeoisie gekommen.[57] Waren nun die Händler zur Elite geworden? Nach dem Zusammenbruch der Qing-Dynastie befanden sich die Städte zumeist in den Händen der Handelskammern und der Gilden. Gildenvereinigungen hatten bereits seit der Taiping-Rebellion eine wichtige Stellung innegehabt. Die städtische Händlerschicht war die neue Elite, einzelne Intellektuelle waren eher eine Randerscheinung, doch blieben sie diejenige Kraft, die in Zeiten politisch-ideologischen Orientierungsbedürfnisses weiterhin eine zentrale Rolle spielen sollte.

Am Ende des Kaiserreiches war in den städtischen Händlerkreisen ein wachsender Organisationsbedarf entstanden, doch war es dabei nicht gelungen, die verschiedenen lokalen, regionalen und professionellen Organisationen in den politischen Prozeß zu integrieren. Vielmehr war es zunehmend zu Konflikten innerhalb der Händler und ihrer Vereinigungen in Shanghai gekommen, die vor allem seit der 4.-Mai-Zeit stark zunahmen. Eine bedeutende Wendemarke stellt die sogenannte 30.-Mai-Bewegung dar. Die Antwort auf den Konflikt zwischen den fremden Mächten und China, ausgelöst durch die Schüsse englischer Soldaten auf Arbeiter und Studenten am 30. Mai 1925, war eine Politisierung weiter Kreise der Händler im nationalen Sinne, die andererseits ihre Interessen gegen die Gewerkschaftsorganisationen wahren wollten und sich deshalb mit den Kriegsherren verbündeten. Zunächst hatten sie in der Guomintang ihren politischen Verbündeten gesehen. Bald aber stellte sich heraus, daß die Händlerelite keine Parteiherrschaft dulden wollte, und so verbündete sie sich mit Tschiang Kaischek gegen die Partei.

Die Politisierung der Händler spiegelt sich auch in dem Schlagwort: *yi dang zhi guo – yi shang jiu guo* («Mit der Partei den Staat regieren, mit dem Händler den Staat retten»).[58] In der Folge eines Generalstreiks der kommunistisch geführten Gewerkschaften in Shanghai am 21. März 1927 waren am folgenden Tage revolutionäre Truppen in der Stadt einmarschiert. Am 26. März traf Tschiang Kaischek ein. Am frühen Morgen des 12. April 1927 ließ Tschiang durch Männer aus der Unterwelt und sonstiges Gesindel in Shanghai Tausende von (angeblichen) Kommunisten umbringen.[59] War damit, mit diesem Blutbad, eine Allianz zwischen den Kapitalisten Shanghais und der Guomindang-Regierung geschmiedet worden, oder waren nunmehr die Kaufleute und Händler vollends den Erpressungen der Tschiang-Clique ausgeliefert, die von ihnen hohe Summen zur Finanzierung ihrer Armee erpreßte?[60] Eine Beantwortung dieser Fragen erscheint nur möglich, wenn zugleich die Frage nach dem Verhältnis der Kaufleute zur Politik gestellt wird.[61] Hinzu kommt, daß zwischen «großen» und sogenannten «mittleren Händlern und Kleinhändlern» (*zhongxiao shangren*), ein Ausdruck, den die Kommunisten in ihren Klassenanalysen gerne benutzten, unterschieden werden muß.

Radikalismus und Konservativismus

Man könnte behaupten: Da sich in China niemals eine fortschrittliche bürgerliche Öffentlichkeit mit eigenen Freiheitsrechten herausgebildet hatte und da auch die alten Verbände, wie etwa die Gilden, keine eigenen angestammten Rechte hatten, fehlte die Grundlage für einen modernen Staat. Der Konservatismus ist auch eine Folge der nicht gelingenden Integration von Gesellschaft und Politik, des Widerstreits zwischen autonomer Region und schwachem oder nur für das Allgemeine zuständigem Staat einerseits und einem bis auf die untersten Stufen durchorganisierten Staat andererseits.

Da es auch in China noch nicht zur Herausbildung eines modernen Staates gekommen war, wurden Elitegruppen, in der Volksrepublik ausschließlich aus der Partei rekrutiert, immer wieder besondere Funktionen zugewiesen, die sie wiederum anfällig machten für Korruption. Darauf gründet sich bis heute der Unmut weiter Teile der Bevölkerung, gegen den die Parteiführung und der Nationale Volkskongress – freilich nur mit begrenztem Erfolg – einzuschreiten versuchen, um einen letzten Rest an Glaubwürdigkeit zu retten. Die bereits in den traditionellen konfuzianischen Lehren propagierte Suche nach der Persönlichkeit des einzelnen als Garant für einen politisch-moralisch akzeptablen Staat, eine Suche, die dann in der Volksrepublik unter neuen Vorzeichen fortgesetzt wurde,[62] spiegelt nur das Fehlen einer Partizipation des einzelnen am politischen Prozeß. Das, was Shmuel N. Eisenstadt «access to the center» nennt, ist hier das, was *fehlt*, und daher richten sich viele Hoffnungen auch auf immer wieder zutage tretende basisdemokratische Ansätze.[63]

Die Skepsis gegenüber den Freiheitsrechten des einzelnen, die Mao Zedong unter dem Eindruck des Ungarnaufstandes in seiner Rede «Über die richtige Behandlung der Widersprüche im Volke» deutlich zum Ausdruck brachte, hatte auch Sun Yatsen (1866–1925), der «Vater der Republik», geteilt, der meinte, nicht die Freiheit des einzelnen – davon gäbe es in China schon zu viel –, sondern die Freiheit der Nation sei das Ziel der Revolution. Er sagte dazu:

«Einstmals lautete die Parole der Französischen Revolution: Freiheit, Gleichheit, Brüderlichkeit. Die Parole unserer Revolution lautet: Nationalität, Rechte des Volkes, Lebenshaltung des Volkes. ... Wenn erst der Staat in der Lage ist, in Freiheit zu handeln, dann wird China ein starker Staat werden. Wenn wir das wollen, dann müssen alle von ihrer Freiheit opfern. Wenn die Studenten in der Lage sind, ihre Freiheit zu opfern, dann werden sie sich täglich anstrengen, in der Wissenschaft zu arbeiten. Wenn die Soldaten in der Lage sind, ihre Freiheit zu opfern, dann werden sie den Befehlen gehorchen, in Treue das Vaterland lieben, auf daß der Staat frei sei. ... Warum wollen wir die Freiheit für den Staat? Weil China von den Mächten unterdrückt wird und seinen Platz als Staat verloren hat.»[64] Diese Position ist bis heute die Grundlage der politischen Kultur Chinas, was freilich nicht verhindert, daß dennoch im Zuge der wirtschaftlichen Differenzierung des Reichsgebietes und der Unfähigkeit der Zentrale, als ausgleichende Instanz zu fungieren, separatistische Tendenzen und Spannungen deutlich werden.[65]

Die Zeit der Kriegsherren

Mit der Revolution von 1911 und der Republik beginnt, nach einem kurzen nationalistischen Übergang, zugleich eine neue Phase der politischen Zersplitterung, die Zeit der Kriegsherren.[66] Bis zum Nordfeldzug Tschiang Kaischeks in den Jahren 1926–28 war die politische Situation in China durch die Vorherrschaft der Militärgouverneure der einzelnen Provinzen gekennzeichnet. Es gab Hunderte solcher Kriegsherren, die sich zu wechselnden Allianzen und hierarchisch organisierten Cliquen zusammenschlossen. Die wichtigeren Kriegsherren suchten diesen Zustand eines «unorganisierten Feudalismus von Militärbefehlshabern» zu überwinden. Yuan Shikai, von 1912 bis 1916 Präsident der Republik und mit erheblichen Befugnissen ausgestattet, hatte es von Anfang an nicht vermocht, das Land zu einigen, wozu beitrug, daß er sich nur auf einen Teil der Truppen verlassen konnte. Die Eigeninteressen einzelner Regionen und Gruppen waren einfach zu mächtig, und die Unabhängigkeitserklärungen der Mongolei und Tibets (1911/12) verstärkten die ohnehin vorhandenen Zerfallstendenzen. Freilich läßt sich diese Phase auch als eine Zeit verschärften Widerspruchs zwischen Zentralstaatsidee und Selbstverwaltungsgedanken verstehen. Im Zuge der Auseinandersetzungen zwischen der Hauptstadt und einzelnen Provinzen, insbesondere über Fragen der Steuerabgabe und der Besetzung von Ämtern, versuchte Yuan Shikai zwar in den Jahren 1913/14 Veränderungen zugunsten der Zentralregierung durchzusetzen und sich 1915 gar als Kaiser inthronisieren zu lassen, doch ohne Erfolg. Erst den Nationalisten (Guomindang) mit Tschiang Kaischek an der Spitze gelang schließlich eine Einigung Chinas mit Nanjing als neuer Hauptstadt.

16. Kulturelle und staatliche Einheit

Kang Youweis Utopie von der Großen Gemeinschaft

Die Vorstellung von einer weltumspannenden Ökumene, innerhalb derer nationalstaatliche Grenzen aufgehoben sind, prägte noch die Vorschläge und Utopien des Reformers Kang Youwei, wie er sie in seinem im Jahre 1902 niedergeschriebenen, aber erst postum, nämlich 1935, veröffentlichten Werk «Buch von der Großen Gemeinschaft» *(Datongshu)* niedergelegt hatte. Darin schreibt er:

«In einem natürlichen Ausleseprozeß verbinden sich … Teilstaaten miteinander; starke und große Staaten verleiben sich schwache und kleine ein: Dies ist ein Vorzeichen für die Bildung einer ‹Großen Gemeinschaft›. Eine bessere Methode zum Zusammenschluß zu großen Staatsgebilden stellt die bundesstaatliche Gründung von Deutschland und Amerika dar; die kleinen und schwachen Gliedstaaten haben vergessen, daß sie einmal eigenständig waren. Eines Tages werden die USA sich alle Staaten des amerikanischen Kontinents eingegliedert haben, und Deutschland wird alle Staaten Europas umfassen. Dieser Prozeß bahnt schließlich den Weg zur ‹Großen Gemeinschaft›.»[1]

Das Erlebnis des expansionistischen Imperialismus des ausgehenden 19. Jahrhunderts verbindet sich hier mit den eigenen chinesischen Erfahrungen der Ausbildung eines Einheitsstaates und dessen kontinuierlicher Ausdehnung. Als eine Voraussetzung für das Erreichen der Großen Gemeinschaft in der Zukunft betrachtet Kang Youwei allerdings die Durchsetzung demokratischer Herrschaft, da autokratisch geführte Staaten wegen des Eigeninteresses der Herrschenden nur schwer in die Große Gemeinschaft überführt werden könnten. Die Staaten Europas und Asiens sollten sich «zu großen Konföderationen» zusammenschließen.[2] Und Kang Youwei prophezeit:

«Innerhalb der nächsten hundert Jahre werden daher alle schwachen und kleinen Staaten von der Landkarte verschwinden; alle monarchischen und autokratischen Regierungsformen werden weggefegt, und überall wird die republikanische Verfassungsform eingesetzt; Demokratie und Gleichheit werden in hellem Licht erstrahlen. Die Völker der zivilisierten Nationen werden ihre Bildungsarbeit ausweiten, und Völker auf niedriger Kulturstufe werden allmählich aussterben. Im Zuge der allgemeinen Entwicklung wird der Wunsch der Menschheit darauf gerichtet sein, eine Einheit der ganzen Erde zu verwirklichen. Wie eine unaufhaltsame Strömung wird das geistige Streben der Menschheit sich dem Ziel völliger Gleichheit und beständigen Friedens annähern.

Die schwachen und kleinen Staaten, die sicherlich in den nächsten hundert Jahren verschwinden werden, sind Schweden, Dänemark, Holland und die Schweiz, die sich mit Deutschland vereinigen werden. Die kleinen osteuropäischen Staaten werden sich möglicherweise an Rußland anschließen, und selbst orientalische Kleinstaaten wie Afghanistan, Korea, Siam, Ägypten und Marokko könnten ihre Selbständigkeit verlieren.»[3]

Kang Youweis «Grundzüge der Weltregierung» überschriebener Maßnahmenkatalog ist geprägt von chinesischen Erfahrungen und Traditionen. Stufenweise Reduzierung und schließliche Auflösung der Streitkräfte der einzelnen Nationen, Abschaffung der Nationalsprachen gehören zu den zentralen Forderungen. Die Erde solle in zehn Kontinente aufgeteilt werden.

«Der Erdball soll in 100 Breitengrade aufgeteilt werden, je fünfzig Grade nördlich und südlich des Äquators. Ebenfalls soll eine Längeneinteilung in hundert Grade erfolgen. Jeder Grad soll in zehn Minuten nach Länge und Breite aufgegliedert werden, so daß sich innerhalb eines Quadrats hundert Minutenquadrate bilden, die durch die Nord-Süd- und Ost-West-Richtung voneinander abgegrenzt sind. ... Die so ... aufgeteilten neuen Gebiete sollen kartographisch erfaßt werden, und die innerhalb der Gebiete wohnhaften Personen sollen nach ihrem Aufenthaltsgebiet als ‹Menschen des Planquadrats Soundso› registriert werden.

... Wenn einmal die Zeit kommt, wo die ganze Erde bevölkert ist, dann wird es keinen Streit zwischen den Einzelstaaten mehr geben, weil sie nicht mehr existieren und statt dessen die Verwaltungsbehörde eines durch die Gradeinteilung gebildeten Gebietes die Regierungsfunktion übernommen hat.

Die Zeitrechnung soll mit der Konstituierung der ‹Großen Gemeinschaft› beginnen. Eine Weltzeitrechnung soll ihren Anfang nehmen, die keinen Platz hat für die Zeitbestimmung nach Daten, die auf Religionsstifter oder Monarchen zurückgehen.»[4]

Die Einheit Chinas war das Ziel auch der Republikanischen wie der Kommunistischen Bewegung in den 20er Jahren des 20. Jahrhunderts gewesen. Hierzu diente die Fiktion einer Han-Nationalität (Han minzu), wie sie etwa von Sun Yatsen proklamiert wurde, dem sie auch dazu diente, die Spannungen zwischen den einzelnen Kulturregionen zu vermindern, im Interesse der Einheit Chinas, und wie sie auch Mao Zedong, etwa im Jahre 1929, proklamierte. Doch den Mandschuren, Mongolen, Muslimen und Tibetern wollte Mao Zedong zugestehen, ihre eigenen Verfassungen zu bestimmen;[5] nur sollte daraus eine Föderation entstehen, wie er 1936 gegenüber Edgar Snow bekundete.[6] Später sah dies auch Mao anders. Bei seinen Bemühungen um ein Einheitsreich beschäftigte er sich mit dem ersten Reichseiniger Qin Shihuangdi. Dieser habe das Reich nicht zusammenhalten können, weil er sich zu sehr auf den Bau der Mauer konzentriert habe. Vielmehr müsse mehr Wert auf die innere Kohärenz gelegt werden. Diese findet ihren Ausdruck in dem Tiananmen-Platz und nunmehr auch in dem Mao-Mausoleum, das als Repräsentationsort des Reiches verstanden wird, in dem u. a. Materialien, insbesondere Steine, aus allen Teilen des Reiches, auch aus Taiwan, verbaut worden sind.[7]

Vereinheitlichung von Schrift und Sprache

Bekanntlich haben Sprache und Schrift in China eine einigende Funktion. Und doch bedeutet – einmal ganz abgesehen von den nicht- chinesischen oder doch entfernter mit dem Chinesischen verwandten Minderheitensprachen – aufgrund der zum Teil sehr verschiedenen Dialekte innerhalb des Chinesischen die Sprache auch etwas Trennendes.[8] Dies gewönne natürlich noch weit größere Bedeutung, wenn es zu demokratischen Strukturen und entsprechenden Willensbildungs- und Entscheidungsprozessen in China käme.

Der konfuzianisch-legalistische Autor Xunzi (ca. 300–230 v. Chr.) sprach noch davon, daß die Kleinkinder bei allen Völkern die gleichen Laute äußern. Erst die Erziehung und Unterweisung führe zu Unterschieden in der Sprache.[9] Die Sprache bedeutet Verständigungsmöglichkeit und Kultivierung, und sie wird vermittelt durch Erziehung. Da in China die Dialekte seit jeher vielfältig sind, kommt der Schrift eine so eminent wichtige Bedeutung zu. Die Schriftreformen des Reichseinigers und seines Kanzlers Li Si am Ende des dritten vorchristlichen Jahrhunderts waren daher eine wesentliche Voraussetzung für die Stabilisierung der Reichseinheit gewesen.[10]

Die Erfahrung des Fremdartigen in der Sprache machten sich später dann die Gegner des Buddhismus zunutze. Denn zunächst und vor allem war die Sprache der Buddhisten in den Augen der Gegner die Sprache der Barbaren. Dies äußert beispielsweise der dem Daoismus zuneigende Kritiker Gu Huan (430–93) in seinem berühmten Artikel «Über Barbaren und Chinesen», wo er schreibt: «Bei den Vögeln gibt es den Vogelruf; bei den Tieren gibt es das Schreien der Tiere. Chinesen zu lehren gibt es die chinesische Sprache, Barbaren zu bekehren gibt es die Sprache der Barbaren.» An anderer Stelle schreibt er über die Sitten der Barbaren: «Die Sitte, wie ein Barbar auf den Fersen zu hocken und in fremdem Kauderwelsch zu disputieren, dies entstammt alles den fremden Bräuchen und ist diesen Fremden auch verständlich. Diese Bräuche sind wie das Hüpfen der Insekten und das Zwitschern der Vögel; wie sollten sie nachahmenswert sein?» Hier wird das Barbarische als das Wilde, das Tiergleiche gesehen.

Doch neben dieser fremdenfeindlichen Sicht gab es eine andere Theorie, die auf Integration zielte. Der Autor der großen Schrift zur Literaturkritik «Bildung des Herzens und Schnitzen von Drachen» *(Wenxin diaolong)* Liu Xie (ca. 465–522), selbst ein überzeugter Anhänger des Buddhismus, schrieb in einem Traktat «Über das Auslöschen von Irrtümern» *(Miehuo lun)*: «Die angemessene Lehre kennt keinen besonderen Ort; sie widersetzt sich nicht dem Angemessenen, bloß weil es Unterschiede zwischen Weltlichem und Geistlichem gibt. Ihre wunderbare Anverwandlungskraft *(hua)* kennt kein Außerhalb; wie könnte sie dem Gefühl(smäßigen) zuwiderlaufen, bloß weil es die Unterscheidung in Chinesen und Barbaren gibt? Daher erläutert sie mit einer Stimme das Gesetz, und verschiedene Übersetzungen werden gleichermaßen verstanden. In einem einzigen Fahrzeug befördert sie die Lehre, und verschiedene Sûtren haben das gleiche Ziel.»

Der Satz: «Der Buddha legt mit einer Stimme die Lehre dar, während von sämtlichen Lebewesen jedes auf seine Weise versteht», entstammt dem *Vimalakîrti-nirdeśa*, einem Werk, das sich im 4. und 5. Jahrhundert unter den Gebildeten in China großer Beliebtheit erfreute. Der begeisterte Laienbuddhist Vimalakîrti war für die vermögende Oberschicht verständlicherweise ein nur zu geeignetes Leitbild, wurde damit doch der Weg zur Erlösung außerhalb des Mönchsweges vorgeführt. In der Äußerung Liu Xies wird die «wunderbare Anverwandlungskraft» nun nicht mehr als Fähigkeit der Zivilisation gegenüber dem Buddhismus interpretiert, sondern es ist die Fähigkeit des Buddhismus als der geläuterten und noch erhabeneren Zivilisation, sich die unterschiedlichen Gegebenheiten anzuverwandeln. Diese Fähigkeit «kennt kein Außerhalb», und damit wird der Buddhismus als die übergreifende, alles verbindende Lehre behauptet.

Bei aller Weltoffenheit blieb doch das Bewußtsein einer gewissen Begrenztheit bestehen, und so scheint bisweilen die bereits mehrfach hervorgehobene Trennung zwischen Norden und Süden in China wichtiger gewesen zu sein als die Beziehung zum Ausland. Ein solcher Regionalismus, der gegenüber den weltumspannenden Visionen sehr ernüchternd wirkt, wird in dem Anfang des «Sutra des Sechsten Patriarchen» angesprochen, wo Huineng davon berichtet, wie ihm sein Lehrer Hongren (601–74) mit den Worten entgegengetreten sei: «Wenn du aus Lin'an bist, bist du ein Wilder. Wie kannst du die Erleuchtung erlangen?» Daraufhin habe er entgegnet: «Obwohl die Leute aus dem Norden und die aus dem Süden verschieden sind, bei der Buddhanatur gibt es kein Nord und Süd.» So sollte die Lehre von der Buddhanatur jedes Menschen jegliche Unterschiede aufheben. Doch diese Form der Entgrenzung war nur dem einzelnen möglich, während man sich sonst der Grenzen und der Verschiedenheiten stärker bewußt wurde.

Durch die Auseinandersetzungen um den Buddhismus und die Teilung und schließliche Wiedervereinigung des Reiches, wodurch die regionalen Entfremdungen ja erst so recht deutlich wurden, stieg das Bewußtsein einer eigenen chinesischen Kultur, die freilich keine festumschriebenen Grenzen hatte, sondern die, wie wir es im Falle des Buddhismus besonders deutlich sehen, gerade in der Aufnahme des Fremden sich ihrer selbst bewußt wurde. Dies führte dann zwar immer wieder zu den bereits erwähnten Polemiken, doch müssen wir diese wohl eher als Versuch zur Selbstvergewisserung betrachten, deren Problematik eben nur – wie bereits eingangs angesprochen – darin bestand (und wohl auch heute noch besteht), daß das Fremde abgelehnt wird, obwohl es unter der Hand bereits jedenfalls teilweise integriert, vielleicht sogar «sinisiert» worden ist.

Aber was ist «Sinisierung»? Und was heißt «Sinisierung» etwa in der Tang-Zeit, die noch in einer ganz anderen Weise «chinesisch» war – zum Teil war sie ja noch «barbarisch»- als spätere Epochen in der Geschichte Chinas?[11] Es hat oft den Anschein, als hätte die Polemik gegenüber Fremdem nur dazu gedient, die eigene Besonderheit zu finden, worin sich wohl ein Wesenszug der traditionellen chinesischen Kultur widerspiegelt, der in der Polarität im Denken besteht.[12] So wurde gewissermaßen allein schon durch die Denkfigur das Andere bereits Teil der Selbstbestimmung und der Selbstgewinnung.

Lange schien es, als sei die Einheit, wenn auch nicht der gesprochenen, so doch der geschriebenen Sprache, in greifbare Nähe gerückt. Zwar ist die Einheit heute innerhalb Chinas durch gemeinsame Kommunikation weitgehend gewährleistet, auch wenn das gesprochene Wort von Mitgliedern der Staatsspitze große Teile der Bevölkerung nicht verstehen; zudem haben sich innerhalb «Großchinas», insbesondere auf den Gebieten der modernen Wissenschaften und Techniken, erhebliche Differenzen herausgebildet. Dagegen beansprucht die Zentralregierung die Durchsetzung einer einheitlichen Nomenklatur. Dahinter steht die Vorstellung von einer einheitlichen Verständigungsbasis auf der Grundlage der chinesischen Schrift für die ganze chinesische Welt. Der Chemiker Lu Jiaxi, Leiter des Komitees für die Überprüfung und Bestätigung naturwissenschaftlicher Termini, sagte: «Die chinesische Schrift ist eine der hervorragenden, von den Chinesen geschaffenen Kulturleistungen der Welt. Heutzutage verwendet oder versteht etwa ein Viertel der Welt Chinesisch. Deshalb können die Normierung und Vereinheitlichung der chinesischen wissenschaftlich-technischen Termini zum einen den Wissenschaftsaustausch und die Zusammenarbeit zwischen dem Festland und Taiwan fördern und die Wissenschaft und Technik der chinesischen Nation vorantreiben. Zum anderen werden sie für die chinesisch sprechenden Menschen aller Welt ebenso wie für die Weltkultur einen Beitrag leisten.»[13]

Als so selbstverständlich galt die chinesische Sprache nicht immer. So gingen zu Beginn der Republik-Zeit einige radikale Intellektuelle soweit, die Abschaffung des Chinesischen und die Ersetzung durch das Esperanto zu fordern, weil nur so China vor dem sicheren Untergang bewahrt werden und einen Weg in die Moderne finden könne. Ein Brief Qian Xuantongs (1887–1939)[14] an Chen Duxiu, einen der späteren Gründer der Kommunistischen Partei Chinas, verdeutlicht diesen Antitraditionalismus:

»Sehr geehrter Herr Chen,
in einem Ihrer früheren Aufsätze habt Ihr vehement die Abschaffung des Konfuzianismus gefordert. Was dies betrifft, so glaube ich, daß darin die einzige Chance zur Rettung Chinas liegt. Doch habe ich mir beim Lesen gedacht: Wenn man den Konfuzianismus abschaffen will, muß man zuerst die Chinesische Sprache abschaffen; will man die kindische, unzivilisierte und starre Denkungsart des gemeinen Mannes überwinden, muß man zuallererst die chinesische Sprache aufgeben.»[15]

Ganz allgemein aber war der Ruf nach einer nationalen Sprache, denn die gesprochene Sprache, die zur Grundlage für die Verschriftung werden sollte, war mit ihren zahlreichen Dialekten so vielfältig, daß eher von einer Sprachfamilie gesprochen werden muß, die von einem Autor mit der Romania mit so unterschiedlichen Sprachen wie dem Französischen, Spanischen, Portugiesischen und Italienischen verglichen wurde.[16] Anders aber als in Europa war doch in China, infolge der politischen Dominanz des Nordens, das Norchinesische Idiom, das «Mandarin», das am weitesten verbreitete Idiom geworden.

Es ist bezeichnend für die Versuche, den Auflösungstendenzen zu Beginn der neuen Republik entgegenzuwirken, daß auf einer Konferenz zur Aussprache des Chinesischen im Jahre 1913 eine Vereinbarung über die

Einführung phonetischer Symbole zur Verbreitung der «Nationalen Sprache» (Guoyu) empfohlen wurde, die allerdings erst im Jahre 1919 aufgegriffen wurde, ohne allerdings zunächst große Erfolge zu zeitigen. Eine von Hu Shi und anderen proklamierte Forderung nach Literatur in einer an die gesprochene Sprache angelehnten Form, dem sogenannten *baihua*, die in engstem Zusammenhang mit der literarischen 4.-Mai- Bewegung 1919 steht, wurde schließlich viel wichtiger für die Sprachreform,[17] wenngleich die Reformautoren oft ihre eigenen, dialektgefärbten oder lokalen Ausdrücke in ihre Werke mit einbrachten und damit eher zur Auffächerung als zur Vereinheitlichung des Chinesischen beitrugen. Andererseits wurden auf diese Weise verschiedene Dialekte und lokale Ausdrücke literaturfähig und so zu einem potentiellen Allgemeingut. Die Aussprache freilich blieb ein Problem, und erst im Jahre 1932 wurde von einer Kommission zur Vereinheitlichung der Aussprache unter Leitung von Zhao Yuanren ein «Verzeichnis zur Nationalen Aussprache im Alltagsgebrauch» *(Guoyin changyong zihui)* vorgelegt, das sich im wesentlichen an den Pekinger Aussprachestandards orientierte und so die Tradition der Vorherrschaft des «Mandarin», der auch traditionell am nordchinesischen Idiom ausgerichteten «Beamtensprache» *(guanhua)*, fortführte. Die Intergrationisten argumentierten, bei entsprechender Unterweisung der Schüler werde in hundert Jahren, also im Jahre 2030, in China eine einheitliche Sprache gesprochen.

Gegen diese integrationistische Sprachpolitik wandten sich nicht nur Vertreter des Südens, sondern auch Linksintellektuelle und Anhänger der Lehre Stalins, unter ihnen Qu Qiubai. Dieser forderte, unter dem Eindruck der sowjetischen Sprachenpolitik, die Romanisierung des Chinesischen, was bedeutet hätte, daß das einigende Band der Schriftzeichen verloren gegangen und eine Vielzahl von Dialekten verschriftet worden wäre. Qu verwies darauf, daß es bereits ein Allgemeinchinesisch *(putonghua)* gebe, das die Verständigung über Dialektgrenzen hinweg ermöglichen würde. Auch nach der Ermordung Qu Qiubais durch Agenten der Guomindang im Jahre 1935 wurden seine Forderung nach Romanisierung vertreten, etwa von Mao Dun (1896–1981), Guo Moruo (1892–1978) und Lu Xun.[18] Die Sprache wurde so zum Thema politischer Richtungskämpfe, bei denen sich die meisten Linken gegen die am Nordchinesischen Standard orientierte «Nationalsprache» (Guoyu) mit dem Argument wandten, eine solche Standardisierung benachteilige die große Zahl der Dialektsprecher. Vielmehr müßten, so jedenfalls etwa die Position Lu Xuns, die einzelnen Dialekte alle gleichermaßen anerkannt werden. Doch nach der Machtübernahme durch die Kommunistische Partei wurde diese Position nicht weiter verfolgt. Auf zwei Konferenzen im Jahre 1955 zur Sprachreform wurde eine Politik festgelegt, die im Februar 1956 in der Bekanntmachung «Anweisungen zur Verbreitung einer Gemeinsprache» *(putonghua)*, mündete, in der es unter anderem heißt: «Die Grundlage für die Vereinheitlichung der Han- Sprache ist bereits vorhanden. Es ist die Gemeinsprache *(putonghua)*, deren Aussprache der Pekinger Aussprache folgt, die zum nördlichen Dialekt gehört.»[19]

Der Einheitlichkeit der Sprache wird ein hoher Stellenwert beigemessen. So ist in der letzten Zeit bei Begegnungen von Wissenschaftlern aus Taiwan und der Volksrepublik offenkundig geworden, daß beide Seiten unterschiedliche Terminologien entwickelt haben. Der Zwang zu neuen Wortbildungen durch die rasche Entwicklung auf vielen wissenschaftlichen Gebieten hat zu unterschiedlichen Terminologien geführt, die zu vereinheitlichen, wie erwähnt, als ein Ziel von festlandchinesischer Seite propagiert wird.[20] Denn wenn auch ein öffentlicher Diskurs über eine gemeinsame Sprache großen Teilen der Bevölkerung Chinas noch lange verwehrt bleiben wird, war es doch seit der Reichseinigung vor über zweitausend Jahren stets das Ziel, die Elite an gemeinsame Standards zu binden. Hier liegt übrigens auch eines der größten Hindernisse für eine Demokratie im chinesischen Einheitsstaat, da es einen landesweiten Diskurs so bald nicht geben kann.

Die Zulassung des Gebrauchs von Minderheitensprachen ist durchaus wechselhaft und steht unter dem Prinzip der Minderung von Spannungen. Wenn etwa in Xinjiang in den verschiedenen Gebieten in sieben Sprachen Schulunterricht erteilt wird, so dient dies auch dem Ziel, den Zusammenhalt der einzelnen Ethnien zu stärken und diese gegeneinander auszuspielen, ganz nach der Devise «mit Hilfe von Barbaren die Barbaren kontrollieren» *(yi yi zhi yi)*.[21] Andererseits wird durch staatliche Ausbildungshilfe, etwa die Zuweisung von chinesischen Lehrern und die Unterstützung und Kontrolle der Lehrmaterialien in Minderheitensprachen, eine schleichende Sinisierungspolitik verfolgt.[22]

Ausführlich beschäftigte sich auch Kang Youwei mit der Sprach- und Schriftvereinheitlichung. Dabei forderte er nicht nur, «auf der ganzen Welt soll eine einheitliche Schrift- und Gebrauchssprache eingeführt werden», sondern er machte sich auch Gedanken darüber, wie die neue Sprache gefunden werden soll.

«Die am leichtesten verständlichen Sprechlaute sollen die Grundelemente eines neuen Alphabets werden. Konkrete Begriffe sollen auch einen begrifflichen Schriftausdruck finden, während Abstrakta in der am leichtesten verständlichen Schriftform aus den bisher verwendeten Sprachen festgelegt werden. Es würde ein großer Vorteil sein, wenn zur Vermeidung unnötiger Energieverschwendung die chinesische Sprache unter Hinzufügung eines Alphabets als neue Weltsprache Eingang finden könnte. ... Eine neue, vereinheitlichte und schnell erfaßbare Weltsprache ließe sich schaffen, indem man chinesische Sachbegriffe zugrunde legt, die Laute jedoch durch Alphabetzeichen darstellt und eine einfache Schreibweise erfindet. Wilde Tiere leben auf der Erde, deshalb sind ihre Laute auch verworren; Vögel leben in den Lüften, weswegen ihr Singen

auch klar klingt. So kann man die Sprechweise der in den Tropen lebenden Völker auch als verworren und tierähnlich primitiv betrachten, während die Laute der Polarvölker klar wie Vogelzwitschern klingen. Deshalb sollten die phonetischen Klänge der vereinheitlichten Weltsprache
solchen Lautbildern entnommen werden, die den Volkssprachen der zwischen dem 40. und 50. Breitenkreis ansässigen Menschen zugehören.»[23]

Dieser Utopie ist nicht nur, wie dies bei vielen Utopien der Fall ist,
etwas Totalitäres eigen, wenn etwa Kang schreibt: «Nach der Vereinigung
der Welt und Vereinheitlichung der Verhältnisse wird die Gleichschaltung
aber auch die Religion erfassen»,[24] sondern sie trägt gerade in der Behandlung der Sprache und der Zeitrechnung bzw. des Kalenders traditionell chinesische Züge. Und dies gilt vor allem für die Behandlung der
Grenzen bzw. der ethnischen Vielfalt.

Für Kang Youwei ist es «die Schranke, die die Rassen voneinander
trennt», die die größere Barriere zur Erreichung der Großen Gemeinschaft
bildet. Doch wenn die verschiedenen Zivilisationen aneinander angeglichen sein werden und die gleichen sozialen Voraussetzungen geschaffen
worden sind, wird es auch zu einer «durchgreifenden Verschmelzung
aller Völkerschaften» kommen.[25] «Dann wird es auch nicht schwerfallen,
die Romanen, Germanen und Slaven in Europa zu vereinen. Auch in
Asien werden die Chinesen, die Mongolen und die Japaner nach einer
Vereinheitlichung ihrer Zivilisationen zu einer Einheit verschmelzen.»[26]

In einer allmählichen Verschmelzung der gelben und der weißen Rasse, eine Unterscheidung übrigens, in der Kang Youwei im Grunde einem
europäischen Vorurteil folgt,[27] sieht Kang weniger ein Problem als in den
andersfarbigen Rassen. Hier behilft er sich mit einer den Lehren Charles
Darwins verpflichteten Theorie der Lebenstüchtigkeit:

«Bis zur Jetztzeit haben sich vier Hauptrassen gehalten, nämlich die
Weißen in Europa, die Gelben in Asien, die Schwarzen in Afrika und die
Braunen in Ozeanien. Manche davon haben sich als lebenstüchtiger und
anpassungsfähiger als die anderen erwiesen. Wenn man diese Frage unter dem Gesichtspunkt der Durchsetzung der Tüchtigsten in der Entwick-
lungsgeschichte Chinas betrachtet, dann zeigt es sich, daß die Erschließung der ursprünglich von den drei Stämmen der Miao-Ureinwohner
bewohnten südlichen Gebiete erst durch die Nachkommenschaft der in-
telligenten gelben Herrenrasse erfolgte. Die in Henan, Guangxi, Yunnan
und Guizhou noch lebenden Reste alter Stämme ... sind die Überbleibsel
der Urbevölkerung. ... Die indianischen Ureinwohner Amerikas sind von
den Weißen aus ihren Siedlungsgebieten vertrieben worden; die Zahl der
Überlebenden beläuft sich kaum auf eine Million. Vor einigen Jahrhunderten lebten noch mehrere Millionen Ureinwohner in Australien; heute
gibt es nur noch einige Zehntausende. ... Wenn man diese Beispiele auf
die noch bestehenden dunkelhäutigen Rassen überträgt, dann läßt sich
voraussehen, daß die hundert Millionen Schwarzen in Afrika nach meh-

reren Jahrhunderten von den Weißen vernichtet worden sind; sollte dieser Fall nicht eintreten, dann werden sich Weiße und Schwarze vermischen, bis es schließlich eine Verschmelzung zugunsten der überlegenen weißen Rasse geben wird.»[28]

Der Grundgedanke der Vereinheitlichung, der in der konfuzianischen Lehre von der grundsätzlichen Gleichheit und vor allem in der Erziehbarkeit der Menschen eine seiner stärksten Wurzeln hat, wird auch von Kang Youwei betont, der als Grundlage für die Gleichheit und Einheit unter den Menschen die Vereinheitlichung von Aussehen und körperlichen Eigenschaften sieht.[29] Die Betonung des Rassischen war jedoch, wie wir sahen, in der Geschichte des chinesischen Reiches erst eine relativ späte Erscheinung.[30] Zwar waren auch die Erhebungen gegen die Mongolenherrschaft im 14. Jahrhundert zum Teil mit fremdenfeindlichen und auf die Andersartigkeit der Steppenvölker Bezug nehmenden Argumenten geführte Bewegungen, doch waren es zugleich Aufstände der Bevölkerung wegen schlechter Versorgung und Mißwirtschaft der Regierung. Auch hatte es seit dem Altertum eine herabsetzende Rhetorik gegenüber den Barbaren an den Grenzen gegeben, die im Zusammenhang mit antibuddhistischen Argumenten dann seit dem 4. Jahrhundert bis hin zur anti-buddhistischen Polemik des Han Yu in der Tang-Zeit ihre Fortsetzung finden sollte.

Neue und alte Unruhepotentiale

Mit der Einführung des Sozialismus ist nach offizieller Verlautbarung jeder Rassendiskriminierung die Grundlage entzogen, auch wenn Rückschläge eingeräumt werden.[31] Schon während des legendären Langen Marsches, mit dem sich 1934/35 die kommunistischen Verbände den Vernichtungsdrohungen der Guomindang Tschiang Kaischeks entzogen und der durch einige dichtbesiedelte Minderheitengebiete führte, mußten die auf Unterstützung angewiesenen Kommunisten notgedrungen Versprechungen machen. Mao Zedong selbst verwies wiederholt auf Artikel 14 der Statuten der Kommunistischen Partei Chinas von 1931, worin die Kommunistische Partei die Selbstbestimmung der nationalen Minderheiten und selbst ihr Recht zur Bildung unabhängiger eigener Staaten proklamierte.

Infolge des rapiden Wirtschaftswachstums in den 8oer Jahren ist es zu neuen Verwerfungen gekommen, zu Migrationsströmen im Lande und großen Unterschieden in der Verteilung des Reichtums; da aber die Kommunistische Partei nicht bereit ist, durch politische Reformen, etwa eine stärkere institutionalisierte Partizipation der Bevölkerung, den sich verändernden Bedingungen Rechnung zu tragen, scheinen interne Konflikte und möglicherweise bürgerkriegsähnliche Auseinandersetzungen vorprogrammiert zu sein. Insbesondere der Süden bekommt ein zunehmen-

des Eigengewicht und entwickelt eine Eigendynamik, die zwar nicht zu
einer politischen Sezession führen muß – und dies wahrscheinlich auch
nicht wird –, die jedoch dazu führen wird, daß Südostchina zusammen
mit Taiwan, Singapur und Hongkong zu einer wirtschaftlichen und gesellschaftlichen Prosperitätszone wird – manche sprechen von «Manche-
ster-Kapitalismus» in Chinas südlichen Provinzen –,[32] deren Sogwirkung
sich Peking nicht auf Dauer wird entziehen können.

Wiederholt ist es in den letzten Jahren zu Unruhen muslimischer Bevölkerungsgruppen in der Provinz Qinghai und vor allem in der «Autonomen Region Xinjiang» gekommen. Dies bestätigt die schon vor längerer Zeit von Raphael Israeli vorgetragene These von der dauerhaften Un-
vereinbarkeit zwischen muslimischen Bevölkerungsgruppen und
chinesischer Herrschaft.[33] Seit dem Zusammenbruch der Sowjetunion
und der Gründung neuer islamischer Staaten entlang der chinesischen
Westgrenze haben sich die Kontakte zwischen den Muslimen in Xinjiang
und den Nachbarn in Kasachstan, Kirgistan und Tadschikistan verstärkt.[34] Und weil Peking das Eindringen fundamentalistischer Strömungen und dadurch hervorgerufener separatistischer Tendenzen befürchtet,
ergreift es immer wieder Maßnahmen, um hier gegenzusteuern. Zu diesen Maßnahmen gehören das Verbot unabhängig erschienener und nicht
von den Behörden genehmigter Publikationen zum Islam[35] ebenso wie
die bilateralen Verträge mit Kasachstan, um so den uighurischen Unter-
grundkämpfern den Rückhalt zu nehmen.[36]

Eine neue Dimension hatte Chinas Zentralasienpolitik durch das erwa-
chende Interesse Rußlands an dieser Region bekommen. Doch während
seit Dezember 1991 die ehemaligen Sowjetrepubliken Kasachstan, Kirgi-
sien, Tadschikistan, Turkmenistan und Usbekistan zu politischen Gebil-
den mit eigener Staatlichkeit zu werden scheinen, sind die von ihrer Fläche her viel ausgedehnteren «Nebenländer Chinas»,[37] das heutige Autonome Gebiet Innere Mongolei, das Uighurische Autonome Gebiet
Sinkiang (Xinjiang) und das Autonome Gebiet Tibet allgemein unange-
fochtene Teile des chinesischen Reiches, auch wenn es nicht wenige Stimmen innerhalb, vor allem aber außerhalb Chinas gibt, die insbesondere
für eine staatliche Unabhängigkeit Tibets eintreten.

Prekär bleibt auch die Lage dieser «Nebenländer». Dies gilt besonders
für Xinjiang (Ost-Turkestan), in dem eine Vielzahl nicht-chinesischer Ethnien möglicherweise auf die Unabhängigkeitsbestrebungen der Turkvöl-
ker in der ehemaligen Sowjetunion reagieren könnte. Bei diesen Völkern
beginnt nach einer langen Periode der Fremdbestimmtheit «ein Suchen
nach der eigenen Identität und eigenen Geschichte».[38] An der Charakterisierung der Lage vor wenigen Jahren durch Thomas Hoppe hat sich bis
heute wenig geändert, der die chinesische Strategie gegenüber Xinjiang
folgendermaßen zusammenfaßt: «Es wird von einer andauernden, mili-
tanten Konfrontation ausgegangen und der Gegner, die Minderheiten und

ihre Kulturen mit ihrer weniger entwickelten Komplexität, werden aus der Position der chinesischen Überlegenheit ... überrollt. ... Die (scheinbar) uniform gewordene Fläche löst sich wieder auf in ein Mosaik nicht nur ethnischer, sondern auch regionaler und lokaler Besonderungen und Selbstbestimmungsmöglichkeiten – im ‹kleinen› Raum. Die offensiv vorgetragene chinesische Strategie der Machterhaltung und -erweiterung in Xinjiang verläuft nicht nur konträr zu dieser Entwicklungstendenz, sie birgt auch zusätzliche Momente der Konfrontation.»[39] Anläßlich des 40. Jahrestages der Gründung der muslimisch geprägten «Autonomen Region Xinjiang» am 1. Oktober 1995 hob der von Peking eingesetzte Parteisekretär, Wang Lequan, in einer Rede hervor, daß der Kampf mit separatistischen Kräften noch über einen längeren Zeitraum anhalten werde.[40]

Auch wenn das einigende Band durch kulturelle Faktoren und Sozialisationseigenheiten bestimmt wird, so gründet sich der Anspruch Chinas auf ein besonderes Territorialprinzip. Danach erhebt China im Prinzip Anspruch auf alle Teile der ostasiatischen Landmasse, die jemals eine chinesische Dynastie, einschließlich der sogenannten Fremddynastien, beherrschte. Dabei spielt die Historiographie eine entscheidende Rolle. Sabine Dabringhaus hat dies zutreffend folgendermaßen zusammengefaßt: «Der Begriff ‹China› *(zhongguo)* umfaßt ... sowohl die jeweils regierenden Dynastien, als auch alle auf dem *heutigen* chinesischen Staatsgebiet lebenden Grenzvölker, deren Geschichte damit Teil der chinesischen Geschichte wird. In diesem Geschichtsbild wird die Abfolge der Dynastien als kumulativer geschichtlicher Prozeß begriffen, der zu einer immer größeren Einheit *(tongyihua)* Chinas geführt habe. Die Wissenschaft liefert die historische Legitimation für etwas, dessen Realisierung dem Staat bislang versagt geblieben ist: die homogene chinesische Nation.»[41]

17. Spannung zwischen Zentrale und Provinzen

Einheit oder Teilung

Gedanken zu einer Aufsplitterung Chinas, zu einer politischen Organisation als Konföderation, sind gelegentlich geäußert worden, so etwa von Liang Qichao gegenüber Kang Youwei, der sich aber entsetzt dagegen aussprach.[1] Und noch in neuester Zeit faßt Rüdiger Machetzki die Schwierigkeiten mit einer Dezentralisierung unter der Überschrift «Die Angst vor dem Föderalismus» zusammen[2] und bezeichnet gleichwohl als «einzigen möglichen Ausweg» aus dem Dilemma des wachsenden Abstands im Modernitätsniveau einzelner Regionen einen «politischen, wirtschaftlichen und kulturellen Föderalismus».[3] Auch Carsten Herrmann-Pillath diskutiert den Regionalismus, u. a. unter Hinweis auf exilchinesische Debatten,[4] unter der Frage «Föderalismus: Utopie oder Notwendigkeit?». Er meinte, Chinas Entwicklungsprobleme rührten daher, «daß keine klaren Kompetenzzuweisungen und -abgrenzungen politischer Institutionen auf unterschiedlichen territorialen Ebenen erfolgt» seien,[5] womit er der im Grunde berechtigten Klage über eine mangelnde Bürokratie das Wort redet. Allerdings zeigen sich heute bereits Ansätze zu einer stärkeren Verflechtung führender Amtsträger der verschiedenen Systemebenen. Diese «Politikverflechtung»[6] führt ansatzweise «zur Begrenzung zentralstaatlicher Machtbefugnisse und zur Herausbildung einer vertikalen Gewaltenverschränkung zwischen Zentrale und Regionen».[7]

Trotz der häufigen Verwendung des Föderalismus-Begriffs *lianbang* durch Mao Zedong (1893–1876) in den 30er und 40er Jahren des 20. Jahrhunderts – noch im Jahre 1945 sprach Mao Zedong von der föderalen Struktur eines zukünftigen China –, gab es doch niemals einen ernsthaften Zweifel daran, daß für China immer der Einheitsstaat das Ziel sein müsse.[8] Die Verlagerung von Kompetenzen von der Zentralregierung auf die Provinzebene, wie sie seit 1979 vor allem in der Zuweisung von Gesetzgebungsbefugnissen auf die Provinzversammlungen stattfindet, ist zwar eine Voraussetzung für Gewaltenverschränkung, doch verstärken sich die Konflikte zwischen Zentrale und Provinz eher, als daß sie durch solche Kompetenzverlagerung mediatisiert würden.[9]

Nach der langen Dauer eines Einheitsstaates auf chinesischem Boden überwogen, wie wir gesehen haben, am Ausgang der Qing-Zeit verständlicherweise zentralistische bzw. integrationistische Vorstellungen. Verstärkend trat im späten 19. Jahrhundert die Forderung eines Großteils der Elite hinzu, die *Nation* müsse gestärkt werden. Die Ansprüche auf Partizipation kollidierten zunächst mit den autokratischen und bürokratischen Zügen der Mandschu-Dynastie, die von wirklicher politischer Partizipation nichts wissen wollte. Die Restrukturierung des Staates im Zuge der Niederwerfung sozialer Unruhen zusammen mit dem Auftreten der imperialistischen Mächte verhinderten schließlich eine Ausdifferenzierung lokaler und regionaler Interessen einerseits und eine Beschränkung der zentralen Staatsmacht andererseits, die den Einheitsstaatsgedanken unter dem Vorzeichen nationaler Selbstbehauptung proklamierte und so keinen Raum für föderale Strukturen zuließ.

Da sich mit dem Zusammenbruch des Mandschu-Reiches kein neues nationales Machtzentrum herausbildete, muß man für die Zeit seit der Republikgründung von einer Zeit der Zersplitterung sprechen. Dies begünstigte jedoch nun nicht die Bildung und das Anwachsen einer bürgerlichen Schicht, die zum Träger einer bürgerlichen Revolution hätte werden können, sondern mit dieser Entwicklung ging eine zunehmende Fragmentierung innerhalb der Elite einher.[10]

Schon Mao Zedong war sich in den 20er Jahren des Umstandes bewußt, daß der Sozialismus nicht gleich in ganz China würde verwirklicht werden können.[11] Andererseits versprach er sich von der Befreiung von

Rußland

Kasachstan

Kirgistan

Mongolei

Mandschukuo

Unabhängige Kriegsherren

Beijing ●

Nord- korea

Süd- korea

1937 unter nationalistischer Kontrolle

Nepal

Chongqing ●

Bhutan

Indien

Bangla- desch

Taiwan (jap.)

Myanmar

Vietnam

Laos

Thailand

China nach dem Nordfeldzug um 1930

0   500   1000 km

Kambod- scha

Spratly-Inseln

unter japanischer Besetzung 1933

von Japan unterstützte Marionettenregierung

unter Kontrolle der nationalistischen Regierung in Nanjing 1928

unter Kontrolle von Nanjing 1929-34

unter Kontrolle von Nanjing 1935-37

Nach den Bürgerkriegen im 19. Jahrhundert gelang es der im Jahre 1912 proklamierten Republik China zunächst nicht, auf dem Territorium der vorhergehenden Mandschu-Dynastie einen Einheitsstaat zu etablieren. Bis zum Nordfeldzug Tschiang Kaischeks in den Jahren 1926–1928 war die politische Situation in China durch die Vorherrschaft der Militärgouverneure der einzelnen Provinzen gekennzeichnet. Die Großmachtpläne Japans überlagerten bis zum Ende des 2. Weltkriegs nur vorübergehend die inneren Richtungskämpfe.

den imperialistischen Mächten eine Wiederherstellung einer Großmachtrolle Chinas.[12] Daß es dann doch bald zu einem Einheitsreich kam, lag zwar auch an der Politik der Guomindang unter ihrem Generalissimus Tschiang Kaischek (1887–1975), vor allem doch aber an dem Druck von außen, der die inneren Probleme und Widersprüche überlagerte. Lange Zeit konnte dieser Gegensatz zwischen China und dem Imperialismus viele der inneren Probleme verdecken oder verdrängen. Zu denen, die

Chinas Einheit keineswegs gewollt hatten, hatte auch Stalin gehört, der noch im Jahre 1949 Mao Zedong davon abhalten wollte, den Yangzi zu überschreiten.[13]

Die Rolle Japans

Andererseits war es die durch die Schwäche Chinas ausgelöste Begehrlichkeit und Aggressivität insbesondere Japans, wodurch der nationale Selbstbehauptungswille Chinas gestärkt wurde. Das Japan der Meiji-Ära war rasch zum Vorbild für viele Chinesen geworden, denen Autoren wie Huang Zunxian (1848–1905), die Japan selbst kennengelernt hatten, dieses als Modell anpriesen.[14] Insbesondere nach dem Chinesisch-Japanischen Krieg (1894/95) wurde Japan zum Vorbild und zugleich zum Zufluchtsort für viele chinesische Intellektuelle. Doch während Japan für China in vielem zum – wenn auch nicht unbedingt geliebten – Vorbild wurde, wandelte sich das China-Bild in Japan beträchtlich, und traditionell gehegte Inferioritätsgefühle wurden zum Teil durch chauvinistische Attitüden ersetzt. 1912 hatte Hajime Nakajima in Tokyo ein Buch mit dem Titel «Teilung: das Schicksal Chinas» *(Shina bunkatsu no ummei)* verfaßt, in dem er China einen Charakter als Nation absprach und die Teilung Chinas durch fremde Mächte voraussagte; daran solle sich unbedingt auch Japan beteiligen. Ähnlich äußerte sich auch Teiichirô Sakamaki im Jahre 1913.[15] Vor diesem Hintergrund diktierte Naitô Torajirô im Herbst 1913 das 1914 veröffentlichte Buch «Über China» *(Shinaron)*. Darin argumentierte Naitô, China werde notwendig zur Republik finden, und dafür gebe es übrigens auch historische Vorläufer.[16] Die Anhänger der Teilungsthese konnten sich freilich auf die von Toyotomi Hideyoshi verfolgten und wohl als tollkühn zu bezeichnenden Pläne zur Zerschlagung Chinas berufen, zu deren Realisierung es infolge des zeitigen Todes dieses Tokugawa-Fürsten dann doch nicht gekommen war. Nach dem Ende des Chinesisch-Japanischen Krieges, aus dem Japan siegreich hervorgegangen war, mußte immerhin China Taiwan (Formosa), die Pescadoren und die Halbinsel Liaodong an Japan abtreten.

Auseinandersetzungen über die Entwicklung Chinas, auch über dessen ältere Geschichte, die ihrerseits die innerchinesischen Debatten wesentlich beeinflußten, sind seither ein wesentliches Element japanischer Selbstvergewisserung. Dies ist nicht verwunderlich, ist doch der wirtschaftliche Erfolg Japans nicht zu trennen von Japans imperialen Bestrebungen.[17] Diese zeigten sich besonders deutlich in den 30er Jahren, als die japanische Armee, nachdem sie sich der Mandschurei bereits bemächtigt hatte, auch Teile Nordchinas zu besetzen begann. Hierzu förderte sie die Unabhängigkeitsbewegung in Nordchina, aber auch Autonomiebestrebungen der Mongolen. Die von der japanischen Armee, deren Präsenz in Nordostchina aufgrund des Boxer-Protokolls von 1901 von China hatte zugestanden werden müssen, geförderten Unabhängigkeitsbewegungen eines «Paradieses in Nordchina» und einer «Mongolei der Mongolen» blieben nicht ganz erfolglos. Insbesondere gelang es den Japanern im Jahre 1931, dem Kriegsherrn Zhang Xueliang (Jahrgang 1898) die Mandschurei zu entreißen und einen eigenen Vasallenstaat zu errichten. Dazu bedienten sie sich des letzten Mandschu-Kaisers Puyi, der im Mai 1934 offiziell als Herrscher von Mandschukuo inthronisiert wurde. Dieser Staat hatte eine eigene Flagge, eine Nationalhymne, eigene Streitkräfte und war von den Achsenmächten und einigen anderen Staaten, einschließlich des Vatikans, anerkannt worden.

Seit dem Ende des Jahres 1936 leiteten japanische Truppen die Besetzung Nordchinas ein. Am 7. Juli 1937 kam es schließlich vor den Toren Pekings, an der sogenannten Marco-Polo-Brücke, zu einem militärischen Zwischenfall, mit dem der Zweite Weltkrieg im asiatisch-pazifischen Raum begann.[18] Erst im August des Jahres 1945 hörte der Staat Mandschukuo auf zu existieren, dessen Geschichte heute Gegenstand gemeinsamer chinesisch-japanischer Historikerkonferenzen ist.[19]

Der Kampf um die Einheit Chinas wurde auch auf akademischem Gebiet geführt, was sich etwa in der Arbeit des Historikers und Archäologen Li Chi «Manchuria in History» (1932) niederschlug, die mit dem Satz beginnt: «Die Mandschurei war immer ein Teil der Geschichte Chinas».[20] Und an anderer Stelle schrieb Otto Franke, der bedeutende Sinologe und Historiker im Vorwort zu dem unter dem Titel «Das Kämpfende China. Die störenden und fördernden Kräfte im Einigungsproblem Chinas» (1936) gedruckten Vortrag von Tsiang Ting-fu:

«Mit dem konfuzianischen System fiel das haltende Band der Reichseinheit. Nachdem mit dem ‹Himmelssohn› das tragende Zentrum beseitigt war, begannen die völkischen Kräfte, geleitet von den Machtplänen einzelner Persönlichkeiten, auseinander zu streben, eine Periode gefährlichster Zerreißungen trat ein. Das wirre Durcheinander von gegensätzlichen politischen, wirtschaftlichen und geistigen Strömungen, das Ringen führender Männer um die Bildung eines neuen Machtzentrums und der Kampf einzelner Landesteile unter einander sind nichts anderes als das Suchen nach der vierten Lösung.[21] [...] An die Stelle des verbrauchten konfuzianischen Systems muß etwas Neues treten, und dieses Neue kann nur der nationale Gedanke sein, der alle Glieder des Reiches in freiem Willen aneinander bindet. Aus der Kulturgemeinschaft der chinesischen Völker muß eine Nation werden.»[22]

Dieses Vorwort Otto Frankes ist ebenso wie der Vortrag selbst aus den Umständen der Zeit zu verstehen, als Tschiang Kaischek (Jiang Jieshi) von Nanjing aus ein nationales Einheitsreich zu schaffen versuchte und sich innenpolitisch vielfältiger beratender Unterstützung durch das nationalsozialistische Deutschland bediente. Tsiang schreibt: «Das chinesische Volk ist eine Einheit nach Rasse und Kultur. Die Chinesen sind eine

Nation und das seit langem.»[23] Die Rede von der Besonderheit und Überlegenheit der «Gelben Rasse» ist in neuerer Zeit in China selbst wieder
häufiger, oft im Zusammenhang mit der Thematisierung von Eugenik
und Bevölkerungspolitik, festzustellen.[24]

Die Intellektuellen und die Einheit

Nun hat Kulturkonservatismus in China sehr stark etwas mit Identitäts-
behauptung zu tun, und einer, der sich besonders darum bemühte, war
Zhang Binglin (1869–1936).[25] Doch hat dieses Bedürfnis, «chinesisch bleiben zu wollen», immer wieder den Blick auf das eigentliche Problem
verstellt. Denn die Hauptwidersprüche, unter denen China zu leiden hat,
in der Gegnerschaft von Imperialisten und Chinesen zu sehen, wie dies
Li Dazhao – und ähnlich später Mao Zedong – tat, bedeutet, von den
inneren Problemen abzulenken. Eine solche Haltung wurde allerdings
auch gestützt durch solche nativistische Vorstellungen, wie sie etwa
Zhang Binglin mit seiner Lehre vom «Nationalismus» *(minzu zhuyi)* vorgetragen hatte. Freilich hatte der Kulturkonservatismus auch eine andere
Variante: Er ermöglichte die Auseinandersetzung zwischen unterschiedlichen historischen Positionen, zwischen Vertretern etwa eines Legalismus, die in Anlehnung an Xunzi einen wirtschaftlich gleichmacherischen
und politisch autokratischen Staat forderten, und anderen, die auf die
«liberalere» konfuzianische Tradition setzten.

Die Orientierung am Mittelalter, am *fengjian*-System, hatte, wie wir
sahen, im ausgehenden 19. Jahrhundert die grundlegende Unzufriedenheit mit dem System gezeigt. Das Altertum mit seiner (wenigstens ein-
gebildeten) kleinräumigen Friedlichkeit und die Zeit der Gemeindesoli-
darität waren das Ideal der Literatengruppe geblieben. Der Literat fühlte
sich stets als Hüter der Ordnung, in seiner Funktion als Berater ebenso
wie in seiner Funktion als derjenige, der die Untertanen überwacht. Die
Elite hat dieses Gefühl der Verantwortlichkeit für das gesamte Staatswesen bis heute nicht abgelegt.

Welche Bedeutung der Intellektuellenschicht (oder dem Literaten-
stand) zukommt, wird auch deutlich an den zahlreichen Versuchen, die
traditionelle Elite (die Literaten, die Intellektuellen, die Gentry) in ihrer
sozialen und politischen Stellung und in ihrem eigenen Charakter zu
bestimmen sowie ihre Rolle im Rahmen des Modernisierungsprozesses
zu ermitteln.[26] Diese neueren Arbeiten bestätigen die Bedeutung von Webers Fragestellung «nach den richtunggebenden Elementen der Lebensführung derjenigen sozialen *Schichten*» …, welche «die praktische Ethik
der betreffenden Religion am stärksten bestimmend beeinflußt und ihr
die charakteristischen … Züge aufgeprägt haben»[27], und können als Beleg dafür betrachtet werden, daß Weber mit seinem Interesse am Litera-
tenstand einen entscheidenden Punkt berührte.

Der Umstand, daß in der Frage der Bestimmung des Charakters der traditionellen Elite und ihrer Erben keinerlei Einmütigkeit herrscht, spiegelt nur die unterschiedlichen Positionen und Grundannahmen der einzelnen Autoren wider. Eine dieser Positionen ist die von James T. C. Liu, der eine seiner letzten Arbeit mit der Bemerkung über die Neokonfuzianer und ihre heutigen Erben schließt: «Die Sympathie für die Neokonfuzianer sollte man auf ihre heutigen Nachfahren ausdehnen, die gebildeten Chinesen der Gegenwart, wie die Wissenschaftler, Techniker, Beamten, Intellektuellen, Schriftsteller und Künstler. Sie befinden sich nach wie vor zerstreut und unorganisiert außerhalb des durchorganisierten modernen Staatsapparats, der sich der politisch- geistigen Sphäre bemächtigt hat. Ihnen bleibt nichts, als zu dienen, und trotz ihrer Schwäche verdienen sie unser Mitgefühl.»[28]

Trotz der generellen Zustimmung der intellektuellen Elite zum Einheitsstaatsgedanken, herrscht nach wie vor eine Spannung zwischen der Intelligenz als Teil der Mittelstandselite und der Regierung, die sich immer wieder in Dissensbewegungen niederschlägt.[29] Es fehlen transaktionale und transformative Elemente. Die Intellektuellen reagieren nur noch auf die für ihren Freiheitsspielraum günstigen oder ungünstigen Entwicklungen. Das Scheitern des «Großen Sprungs» (1959) war ein Glück für die liberalen Intellektuellen. Ein äußerliches Zeichen war der Rücktritt Mao Zedongs als Staatspräsident im April 1959 und seine Ersetzung durch Liu Shaoqi. Die Auseinandersetzung über den «Großen Sprung» prägte das politische und intellektuelle Klima der folgenden Jahre. Eng verbunden mit einem der Kritiker, Deng Tuo, war der Historiker und (von 1949 bis 1966) Vizebürgermeister von Peking Wu Han. Während er vor 1949 seine Publikationen zur Ming-Zeit dazu benutzte, die Guomindang und Tschiang Kaischek zu kritisieren, diente ihm nun der Beamte der Ming-Zeit Hai Rui (1513–87) zur Kritik an Mao Zedong. Die Bedeutung, die der Figur Hai Ruis zukam, gründete vor allem in der bodenlosen Ernüchterung über das Mißlingen des «Großen Sprungs». Am 16. Juni 1959 erschien eine Throneingabe Hai Ruis an den Jiajing-Kaiser aus dem Jahre 1566 in umgangssprachlicher Übersetzung, in der Hai Rui den Kaiser wegen seiner früheren Leistungen lobt, aber wegen seiner neuen Politik heftig kritisiert. Als Peng Dehuai wegen seiner Kritik an der Politik des «Großen Sprungs» entlassen wurde, ermutigte Hu Qiaomu, Propagandist der KPCh, Wu Han, mehr über Hai Rui zu schreiben. So verfaßte dieser im Jahre 1961 sein Theaterstück «Hai Rui wird aus dem Amt entlassen» *(Hai Rui baguan)*, das dann – 1965– zum Auslöser der Kulturrevolution werden sollte. Auch die Zeit nach der Kulturrevolution bis zum Tode Mao Zedongs 1976 und zur Wiedereinsetzung Deng Xiaopings im Jahre 1977 war eine Periode von Kampagnen und Klärungsprozessen, die dennoch nicht zu einer Neubestimmung des Verhältnisses von Intelligenz und Staat beitrug.[30]

Nach 50 Jahren Einparteienherrschaft in China ist es jedoch für die Intellektuellen eine Selbstverständlichkeit geworden, daß sie auf bürokratischen Schutz und Begünstigung und auf die wechselseitige Kooptation zwischen Partei und Intellektuellen setzen können. Nicht die Bevölkerung, sondern bestimmte Gruppen und Schichten sind es, denen sich die «Elite-Intellektuellen» (gaoji zhishifenzi) und die hochrangigen Kader (gaoji ganbu) verpflichtet fühlen. Gemeinsam ist diesen Gruppen die Überzeugung, daß die politische Kontrolle der Kultur durch den Staat legitim sei.[31]

Dies verwundert nicht, hat es doch in China keine bürgerliche Revolution gegeben und haben, wie ich gezeigt zu haben glaube, die Intellektuellen, die Literatenbeamten (shi oder shenshi oder shenjin), immer schon, seit der Han-Zeit, Kultur und Erziehung in den Dienst der Politik gestellt und zugleich von der Politik gefordert, sie müsse ihren moralischen Standards folgen. Hinzu kommt: Die kritischen Intellektuellen der 20er und 30er Jahre, die 1949 in Machtpositionen kamen, hatten offenbar den Blick dafür verloren, daß sie aus der Sicht von Intellektuellen ja eigentlich nun auf der falschen Seite standen.

Spannungen innerhalb der Elite

Chinas Rückständigkeit ist lange Zeit dem Beharrungsvermögen der traditionellen Elite zugeschrieben worden. Doch hat gerade in der ersten Hälfte des 20. Jahrhunderts die Instabilität in der Elite eine Modernisierung unmöglich gemacht.[32] Gleichwohl gibt es eine gewisse Kontinuität; regional stammen die Mitglieder der politischen Elite im 20. Jahrhundert vor allem aus besonders verdichteten urbanen Regionen; ihre Väter waren gebildete Grundbesitzer (the landed gentry), Geschäftsleute oder ehemalige Qing-Beamte.[33]

Betrachtet man hingegen die Elite differenzierter, insbesondere die Aufstiegsgeschwindigkeit und Verweildauer in höchsten Positionen, ergibt sich ein anderes Bild. Solche mit bäuerlich-ländlichem Hintergrund stiegen am steilsten und schnellsten auf und verblieben dann auch am längsten in der obersten Hierachie. Die höchsten Ränge wurden nicht von solchen besetzt, die aus wohlhabenden städtischen Familien stammen und im Ausland studiert hatten, sondern von Angehörigen des Militärs, von Mitgliedern der politischen Elite mit bäuerlichem Hintergrund und von solchen, die bereits in der Qing-Dynastie eine Rolle spielten.[34] Dieser Diagnose entspricht dann auch Jerome B.Grieders Beschreibung des Verhältnisses von Intellektuellen und Staat im modernen China, der im Zusammenhang mit der Revolution von 1911 noch von «Intellectuals as Political Entrepreneurs» spricht, in der neuen Kulturbewegung dann von «Intellectuals as Political Amateurs» und schließlich von den «Dilemmas of Modernity: Intellectuals as the Victims of Politics».[35] Kurz: Bauern, Militärs und alte Bürokraten besetzten die wichtigsten Positionen in der ersten Hälfte des 20.Jahrhunderts, nicht ein städtischer Mittelstand. Die daraus resultierende Spannung zwischen den Spitzen der Elite und der zum Teil westlich orientierten Mittelstandselite blieb natürlich nicht ohne Folge. Tang Tsou, der Politologe aus Chicago, hat darauf hingewiesen, daß ohne eine Integration der Elite eine nationale Integration kaum zu erreichen ist.[36] Der mangelnden Integration korrespondiert das schon von Hu Shi beklagte Fehlen einer längerfristigen Perspektive.[37] Hu Shi betont die Kurzlebigkeit und die Wechselhaftigkeit, ein Umstand, der zwar zu dem Klischee von der Dauerhaftigkeit und dem statuarischen Charakter Chinas in krassem Gegensatz steht, der andererseits aber durchaus konform geht mit der Charakterisierung der Machtverhältnisse im traditionellen China als «labiles Gleichgewicht». Auch wenn China in den letzten hundert Jahren einen raschen und grundlegenden Wandel vollzogen hat, scheint diese Erbschaft doch noch übermächtig. Insbesondere das Bedürfnis nach Harmonisierung von Staat und Gesellschaft scheint eines der Haupthindernisse auf dem Weg in die Moderne zu sein. Trotz zahlreicher Konflikte zwischen Beamtenschaft und lokalen Funktionären ist der Glaube daran, daß Staat und Gesellschaft vereinigt werden müßten, dadurch immer noch nicht zerstört worden.[38] Diese Idee der Einheit hatte die Spannungen innerhalb der Mitglieder der alten Elite gemäßigt, die daher eher reformistisch als revolutionär war, doch blieb die Forderung nach Einheit von Staat und Gesellschaft zugleich das Legitimitätsproblem erster Ordnung seit der Gründung der Republik.

Elite und Regierung kooperierten, wie schon in früherer Zeit, bei Krisenbewältigungen mehr, als es wohl gut war, andererseits waren die Interessen von Elite und Regierung nicht identisch. Das Versagen der Regierung als solcher nährte die Auffassung, daß die sozialen Eliten die lokalen Angelegenheiten besser würden regeln können als die Regierung. Andererseits wandte sich die Elite an die Regierung um Unterstützung gegen die Aufstände und die Mißstände. Die Folge war ein Erstarken des Staates. Zwar wurden lokale autonome Aktivitäten durch Unruhen zunächst gefördert, doch führten sie nicht dazu, daß sich die Elite gegen die politische Struktur als solche wandte. Und was im älteren China die Unterrichtung in den Klassikern war, ist im kommunistischen China seit der Yan'an-Zeit das Studium des Marxismus- Leninismus gewesen.[39]

Die Einheit Chinas stellt sich heute auch unter einem anderen Aspekt als Problem dar. China ist noch heute zu ca. 80% bäuerlich und in vergleichsweise kleinen Gruppen organisiert.[40] Die Frage ist daher: Wie kann der Kontakt zu dieser Mehrheit von den überwiegend städtisch orientierten Kadern aufrechterhalten werden, um längerfristig die Gefahr eines Stadt-Land-Konflikts zu vermeiden? Immerhin hatte es die klischeehafte Gleichsetzung des Dorfes mit der chinesischen kulturellen Identität einerseits und der Stadt mit dem Westen andererseits gegeben. Und ähnlich dem, was fast zur gleichen Zeit unter dem Banner der Kulturrevolution auf dem Festland propagiert wurde, vertraten auf Taiwan sogenannte Heimat *(xiangtu)*-Theoretiker wie Yu Tiancong einen elitistischen Standpunkt, ähnlich dem «bäuerlichen Denken», wie es nach der Kulturrevolution auf dem Festland dann wieder von den «Intellektuellen» *(zhishi fenzi)* angeprangert wurde.[41]

Nach der langen Mao-Ära und nach der allmählichen Zunahme auch der Bedeutung von mittelgroßen Städten gibt es heute nun das Problem, daß sogenannte transaktionale Führer (Prototyp: Zhou Enlai) zwar einen längeren Bestand haben als sogenannte transformationale, d. h. an letzten Werten und Zielen orientierte Führer (Prototyp: Mao Zedong). Doch hat die Vergangenheit den transformationalen Führer in den Vordergrund gerückt, der ja auch von einer zentralistisch geführten Öffentlichkeitsarbeit abhängig war.[42] Angesichts der restriktiven Minoritätenpolitik ist es erstaunlich, daß herausragenden Führern gelegentlich Hakka- oder andere Minoritätenherkunft zugeschrieben wird,[43] zum Teil mit der Absicht, ihnen auf diese Weise herausragende, etwa sexuelle Fähigkeiten zuzuschreiben, wie dies etwa postum in besonderer Weise mit Mao Zedong geschehen ist und geschieht. Ebenso bemerkenswert ist die Tatsache, daß die letzten großen Führergestalten wie Mao Zedong und Deng Xiaoping alles andere als ein Standardchinesisch sprachen, doch entspricht diese Beobachtung der Feststellung, daß der zentralistische Staat transformationale Typen, d. h. Führerpersönlichkeiten, begünstigt. Dies gilt vor allem dann, wenn differenzierte Entscheidungswege nicht vorhanden sind.

Armee

Die politische Führung in Peking ist sich selbst der Instabilität in zahlreichen Regionen des Landes bewußt, wie ein streng vertrauliches Dokument aus dem Jahre 1991 belegt.[44] Um so wichtiger ist die Armee als Garant für einen Zusammenhalt des Staates. Aufgrund der historischen Erfahrungen mit militärischen Separationsbestrebungen, zuletzt während der Periode der «Kriegsherren» *(warlords)*, ist die Parteiführung für einen militärischen «Regionalismus» höchst sensibilisiert und sucht die regionalen Oberkommandos entsprechend zu kontrollieren. Tatsächlich ist es gegenwärtig sehr unwahrscheinlich, daß zivile und militärische Führungen auf der Provinzebene Allianzen eingehen und sich gegenüber der Zentralregierung verselbständigen.[45] Eine solche Annahme stehe «auf tönernen Füßen».[46] Gleichwohl ist im Falle eines Machtvakuums in Peking die Ausbildung regional eigenständig handelnder Militärverwaltungen nicht ausgeschlossen. Sebastian Heilmann entwirft dennoch ein unwahrscheinliches, aber nicht gänzlich abwegiges Szenario: «Quasi-unabhängige, regionale Warlord-Herrschaften im Stile der republikanischen Ära werden aber nur dann entstehen können, wenn die zentrale Armeeführung die Personalkontrolle gegenüber den nachgeordneten Ebenen

Das Potential
politischer Unruhen
nach einem streng vertraulichen
Dokument von 1991

0   500   1000 km

instabil
potentiell instabil
weitgehend stabil
stabil

Die endgültige Durchsetzung der Kommunistischen Partei Chinas
und ihrer Truppen im Jahre 1949 begründete mit der Proklamation der
Volksrepublik am 1. Oktober 1949 die Konsolidierung der Reichseinheit,
ohne bis heute die inneren Unruhepotentiale auflösen zu können.

vollständig verliert und sich selbsternannte Provinz-Militärführer aufgrund weitreichender Verunsicherung und Verelendung in der Bevölkerung (und unter den einfachen Soldaten) zum Wohltäter ihrer Heimat-
provinzen aufschwingen können. Zur Zeit sind die Voraussetzungen für
eine solche Entwicklung [...] nicht gegeben.»[47] Auch weil das enge Zusammenspiel zwischen Partei- und Armeeführung auf der Ebene der
Zentralregierung in den Provinzen keine institutionelle oder personelle
Entsprechung findet, ist derzeit ein von den Militärs getragener Separatismus unwahrscheinlich.

Zentralregierung und Provinzen

Spannung zwischen der Zentrale und den Provinzen wird auch dadurch hervorgerufen, daß die Zentrale die Erwartungen weniger prosperierender Teile des Reiches durch Ausgleichsleistungen befriedigen muß und dies auch als eine ihrer Aufgaben sieht.[48] Da es keine Regelung der Provinzen untereinander gibt, muß sich die Zentralregierung der entsprechenden Mittel zur Zahlung der Transferleistungen versichern, was ihr offenbar nicht gelingt, wenn etwa eine «übermäßige Dezentralisierung der Finanzkraft des Staates» beklagt wird.[49] Die Regierung ist nicht nur an einem hohen Anteil am Steuer- und Abgabenaufkommen interessiert, sondern sucht auch die ausländische Investitionstätigkeit wie die regionale wirtschaftliche Entwicklung zu beeinflussen, obwohl der regionale Wettbewerb um Auslandsinvestitionen nur bedingt durch die Zentrale zu beeinflussen ist. Denn gerade das Nord-Süd-Gefälle ist erheblich durch die hohen Auslandsinvestitionen in den Provinzen Guangdong und Fujian während der Jahre seit 1979 hervorgerufen worden.[50] Ebenso drastisch sind die Unterschiede zwischen den Küstenzonen und dem Inland, und vor diesem Hintergrund sind Bemühungen um Einrichtungen von Sonderwirtschaftsgebieten im Inland, etwa in Xinjiang,[51] aber auch in Tibet[52] zu verstehen. Während also die Zentralregierung «Multipolarisierung» innerhalb Chinas mit allen Mitteln zu bekämpfen versucht, begrüßt sie alle Multipolarisierungsansätze außerhalb Chinas,[53] eine Beobachtung, die ganz dem traditionellen Politikverständnis Chinas entspricht. Heute ist es das erklärte Ziel, die regionalen Disparitäten zu vermindern, und entsprechend werden Maßnahmen erwogen, die die Beteiligung der Regionen an den Gemeinschaftsaufgaben zu erhöhen, wozu auch Maßnahmen zur Überwachung der Steuerabführungen aus den Provinzen gehören.[54]

Die historische regionale Gliederung innerhalb Chinas hingegen wird realistischerweise durchaus weiter berücksichtigt und findet etwa in den Lokalbeschreibungsprojekten ihren sinnfälligen Ausdruck. Auf diese Weise werden heimat- und landeskundliche Interessen durch zentral gelenkte Projekte wieder uniformiert. Die Gattung solcher Lokalgeschichtsschreibung hatte sich, wie bereits früher dargelegt, seit dem 11. Jahrhundert etabliert, und insbesondere aus der Ming- und Qing-Zeit sind uns Tausende solcher *fangzhi*, heute *difangzhi*, erhalten. Während 1956 ein regelrechtes Projekt zur Abfassung solcher Lokalbeschreibungen von der Zentralregierung initiiert worden war, war dieses Projekt während der Zeit der Kulturrevolution diskreditiert, als man sich eher der Dorf- und Familiengeschichte zuwandte. Erst seit Ende der 70er Jahre des 20. Jahrhunderts vollzog sich hier ein Wandel, und nach und nach wurde die Abfassung solcher Lokalchroniken zu einem offiziellen Programm, bei dem auch sehr konkrete Vorgaben über Aufbau und Umfang gemacht wurden.[55]

Siebtes Kapitel

Epilog

Nation, Region und Selbstbestimmung

«Es hat Zeiten gegeben ..., wo das Chinesentum schwer hat ringen müssen gegen die wilden Reitervölker aus Inner-Asien und gegen die stark verschiedenen Volksstämme des mittleren und südlichen China.»[1] China, das Reich am östlichen Ende des eurasischen Kontinents, wird heute trotz zahlreicher innenpolitischer Spannungen zumeist als Einheitsreich aufgefaßt, obwohl es im Laufe seiner Geschichte häufig und oft über längere Zeiträume hinweg politisch zersplittert war. Auch bestand es über Jahrhunderte nur auf einem Teil des heute von China beanspruchten Gebietes, und erst durch die Verdrängung oder Vernichtung oder – was wohl überwiegend der Fall war – durch Assimilation fremder Völker, aber auch durch die geschickte Unterwerfung angrenzender Gebiete gelang es den Dynastien Chinas, das Reich allmählich weit über sein Kerngebiet hinaus auszudehnen. So sind die heutigen Han-Chinesen selbst bereits das Ergebnis einer vielfältigen Vermischung, und in China lebt neben den die überwiegende Mehrheit bildenden Han-Chinesen eine große Zahl unterschiedlich umfangreicher sogenannter «Minderheitenvölker», von denen eines das Volk der Tibeter ist.

Die vorliegende Darstellung hat nun ganz bewußt nicht den Versuch unternommen, in die Zukunft zu schauen und der Frage nachzugehen, ob China in absehbarer Zeit auch wieder einmal auseinanderbrechen wird – eine Vision, die im Zusammenhang der Niederschlagung der Protestbewegung im Juni 1989 manchen vor Augen stand. Vielmehr sollte die Durchsetzung des chinesischen Einheitsreiches in ihrer geschichtlichen Dimension dargestellt werden.

Wir haben den Prozeß des Zusammenwachsens der verschiedenen Kulturen und Völkerschaften verfolgt, und es wurden die immer wieder neuen Bemühungen, diese Einheit trotz des Auseinanderstrebens einzelner Teile zu sichern, anhand von Beispielen geschildert. Dabei zeigte sich, daß die Anstrengungen zur Sicherung der Einheit oft die Dynamik der wirtschaftlichen und gesellschaftlichen Entwicklung lähmten und sich zugleich als Garanten des Zentralstaatsgedankens erwiesen. Die Darstellung dieser Spannung zwischen Regionalismus und Separatismus einerseits und Zentralismus und Einheitsstaat andererseits macht die geschichtliche Entwicklung des chinesischen Reiches von seinen Anfängen bis heute in ihrer Dynamik überhaupt erst begreiflich. Damit werden zugleich die Möglichkeiten für Zukunftsentwürfe abgesteckt.

Wenn sich seit einigen Jahren in verstärktem Maße die Aufmerksam-

keit wieder auf regionale Unterschiede und Besonderheiten in China rich-
tet, so liegt dies einmal in dem Umstand begründet, daß das Ende des
20. Jahrhunderts zugleich ein Ende der Imperien ist. Für eine stärkere
Wahrnehmung der Vielfalt Chinas gibt es aber noch andere Gründe. Erstens ist es eine zwangsläufige Folge wachsender Kenntnisse über China
und seine Geschichte, daß das Detail und damit die einzelnen Regionen
größere Beachtung finden. Zweitens haben die Chinesen selbst seit frühester Zeit stets ihr Land als vielfältig erfahren und beschrieben, und
daher sind auch ganze Bibliotheken an Literatur und Material zu einzelnen Gegenden zusammengekommen, die seit etlichen Jahren verstärkt
auch von der sinologischen Forschung zur Kenntnis genommen werden.
Drittens schließlich scheint es m. E. auch in den westlichen Zivilisationen
ein vermehrtes Interesse an Fragen des Regionalismus zu geben, das freilich teilweise eher durch das Bewußtsein von der eigenen Lage genährt
sein dürfte.

Daß in China aber nun trotz der Vielfalt und Ausdehnung dieses riesigen Reiches und trotz erheblicher sprachlicher, wirtschaftlicher, zum
Teil auch rassischer Unterschiede Kräfte am Werke sind, die ein Auseinanderbrechen dieses Reiches in Einzelstaaten verhindern, gilt gemeinhin
als unbestritten. Eine Analyse dieser Kräfte offenbart jedoch, daß es sich
hierbei um das Zusammenspiel einer Vielzahl von Faktoren handelt und
daß die Wirksamkeit dieser Kräfte für die Zukunft nicht unbedingt gewährleistet erscheint. Aber auch und gerade für China gilt, was Thomas
Nipperdey (1927–92) auf dem Historikertag 1990 in Bochum unter dem
Thema «Einheit und Vielheit. Probleme und Perspektiven der neueren
Geschichte» folgendermaßen formulierte: «... die Vielfalt der Herkunfts-
welten ist wieder aufgestiegen, zwischen der Einheit einer Weltkultur
und der Vielfalt von lauter Individuen und Weltbürgern ... Das gefällt
vielen hierzulande nicht, aber es kommt darauf an, Tatbestände zu begreifen, und man darf den neuen Identitätsnationalismus nicht mit dem
Aggressions- und Missionsnationalismus europäischer Vergangenheit
verwechseln.»[2]

In China selbst aber gilt das hier behandelte Thema weitgehend als
Tabu, und darauf ist zurückzuführen, daß in der Selbstwahrnehmung der
Chinesen, und gerade bei Angehörigen der Elite Chinas, die Vielfältigkeit
der Vergangenheit ausgeblendet wird und der Behauptung weichen muß,
China besitze eine 5000jährige kontinuierliche Geschichte, eine Behauptung, die selbst bestinformierte westliche Politiker wiederholen. Man hält
letzlich auch das Einheitsreich für selbstverständlich[3] und versucht dabei
den Stolz auf das Einheitsreich mit der Glorifizierung der Teilstaaten-
Perioden zu verbinden. Es handelt sich hier um ein Identitätsproblem,
welches auf Selbstmißverständnissen ebenso beruht wie auf einer nicht
unerheblichen kollektiven Realitätsverleugnung. Schon die immer wieder beschworene Alternative: totale Verwestlichung oder kulturelle Ei-

genständigkeit ist in Wahrheit nur eine Scheinalternative, die auch etwas damit zu tun hat, daß sich Völker oder Nationen als Subjekte begreifen, so daß sie, wenn sie vom Wandel ihrer Kultur sprechen, zugleich meinen, auch als Subjekte untergehen zu müssen. Dabei verkennen die einzelnen und ganze Gruppen, daß sie vielmehr etwas gewinnen könnten und daß Wandel keinesfalls Untergang, sondern – und das ist viel häufiger der Fall – Verwandlung, Erneuerung, Aufhebung, Wiedergeburt bedeuten könnte. Die in China vorherrschende Angst vor dem Identitätsverlust hat ihren Grund aber vor allem in dem Umstand, daß es neben der Familie keine starken Institutionen gibt, die auch grundlegende Wandlungen in den Wertorientierungen zu überdauern versprechen.

Die in China seit Jahren geäußerte Devise «nach langer Trennung kommt es sicher zu einer Vereinigung» *(fen jiu bi he)* läßt sich, bezogen auf die Volksrepublik China, auch rückwärts lesen *he jiu bi fen* («nach langer Einheit kommt es sicher zu einer Trennung»), und nicht zuletzt im Zuge der Unsicherheit Ende Mai/Anfang Juni 1989 war man, wie bereits erwähnt, auch auf ein Auseinanderbrechen des Reiches gefaßt. Doch ob es überhaupt zukunftsträchtig wäre, wenn «auf dem Territorium Chinas eine neue Überlebensgemeinschaft von Republiken entstünde, die unabhängig sind und doch voneinander abhängig bleiben», hängt davon ab, ob sich eine Schicht findet, die zur Organisation einer solchen Neustrukturierung in der Lage wäre. Seit sich in China die Verwaltung gegen die feudalistischen Kräfte durchgesetzt hatte, war das Reich geeint geblieben; wenn aber nun die Verwaltung und die sie tragende Schicht abgelöst würde, wäre eine Zersplitterung des Reiches unausweichlich, es sei denn, daß das Land in Erstarrung versinken will. Allerdings hängt auch vieles nicht zuletzt davon ab, ob der Dialog zwischen den Gebildeten und vor allem den Bildungshungrigen in China einerseits und den Intellektuellen anderer Länder andererseits in Gang gehalten wird, und das heißt nicht zuletzt, daß jene mit diesen über deren historische Vergangenheit, die für sie als Chinesen doch so wichtig ist, kommunizieren können und daß jene zugleich auch über die Bedingungen ihrer eigenen Lage Rechenschaft abzulegen imstande sind.

Die Einheit, welche die letzten Jahrhunderte Chinas kennzeichnete, scheint vielen Chinesen wichtiger als die Gewinnung einer wirklich neuen Perspektive. So sagte selbst der Astrophysiker Fang Lizhi, eine Symbolfigur der Demokratiebewegung Ende der 80er Jahre, zum Unabhängigkeitsstreben der Tibeter: «Als Privatperson kann ich akzeptieren, daß die Tibeter unabhängig von China werden wollen. Als Politiker kann ich diese Entscheidung jedoch nicht akzeptieren. Die Einheit Chinas muß bewahrt werden.»[4] Dabei ziehen sie nicht in Betracht, daß die territoriale Ausdehnung des heutigen China ein Ergebnis der – allerdings schon durch frühere Eroberungen von Norden her vorbereiteten – mandschurischen Fremdherrschaft war; so gesehen müßte gerade denjenigen Chinesen, die an Identität und Fortschritt zugleich interessiert sind, an einer Reduzierung des Territoriums und zugleich an einer stärkeren regionalen Autonomie gelegen sein, zumal die partikularen Interessen sich ja doch immer wieder Geltung verschaffen, wie der Egoismus einzelner Provinzen, wie landsmannschaftliche Seilschaften in der Parteispitze sowie nicht zuletzt die Erhebung von Grenzzöllen und Wegeabgaben innerhalb Chinas zeigen.[5]

Ganz allgemein gilt: China wird einen eigenen Weg finden müssen, die Spannung zwischen neuen Wertvorstellungen und Lebensentwürfen einzelner Gruppen einerseits und etablierten Wertvorstellungen andererseits auszuhalten; die geistige Elite wird sich ihrerseits von der traditionellen Fiktion lösen müssen, für das Ganze verantwortlich zu sein. Es wird auf Dauer nicht Aufgabe der Regierung sein dürfen, zu bestimmen, was als «geistige Verschmutzung» zu gelten hat; denn geschichtlich ist es oft gerade das Abwegige und Abweichende gewesen, auf dem sich Neues gründen konnte. Insbesondere und vor allen Dingen fehlt es an – sei es informellen, sei es institutionalisierten – Strukturen, die das Aushalten, das Ertragen von Dissens ermöglichen würden. Nicht zuletzt aber verbirgt sich hinter den Protesten in China eine – hier enttäuschte – Anspruchshaltung gegenüber dem Staat und seiner Führung. Und darin steckt ein *Dilemma*: Würde man diese Erwartungshaltung an den Staat ablegen, hätte der Staat seine Legitimation verloren; doch um den an ihn gerichteten Erwartungen zu entsprechen, fehlt es an Masse, an Gütern; und selbst wenn die materielle Befriedigung bis zu einem gewissen Grade erreicht wäre, müßte der Staat gewissermaßen fundamentalistische Strömungen gewärtigen, die den erreichten Zustand als einen Zustand des Verfalls brandmarken würden.

Vor allem anderen kommt es daher darauf an, daß sich die Einsicht in das Dilemma durchsetzt, daß «die Rationalisierung von Lebensformen jene unmittelbar verläßliche Selbstverständlichkeit kostet, die uns eine sittlich problemlose Praxis erst ermöglicht» (Rüdiger Bubner). Da eine Lösung dieses Dilemmas in der Tat nicht in Sicht ist, liegt es durchaus nahe, in sogenannten Transformationsgesellschaften statt der ersatzlosen, im Sinne der Aufklärung reflexiven Aufgabe reflexionsloser Lebensformen – manche sprechen von «autochthonen Stukturen» – an diesen festzuhalten.[6]

Die Stellungnahme der Pekinger Regierung zu Autonomiebestrebungen und separatistischen Tendenzen in anderen Ländern spiegelt zugleich die eigene Interessenlage wider. So hält die Volksrepublik die aus der früheren Föderation Jugoslawien hervorgegangenen einzelnen Staaten nicht für lebensfähig,[7] auf der anderen Seite hat sie zu einzelnen Staaten, auch denen aus der Sowjetunion hervorgegangenen neuen unabhängigen Staaten, diplomatische Beziehungen aufgenommen, im letzteren Fall ganz gewiß mit dem Hintergedanken, auf diese Weise von vornherein den Kontakt nicht-chinesischer Ethnien im eigenen Territorium zu diesen neuen Staaten besser kontrollieren zu können.[8]

Partikularisierung Chinas und «Großchina»

Vom «Untergang Chinas» ist nicht erst seit einigen Jahren wieder die Rede,[9] und die Teilung bzw. das Auseinanderbrechen Chinas ist wiederholt Thema gewesen.[10] Andererseits hat Herbert Franke im Zusammenhang einer Diskussion über «Ablösungen aus Imperien» auf die «Erfindung der juristischen Person» durch die römische Rechtslehre hingewiesen, an der es in China mangelte und die zu einem bestimmenden Element der westlichen Neuzeit geworden sei.[11] Solche Zusammenschlüsse von Menschen, die das Leben des einzelnen Individuums überdauern und die rechtlich zu agieren imstande sind, hat es in China nicht gegeben, und damit war der Weg zur Institutionalisierung von Gegenpolen zum Herrschaftsanspruch der Zentralregierung, repräsentiert durch den Himmelssohn oder, in neuerer Zeit, die Parteiführung, zunächst versperrt.

Zugleich ist von «Großchina» (Greater China) in den letzten Jahren die Rede.[12] Nach dem Ende des chinesisch-sowjetischen Konfliktes Ende der 8oer Jahre ist es zudem zu vielfältiger neuer Kooperation zwischen China und Rußland gekommen. Diese ist nicht nur durch das gemeinsame Interesse an der Stabilität im muslimisch geprägten Zentralasien geleitet, wovon bereits die Rede war. Durch diese Annäherung geraten auch Korea, Japan, Taiwan und die ASEAN-Staaten erneut unter Druck.

Nun sind in China Regionalbewußtsein und Forderungen nach föderalen Strukturen sowie die Rede von Großchina keineswegs als gegensätzliche Positionen zu verstehen, sondern können durchaus parallel zueinander verlaufen.[13] Heute wird in manchen chinesischen Intellektuellenkreisen das Ende des Nationalstaates thematisiert,[14] und angesichts der Globalisierung der Wirtschaft und der Lebensverhältnisse überhaupt[15] werden zudem von manchen Argumente dafür gesammelt, daß die besonderen Entwicklungen in den vielen Chinas, die sich in den letzten Jahrzehnten und Jahrhunderten herausgebildet haben, allesamt gewissermaßen als eine Art Laboratorien verstanden werden könnten, aus denen heraus sich eine moderne, vielleicht sogar überlegene Kultur bilden werde bzw. schon gebildet habe.

Die vielen Chinas sind zunächst die «vier Länder» an der Straße von Taiwan, Taiwan, Hongkong, Macau[16] und die Volksrepublik China, dann aber auch all diejenigen chinesischen Gemeinschaften, die sich außerhalb Chinas gebildet haben. So bedeutend die nationalen Minderheiten innerhalb Chinas sind, so wichtig sind auch die sogenannten Überseechinesen, deren Selbstverständnis ja durchaus nicht überall gleich ist. Manche chinesische Autoren scheinen geradezu die Hoffnung zu hegen, daß sich mit

dem «Ende des Nationalstaates» auch das bisher ja vielfältig erörterte
Problem erledigen würde, daß China bis zum Ende des Kaiserreiches
1911– und eigentlich auch darüber hinaus – keine Nation war.
Aber so einfach wird es eben doch nicht gehen. Zwar werden von
Intellektuellen und Wissenschaftlern vielfältige Überlegungen angestellt,
ob es nicht förderale, also bundesstaatliche Strukturen oder gar eine chinesische Konföderation im Sinne eines Staatenbundes geben könnte.
Doch die realen Differenzen innerhalb Chinas, zwischen der Politik der
Zentralregierung und den einzelnen ethnischen Minderheiten ebenso wie
zwischen einzelnen Regionen, können, auch wenn historische Tiefenstrukturen hierfür ins Feld geführt werden, nicht von dem Umstand ab-
lenken, daß der chinesische Einheitsstaat das Paradigma darstellt, unter
dem manche Chinesen leiden mögen, das aber letztlich von allen anerkannt wird. Es ist das bereits eingangs skizzierte Modell vom *tianxia*, der
Ökumene, die nur einen Herrscher kennt und geistige Vielfalt nur, insofern sie keine unauflösbaren Widersprüche generiert. Dem durch die frühe Einheitsstaatsbildung und die Durchsetzung konfuzianischer Lehrtra-
ditionen und ihrer Auslegungen entstandenen «Kulturalismus», wonach
China nicht ethnisch, sondern kulturell, und das heißt in erster Linie:
durch eine gesetzte Sozialmoral bestimmt wird, diesem «Kulturalismus»
ist, wie die Erfahrung zeigt, auch nur schwer auszuweichen.

Den *tianxia*-Gedanken und diese Vorstellung von Kulturalismus versucht sich die Kommunistische Partei und die politische Führung zunutze zu machen. Kürzlich etwa wurde konstatiert, «einer stabilen und
handlungsfähigen Pekinger Machtzentrale» stehe eine «instabile, unruhi-
ge Gesellschaft» gegenüber.[17] Dies entspricht klassischen chinesischen
Zuständen, die freilich niemals statisch waren. Sebastian Heilmann pro-
gnostizierte: » ... die politische Einbindung einer wachsenden Vielfalt
regionaler, wirtschaftlicher und gesellschaftlicher Sonderinteressen stellen die chinesische Politik vor herkulische Aufgaben. Die sich anstauende
Problemlast übt einen wachsenden Druck auf das politische System aus
und wird mittelfristig kaum einen planvollen, stetigen und straff kontrollierten Modernisierungskurs erlauben, wie ihn die chinesische Führung
erhofft.»[18]

Hongkong, Taiwan und Macau

1997 wird Hongkong an China zurückfallen,[19] 1999 Macau, und es ist
immer schon das Ziel gewesen, auch Taiwan wieder zu integrieren.[20] In
einem solchen Zusammenschluß werden große Chancen gesehen, weil
die unterschiedlichen Wirtschaftssysteme durchaus befruchtend aufeinander wirken könnten. Dabei ist für die Befindlichkeit in Taiwan nicht un-
erheblich, daß diese Insel erst relativ spät, nämlich unter der Mandschu-
Dynastie, zu einem Teil Chinas wurde.[21] Dies selbst schon war nur die

Fortsetzung einer älteren Kolonialerfahrung, zunächst mit der holländischen Ostindischen Kompanie im Jahre 1624, dann dem Eroberer der Ming-Dynastie, Koxinga (1662), ferner mit der Eingliederung in das mandschurische Qing-Reich im Jahre 1683 und nicht zuletzt mit den Japanern, deren Kolonie Taiwan von 1895 bis 1945 war und deren Herrschaft im Rückblick erträglicher war als die rücksichtslose und in den ersten Jahren (seit 1945) durchaus brutale Herrschaft der Guomindang. Die erheblichen Widerstände gegenüber den Guomindang-Besatzern von seiten der Bevölkerung, die zunächst die vom Festland als Flüchtlinge kommenden Truppen und Verwaltungsleute begrüßt hatte, waren heftig, und die Geschichte der Unterdrückung der taiwanesischen Mehrheit durch die «Festländer», insbesondere der Aufstand des Jahres 1947, wird erst in jüngerer Zeit beachtet.[22] Nach dem Verständnis der meisten Chinesen gilt heute Taiwan als Teil Chinas. Doch die Geschichte der Kolonisierung dieser Insel läßt auch ein anderes Bild zu, zumal Taiwan nicht immer als unverzichtbarer Teil Chinas galt, auch nicht für Li Hongzhang, der im Jahre 1895 kommentierte, mit Taiwan verliere die Dynastie nur eine wenig schätzenswerte Insel. Immer wieder bedroht und von Invasoren besetzt, bleibt heute, angesichts der Bedrohung durch das Festland, den Taiwanesen nur die Suche nach einer eigenen Identität, in einer Situation, in der 86% der Bevölkerung auf Taiwan als Taiwanesen und 14% als Festländer gelten. Auch wenn es zutrifft, daß die taiwanesische Bevölkerung zumeist auf Einwanderungsbewegungen vom Festland zurückgeht, während die wirklichen «Ureinwohner», die eher alten austronesischen Zivilisationsformen zuzurechnen sind, weitgehend verschwunden sind, müssen die Kinder in Taiwan doch erst mühsam «lernen, Chinesen zu werden».[23]

Nachdem die Regierung Taiwans unter Führung der Guomindang jahrzehntelang die Rückeroberung des Festlandes auf ihre Fahnen geschrieben hatte, hat sich in den 90er Jahren ein Wandel vollzogen, und die für ein selbständiges Taiwan eintretenden Kräfte können seit einigen Jahren offen für ihre Ziele werben. Zwischen der Haltung, eigentlich das ganze China repräsentieren zu wollen, und der Einsicht, daß Taiwan doch einen eigenständigen Charakter hat, ist derzeit eigentlich keine Vermittlung möglich; die Spannung zwischen diesen beiden Positionen ist das Dilemma all jener, die Taiwan gerne unabhängig sehen, und zugleich die Grundlage für eine zukünftige – wohl unvermeidliche – Wiedervereinigung.

Im Interesse einer Selbststärkung Taiwans und zugleich im Widerspruch zu einer raschen Integration stehend, ist die Reorientierung der Investitionspolitik der taiwanesischen Wirtschaft der Mitte der 90er Jahre im Rahmen einer «Auf nach Süden»-Kampagne, wonach Taiwans Investoren, die sich bis dahin in nicht unerheblichem Maße auf dem Festland engagierten, dazu ermutigt werden, ihren Blick auf die Länder der Region Südostasien zu richten. Dies ist vordergründig als Reaktion auf die aggressiven Gesten der Volksrepublik zu sehen, bedeutet zugleich aber auch eine Erweiterung des chinesischen Wirtschaftsraumes im Sinne des Konzeptes eines «Greater China». Die nationale Vereinigung zu einem Gesamtchina ist ja auch auf Taiwan von der offiziellen Politik noch nicht aufgegeben worden und wird nur an bestimmte Bedingungen geknüpft, die für die Volksrepublik derzeit unannehmbare Voraussetzungen bilden.[24]

Von Peking nun wird gerade auch im Hinblick auf die große Zahl von Auslandschinesen und damit im Hinblick auf ein Großchina ganz bewußt eine nationale Kulturpolitik betrieben. Zeichen hierfür war die Gründung einer «Chinesischen Gesellschaft zur Förderung der National-kultur» *(Zhonghua minzu wenhua cujin hui)* am 29. Februar 1992 in Peking in der Großen Halle des Volkes. An der Gründungsversammlung nahmen über 200 Chinesen, auch aus Hongkong, Macau und Taiwan teil, und um jeden Verdacht der Dominierung durch die Zentralregierung zu zerstreuen, hat diese Gesellschaft ihren Sitz nicht in Peking, sondern in Chongqing (Sichuan) genommen.

Neue Identität Südchinas

Der antiimperialistische Nationalismus der Mao-Ära verstellte den Blick für den Umstand, daß China ein Gemisch aus einer Vielzahl von Kulturen und die Ausdehnung des Reiches eine Folge der Expansion der Mandschu-Dynastie war. Seit den 90er Jahren scheint sich eine Umkehr abzuzeichnen, und es sieht so aus, als bilde sich eine am chinesischen Süden orientierte neue nationale Identität heraus. Dabei werden neue Konflikte heraufbeschworen. Die alten Lokalkulturen werden zu Orientierungsgrößen.[25] Die Marktorientierung der vornehmlich in den Küstenzonen und im Süden gelegenen Wirtschaftssonderzonen hat sogar den absurd klingenden Vorschlag inspiriert, eine Wirtschaftssonderzone für die «Linken» einzurichten, wie dies im April 1992 der Vizepremier Tian Jiyun in einer Rede der Zentralen Parteischule tat.[26] Nicht nur die langjährige Bestimmung der Han-Nationalität aus dem Kontrast zu den Minoritäten führt unbeabsichtigt zu einer Stärkung von Minderheitenidentitäten,[27] sondern das Nebeneinander von marktwirtschaftlichen Elementen und staatssozialistischen Prinzipien der Einparteienherrschaft der Kommunistischen Partei stellt für die Chinesen die Frage nach ihrer wirtschaftlichen Identität. Noch Hua Guofeng, der unmittelbare Nachfolger Mao Zedongs, sah Chinas wirtschaftliche Identität in einem autarken sozialistischen Einheitsstaat auf der Grundlage einer entwickelten Schwerindustrie. Doch die unaufhaltsame Entwicklung von Wirtschaftssonderzonen und die Öffnung von 14 Küstenstädten 1984 leitete eine Entwicklung ein, die durch die Reise Deng Xiaopings in den Süden 1992 gegen interne

Kritik offiziell legitimiert wurde. Die mit dieser Reise einhergehende Propaganda rückte die Eignung konfuzianisch geprägter neoautoritärer Strukturen, wie sie sich auch in den sogenannten «Tigern» Hongkong, Taiwan, Süd-Korea und Singapur finden, in ein neues Licht. Denn die engen Beziehungen insbesondere der Wirtschaftssonderzonen Shenzhen mit Hongkong und Xiamen mit Taiwan waren nicht nur erste Schritte zu einer Reintegration von Hongkong und Taiwan in ein Großchina, sondern sie wirkten sich auch nach innen aus, da Teile Chinas sich nunmehr in ihrer Entwicklung an diese «Tiger» außerhalb Chinas anschlossen. Die «metakonfuzianischen» Tugenden (Oskar Weggel), insbesondere Sparsamkeit, Fleiß und Erziehung, tendierten dazu, die sozialistischen Ideale der Mao-Ära abzulösen.

China grenzenlos?

Die Landgrenzen zwischen China und seinen Nachbarn sind im wesentlichen festgelegt, und dennoch – oder vielleicht gerade deswegen – werden die Forschungen zur Grenzgeschichte in keinem Land so intensiv betrieben, wie dies in der Volksrepublik China der Fall ist.[28] Dies steht durchaus im Zusammenhang mit einer patriotischen, nationalistischen Propaganda und Erziehung, die ähnlich auch auf die Chinesische Mauer Bezug nehmen,[29] wie nach der deutschen Reichsgründung 1871 die Frage nach der Geschichte des Limes programmatisch verfolgt wurde.[30]

Seinen Anspruch auf Inseln auf dem Festlandssockel erhält China weiterhin aufrecht und will darüber hinaus ganz offensichtlich seinen Einfluß bis hin in den Indischen Ozean ausdehnen.[31] Die ASEAN-Staaten (Association of South East Asian Nations, Thailand, Malaysia, Singapur, die Philippinen, Indonesien, Brunei und seit 1995 Vietnam) bilden trotz untereinander durchaus widerstreitender Interessen ein Gegengewicht gegen Chinas Ansprüche; doch gerade die Spratly-Inseln im Golf von Tongking werden nicht nur von China, sondern auch von anderen ASEAN-Staaten beansprucht. Hier sind es vermutete Öl- und Gasvorkommen, welche allseits Begehrlichkeit wecken. Zugleich ist die strategische Bedeutung dieses Archipels wegen der südwestlich davon gelegenen Straße von Malakka nicht zu überschätzen, verläuft hier doch die einzige Schiffahrtsverbindung vom Indischen Ozean nach Japan.[32] Bezeichend in diesem Zusammenhang ist, daß China die Spratly-Frage nicht mit den ASEAN-Staaten insgesamt, sondern bilateral behandeln will. Zur Untermauerung der eigenen Ansprüche wird hier wie in anderen Gegenden Chinas die Archäologie – in den Küstenzonen auch die Meeresarchäologie – in den Dienst der Politik gestellt, die durch entsprechende Funde die historisch verbürgte Zugehörigkeit der einzelnen Territorien zu China belegen soll.[33] Strittig sind auch die 190 Kilometer nordöstlich von Taiwan gelegenen, gegenwärtig in japanischem Besitz befindlichen Diaoyu-

Inseln (Japanisch: Senkaku). Seit dem 16. Jahrhundert werden diese Inseln, unter denen große Erdgas- und Ölfelder vermutet werden, von China beansprucht, und in neuerer Zeit unterstreichen chinesische Aktivisten aus Hongkong und Taiwan durch kurzzeitige Besetzungen diese Ansprüche. Andererseits muß die Pekinger Regierung fürchten, daß von solchen Aktivitäten angeregte Mobilisierungen unter den Studenten in unkontrollierte Massenbewegungen umschlagen.

Das Verhalten gegenüber der Mongolei wie die unklaren Verhältnisse an den Grenzen der Mandschurei schließen Grenzdispute in der Zukunft nicht aus. Von manchen wird durchaus auch die Äußere Mongolei noch in den Raum eines chinesischen Reiches einbezogen. Die Auflösung der Sowjetunion und Unabhängigkeitsbewegungen bzw. Machtkämpfe in einzelnen Teilen der ehemaligen Sowjetunion wie etwa in dem an China angrenzenden Tadschikistan könnten durchaus die Pekinger Regierung zur Wahrung angeblicher oder tatsächlicher eigener Interessen auf den Plan rufen. Die Rolle, die China in diesem Zusammenhang spielen könnte, hängt aufs engste auch mit der Tatsache zusammen, daß sich diese neuen Staaten dadurch auszeichnen, daß sich innerhalb ihrer Grenzen zumeist mehrere Stämme mit unterschiedlichen Kulturen befinden.[34] Der Handel zwischen Harbin und Wladiwostok und die zahlenmäßig dichte Besiedelung auf chinesischer Seite gegenüber der spärlichen Bevölkerungsdichte auf russischer Seite könnten durchaus expansive Tendenzen in Form von Migrationen begünstigen, zumal der historische Anspruch auf diese Gebiete von chinesischer Seite immer wieder erhoben wurde, wenn auch die Feldzüge auf die koreanische Halbinsel in der Geschichte in der Regel mit hohen Verlusten und oftmals mit dem Niedergang des Herrscherhauses einhergegangen waren.

Mit dem russisch-chinesischen Abkommen über den Westsektor der chinesisch-russischen Grenze vom 7. Oktober 1995 war die Territorialabgrenzung Chinas gegenüber seinem großen Nachbarn im Norden im wesentlichen abgeschlossen; gleichwohl gibt es einige offene Fragen, und gerade in der Mandschurei sind manche Grenzfragen nach Rußland bzw. Korea hin noch nicht abschließend geklärt. Gravierender aber noch sind die erwähnten Gebietsansprüche im Südchinesischen Meer und im Golf von Tongking, wo etwa im März 1995 auf zwei Inseln des Spratly-Archipels, die von den Philippinen beansprucht werden, chinesische Schiffsbesatzungen Seezeichen setzten; in der folgenden Diskussion bekräftigte die Armeezeitung (*Jiefangjun bao*, vom 17. März 1995) den Anspruch auf diese Inseln.

Symbole der Einheit

Als am 4. September 1842 die Grundsteinlegung für die Vollendung des 1248 begonnenen Baus der Kölner Kathedrale stattfand, war in der

Grundsteininschrift zu lesen, man wolle, «den erhabensten Tempel der Christenheit als Denkmal deutscher Eintracht» vollenden. Bauwerke dienen auch in China als Symbole der Einheit, so das Mao-Mausoleum auf dem Platz vor dem Tor des Himmlischen Friedens. Ein anderes Symbol nationaler Einheit ist das Projekt des Drei-Schluchten-Staudamms am mittleren Yangzi, das bereits Sun Yatsen verfolgte und das nunmehr realisiert werden soll, auch wenn es hiergegen erhebliche Widerstände gibt. Bemerkenswert ist auch, daß die Washingtoner Export-Import-Bank keine Exportkredite für dieses Staudammprojekt gewährt.[35]

Die Einheit Chinas ist zwar vor dem Hintergrund der Expansion der chinesischen Kultur und der letzten Dynastien zunächst nichts als ein imperialer Anspruch, der sich heute, versehen mit nationalistischen Parolen, weitgehend durchsetzt, ohne daß ihm von irgendeiner Seite Einhalt geboten würde. Doch ist dieser Nationalismus verschieden von jenem, der heute in vielen Teilen der Welt propagiert wird und der auch als «Neonationalismus» bezeichnet worden ist. Im Gegensatz zu dem Prinzip nationaler Selbstbestimmung, auf das sich, freilich auch nach eigenen jahrhundertelangen Intergrationsprozessen,[36] Europa im 20. Jahrhundert so viel zugute gehalten hatte und das im 21. Jahrhundert möglicherweise zum Fluch werden wird, ist das Chinesische Reich immer dem Prinzip der Integration gefolgt. Dort scheint sich ein supranationaler Kulturalismus durchsetzen zu können. Unter diesen Vorzeichen ist die chinesische Welt vielleicht «lieber einig als frei», vielleicht aber auch bereits viel weiter als diejenige Europas.[37]

Schlußwort

«L'Empire éclaté», «Das zersplitterte Reich»,[38] betitelte die französische Historikerin Hélène Carrère d'Encausse im Jahre 1978 ihr Buch, in dem sie die Gefahren des wachsenden demographischen Ungleichgewichts zwischen Slawen und Muslimen in der Sowjetunion aufzeigte.[39] Ähnliche Prognosen sind seither für andere Imperien vorgetragen worden, für Indien etwa. Doch ein entscheidender Unterschied liegt im Falle Chinas darin, daß dort, anders etwa als in Indien, das Industriewachstum bei jährlich 10 % und zum Teil erheblich darüber liegt, und dies bereits seit einigen Jahren. Gleichwohl ist verständlicherweise die Frage gestellt worden, ob solche Prognosen auch für China gelten.

Bei aller Veränderung von Grenzen und Separationsbestrebungen überall in der Welt scheint China vergleichsweise stabil zu sein. Zwar ist die Taiwan-Frage offen, zumal trotz einer gewissen, allerdings offiziell verfemten – jahrelang sogar verfolgten – Bestrebung für ein unabhängiges Taiwan *(Taiwan duli)* von Taiwan ebenso wie von der VR China der politische Anspruch auf das ganze China erhoben wird. Auch gibt es mit Japan und nach Südasien, Indien sowie Rußland hin noch ungelöste

Grenzfragen.[40] Doch Hongkong soll 1997 der Volksrepublik eingegliedert werden. Im Falle Tibets sind die Republik China auf Taiwan und die VR China darin einig, daß dies ein Teil Chinas sei. Heute gibt es zwar zwei chinesische Staaten,[41] von beiden Chinas behauptet jede Seite aber, daß sie das ganze China repräsentiere, auch wenn dieser Anspruch von taiwanesischer Seite schon seit Jahren nicht mehr vorgetragen wird. Dies entspricht dem offiziellen chinesischen Selbstverständnis, einem Selbstverständnis, dem die europäischen Bewunderer Chinas denn auch seit Jahrhunderten immer wieder gerne gefolgt sind. Diese Art von Realitätsverlust ist eine große Belastung.[42] Wie gerade die Anerkennung von Realitäten zu ihrer Überwindung führen kann, zeigt der unter der Maxime «Wandel durch Annäherung» vorbereitete deutsche Einigungsprozeß. In China sind jedoch politische Konflikte stets zweitrangig gegenüber dem Zusammengehörigkeitsgefühl der Chinesen, was sich übrigens in der Taiwan-Frage ebenso deutlich zeigt wie in der Haltung der Kommunistischen Partei und der auf Taiwan herrschenden Guomindang zur Tibet-Frage.[43]

Der Umstand, daß sich der heutige chinesische Staat erst gegen äußere Feinde und schließlich auch im unversöhnlichen Kampf zwischen Kommunistischer Partei und anderen Gruppen gebildet hatte, bewirkte eine Abwehrhaltung nach außen und begünstigte nach innen nicht nur ein Harmoniebedürfnis, sondern geradezu einen Zwang zur Harmonie. Nicht «Wer sind meine Gegner, mit denen ich mich streiten und schließlich womöglich einigen kann», wurde zur entscheidenden Frage, sondern jene, mit der Mao Zedong im März 1926 seine Schrift «Analyse der Klassen in der chinesischen Gesellschaft» einleitete: «Wer sind unsere Feinde? Wer sind unsere Freunde?» Noch bedeutsamer ist aber die alte Methode, bei der Konfrontation mit einer fremden Kultur diese aufzuspalten in dem Sinne, daß man das Nützliche übernehmen, das Fremde aber fernhalten wolle. Dieses Konzept der Aufspaltung, das mit dem Begriffspaar *ti* und *yong* am allgemeinsten beschrieben wird und das in China selbst vielfältig diskutiert worden ist, hatte um die Jahrhundertwende dazu geführt, daß man westliche Technik übernehmen, aber chinesische Kultur und Wertvorstellungen bewahren wollte. In neuerer Zeit nun haben bei der Übernahme der westlichen Technik manche Angst vor dem Verlust der eigenen kulturellen Identität, zugleich wollen sie ironischerweise die ja auch westliche Lehre des Marxismus-Leninismus bewahren.

Allgemein ist aufgrund der Entwicklung in den einzelnen Regionen, aber auch als Folge des Mangels von charismatischen Führerpersönlichkeiten, wie sie noch etwa Mao Zedong darstellte, ein Machtverfall der Zentrale zu verzeichnen.[44] So verweisen manche Studien auf ökonomische und soziale Gegensätze innerhalb Chinas, die das Land spalten könnten.[45] Sebastian Heilmann schrieb dazu: «China, das Land, das man sich in Europa lange Zeit als nach einem übersichtlichen Schachbrettmuster organisiert vorstellte, ist zu einem bunten Flickenteppich geworden, dessen Farben und Muster keineswegs miteinander harmonieren, der beträchtliche Unebenheiten aufweist und dessen verbindende Nähte sich zusehends zu lockern scheinen.»[46]

Die Kluft zwischen armen und reichen Regionen verschärft sich stetig und führt dazu, daß manche Teile Chinas zu «internen Kolonien» werden.[47] Diese Entwicklung führt insbesondere wegen der traditionell und auch heute noch in China vorherrschenden Egalitarismusvorstellungen[48] zu erheblichen Spannungen[49] und häufiger auch zu lokalen Unruhen,[50] insbesondere dort, wo Wohlstandsunterschiede aufeinanderprallen. Dies verschärft sich infolge der zunehmenden Binnenmigration,[51] die ihrerseits dazu führt, das sich dann auch in den großen Städten landsmannschaftliche Ghettos bilden, die sich – wie dies etwa in Peking, wo sich 25 «Dörfer» als Repräsentanzgebiete verschiedener Regionen gebildet haben, immer stärker zum Ausdruck kommt – gegeneinander als Fremde empfinden.[52]

Anhang

Anmerkungen

Einleitung

1 Siehe Text und Bericht in: Die Zeit, Nr. 43, 18. Oktober 1991, S. 60.
2 Siehe die Dokumentation in Neue Zürcher Zeitung. Internationale Ausgabe, Nr. 232, 6. Oktober 1995.
3 Herbert Giersch, Politik im Wettbewerb. Mehr Arbeitsplätze trotz Globalisierung – Ein Plädoyer, in: Die Zeit, Nr. 18, 26. April 1996, S. 26.
4 Siehe Rüdiger Machetzki, in: Die Zeit, Nr. 10, 1. März 1996, S. 14.
5 Kotkin 1993, Tribes. Der Untertitel zur deutschen Übersetzung lautet «Wie Rasse, Religion und Identität den Erfolg in der neuen Globalen Ökonomie bestimmen». – Siehe hierzu Christian Tenbrock, in: Die Zeit, Nr. 15, 9. April 1993, S. 25, sowie Menzel 1995, Ethnisierung.
6 Siehe zur Rolle der Auslandschinesen und ihrer Stützung und Beeinflussung der Entwicklung in China Weggel 1996, Eigenblutimpfung. Die Rolle der Auslandschinesen (huaqiao) ist gegenwärtig ein auch in China selbst verstärkt beachtetes Thema.
7 Zum Mythos vom Gelbkaiser siehe Charles le Blanc, A Re-Examination of the Myth of Huang-ti, in: Journal of Chinese Religions 13/14 (1985/86), S. 45– 63.
8 Siehe hierzu auch Harrell 1995, China's Ethnic Frontiers.
9 Siehe meine Besprechung von Israeli 1980, Muslims in China, in: Verfassung und Recht in Übersee, Heft 2 (1981), S. 207–209.
10 Siehe Gladney 1991, Muslim Chinese.
11 Schmidt-Glintzer 1991, Blindflug.
12 Gladney 1995, Ethnic Reawakening, S. 8.

Erstes Kapitel
Die chinesische Kulturwelt

1. Chinas Völker und die chinesische Ökumene

1 Siehe Tapp 1995, Minority Nationality, bes. S. 207 f.
2 Siehe Herrmann-Pillath 1990, Kultur und Wirtschaftsordnung, S. 274; siehe auch Schmidt-Glintzer 1991, Blindflug.
3 Dies ist eine weithin verbreitete Ansicht, wie sie auch im Vorwort des East Asian Research Center der Harvard University zu Silas H. L. Wu, Communication and Imperial Control in China, Cambridge, Mass. 1970, S. vii, zum Ausdruck kommt, wo es heißt: «the Chinese people today are in some degree *victims of their past success.* The unprecedentedly vast size of China today has been made possible and in fact unavoidable by the great achievements in the

art of government that permitted the Chinese empire in its time to become the largest single human organization.» Hervorhebung von mir, HSG.

4   Siehe hierzu Fairbank 1987, Reunification, S. 14.

5   «a triumph of human institutions over geography». – Siehe op. cit., S. 16. – Über die Stärke des Staates in China und die daraus resultierende Besonderheit in der sozioökonomischen Entwicklung siehe Schram 1985, The Scope of State Power.

6   Herzog 1988, Staaten der Frühzeit, S. 223.

7   Siehe Duara 1995, Rescuing History.

8   F. W. J. v. Schelling, Sämtliche Werke, II. Abt., 2. Band. Philosophie der Mythologie. – Stuttgart: Cotta 1857, S. 526. Vgl. Hsia 1985, Deutsche Denker, S. 195.

9   Schelling, op. cit., S. 529.

10 Schelling, op. cit., S. 529.

11 Ebd.

12 Schelling, op. cit., S. 530.

13 Siehe Eickstedt 1944, Rassendynamik.

14 Op. cit., S. 540.

15 Op. cit., S. 523 bzw. S. 540.

16 Franke 1953, Begriffsfeld des Staatlichen, S. 232. Zum Phänomen der Grenzziehung und der Abgrenzung in China siehe die Beiträge in Hay 1994, Boundaries.

17 Ebd., S. 232; eine Geschichte der chinesischen Diplomatie ist bisher ebensowenig geschrieben worden wie eine Geschichte von Chinas Außengrenzen. Ansätze hierzu finden sich bei Rosner 1990, Aufnahme von Flüchtlingen, mit Literaturhinweisen. – Zur Wahrnehmung anderer Staaten durch China und zur fehlenden Herausbildung eines Staatsbegriffs in China noch im 19. Jahrhundert siehe Erh-min Wang, Yen-p'ing Hao, Changing Chinese Views of Western Relations, in: CHC, Bd. 11, Cambridge 1980, S. 188 ff.

18 H. Franke, ebd.

19 Die umfassendste Behandlung dieser Thematik in westlicher Sprache ist Lach 1965, Asia in the Making of Europe.

20 Zur Problematik dieser Begrifflichkeit siehe Patricia B. Ebrey, in: Dien 1990, State and Society, S. 49–72.

21 Siehe hierzu Levenson 1952, T'ien-hsia and Kuo; Yü 1994, Conceptions of National History; Duara 1995, Rescuing History.

22 Siehe Fogel 1984, Politics and Sinology, S. 163 ff.

23 Eine ausführlichere Darstellung dieser Argumentation findet sich bei Fogel 1984, Politics and Sinology. Siehe hierzu auch die Bemerkung Max Webers zur Fähigkeit Chinas, eine Nation zu bilden, in: Ders., Wirtschaft und Gesellschaft. 5. Auflage. – Tübingen: J. C. B. Mohr (Paul Siebeck), S. 529.

24 Christian Schmidt-Häuer, in: Die Zeit, Nr. 46, 9. Nov. 1990, S. 1.

25 Rudolf G. Wagner spricht in der Frankfurter Allgemeinen Zeitung vom 27. 10. 1990 von einer «organisatorischen und intellektuellen Wüste». Wenn er schreibt: «China hat … keine Intellektuellenschicht, die gelernt hat (und die Möglichkeit gehabt hätte), sich unabhängig von der Parteiführung zu definieren und sich eigene Gedanken über die Zukunft des Landes zu machen, und die das öffentliche Ansehen gewonnen hätte, in einer Krisensituation eine Führung stellen zu können», so wird man ihm heute angesichts der innerchi-

nesischen Differenzierungsprozesse, insbesondere der Praxis protodemokrati-
scher Wahlverfahren auf lokaler Ebene, nicht mehr zustimmen können. Ding
Ding schreibt in seinem Beitrag «Politische Opposition innerhalb und außerhalb Chinas», in: Aus Politik und Zeitgeschichte. Beilage zur Wochenzeitung
Das Parlament, 8. Dezember 1995, S. 48–54, auf S. 54: «Die Zahl der in China
verbliebenen risikobereiten Oppositionellen ist klein. ... Die Oppositionellen
sind relativ isoliert von der Masse der Bevölkerung, und ihre Forderungen
nach politischer Demokratisierung finden nur geringen Widerhall.»

2. Zentrum und Peripherie

1 Siehe Schmidt-Glintzer 1994, Modernisierung.

2 Siehe Teng 1971, China's Response.

3 Siehe Duara 1995, Rescuing History, sowie Yü 1994, Conceptions of National
History.

4 Siehe Schneider 1971, Ku Chieh-kang, und Richter 1992, Gu Jiegang.

5 Siehe Birk 1991, Totale Verwestlichung.

6 Siehe Jenner 1993, Tyrannei der Geschichte.

7 Eine Studie des Verfassers zur Geschichte politischer Entscheidungsprozesse,
zu Formen der Partizipation und zum öffentlichen Diskurs in China befindet
sich in Vorbereitung.

8 Siehe Loewe 1994, China's Sense of Unity, S. 25.

9 Siehe Eberhard 1949, Toba-Reich.

10 Menzius III A 4; Wilhelm 1982, Mong Dsi, S. 96.

11 Hsiao 1979, Political Thought, S. 206 f.

12 Zitiert nach Bauer 1971, Hoffnung auf Glück, S. 116.

13 Zitiert nach Bauer 1971, Hoffnung auf Glück, S. 121.

14 Eine Studie zum Dynastiewechsel habe ich an anderer Stelle schon angekün-
digt.

15 Siehe Lattimore 1962, Inner Asian Frontiers, S. 531; Bielenstein 1978, Dynastic
Cycle.

16 Bielenstein bezeichnet die Vorstellung eines «dynastic cycle» als «a chimera
which has done harm to the interpretation of Chinese history». Siehe Bielenstein 1978, Dynastic Cycle.

17 Siehe auch Fairbank 1987, Reunification, S. 11–23.

18 Siehe Wright 1960, Sui Yang-ti.

19 Franke 1962, Bad Last Minister.

20 Franke 1980, Jahrhundert, S. 21 ff.

21 Yang 1961, Dynastic Configuration.

22 Ein Beispiel findet sich bei Chan 1982, Ming Dynasty.

23 Der Ablehnung der Legitimiät des Shu-Han-Reiches (221–266) – eines der
«Drei Reiche» – durch Ouyang Xiu (1017–1072) widersprach unter dem Ein-
druck des Verlustes des Nordens an die Dschurdschen allerdings dann Zhu
Xi (1130–1200). Siehe zu diesem Zusammenhang Trauzettel 1967, Legitime
Thronnachfolge.

24 Chan 1984, Legitimation.

25 Owen 1990, Meditation on the Past.

26 Katô 1976, Change of the Mandate.

27 Elvin 1973, Pattern of the Chinese Past, S. 113 ff.
28 Bol 1992, Culture of Ours, S. 32 ff.
29 Liang Qichao, _Xinminshuo_, in: _Yinbingshi wenji_, fasc. 12, S. 40b.
30 Siehe Wiethoff 1971, Grundzüge, S. 55. – Zur Frage der Vorstellung der «Weltordnung» im älteren China siehe Fairbank 1987, Reunification, S. 11 ff. Siehe dort auch die Hinweise zum «Dynastischen Zyklus» in China.
31 Siehe Wiethoff 1971, Grundzüge, S. 59 ff.

3. Die Randzonen

1 Franke 1930, Geschichte, Bd. 1, S. 224.
2 Siehe Yang Lien-sheng, Schedules of Work and Rest in Imperial China, in: Yang 1961, Institutional History, S. 24.
3 Wright 1957, Sui Ideology, S. 93 ff.
4 Zur Kydotai-These Tanigawa Michios (zur Gemeindeverfassung im chinesischen Mittelalter) siehe Schmidt-Glintzer 1989, Der Literatenbeamte, und die dort angeführte Literatur.
5 Franke 1953, Begriffsfeld des Staatlichen, S. 233.
6 Franke 1953, Begriffsfeld des Staatlichen, S. 233.
7 Siehe zum Beispiel Herbert 1989, Provincial Officialdom.
8 Siehe Elvin 1973, Pattern of the Chinese Past, S. 17–22.
9 Wittfogel/Feng 1949, Liao, S. 15. Übersetzung von mir, HSG.
10 Siehe Chan 1991, Jurchen State Name.
11 Wittfogel/Feng 1949, Liao, S. 24 f.
12 Waldron 1990, Great Wall.
13 Als Fußnote sei hier der Hinweis auf die Preisfrage der Preußischen Akademie der Wissenschaften von 1848 erlaubt, die den Anstoß zu vermehrter wissenschaftlicher Beschäftigung mit dem obergermanisch-raetischen Limes bildete. Doch erst 1892 genehmigte, u. a. auf Betreiben Theodor Mommsens, der Reichstag die für eine systematische Erforschung des Limes erforderlichen Mittel, und die «Reichslimeskommission» nahm ihre Tätigkeit auf.
14 Dies betont auch G. T. Bowles, China, Mongolia, Korea, in: Ilse Schidetzky, Hrsg., Rassengeschichte der Menschheit, 10. Lieferung, München 1984, S. 39 f.
15 Wiethoff 1971, Grundzüge, S. 55.
16 Siehe Wiethoff 1971, Grundzüge, S. 59 f.
17 Siehe hierzu die knappe Darstellung des Naturraums in: Staiger 1980, China, S. 3–23. – Siehe auch Buchanan 1970, Chinese Earth; Schmidt-Glintzer 1995, Das Alte China, S. 11 ff.
18 Siehe Thomas R. Tregear 1970, An Economic Geography of China, London: Butterworths 1970, S. 2.
19 Siehe hierzu Pan 1992, Sino-Tibetan Treaties.
20 Siehe _Jiu Tangshu_ 196 B, S. 5264 f.
21 Hierzu siehe jetzt die von Victor H. Mair zusammengestellten Arbeiten zu indoeuropäischen Kulturhinterlassenschaften im Tarim Becken, in: The Journal of Indo-European Studies, Bd. 23:3&4 (1995); s. a. Victor H. Mair in: Early China News, Bd. 8, 1995.
22 Siehe Janhunen 1996, Manchuria.
23 Siehe Janhunen 1996, Manchuria.

24 Fairbank 1968, The Chinese World Order; Bauer 1980, China und die Fremden.
25 Yang 1961, Hostages.
26 Schwarz-Schilling 1959, Friede von Shan-yüan, S. 92 f.
27 Rosner 1981, Diplomatiegeschichte, S. 105.
28 Weber 1920, Konfuzianismus und Taoismus, S. 192 f. Anm.
29 Siehe Derk Bodde in: CHC, Bd. 1, S. 101 f.; s. a. ebd. S. XX.
30 Zur Großen Mauer und ihrer Abwehrfunktion und insbesondere zu ihrer späteren ideologischen Rolle siehe Waldron 1990, Great Wall.
31 Bielenstein (Bielenstein 1969, Restoration III, S. 118) hält Juyan mit Lao Gan für verlassen, während M. Loewe (Loewe, 1967, Records, Bd. 1, S. 90) und R. de Crespigny (Crespigny 1984, Northern Frontier, S. 52) eine Besetzung darüber hinaus annehmen.
32 Eine Geschichte dieser Kontaktzone und des Austausch an den nördlichen Grenzen Chinas haben jüngst Jagchid und Symons vorgelegt. Siehe Jagchid/Symons 1989, Nomadic-Chinese Interaction.
33 Eberhard 1949, Der Prozeß.
34 Barfield 1989, Perilous Frontier, S. 8 ff.
35 Barfield 1989, Perilous Frontier, S. 11.
36 Wittfogel/Feng 1949, Liao.
37 Siehe hierzu den Artikel «Die Provinz Hainan», in: China aktuell, August 1996, S. 785–797.
38 Siehe Schafer 1969, Shore of Pearls, S. 12.
39 Siehe Schafer 1969, Shore of Pearls, S. 85 ff.
40 Siehe Savina 1929, Hainan, S. 7.
41 Siehe hierzu Brown 1996, Negotiating Ethnicities.
42 Gladney 1995, Ethnic Reawakening, S. 5.
43 Höllmann 1992, Ethnos-Begriff.
44 Ebd. S. 179.
45 Siehe Unger 1995, Goldene Regel, S. 200.
46 Siehe hierzu Gladney 1996, Mapping Ethnic China. Siehe auch Gladney 1994, Representing Nationality.
47 Thomas O. Höllmann, China entdeckt seine Randgebiete. Neue Grabungsergebnisse und Gedankenansätze verändern das Geschichtsbild, in: Universitas 518, Heft 8 (1989), S. 752–761, hier S. 753.

Zweites Kapitel
Der Weg zum Einheitsstaat
(ca. 1500 v. Chr. – 23 n. Chr.)

4. Der Triumph des Menschen über die Geographie

1 Hanshu, S. 1523; vgl. auch Howland 1996, Borders of Chinese Civilization, S. 1.
2 Siehe hierzu Sivin 1995, State, Cosmos, and Body, der sich explizit auf G. E. R. Lloyds Arbeiten bezieht, insbesondere dessen «Demystifying Mentalities» (Cambridge 1990) und darin besonders das Kapitel «A test case: China and Greece, comparisons and contrasts», S. 105–134.
3 Zur Vorstellung vom Einheitsstaat siehe die Zusammenfassung bei Fairbank

1987, Reunification, S. 17 ff. – Siehe auch Schwartz 1968, Perception of World Order, sowie Schwartz 1985, The World of Thought, sowie Chang 1983, Art, Myth and Ritual, bes. S. 45–90.

4 Shaughnessy 1989, Earliest Chinese Kingdoms, S. 22.

5 Siehe hierzu die Untersuchung von Mayke Wagner, Traces of prehistoric population and desertification processes in Horqin Grassland – an approach to environmental archaeology, in: Masami Ichikuni, Hrsg., Proceedings of the Japan-China International Symposium on the Study of the Mechanism of Desertification 1993.

6 Siehe zum Beispiel der Aufsatz von Su Bingqi und Yin Weizhang, Problems of Region, Filiation, and Type in Archeological Cultures (Chinesisch), in: Wenwu 1981.5, S. 10–17.

7 Siehe hierzu Chang 1977, Archaeology, S. 19 ff.

8 Siehe Cressey 1934, Geographic Foundation, S. 37.

9 Siehe Sage 1992, Ancient Sichuan.

10 Thorp 1991, Search for the Xia.

11 Chang 1980, Shang Civilization, S. 217.

12 Droysen 1937, Historik, S. 148.

13 Siehe Richter 1992, Gu Jiegang. Siehe auch Haloun 1925, Rekonstruktion der chinesischen Urgeschichte.

14 Siehe auch Franke/Trauzettel 1968, Kaiserreich, S. 19 f. Zum Mythos des Gelbkaisers siehe Charles Le Blanc, A Re-Examination of the Myth of Huang-ti, in: Journal of Chinese Religions 13/14 (1985/86), S. 45- 63.

15 Zur Shang-Zeit siehe Chang 1980, Shang Civilization; Keightley 1978, Sources.

16 Siehe Chang 1980, Shang Civilization, S. 71 f.

17 Siehe Keightley 1978, Religious Commitment.

18 Dies vertritt K. C. Chang gegen die These von Max Loehr, Ritual Vessels of Bronze Age China, New York 1968, S. 13, der meinte, es handele sich hier um reine Dekoration, um inhaltlich bedeutungsloses Schmuckwerk.

19 Siehe Kwang-chih Chang, Some dualistic phenomena in Shang society, in: Journal of Asian Studies 24 (Nov. 1964), S. 45 f.; s. a. ders., in: Harvard Journal of Asiatic Studies 41.2 (1981), S. 527 ff.

20 Siehe hierzu Chang 1980, Shang Civilization; kritisch hierzu J. K. Riegel, in: Harvard Journal of Asiatic Studies 42.2 (1982), S. 685.

21 Siehe Chang 1983, Art, Myth, and Ritual, S. 10–14.

22 Siehe Chang 1980, Shang Civilization, S. 210–220.

23 Yu 1983, Cultures of the Eastern Zhou, S. 307 ff.

24 Stumpfeldt 1970, Staatsverfassung, S. 9.

25 Franke 1953, Begriffsfeld des Staatlichen, S. 234.

26 Creel 1970, Origins of Statecraft.

27 Siehe Eberhard 1942, Lokalkulturen.

28 Wittfogel/Feng 1949, Liao.

29 Siehe Lawton 1991, Chu Culture.

30 Whitney 1970, Nation Building, S. 30.

31 Max Weber hat einmal auf diesen Zusammenhang hingewiesen, wenn er sagte: «Die Bürokratie ist aber gegenüber anderen geschichtlichen Trägern der modernen rationalen Lebensordnung ausgezeichnet durch ihre weit größere *Unentrinnbarkeit.* Es ist kein geschichtliches Beispiel dafür bekannt, daß sie da,

wo sie einmal zur völligen Alleinherrschaft gelangt war – in China ... – wieder verschwunden wäre, außer mit dem völligen Untergang der ganzen Kultur, die sie trug.» Gesammelte Politische Schriften, S. 330 f. Siehe den bemerkenswerten Versuch des Soziologen Ma Rong zum Bürokratiebegriff bei Max Weber und Lenin mit dem Titel «‹Kecengzhi› yu ‹Guanliaozhi›», vorgetragen auf der Konferenz «Max Weber und die Modernisierung Chinas» am 26. Juli 1990 in der Werner-Reimers-Stiftung in Bad Homburg.

32 Die These, China leide unter einem Mangel an moderner rationaler Bürokratie wird auch vertreten von Max Boisot, The Long March towards Bureaucratic Rationality, in: David S. G. Goodman, Gerald Segal, Hrsg., China at Forty. Mid-Life Crisis? – Oxford 1989, S. 42–48. Ähnlich sieht dies auch Carsten Herrmann-Pillath; siehe ders. 1990, Kultur- und Wirtschaftsordnung, S. 274: «Im China der Gegenwart bringt die nachholende Industrialisierung ... ein Komplexitätswachstum der Systemprozesse mit sich, das eine Zunahme der Bedeutung allgemeiner Regeln erforderlich werden läßt. ... Bei aller Diskussion über eine erforderliche Dezentralisierung der Wirtschaft darf nämlich nicht übersehen werden, daß die chinesische Wirtschaftspolitik in einer wesentlichen Hinsicht an einem *Machtdefizit der Zentrale* leidet, die nicht in der Lage ist, allgemeine ordnungspolitische Maßnahmen gegen Partikularinteressen durchzusetzen.» Herrmann-Pillath wirft im selben Zusammenhang die Frage auf, «ob der chinesische Wirtschaftsraum überhaupt eine technisch anpassungseffiziente wirtschaftspolitische Einheit darstellt». Mir scheint, daß diese Frage auf absehbare Zeit ebenso zu verneinen ist wie die parallele Frage, ob China als zentralisierter Einheitsstaat zur Modernisierung in der Lage ist.

33 Zitiert nach Hermann Köster, Hsün-tzu. – Kaldenkirchen 1967, S. 2.

34 Siehe hierzu Keller 1995, Kosmos und Kulturordnung; die umfassendste Darstellung der chinesischen Kenntnisse der terrestrischen und der extraterrestrischen Welt findet sich bei Needham 1959, Sciences of the Heavens and the Earth. – Es spricht viel für die Auffassung, den Abbruch der Mythenüberlieferung bereits bei dem Sturz der Shang durch die Zhou anzusetzen. Letztere ersetzten den Mythenerzähler durch den Geschichtsschreiber.

35 Siehe hierzu auch Schmidt-Glintzer 1992, Weltbild.

36 Karlgren 1950, Book of Documents, S. 74.

37 *Liezi jishi.* Ausgabe Peking 1979, Kap. 5, S. 150 f.

38 Siehe hierzu H. Schmidt-Glintzer 1990, Geschichte der Literatur, S. 57.

39 Zitiert nach Keller 1991, Schöpfungsgeschehen, S. 233.

40 Eine ausführliche Darstellung der *gaitian*-Theorie findet sich bei Needham 1959, Sciences of the Heavens and the Earth, S. 210 ff.

41 Wilhelm 1971, Lü Bu We, S. 157 ff.

42 Wang Guanguo, *Xuelin*, ed. Xueshu biji congkan. – Beijing: Zhonghua shuju 1988, S. 203.

43 Siehe *Shiji* Kap. 74, S. 2344.

44 Needham 1959, Sciences of the Heavens and the Earth, S. 498. Weitere Literatur bei Schmidt-Glintzer 1992, Weltbild.

45 Siehe hierzu auch Müller 1980, Chinesen und Barbaren.

46 *Yantielun jiaozhu.* – Tianjin 1983, Kap. 16 (Diguang), S. 205 f.; ich folge der Übersetzung von Hans van Ess.

47 Siehe Needham 1959, Sciences of the Heavens and the Earth, S. 504 f.

48   Needham, op. cit., S. 512.
49   Siehe hierzu Schmidt-Glintzer 1990, Gottkaiser.
50   Siehe hierzu Needham, op. cit., S. 538–540. – Vgl. E. Chavannes: Les Deux Plus
     Anciens Spécimens de la Cartographie Chinoise, in: Bulletin de l'Ecole Fran-
     çaise d'Extrême-Orient 3, 1903, S. 214–247.
51   Zu den Pilgerreiseberichten siehe Schmidt-Glintzer 1990, Pilgereiseberichte; zu
     den Utopiebildungen siehe Bauer 1971, Hoffnung auf Glück.
52   Siehe zum Beispiel «Die Wunder der Welt» *(Yudi jisheng)* von Wang Xianzhi;
     vgl. Haenisch 1919, Chinesischer Baedecker.
53   Siehe hierzu Needham 1959, Sciences of the Heavens and the Earth, S. 549.
54   Siehe Walter Fuchs: The ‹Mongol Atlas› of China by Chu Ssu-Pen, and the
     ‹Kuang Yü Thu›. Peking: Monumenta Serica Monograph Nr. 8, 1946.
55   Vor diesem Hintergrund müssen die gesteigerten Erwartungen im 20. Jahr-
     hundert gesehen werden, sei es an die Stärke nach außen, sei es an die Für-
     sorge nach innen. Siehe Fei Hsiao-tung, China's Gentry. – Ausgabe 1968, S. 75–
     90; siehe allgemein auch K. W. Deutsch, Nationalism and Social Communica-
     tion, Kapitel 6. – Zum Ideal der *Ferne* unter diesem Gesichtspunkt s. a.
     K. W. Deutsch und Walter Isard, A Note on a Generalized Concept of Effective
     Distance, in: Behavioral Science 6 (Okt. 1961) S. 308–311.

5. *Die «Streitenden Reiche» und die kriegerischen Traditionen*

1   Einen Überblick über die Kriege gibt der Anhang zur Geschichte kriegerischer
     Ereignisse in China *(Zhongguo junshi shi)*; Lidai zhanzheng nianbiao, 2 Bde. –
     Peking: Jiefangjun chubanshe 1986.
2   Siehe Walker 1953, Multi-State System.
3   Siehe Lewis 1990, Sanctioned Violence, S. 15.
4   Siehe Weber 1920, Konfuzianismus und Taoismus, S. 186.
5   Weber 1920, Konfuzianismus und Taoismus, S. 192 f. Anm.
6   In diesem Zusammenhang weist Jacques Gernet darauf hin, daß Seidenwaren
     aus dem Qin-Staat nach Westen exportiert worden seien, wodurch z. B. in
     Indien das Seidenland bekannt geworden sei. Siehe Gernet 1979, Chinesische
     Welt, S. 117.
7   Siehe hierzu Hsu 1965, Ancient China, Kap. 3; Creel 1970, Origins of Statecraft,
     Kap. 10.
8   *Lunyu* («Gespräche») XV. 1.; siehe auch ebd. XII. 7.
9   Mo Ti 1992, Schriften, S. 202 f.
10   Siehe Mo Ti 1992, Schriften, S. 123 ff.
11   Über den langwierigen Krieg (1938), in: Mao Tsetung, Ausgewählte Militäri-
     sche Schriften. – Peking: Verlag für fremdsprachige Literatur 1969, S. 269, 260
     und 268.
12   Mao 1968, Werke, Bd. 1, S. 9.
13   Carl Schmitt, Der Begriff des Politischen, in: Joachim Schickel, Hrsg., Gueril-
     leros, Partisanen – Theorie und Praxis, München: Hanser 1970, S. 23.
14   Siehe Mao 1968, Werke, Bd. 2, S. 336 f.; vgl. Joachim Schickel, op. cit., S. 14.
15   Weber 1920, Konfuzianismus und Taoismus, S. 367 f.
16   Siehe C. H. Wang, Towards Defining a Chinese Heroism, in: Journal of the
     American Oriental Society 95 (1975), S. 25–35.

17 Zur Tradition des Kriegsherrentums und zur Relativierung rein militärischer Macht zusammenfassend Schiffrin 1992, Kriegsherrentum.
18 *Hou Hanshu* 77:2487.
19 Arthur Waley, The Book of Odes. – London: Allen & Unwin 1937, S. 339.
20 Zu dieser Verquickung siehe *Zuozhuan*, Herzog Cheng, 13. Jahr; vgl. Legge, Chinese Classics, Bd. 5, S. 382.
21 Günther Debon, Chinesische Dichter der Tang-Zeit. – Stuttgart: Reclam 1964, S. 12.
22 Siehe hierzu Stephen Owen, The Poetry of the Early T'ang. – New Haven: Yale U. P. 1977, S. 21 f.
23 Bol 1992, Culture of Ours.
24 Siehe hierzu Franke 1987, Texte zur Kriegsgeschichte.
25 Siehe hierzu Chan 1967, Buddhist-Taoist Statesman, S. 119.
26 Dubs 1938, Former Han Dynasty, hier Bd. 1, S. 21.
27 Zitiert nach Franke 1933, Reisebericht, S. 190–191.
28 Ebd.

6. Der Erste Kaiser und die Geburt des China-Imperiums

1 Siehe die Übersetzung bei Bodde 1938, First Unifier, S. 12 f.; vgl. *Shiji* 87, S. 2539 f.
2 *Shiji* 87, S. 2540.
3 *Shiji* 87, S. 2541 ff.; siehe Zach 1958, Anthologie, Bd. 2, S. 716–719, dem ich folge; Übersetzungen finden sich auch bei Chung 1982, Letters, S. 418 ff., sowie bei Bodde 1938, First Unifier, S. 15–21.
4 Der Text weicht etwas ab von der im *Shijing* als Nr. 205 überlieferten Fassung.
5 Vgl. J. I. Crump, Chan-Kuo Ts'e. – 2. Auflage. San Francisco: Chinese Materials Center 1979, S. 51.
6 *Lunyu* IX. 14; vgl. Wilhelm, Gespräche, S. 101.
7 Siehe hierzu Herbert Franke, Die Geschichte des Prinzen Tan von Yen, in: Zeitschrift der deutschen morgenländischen Gesellschaft, Band 107, Heft 2 (1957), S. 412–458.
8 Siehe Bodde 1938, First Unifier.
9 Chavannes 1895, Mémoires historiques, Bd. 2., S. 182 f.
10 Siehe hierzu Ledderose/Schlombs 1990, Der Erste Kaiser.
11 Siehe hierzu Bodde 1938, First Unifier, S. 80–84 und S. 162–166.
12 Franke 1930, Geschichte, Bd. 1, S. 225; siehe auch Schmidt-Glintzer 1990, Gottkaiser.
13 Weber-Schäfer 1969, Oikumene und Imperium, S. 21.
14 Siehe Franke 1930, Geschichte, Bd. 1, S. 267.
15 Siehe Emmerich 1991, Chu und Changsha, wo sich in der Anmerkung 6 eine Auflistung dieser in den Jahren 202 bis 195 rebellierenden Titularkönige findet.

Drittes Kapitel
Grenzkonflikte und Zerfall der Zentralgewalt
(25–589)

7. *Die Grenzpolitik der Han und die Grundlagen der chinesischen Außenpolitik*

1   Siehe Yü 1967, Trade and Expansion, S. 85 f.
2   Siehe Emmerich 1996, Xiongnu-Politik; siehe auch Bielenstein 1967, Restoration III, Karte 21.
3   Emmerich 1996, Xiongnu-Politik, Anm. 3.
4   Emmerich 1996, Xiongnu-Politik, Anm. 3.
5   Siehe allgemein Waldron 1990, Great Wall.
6   Siehe hierzu Hildebrandt 1987, Ausländerbild.
7   Siehe CHC, Bd. 1, S. 127 f.
8   Siehe Emmerich 1996, Xiongnu-Politik, dem ich hier folge.
9   Siehe ebd. sowie *Shiji* 99.2719.
10 Freie Übersetzung; vgl. Yü 1967, Trade and Expansion, S. 11; vgl. *Hanshu* 48, S. 2240.
11 Siehe zum Traubenwein und anderen Kulturpflanzen Laufer 1918, Sino-Iranica.
12 Siehe A. Waley, Heavenly Horses of Ferghana, in: History Today 5 (1950), S. 95–103.
13 Siehe die Skizze bei Gernet 1979, Chinesische Welt, S. 124.
14 Yü 1967, Trade and Expansion, S. 2.
15 Yü 1990, Hsiung-nu, S. 118.
16 Siehe Wiens 1967, Expansion, S. 130–139.
17 Siehe Yü 1967, Trade and Expansion, S. 13.
18 Hulsewé 1987, Welfare State, S. 279–285.
19 Siehe zu dieser Interaktion Jagchid/Symons 1989, Nomadic-Chinese Interaction.
20 Dubs 1938, Former Han Dynasty, Bd. 2, S. 84 f. und 93; siehe auch Crespigny 1984, Northern Frontier, S. 437 Anm. 28; Pan 1992, Settlement Policies.
21 Siehe Tinios 1983, Sure Guidance; siehe auch Lien-sheng Yang, Historical Notes on the Chinese World Order, in: Fairbank 1968, World Order, S. 31–33, und Hulsewé 1979, China in Central Asia, S. 197–203. Zur *jimi*-Politik bei der Kolonisierung des Südens durch die Tang-Dynastie im 7. und 8. Jahrhundert siehe Clark 1988, Frontier Policy.
22 Tinios 1983, Sure Guidance, S. 197.
23 Zu dessen Xiongnu-Politik siehe auch Bielenstein 1967, Restoration III, S. 102 ff.
24 Miyakawa 1960, Confucianization.
25 Die zusammenfassende Darstellung von Wiens 1967, Expansion, betont die aggressiven Aspekte dieses Vordringens. Französische Arbeiten beschäftigen sich, wegen der Kolonialinteressen Frankreichs in Annam verständlicherweise, mit den Eroberungsfeldzügen der Chinesen nach Vietnam; siehe dazu auch Franke 1930, Geschichte, Bd. 3, S. 145. Holmgren (1980, Colonisation of Northern Vietnam) gibt den besten Überblick über die Kolonisierungspolitik gegenüber dem nördlichen Vietnam bis zum 6. Jahrhundert, indem sie den mit den

Eroberungen des Tongking-Deltas durch Ma Yuan beginnenden allmählichen Prozeß der Sinisierung und der verwaltungsmäßigen Beherrschung dieses Gebietes am Golf von Tongking beschreibt. Die Entwicklung in der Gegend des heutigen Yunnan findet zwar seit längerem besonderes Augenmerk auf seiten der Archäologen, aber erst mit einer neueren Dissertation von K. D. M. Korn-Riedlinger (1988, Dian) ist die Geschichte der Staatengründungen in dieser Region zusammenfassend dargestellt worden.

26 Siehe Gardiner 1979, Koguryo.

27 Siehe hierzu Schmidt-Glintzer 1990, Geschichte der Literatur, S. 114 f.

28 Siehe hierzu Hans van Ess, Politik und Gelehrsamkeit in der Zeit der Han (202 v. Chr.–220 n. Chr.). – Die Alttext/Neutext-Kontroverse. – Dissertation, Hamburg 1992, S. 27.

29 *Hanshu* 89, S. 3625 f.

30 *Hanshu* 12, S. 355.

31 Siehe Holzer 1992, Wang Fu, S. 118 ff.

32 Siehe Holzer 1992, Wang Fu, S. 119 f.

8. Kolonisierung des Südens und das Vorbild des Altertums

1 Diese Ansicht betont Tanigawa Michio in der Nachfolge Naitô Konans; siehe Tanigawa 1985, Medieval Chinese Society, S. 77 f.

2 Die neuesten Forschungen sind zusammengefaßt in den Beiträgen zum Journal of Indo-European Studies, Bd. 23:3&4 (1995).

3 Siehe hierzu Hsu 1988, Literati and Regionalism.

4 Fan Ye, *Hou Hanshu* 87, S. 2878.

5 *Quan Jin wen* 78, Ed. Yan Kejun, 4bff. – Vgl. Holcombe 1995, Re-imaging China, S. 5.

6 Siehe Crespigny 1984, Northern Frontier, S. 435 f.

7 Siehe Zhu Dawei, Nanchao shaoshu minzu gaikuang ji qi yu Hanzu di ronghe, in: *Zhongguo shi yanjiu* 1980.1, S. 59; vgl. Holcombe 1995, Re-imaging China, S. 5.

8 Siehe Cai Xuehai, Xi Jin zhongzu bianluan xilun [«Analyse ethnischer Konflikte während der Westlichen Jin»], in: *Guoli bianyiguan guankan* 15.2 (1986), S. 44; es gab während des sogenannten «Aufstands der Acht Prinzen», 291–306, mehr als 300 000 Tote; ebd. S. 55.

9 Siehe CHC, Bd. 1, S. 802. – Die folgenden Ausführungen habe ich erstmals in etwas anderer Form, insbesondere ausführlicher 1989 vorgetragen; siehe Schmidt-Glintzer 1989, Der Literatenbeamte.

10 Zur Frage der Rolle des Orgiastischen im Konfuzianismus unter systematischen Gesichtspunkten siehe Weber 1920, Konfuzianismus und Taoismus, S. 420.

11 Eichhorn 1976, Staatskultwesen, S. 63.

12 Siehe Chavannes 1895, Mémoires historiques, Bd. 1, S. 272.

13 *Lunyu* VI. 20; siehe hierzu meinen Beitrag zur konfuzianischen Orthopraxie, Schmidt-Glintzer 1983, Viele Pfade.

14 *Daya, Yunhan*; übers. Legge, Chinese Classics, Bd. 4, S. 528–534.

15 *Zuozhuan*, im Jahr 705 v. Chr. (= Herzog Huan, 6. Jahr); übers. Legge, Chinese Classics, Bd. 5, S. 48–49.

16 Siehe hierzu die politisch-philosopischen Schriften der Mohisten; vgl. Mo Ti 1992, Schriften.

17 Couvreur 1914, Tso Chouan, Bd. 1, S. 57–8.

18 Die Geschichte des Geisterglaubens in China bedürfte einer eigenen Studie, zumal sich darin die Vermischung unterschiedlicher kultureller Traditionen zeigt. Weite Teile der erzählenden Literatur beziehen ihren Stoff aus diesem Bereich. Siehe auch Schmidt-Glintzer 1990, Geschichte der Literatur, S. 212 ff.

19 Siehe Eichhorn 1976, Staatskultwesen, S. 84.

20 Siehe Eichhorn 1976, Staatskultwesen, S. 97.

21 Siehe hierzu Loewe 1974, Crisis and Conflict, S. 154–192.

22 Zum Memorandum Kuang Hengs siehe Loewe 1974, Crisis and Conflict, S. 171.

23 Siehe hierzu die Ausführungen bei Wechsler 1985, Offerings, S. 170- 194; s. a. Schmidt-Glintzer 1981, Himmelsbriefe.

24 Siehe hierzu William H. Nienhauser, Jr., Han Yü, Liu Tsung-yüan and Boundaries of Literati Piety, in: Journal of Chinese Religions, Nr. 19 (1991), S. 75 – 104, S. 76. Zur Unterdrückung von sogenannten *yin*-Kulten im 12. Jahrhundert und einer zeitgenössischen Definition der «unsittlichen Kulte» siehe auch Hansen 1990, Changing Gods, S. 84 – 86 und S. 99.

25 *Jinshu* 56, S. 1529–1534.

26 Zur Integration Fujians siehe Seiwert 1987, Sinisierung Fujians; siehe auch Clark 1991, Southern Fujian.

27 Gernet 1979, Chinesische Welt, S. 157.

28 Gernet 1979, Chinesische Welt, S. 158.

29 Siehe zum Beispiel Moriya Mitsuo, Nanjin to Hokujin, in: *Tōa Ronsō 6* (1948), S. 36– 60; wiederabgedruckt in Ders., *Chûgoku kodai no kazohu to hokka.* – Kyoto 1968, S. 416–460. – Über den Nord-Süd-Antagonismus siehe einen Artikel Liu Shipeis (1884–1919) von 1904: Liu Shipei nanbei wenxue butonglun, in: *Wenlun jiangshu*, Xu Wenyu, Ed., Shanghai 1937, S. 387–434; Nachdruck in Qian Xuantong, Hrsg., *Liu Shenxu xiansheng yishu*, 4 Bde, 1937. – Zur neueren Debatte siehe Friedman 1994, National Identity, bes. S. 80.

9. Fremddynastien im Norden

1 *Quan Jin wen* 151, S. 4a/b.

2 Dies jedenfalls ist die These von Zhu Dawei; siehe Zhu 1980, Nanchao shaoshu minzu, S. 59.

3 Eine exemplarische Studie zur «Urbevölkerung» Taiwans ist Höllmann 1982, Tsou.

4 Siehe *Quan Jin wen* 106, S. 6f.

5 Siehe Li Yuan, Woguo lishishang di san ce wenhua weiji [«Drei Kulturkrisen in unserer Geschichte»], in: *Beifang luncong* 1988.3; als dritte große Identitätskrise bezeichnet Li die Desintegration der Zhou-Dynastie im 8. Jahrhundert v. Chr.; vgl. Holcombe 1995, Re-imaging China.

6 Zur Problematik des Ausschlusses dieser Gruppe siehe auch Grafflin 1990, Reinventing China, S. 155.

7 Siehe Dien 1986, Stirrup.

8 Siehe Rogers 1968, Myth of the Battle.

9 Siehe hierzu Honey 1990, History and Historiography.

10 Gernet 1979, Chinesische Welt, S. 160.
11 *Weishu* 35, S. 811.
12 Siehe Honey 1990, History and Historiography, bes. S. 169 ff.
13 Schreiber 1949, Former Yen Dynasty, Part I, S. 389 und 391.
14 Zu Höherbewertung von Rasse gegenüber Kultur in der frühen Zeit siehe Creel 1970, Origins of Statecraft, S. 187; siehe auch Yü 1967, Trade and Expansion, S. 122; zu Ansätzen von Rasse-Lehren siehe Fincher 1975, China as Race, und Dikötter 1992, Discourse of Race. – Einen guten Überblick gibt Franke 1992, Eingliederung von Barbaren.
15 Siehe *Jinshu* 110, S. 2843. – Vgl. Honey 1990, History and Historiography, S. 171.
16 Holmgren 1990, Politics of the Inner Court.

Viertes Kapitel
Weltoffenheit und Abgrenzung nach außen
(589–1279)

10. Die weltoffene Tang-Zeit

1 Wright 1978, Sui Dynasty, S. 82 ff.
2 Zu Chang'an siehe jetzt Thilo 1997, Ch'angan; siehe auch [Victor] Cunrui Xiong, The Planning of Daxingcheng, in: Papers on Far Eastern History Nr. 37 (1988), S. 43–80.
3 Siehe hierzu Victor Cunrui Xiong, Sui Yangdi and the Building of Sui-Tang Luoyang, in: Journal of Asian Studies 52 (1993), S. 66–89.
4 Zu Luoyang siehe Ho 1966, Loyang; Jenner 1981, Loyang; Wang 1984, Monasteries in Loyang; W. Lai, Society and the Sacred in the Secular City: Temple Legends of the *Lo-yang Ch'ieh-lan-chi*, in: Dien 1990, State and Society.
5 Zur Vernetzung des Reiches siehe Chi 1936, Key Economic Areas.
6 Siehe Wright 1957, Sui Ideology, S. 93 ff.
7 *Suishu* 81 (Monographie über Korea), S. 1817.
8 Schmidt-Glintzer 1972, Lebensführung der Gentry.
9 *Zizhi tongjian* 191, S. 5990.
10 Siehe hierzu Pulleyblank 1955, An Lu-shan.
11 Siehe Pulleyblank 1955, An Lu-shan, S. 26.
12 Siehe hierzu Herbert 1989, Provincial Officialdom.
13 Siehe Pulleyblank 1955, An Lu-shan, S. 27.
14 Siehe Pulleyblank 1955, An Lu-shan, Appendix II, S. 172 ff. zur Bevölkerungsverteilung bis zur Mitte der Tang-Zeit; Appendix III, S. 178ff befaßt sich mit der Initiative Yuwen Rongs von 721 zur Registrierung umgesiedelter Bevölkerungsteile.
15 Siehe Bielenstein 1987, Demography, S. 145.
16 Zu den Wanderungsbewegungen s. a. Twitchett 1963, Financial Administration, S. 12 ff.
17 Siehe Twitchett 1963, Financial Administration, S. 24 ff.
18 *Cefu yuangui* 671, S. 25a–26a (S. 8095 des Nachdrucks Peking 1960); vgl. *Zizhi tongjian* 207, 6570; s. a. Herbert 1989, Provincial Officialdom, S. 46.
19 Mirsky 1969, Structure of Rebellion.

20 Siehe Hartman 1986, Han Yü, S. 119 ff.
21 In diesen Zusammenhang gehört auch die Rede vom «Neo-Legalismus» bei E. G. Pulleyblank, den dieser insbesondere auf Du You bezieht. Siehe Pulleyblank 1960, Neo-Legalism.
22 Siehe Hartman 1986, Han Yü, S. 123: 1. Das Herrscherhaus Li; 2. die alte Aristokratie der frühen Tang-Zeit; 3. die neuen, durch das Prüfungsystem emporgekommenen Literaten; 4. Eunuchen, die im späten 8. Jahrhundert den Palast gänzlich kontrollierten, sowie große Teile des Militärs in der Umgebung der Hauptstadt, das buddhistische und daoistische Klosterwesen sowie die Hauptstadtversorgung; 5. das Berufsoffizierskorps, dessen Loyalität zum Herrscherhaus stets fragwürdig war.
23 *Zizhi tongjian* 198, S. 6247; vgl. Hartman 1986, Han Yü, S. 119 f.
24 Franke 1930, Geschichte, Band 2, S. 356. – Zur Datierung siehe auch Friedrich A. Bischoff, Interpreting the Fu. – Wiesbaden: Steiner 1976, S. 115–187, hier bes. S. 119.
25 *Wenyuan yinghua* 801, 1b.
26 Gao Buying, *Tang Song wen juyao* 1:16; vgl. Hartman 1986, Han Yü, S. 121.
27 Siehe hierzu Hartman 1986, Han Yü, S. 314 f.; vgl. E. G. Pulleyblank 1976, Chronic Militarism, S. 33–60; zur Chinesen-Barbaren-Politik der Tang-Zeit S. 37–40.
28 Siehe Hartmann 1976, Han Yü, S. 122 f. und S. 317 Anm. 11. – Zum Ausländerbild im China jener Zeit siehe Hildebrand 1987, Ausländerbild.
29 Zusammenfassend Hartman 1986, Han Yü, S. 123 ff.
30 Siehe Pulleyblank 1976, Chronic Militarism, S. 40.
31 *Zizhi tongjian* 224/7222; vgl. Hartman 1986, Han Yü, S. 318 Anm. 16.
32 Siehe Pulleyblank 1960, Neo-Legalism.
33 Siehe Hartman 1986, Han Yü, S. 131.
34 Zur Verherrlichung Xianzongs durch Han Yu siehe Hartman 1986, Han Yü, S. 133 ff.
35 Siehe Harold L. Khan, Monarchy in the Emperor's Eyes. – Stanford: Stanford U. P. 1971, S. 48.
36 Siehe Hartman 1986, Han Yü, S. 140 ff.
37 Siehe Hartman 1986, Han Yü, S. 145 ff.
38 In deutscher Sprache siehe hierzu die Darstellung bei Reischauer 1963, Ennin.
39 *Quan Tang wen* 767, 27a–27b; eine Übersetzung ins Englische findet sich bei Hartman 1986, Han Yü, S. 158–159.
40 *Quan Tang wen* 767:27a-b; siehe auch die Übersetzung bei Hartman 1986, Han Yü, S. 158 f.
41 Siehe Schipper 1994, Purity and Strangers, S. 63.
42 Siehe Schipper 1994, Purity and Strangers, S. 61–81. Vgl. auch Gu Jiegang, Yang Xiangkui, *Sanhuang kao*, in: *Gushi bian*, Bd. 7/2, Nachdruck Hongkong 1963, S. 162.
43 Siehe Schipper 1994, Purity and Strangers, S. 61.
44 Schipper 1994, Purity and Strangers, S. 62.
45 Schipper 1994, Purity and Strangers, S. 74.
46 *Quan Tang shi* 602, S. 6961.
47 Siehe hierzu CHC, Bd. 3, S. 7 f.
48 Siehe jetzt Reckel 1995, Bohai, bes. S. XI.
49 E. I. Derevjanko, Plemena Priamur'ja I tysjaćeletie našej ery, Novosibirsk 1981,

S. 6; zitiert nach Reckel 1995, Bohai, S. XI. – Zur Geschichte der chinesisch-koreanischen Beziehungen siehe von Mende 1982, China und die Staaten auf der koreanischen Halbinsel.

11. Regionale Sonderinteressen und die mittelalterliche ökonomische Revolution

1 *Wudai shi*, Kap. 60, S. 713; siehe auch Franke 1930, Geschichte, Band 4, S. 11 f.
2 Wang 1962, Feng Tao.
3 Werner Eichhorn, Zur Vorgeschichte des Aufstandes von Wang Hsiao-po und Li Shun in Szuchuan (993–995), in: Zeitschrift der Deutschen Morgenländischen Gesellschaft 105 (1955), S. 192–209, hier bes. S. 209. Eine neuere Arbeit hierzu ist Chr. Schifferli, La politique économique des Song du Nord au Sichuan (965–1000), in: T'oung Pao 72 (1986), S. 130–160.
4 Siehe Backus 1981, Nan-chao.
5 Tsutomu Iwasaki, A Study of Ho-hsi Tibetans during the Northern Sung Dynasty, in: Memoirs of the Research Department of the Toyo Bunko, 44 (1986), S. 57–133.
6 Zum Buddhismus bei den Tanguten siehe z. B. Dunnell 1992, Yüan Institution of Imperial Preceptor, S. 88 ff.
7 *Shantang qunshu kaosuo xuji*, Kap. 46:4a/b, Ed. *Siku quanshu*; vgl. auch eine Übertragung dieser Stelle ins Englische bei Shiba Yoshinobu, Commerce and Society in Sung China. – Ann Arbor, Michigan: Center for Chinese Studies 1970, S. 46 f. – Roderich Ptak, Institut für Ostasienkunde München, und Renate Stephan, Bayerische Staatsbibliothek, danke ich für die rasche Beschaffung des Textes.
8 Chan 1979, Tea Production.
9 Siehe Elvin 1973, Pattern of the Chinese Past, S. 164–178.
10 Vgl. Elvin 1973, Pattern of the Chinese Past, S. 136.
11 Zum Geldwesen und zum Papiergeld siehe Elvin 1973, Pattern of the Chinese Past, S. 146–163; H. Schmidt-Glintzer, Zur Geschichte des Papiergeldes in China, in: Geld aus China [= Kunst und Altertum am Rhein, Führer des Rheinischen Landesmuseums Bonn, Nr. 108], Köln 1982, S. 38–44. Eine Standardeinführung ist immer noch Yang Lien-sheng, Money and Credit in China. A Short History. – Cambridge, Mass.: Harvard U. P. 1952.
12 Siehe Chaffee 1985, Thorny Gates, S. 120.
13 Siehe Schmidt-Glintzer 1990, Geschichte der Literatur, S. 312 ff.
14 Siehe Chaffee 1985, Thorny Gates, S. 140.

12. Koexistenz von Chinesen und Fremdvölkern

1 Siehe auch Bol 1992, Culture of Ours, S. 1 f.
2 Zum Taiping-Begriff siehe Anna Seidel, «T'ai-p'ing», in: The Encyclopedia of Religion. – New York: Macmillan 1987, Bd. 14, S. 250 f.
3 Franke 1994, Alien Regimes, S. 319.
4 *Li Gou ji*, ed. Peking: Zhonghua shuju 1981, 28, S. 302. Zitiert nach Klaus Flessel, Ch'eng Fang und der Wasserbau zur Zeit der ‹Neuen Politik› Wang Anshihs, in: Nachrichten der Gesellschaft für Natur- und Völkerkunde Ostasiens 119 (1976), S. 31–72, hier S. 68.

5 Zum Begriff des Staatssozialismus in China siehe Weber 1920, Konfuzianismus und Taoismus, S. 244; siehe auch Franke 1931, Staatssozialistische Versuche.

6 Siehe McKnight 1971, Village and Bureaucracy. – Für die spätere Zeit siehe Ch'ü 1962, Local Government.

7 Siehe hierzu Shiba Yoshinobu, Sôdai kônan keizaishi no kenkyû. – Tôkyô: Tôkyô daigaku tôyôbunka kenkyûjo, 1988. Siehe auch meine Besprechung in Revue Bibliographique de Sinologie N. S. 6 (1988), S. 74.

8 Siehe hierzu jetzt vor allem Franke 1994, Alien Regimes.

9 Siehe Johnson 1979, T'ang Code, S. 252.

10 Zum dualen Recht der Khitan-Liao siehe Franke 1992, Chinese Law in a Multinational Society.

11 Siehe Ch'en 1979, Legal Tradition, S. 82.

12 Zitiert nach Ch'en 1979, Legal Tradition, loc. cit.

13 Siehe McKnight 1981, Amnesties, bes. S. 121 ff.

14 Siehe hierzu Franke 1985, Fremdherrschaften, bes. S. 63 ff.

15 Zum Zusammenhang siehe Schmidt-Glintzer 1995, Herrschaftslegitimation.

16 Siehe Trauzettel 1975, Sung Patriotism.

17 Siehe Johnson 1977, Last Years of a Great Clan. Diese Bürokratisierung ging einher mit einem Niedergang der Adelsgesellschaft. Allerdings sind die Zusammensetzung und die Herkunft des Adels immer noch nicht hinreichend geklärt. Siehe auch Schmidt-Glintzer 1989, Der Literatenbeamte.

18 Zur Gründungslegende von Peking siehe jetzt Chan 1990, Legend of the Building of Peking.

19 Liu 1979, Accomodation Politics.

20 Siehe Schmidt-Glintzer 1982, Identität der buddhistischen Schulen.

21 Hierzu siehe Schmidt-Glintzer 1983, Viele Pfade; Schmidt-Glintzer 1984, Vielfalt und Einheit.

22 Vgl. Franke 1961, Private Historiography.

23 Toshikazu Araki, Nung Chih-kao and the K'o-chü Examinations, in: Acta Asatica 50 (1986) S. 73–94.

24 Neben den einzelnen Materialsammlungen zu den Bauernaufständen ist für die Geschichte der Aufstandsbewegungen in China wichtig Tanigawa Michio, Mori Masao (Hrsg.), Chugoku minshu hanranshi (Geschichte der chinesischen Volksaufstände.), 4 Bde., Tokyo 1978, 2. Aufl. 1982.

25 Zu den Stadtgottempeln siehe David Johnson, The City-God Cults of T'ang and Sung China, in: Harvard Journal of Asiatic Studies 45:2 (1985), S. 363–457.

26 Siehe hierzu Hansen 1990, Changing Gods, S. 157 f. Hansen führt als Beispiel für die auch von Zeitgenossen empfundene Gefährlichkeit lokaler Gottheiten die Kritik des Beamten Huang Zhen aus den 1260er Jahren an. Dieser verwirft die Ausbreitung einzelner, ursprünglich lokaler Kulte und die damit zusammenhängende Mobilisierung der Massen zum Beispiel anläßlich von Tempelfesten, Pilgerfahrten etc. Die sich mehrende Kritik an regionalen Gottheiten zeigt auch, daß der Staat zuweilen erhebliche Schwierigkeiten bei der Kontrolle dieser Kulte hatte.

27 Siehe Tillman/West 1995, Jurchen Rule; siehe besonders die «Introduction», S. 1 ff.

28 Siehe Tao-chung Yao, Buddhism and Taoism under the Chin, in: Tillman/West 1995, Jurchen Rule, S. 145–180, hier bes. S. 147 ff.

29 Siehe Chan 1984, Legitimation, S. 51 f.; s. a. Jing-shen Tao, The Jurchen in Twelfth-Century China. A Study of Sinicization. – Seattle 1976.
30 Chan 1984, Legitimation.
31 Franke 1989, Jurchen Customary Law.
32 Siehe Franke 1974, Defense of Towns.
33 Siehe Jin Qicong, Jurchen Literature under the Chin, in: Tillman/West 1995, Jurchen Rule, S. 216–237.
34 Ebd. S. 223.
35 Siehe Herbert Franke, in: Tillman/West 1995, S. XX.
36 Ebd. S. 223– Yuwen Maozhao, Da-Jinguozhi (jiaozheng). – Beijing: Zhonghua shuju 1986. Kap.12, S. 179.
37 Siehe Franke 1952, Could the Mongol Emperors Read.
38 Vgl. Jin Qicong, in: Tillman/West 1995, Jurchen Rule, S. 225; siehe auch Jing-shen Tao, The Jurchen in Twelfth-Century China. – Seattle: Univ. of Washington Press 1976, S. 43.
39 *Jinshi* 7, S. 159; vgl. Jin Qizong, in: Tillman/West 1995, Jurchen Rule, S. 227.
40 Siehe Tillman 1979, Proto-Nationalism.
41 Siehe Tillman 1979, Proto-Nationalism, S. 424.
42 Siehe Tillman 1979, Proto-Nationalism, S. 419 f. – Siehe auch Bol 1987, Han Literati Under Jurchen Rule.
43 *Chen Liang ji*, S. 1.
44 Siehe Tillman 1979, Proto-Nationalism, S. 417.
45 Siehe *Chen Liang ji*, Peking 1974; vgl. Tillman 1979, Proto- Nationalism, S. 411.
46 Siehe Tillman 1979, Proto-Nationalism, S. 410–11; *Chen Liang ji* 4, S. 47 f.
47 Siehe Hymes 1986, Elite of Fu-chou.
48 Siehe Hartwell 1982, Social Transformations.
49 Siehe Tillman 1979, Proto-Nationalism, S. 412 ff.
50 Vgl. Langlois 1981, Political Thought, S. 163. Zur späteren Ausbildung einer philosophisch begründeten «nationalistischen Reichsidee» bei Wang Fuzhi (1619–1692) siehe auch Vierheller 1968, Nation und Elite.
51 Zitiert nach Wolfgang Franke, in: CHC, Bd. 7, S. 735. – Siehe Balázs 1965, Political Theory and Administrative Reality, S. 31–32; vgl. Willard Peterson, The Life of Ku Yen-wu (1612–1682), in: Harvard Journal of Asiatic Studies 28 (1968), S. 114–156; 29 (1969), S. 201- 247; siehe auch Trauzettel 1991, Gu Yanwu.
52 Franke 1985, Fremdherrschaften, S. 66 f.

Fünftes Kapitel
Einheit, Zwang und neue Horizonte
(1279–1861)

13. Modernisierung und Stagnation – Die Mongolenzeit

1 Eine ausführlichere Studie zur Bürokratisierung beabsichtigt der Verfasser im Zuge einer Studie zur Entwicklung der Öffentlichkeitssphären in China.
2 Siehe hierzu Franke 1958, Agrarreform des Chia Ssu-tao.
3 Über die Auswirkungen der Mongolenherrschaft auf China siehe Langlois 1981, Mongol Rule.

4 Siehe Chan 1967, Buddhist-Taoist Statesman, S. 119.
5 Wittfogel/Feng 1949, Liao, S. 8 ff.
6 Siehe Schafer 1967, Vermilion Bird, S. 45.
7 Siehe hierzu Davis 1983, Legitimate Succession; siehe auch Franke 1978, Legitimation.
8 *Sanchao beimeng huibian*, Nachdruck Shanghai, Guji chubanshe 1987, 3:14a.
9 Franke/Trauzettel 1968, Kaiserreich, S. 241.
10 Eine Feldstudie hierzu haben Burton Pasternak und Janet W. Salaff vorgelegt; siehe Pasternak/Salaff 1993, Chinese of Inner Mongolia.
11 Siehe Onon/Pritchatt 1989, Mongolia Proclaims Its Independence.
12 Heissig 1941, Das gelbe Vorfeld, S. 81.
13 Eine knappe, aber umfassende Darstellung dieser neuen Demokratie in Zentralasien findet sich in Sonderteilen in der Monatsschrift China aktuell, erstmals von Günter Siemers in: China aktuell, August 1995, S. 690 ff.
14 Siehe Schram 1985, Decentralization, S. 82 f.

14. Expansion nach außen und innere Kolonisation

1 Siehe hierzu auch Serruys 1959, Mongols in China, S. 30 ff.
2 Siehe Mote 1961, Despotism.
3 Franke 1985, Fremdherrschaften, S. 67.
4 Ebd.
5 Dardess 1979, An Autocrat's Assessment.
6 Siehe Dreyer 1982, Early Ming China, S. 240.
7 Neuere Forschungen, insbesondere von Roderich Ptak, München, haben den seewärtigen Beziehungen Chinas wieder die ihnen gebührende Aufmerksamkeit geschenkt. Siehe auch Wiethoff 1969, Chinas dritte Grenze.
8 Siehe hierzu auch Serruys 1959, Mongols in China, S. 42 ff.
9 *Hongwu shilu* 21:12a.
10 *Hongwu shilu* 21:13b.
11 Siehe Serruys 1959, Mongols in China, S. 44 f. und S. 55 ff.
12 Siehe Serruys 1959, Mongols in China, S. 59. – Zur Lebensweise der Mongolen im China der Ming-Zeit siehe ebd., S. 130 ff.
13 Siehe *Hongwu shilu* 117:4b; vgl. Serruys 1959, Mongols in China, S. 159.
14 *Yongle shilu* 80:7b; vgl. Serruys 1959, Mongols in China, S. 160.
15 Siehe hierzu den Hinweis auf *Cefu yuangui* 996.7a-b bei Yang 1961, Hostages, S. 56
16 Dreyer 1982, Early Ming China, S. 251 (Übersetzung von mir, HSG).
17 Liu 1990, Orthodoxy.
18 Siehe Dreyer 1982, Early Ming China, S. 258.
19 Siehe Wiethoff 1963, Seeverbotspolitik.
20 Diese inneren Ursachen sind lange Zeit gegenüber der Behauptung in den Hintergrund gedrängt worden, der Niedergang der Ming-Dynastie habe bereits mit der Wiederzulassung von Eunuchen am Kaiserhof durch den Sohn des Gründungskaisers, den Yongle-Herrscher, begonnen.
21 Franke/Trauzettel 1968, Kaiserreich, S. 271.
22 Z. B. Gernet 1979, Chinesische Welt, S. 364 ff.
23 Siehe auch Ishibashi 1990, Formation of Power.

24 Siehe hierzu Linke 1982, Sinisierung der Manjuren.
25 Siehe Murck 1978, Chun Yun-ming.
26 Siehe Serruys 1959, Ming against Mongol's Settling.
27 Siehe Lo 1969, Policy Formulation, S. 52 f.
28 Siehe zusammenfassend Wakeman 1985, Manchu Reconstruction, S. 25 ff.
29 Zur Frage von Gewalt gegenüber den Hui-Minderheiten in der Provinz Gansu siehe Lipman 1990, Ethnic Violence.
30 Hier knüpft Jürgen Osterhammel mit seiner vorzüglichen Studie zum «Eintritt» Chinas in die «Weltgesellschaft» an: Osterhammel 1989, China und die Weltgesellschaft.
31 Siehe hierzu Vermeer 1991, Mountain Frontier.
32 Siehe hierzu Rosner 1990, Aufnahme von Flüchtlingen.
33 *Qingshilu* 261:5a; zitiert nach Rosner 1990, Aufnahme von Flüchtlingen, S. 246.
34 Siehe Barkman 1955, Return of the Torghuts.
35 Siehe hierzu Serruys 1967, Sino-Mongol Relations, S. 69 und S. 591.
36 Siehe Rosner 1990, Aufnahme von Flüchtlingen, S. 248; s. a. Rickett 1971, Voluntary Surrender.
37 Zitiert nach Ebner von Eschenbach 1992, Gedichte des Chi Yün, S. 367.
38 Ebd., S. 368.
39 Siehe Dabringhaus 1992, Zentralasien, S. 38; zum ganzen Zusammenhang siehe auch Dabringhaus 1994, Qing-Imperium.
40 Dabringhaus 1992, Zentralasien, S. 38 f.
41 Siehe hierzu Lynn A. Struve, The Southern Ming 1644–1662. – New Haven and London: Yale U. P. 1984.
42 Zitiert nach Dabringhaus 1992, Zentralasien, S. 42.
43 Siehe Dabringhaus 1992, Zentralasien, S. 42.
44 *Da Qing shilu* (Die Wahren Aufzeichnungen der Großen Qing-Dynastie), Kap. 163, S. 7b. – Zitiert nach Dabringhaus 1992, Zentralasien, S. 43.
45 Hauer 1926, Gründung des Mandschu-Reiches, S. 122. – Zitiert nach Dabringhaus 1994, Qing-Imperium, S. 24.
46 Es war also nicht, wie gelegentlich angenommen wurde, das Bevölkerungswachstum eine Folge effektiverer Agrartechniken, sondern umgekehrt. Siehe Lee 1982, Food Supply.
47 Siehe hierzu Schmidt-Glintzer 1990, Geschichte der chinesischen Literatur, S. 447 ff.
48 Siehe Dabringhaus 1994, Qing-Imperium, S. 51–56 und S. 141–145.
49 Vgl. dazu Dabringhaus 1994, Qing-Imperium, S. 50–56.
50 Op. cit.
51 Dabringhaus 1992, Zentralasien, S. 48.
52 Dabringhaus 1992, Zentralasien, S. 49.
53 Siehe hierzu Onon/Pritchatt 1989, Mongolia Proclaims Its Independence.
54 Siehe Dabringhaus 1992, Zentralasien, S. 61 f.
55 Eine gute Einführung in die Geschichte der indisch-chinesischen Grenzprobleme gibt Nieh 1971, Indisch-chinesisches Grenzproblem; eine neuere Zusammenfassung ist Liu 1994, Sino-Indian Border Dispute. – Eine chinesische Darstellung mit umfangreichem Kartenmaterial zur Stützung der chinesischen Gebietsansprüche ist das in mehreren Sprachen erschienene Werk: The Sino-Indian Boundary Question. – Peking 1962. Eine Darstellung aus indischer Sicht ist: Chinese Aggression. In Maps. – Delhi 1963.

56 Siehe hierzu China aktuell, September 1992, S. 605–608; eine deutsche Übersetzung des Textes findet sich in *Beijing Rundschau* vom 29.9. 1992 (Nr. 39/ 1992, S. 5–45). Einen Überblick gibt auch Ludwig 1996, Tibet.

57 Zur chinesischen Tibet-Politik gibt es inzwischen eine Vielzahl von Publikationen. Siehe z. B. die bibliographischen Hinweise in China aktuell, Dezember 1983, S. 744–760 und China aktuell, August 1996, S. 798–803. Das Standardwerk zur Geschichte Tibets in der ersten Hälfte des 20. Jahrhunderts ist Goldstein 1989, Modern Tibet. Siehe auch Ludwig 1996, Tibet.

58 Siehe Thomas Hoppe in: China aktuell, Dezember 1995, zu den «Widersprüchen rund um die Wahl der 11. Reinkarnation des Panchen Lama».

59 Thomas Hoppe, in: China aktuell, Dezember 1995, S. 1123.

Sechstes Kapitel
Auf der Suche nach einem neuen Einheitsstaat
(1861–1997)

15. Staatlicher Zerfall, Öffnung und innere Differenzierung

1 Hierzu siehe Whitney 1970, Nation Building.

2 Siehe Whitney 1970, Nation Building, S. 28; siehe auch Hsiao 1960, Rural China, S. 316 ff.

3 Am Beispiel von Grundschulen in der Provinz Yunnan zeigt William T. Rowe diese Integrationsbemühungen: Rowe 1994, Education and Empire.

4 Zu Studentenprotesten in der Geschichte Chinas liegt bisher noch keine umfassende Studie vor; zu Studentenprotesten in Shanghai im 20. Jahrhundert siehe Wasserstrom 1991, Student Protests.

5 Siehe Deutsch 1966, Nationalism, Kap. 6.

6 Whitney 1970, Nation Building, S. 29.

7 Siehe Whitney 1970, Nation Building, S. 83.

8 Whitney 1970, Nation Building, S. 84; siehe auch Wills 1979, Maritime China, S. 204 ff.

9 Siehe Chesneaux 1966, Mouvement fédéraliste.

10 Siehe hierzu Scalapino 1982, Young Revolutionary, S. 42 ff.

11 Siehe hierzu auch Kappeler 1992, Rußland als Vielvölkerreich, S. 171.

12 Eine vorzügliche Zusammenfassung zur Lage Innerasiens um 1800 ist der Beitrag von Joseph Fletcher zur Cambridge History of China (Fletcher 1978, Ch'ing Inner Asia); s. a. zur früheren Zeit Sinor 1990, Early Inner Asia.

13 Spence 1972, Opium Smoking.

14 Zu den deutsch-chinesischen Beziehungen siehe Machetzki 1982, Deutsch-chinesische Beziehungen; zum 19. Jahrhundert sind immer noch nützlich Stoecker 1958, Deutschland und China, sowie Schrecker 1971, Imperialism.

15 Zu dieser Periode siehe die Beiträge in: Wright 1957, Chinese Conservatism.

16 Wakeman 1966, Strangers, S. 3; neuere Schätzungen kommen auf noch beträchtlich höhere Zahlen.

17 Siehe Chu 1966, Moslem Rebellion, S. VII.

18 Siehe Chu 1966, Moslem Rebellion, S. 5 f.

19 Siehe Kuhn 1995, Ideas. – Siehe auch die zeitgenössischen Beiträge von Otto Franke, abgedruckt in: Franke 1911, Ostasiatische Neubildungen.

20 Feuerwerker 1976, Eighteenth-Century China.

21 Wichtige Literatur zu den neuen Aktivitäten der Eliten seit dem späten 19. Jahrhundert ist u. a.: Rankin 1982, Public Opinion; Rankin 1986, Elite Activism; Schoppa 1982, Chinese Elites; Grieder 1981, Intellectuals; zum Elite-Begriff siehe auch Feuerwerker 1976, Eighteenth-Century China, S. 109; Michael 1955, Introduction, S. XVIIIff.; Ch'ü 1962, Local Government, S. 169 und Anm.7 (S. 313 f.).

22 Siehe dazu Chang 1987, Intellectuals.

23 Chang 1955, Chinese Gentry, berechnet die Gesamtzahl der *shengyuan* vor und nach der Taiping-Rebellion folgendermaßen: vor Taiping: 527 000 zivile sowie 213 000 militärische *shengyuan* (= insgesamt ca. 740 000 *shengyuan*); nach Taiping: insgesamt ca. 910 000 *shengyuan*. Siehe Chang 1955, Chinese Gentry, S. 94 ff. und S. 98 ff.

24 Franke 1960, Abolition.

25 Chang 1955, Chinese Gentry, S. 198; Franke 1911, Ostasiatische Neubildungen, S. 114; Zhang Zhitong's Throneingabe vom Januar 1904 mit dem Titel «Denkschrift zum versuchsweisen allmählichen Abbau des Prüfungssystems» und das bestätigende Edikt, die zur Abschaffung des Prüfungssystems führten, ist vollständig bei Franke 1960, Abolition, S. 59 ff., übersetzt. – Die Bewertung der Qing-Gelehrsamkeit wurde damit freilich nicht gänzlich negativ. So attestiert Liang Qichao noch 1920 in *Qingdai xueshu gailun* der Qing-Gelehrsamkeit die Leistung, das Erbe geordnet zu haben, ganz so wie dies in Europa die Renaissance getan habe, die ja auch den Boden bereitet habe für die viel spätere wissenschaftlich-technische Revolution. Siehe Liang 1959, Intellectual Trends, S. 120. – Eine nützliche Studie zum Bildungswesen der späten Kaiserzeit ist Rawski 1979.

26 Siehe Min 1989, National Polity, S. 89 ff. Siehe ferner John E. Schrecker, The Chinese Revolution in Historical Perspective. – Westport, Conn.: Westview Press 1991.

27 Siehe hierzu Duara 1995, Rescuing History, S. 153; siehe auch die Darstellung der *junxian-fengjian*-Debatte bei Min 1989, National Polity, S. 89 ff.

28 Zusammenfassend Duara 1995, Rescuing History, S. 155 f.

29 Siehe Chesneaux 1966, Mouvement fédéraliste. Siehe vor allem die umfassende Arbeit von Andrew J. Nathan, Nathan 1976, Peking Politics; s. a. Andrew J. Nathan, in: CHC, Bd. 12 (1983), S. 259 ff.

30 Rankin 1986, Elite Activism, S. 164.

31 Hierzu Duara 1995, Rescuing History, S. 170 ff.

32 Hierzu siehe Howland 1996, Borders of Chinese Civilization.

33 Rankin 1986, Elite Acvtivism, S. 303

34 Rankin 1986, Elite Activism, S. 305.

35 Zur Demokratiebewegung siehe Fincher 1983, Self-Government Movement. – Zur Unterdrückung dieser Bewegungen siehe Ernest P. Young in: CHC, Bd. 12.

36 Siehe Kuhn 1975, Local Self-Government.

37 Townsend 1992, Chinese Nationalism; Duara 1995, Rescuing History.

38 Dikötter 1992, Discourse of Race, bes. S. 97 ff.

39 Siehe hierzu Bastid 1980, Social Change.

40 Siehe hierzu Hao 1971, Comprador.
41 Siehe Schmidt-Glintzer 1990, Geschichte der Literatur, S. 484 ff.
42 Siehe Kuhn 1970, Rebellion and Its Enemies.
43 Bastid 1980, Social Change, S. 540.
44 Siehe etwa Rawlinson 1967, Naval Development.
45 Militär als Weg sozialen Aufstiegs und Erfolgs spielt seit jeher eine Rolle. – Eine reguläre Armee im westlichen Sinne (die sog. Lujun, wörtl. Landarmee) wurde erst nach 1901 eingerichtet. – Zur Größe der Armee siehe die Arbeit von Powell 1955, Military Power.
46 Bastid 1980, Social Change, S. 545.
47 Siehe hierzu auch Bastid 1980, Social Change, S. 548 ff. – Die Literatur zu der Westorientierung der chines. Intellektuellen ist sehr umfangreich.
48 Zu Shen Xuanhuai siehe Feuerwerker 1958, Early Industrialization.
49 Siehe hierzu Cohen 1974, Wang T'ao.
50 Siehe Schwartz 1964, Yan Fu.
51 Hao 1971, Comprador, S. 102, bezieht sich auf die namhaften Kompradoren. Zu den Einkünften dieser Kompradoren siehe Bastid 1980, Social Change, S. 551, bzw. Hao, op. cit., S. 102–105. – Siehe auch Wang Jingyu, comp., *Zhongguo jindai gongyeshi ziliao*. – Peking 1957.
52 Bastid 1980, Social Change, S. 552.
53 Bergère 1968, Bourgeoisie; siehe auch Chan 1977, Merchants.
54 Die *mufu* von Zeng Guofan und Li Hongzhang hat untersucht Folsom 1968, Friends.
55 Schoppas Anwendung des nicht unproblematischen Skinner'schen Modells der Raumklassifikation (inner core; outer core; inner periphery; outer periphery) soll hier nicht erörtert werden. Siehe Schoppa 1982, Chinese Elites.
56 Siehe etwa die Studie zu Zhejiang von Mary Backus Rankin, Rankin 1986, Elite Activism, aber auch die zahlreichen Studien zu den «Sprossen des Kapitalismus» *(zibenzhuyi mengya),* die bis in das 17. Jahrhundert, von manchen bis in das 16. Jahrhundert zurückdatiert werden.
57 Bergère 1983, Bourgeoisie; s. a. Bergère 1989, The Golden Age.
58 Fewsmith 1985, Party, State, and Local Elites.
59 Um 1930 war Shanghai mit 3,5 Mio Einwohnern die größte Stadt der Erde, mit Billiglöhnen für Frauen und Kinder, Epidemien und zahllosen Hungertoten. 25 000 Prostituierte (1:130) belebten die Stadt. Opium, Spielhöllen, Menschenraub und eine gut organisierte Unterwelt prägten das Stadtbild. Zugleich war Shanghai die am meisten politische Stadt Chinas, die Stadt der Intellektuellen. Und so ist es auch nicht zufällig, daß später die Kulturrevolution dort ihre Hochburg hatte.
60 Hierauf haben Lloyd Eastman und in der Folge dann Park Coble hingewiesen. Siehe Eastman 1974, Abortive Revolution; Coble 1980, Shanghai Capitalists.
61 Fewsmith 1985, Party, State, and Local Elites, S. 5.
62 Siehe hierzu Liu Shaoqis berühmte Rede «Wie werde ich ein guter Kommunist?» von 1939, die nach langer Verfemung 1980 wieder in großen Auflagen publiziert wurde.
63 Siehe z. B. Fischer 1996, Perspektiven.
64 Zitiert nach Franke 1980, Jahrhundert, S. 182.
65 Siehe z. B. Cannon 1990, Spatial Inequality, S. 59.
66 Siehe hierzu McCord 1993, Warlordism.

16. Kulturelle und staatliche Einheit

1 K'ang 1974, Große Gemeinschaft, S. 70 f.
2 K'ang 1974, Große Gemeinschaft, S. 74.
3 K'ang 1974, Große Gemeinschaft, S. 75.
4 K'ang 1974, Große Gemeinschaft, S. 87 f.
5 Siehe Schram 1985, Decentralization.
6 Schram 1985, Decentralization, S. 82.
7 Siehe hierzu Ledderose 1988, Gedenkhalle für Mao Zedong; auch das Parlamentsgebäude in Bern von 1902 verwendet Steine aus allen Kantonen.
8 Zur Bedeutung der Sprache für Europa und dessen Ostgrenzen siehe Haarmann 1993, Sprachenwelt Europas.
9 Siehe Hermann Köster, Hsün-tzu, ins Deutsche übertragen. – Kaldenkirchen 1967, S. 2.
10 Siehe hierzu Schmidt-Glintzer 1990, Geschichte der Literatur, S. 84 ff.
11 Siehe zur «Sinisierung» des Buddhismus in der Tang-Zeit Gregory 1991, Sinification, der aber auch diesen Aspekt der Zeitgebundenheit des Sinisierungskonzepts unberücksichtigt läßt.
12 Siehe hierzu Bodde 1953, Harmony.
13 Zitiert nach China aktuell, November 1995, S. 1005 f.
14 Siehe Boorman 1967, Biographical Dictionary, S. 367 f.
15 Siehe Ramsey 1987, Languages of China, S. 3. – Den ersten Hinweis auf dieses Werk verdanke ich meinem Kollegen Erhart Rosner, Göttingen.
16 Siehe Ramsey 1987, Languages of China, S. 6 f.
17 Siehe hierzu Schmidt-Glintzer 1990, Geschichte der Literatur, S. 503 ff.
18 Der in den letzten Jahren prominenteste Vertreter einer Romanisierung des Chinesischen ist John DeFrancis. Siehe DeFrancis 1984: Chinese Language.
19 Zitiert nach Ramsey 1987, Languages of China, S. 14.
20 Siehe China aktuell, November 1995, S. 1005.
21 Zur Sprachenpolitik in Xinjiang siehe China aktuell, Juli 1992, S. 443.
22 Zahlen zum Erziehungswesen der Nationalitäten finden sich in China aktuell, März 1992, S. 153.
23 K'ang 1974, Große Gemeinschaft, S. 88 ff.
24 K'ang 1974, Große Gemeinschaft, S. 92.
25 K'ang 1974, Große Gemeinschaft, S. 139.
26 K'ang 1974, Große Gemeinschaft, S. 139.
27 Siehe hierzu Demel 1992, Wie die Chinesen gelb wurden.
28 K'ang 1974, Große Gemeinschaft, S. 140 f.
29 K'ang 1974, Große Gemeinschaft, S. 143.
30 Siehe auch Dikötter 1992, Discourse of Race.
31 Siehe z. B. Huang Lie, On the Merging of Nationalities in Chinese History, in: China. Continuity and Change. Papers of the XXVIIth Congress of Chinese Studies 31. 8.–5. 9. 1980, Zürich University. – Zürich 1982, S. 111–120.
32 Siehe Johannes von Dohnanyi, in: Die Zeit, Nr. 12, 19. März 1993.
33 Israeli 1980, Muslims in China; zur Geschichte des Islam in China siehe Leslie 1986, Islam in Traditional China; neue Literatur zum Islam in China hat Dru C. Gladney zusammengestellt in: Journal of Asian Studies 54 (1995), S. 371–377.

34 Siehe hierzu Lavio 1996, Interessenkonstellation in Zentralasien.
35 Siehe China aktuell, April 1996, S. 363 f.
36 China aktuell, Mai 1996, S. 478.
37 Hambly 1966, Zentralasien, S. 9.
38 Thomas Hoppe, Die chinesische Position in Ost-Turkestan/Xinjiang, in: China aktuell, Juni 1992, S. 358.
39 Ebd., S. 364. Siehe auch Hoppe 1995, Die ethnischen Gruppen Xinjiangs.
40 China aktuell, Oktober 1995, S. 905.
41 Dabringhaus 1994, Staatstragendes Wir-Gefühl; siehe aber Duara 1995, Rescuing History.

17. Spannung zwischen Zentrale und Provinzen

1 Siehe Lo 1967, Symposium, S. 188. Kang Youweis Haltung kommt auch in seinem oben zitierten Reisebericht über Deutschland zum Ausdruck; siehe Franke 1933, Reisebericht.
2 Siehe Machetzki 1990, Gesellschaft im Umbruch, S. 15 ff.
3 Machetzki 1990, Gesellschaft im Umbruch, S. 16.
4 Vgl. Waldron 1990, Warlordism.
5 Herrmann-Pillath 1990, Wirtschaftspolitik, S. 30.
6 Siehe Heilmann 1995, Föderalismus, S. 587.
7 Ebd.
8 Siehe Schram 1985, Decentralization.
9 Siehe hierzu Lin 1992, Decentralization.
10 Siehe hierzu Bergère 1989, The Golden Age. Siehe hierzu auch die Gedanken zum Verhältnis von Staat und Gesellschaft in dem Berichtsartikel von Cohen 1988, Historical Perspective.
11 Siehe Scalapino 1982, Young Revolutionary, S. 42 ff.
12 Siehe Schram 1969, Mao Tse-Tung, S. 375.
13 Siehe Salisbury 1992, Die neuen Kaiser, S. 30.
14 Siehe hierzu Kamachi 1981, The Japanese Model.
15 Siehe Fogel 1984, Politics and Sinology, S. 164. – Fogel stellt das Chinabild Naitôs aus dem Zusammenhang der geistigen Strömungen im Japan des ausgehenden 19. und frühen 20. Jahrhunderts dar. Zur Periodisierung der chinesischen Geschichte bes. S. 162–210.
16 Siehe Miyakawa 1954, Naitô Hypothesis.
17 Siehe hierzu u. a. Johnson 1982, Japanese Miracle; Duus/Myers/Peattie 1989, Japanese informal Empire; Beasley 1987, Japanese Imperialism.
18 Siehe hierzu u. a. Nieh 1970, Chinesisch-japanischer Konflikt.
19 Siehe McCormack 1991, Manchukuo.
20 Li 1932, Manchuria, S. 1: «Manchuria in history is, of course, only part of Chinese history»; Übersetzung von mir (HSG).
21 Mit den drei anderen Lösungen meint Franke die in der Geschichte gefundenen Formen, den Zusammenschluß der Reichsteile zustande zu bringen. Die vierte Lösung heiße: «Aus der Kulturgemeinschaft der chinesischen Völker muß eine Nation werden.»
22 Tsiang 1936, Das kämpfende China, S. 12, Vorwort von Otto Franke.
23 Ebd., S. 15.

24 Siehe Dikötter 1992, Discourse of Race.

25 Siehe hierzu Furth 1976, Modern Chinese Conservatism.

26 Eine Literaturliste zur Rolle der Intellektuellen in China findet sich bei Franklin Parker, Intellectuals in China. An Annotated Bibliography, in: Oriens Extremus 30 (1983–1986) S. 319–348.

27 Weber 1920, Konfuzianismus und Taoismus, S. 86.

28 Liu 1988, China Turning Inward, S. 155.

29 Merle Goldman, China's Intellectuals. Advise and Dissent. – Cambridge, Mass.: Harvard U. P. 1981.

30 Hamrin/Cheek 1986, Establishment Intellectuals; Hamrin/Cheek/Goldman 1987, Intellectuals and the State.

31 Hamrin/Cheek 1986, Establishment Intellectuals.

32 Tsai 1983, Elite Mobility, S. 237 f.

33 Tsai 1983, Elite Mobility, S. 238.

34 Tsai 1983, Elite Mobility, S. 241 f.

35 Grieder 1981, Intellectuals.

36 Tsou 1968, Revaluation, S. 279.

37 *Hu Shi wencun*, Taipei 1953, S. 455.

38 Rankin 1986, Elite Activism, S. 302.

39 J. W. Lewis, Party Cadres in Communist China, in: James S. Coleman, Hrsg., Education and Political Development. – Princeton, Princeton U. P. 1965. – Zu den *ganbu* siehe auch E. Vogel, From Revolutionary to Semi-Bureaucrat. The ‹regularization› of Cadres, in: China Quaterly 229 (Jan.-March 1967). – s. a. Martin King Whyte, Small Groups and Political Rituals in China. – Berkeley, Cal.: U. of Calif. Press 1974.

40 Lampton 1986, Paths to Power, S. 291.

41 Siehe Jing Wang in: Wolfgang Kubin, Hrsg., Moderne chinesische Literatur. Frankfurt am Main: Suhrkamp 1985, S. 113 f. Vgl. Schmidt- Glintzer 1990, Geschichte der Literatur, S. 576.

42 Lampton 1986, Paths to Power, S. 295.

43 Siehe hierzu Mary S. Erbaugh, The Secret History of the Hakkas: The Chinese Revolution as a Hakka Enterprise, in: China Quaterly Nr. 132 (Dezember 1992), S. 937–968.

44 Siehe Heilmann 1994, Potential für Unruhen.

45 Siehe Heilmann 1995, Die Armee, hier bes. S. 31.

46 Ebd. S. 31.

47 Ebd. S. 33.

48 So etwa der Staats- und Parteichef Jiang Zemin in seiner Grundsatzrede am 28. September 1995; siehe China aktuell, Oktober 1995, S. 919 f.

49 *Renminribao* vom 2. 5. 1996; s. a. China aktuell, Mai 1996, S. 476.

50 Zur Verteilung der Auslandsinvestitionen siehe China aktuell, Juli 1992, S. 446. – Zum Nord-Süd-Gefälle siehe Weggel 1992, Regionalkonflikte.

51 Siehe China aktuell, April 1992, S. 224.

52 Entsprechende Absichten wurden seit 1992 öffentlich diskutiert. Siehe China aktuell, Mai 1992, S. 291.

53 Hier folge ich der Formulierung in China aktuell, Februar 1992, S. 94.

54 Siehe China aktuell, Dezember 1994, S. 1188.

55 Siehe Thogersen/Clausen 1992, Local Chinese Gazetteers.

Siebtes Kapitel
Epilog

1 Otto Franke, Wie und zu welchem Zwecke studiert man chinesische Geschichte, in: Der Orient in deutscher Forschung, Leipzig 1944, S. 105–116, hier S. 114.

2 Zitiert nach einem gekürzten Abdruck des Vortrags in: Bericht über die 38. Versammlung deutscher Historiker in Bochum, 26. bis 29. September 1990. – Stuttgart: Klett 1991, S. 37.

3 In neuester Zeit ist allerdings auf die wechselvolle Geschichte von Teilung und Einigung hingewiesen und die Einheitsstaatsideologie kritisch beleuchtet worden. Siehe den Artikel «Lun Zhongguo lishi shang de fenbie he tongyi» von Lin Ganquan, in: Renmin ribao vom 27. Mai 1985. – Siehe auch das Werk von Ge Jianxiong, Putian zhi xia. Tongyi, fenbie yu Zhongguo zhengzhi. – Jilin jiaoyu chubanshe 1989.

4 Zitiert nach Frank Sieren, Lieber einig als frei. Der chinesische Weg in die politische Unabhängigkeit, in: Süddeutsche Zeitung, Feuilleton, 2./3. Dezember 1995.

5 Siehe Nachrichten in der Tagespresse wie China Daily vom 23. 10. 1990, die sich auf Renmin ribao vom 12. 10. 1990 beruft.

6 Siehe Negt 1988, Modernisierung. – Vgl. auch meine Besprechung hierzu in: Soziologische Revue 1/1990.

7 Siehe Weggel 1994, Bosnienkonflikt.

8 Siehe Weggel 1994, Islamischer Fundamentalismus.

9 Siehe Peng Wenyi, Zhongguo biwang lun, in: Jiushi niandai yuekan, 4.1992, Nr. 267, S. 72–89. Siehe John Fitzgerald, ‹Reports of my death have been greatly exaggerated›. The history of the Death of China, in: Goodman/Segal 1994, China Deconstructs, S. 21–58. Siehe auch Schmidt- Glintzer 1991, Blindflug.

10 Yung Wei, Zyklen von Teilung und Wiedervereinigung in der Geschichte des chinesischen Reiches, in: G. K. Kindermann, Hrsg., Chinas unbeendeter Bürgerkrieg. – Wien-München 1980, S. 17–24. Lin Ganquan, Lun Zhongguo lishishang de fenbie he tongyi, in: Renmin ribao 27. 5. 1985. – Li Bingquan, Lun woguo tongyi de duominzuguojia zhi xingcheng he fazhan («On the Formation and Development of the Unified, Multinational State of China»), in: Zhongyang minzuxueyuan xuebao 2, 1992, S. 3–5. – Bai Shouyi, Guan yu «tongyi de duominzugujia» de jidian tiheu, in: Shixueshi yanjiu, 1991:2, S. 5–6 und 42. – Qian Mu, Fenbie yu yitong (verf. 1939), in: Ders., Zhongguo shixue fawei. Dongda tushugongsi, S. 16 ff. Siehe auch Ge Jianxiong, Putian zhi xia. Tongyi fenbie yu Zhongguo zhengzhi. – Changchun: Jilin jiaoyu 1989.

11 Siehe Breuninger 1991, Ablösungen aus Imperien, S. 177.

12 Siehe Dieter Cassel, Carsten Herrmann-Pillath, Hrsg., The East, the West, and China's Growth: Challenge and Response. Contributions to the 1994 Duisburg Symposium on «Greater China». – Baden-Baden: Nomos Verlagsgesellschaft 1995. – Eine bibliographische Zusammenstellung zu diesem Thema gibt Günter Schucher, «Kurzbibliographie: Greater China», in: China aktuell, Mai 1995, S. 409–416. Wichtig sind immer noch die Beiträge zu «Greater China» in China Quaterly, Nr. 136 (1993). Zum Verhältnis der USA siehe Metzger/Myers 1996, Greater China.

13 Siehe etwa Duara 1993, Provincial Narratives, S. 10.

14 Die chinesische Übersetzung von Kenichi Ohmae, The End of the Nation State. The Rise of Regional Economies. – Chicago: The Free Press 1995, wurde im ostasiatischen Raum ein Bestseller.

15 Siehe Anthony Giddens, Konsequenzen der Moderne. – Frankfurt am Main: Suhrkamp 1995.

16 Siehe hierzu und allgemein zu Macau Haberzettl/Ptak 1995, Macau. Speziell zur Rolle Macaus für ein «Großchina» siehe Richard Louis Edmonds, Macau and Greater China, in: China Quaterly, Nr. 136 (1993), S. 878–906.

17 Sebastian Heilmann, in: China aktuell, März 1996, S. 253.

18 In: China aktuell, März 1996, S. 255.

19 Literatur hierzu ist zusammengestellt in China aktuell, Januar 1996, S. 92 ff.

20 Siehe den Text des «Amtes für Taiwan-Angelegenheiten beim Staatsrat der VR China» vom August 1993, abgedruckt in: China aktuell, September 1993, S. 942–950.

21 Siehe hierzu Shepherd 1993, Taiwan Frontier.

22 Siehe Whittome 1991, Taiwan 1947; Lai/Mayers/Wei 1991, Taiwan Uprising.

23 Wilson 1970, Learning to Be Chinese. Zur Frage der Identiätsbildung in Taiwan siehe auch Hai Ren in: Brown 1996, Negotiating Ethnicities, S. 75 ff.

24 Siehe «Guidelines for National Unification», in: The Free China Journal, Bd. 8, Nr. 18 (11. März 1991). – Siehe auch Lee 1989, Reunification; Trampedach 1992, Wiedervereinigung; die Vielschichtigkeit der gegenwärtigen Taiwan-Debatte wird dokumentiert in mehreren Beiträgen in The China Journal 36 (Juli 1996), S. 87–134.

25 Siehe hierzu Friedman 1994, National Identity.

26 Siehe Crane 1994, National Economic Identity.

27 Siehe hierzu Gladney 1994, Representing Nationality.

28 Siehe hierzu zusammenfassend Dabringhaus 1993, Landgrenze.

29 Siehe Waldron 1995, Scholarship and Patriotic Education.

30 Karl Christ, Die römische Mauer. Einige Wälle stehen länger als andere. – Zur Erforschung des Limes in Deutschland, in: Frankfurter Allgemeine Zeitung vom 26. Juli 1990, S. 23.

31 Zur Geschichte der maritimen Grenze siehe Wiethoff 1969, Chinas dritte Grenze.

32 Zur Rolle der ASEAN-Staaten siehe Barbara Dreis, Susanne Nicolette Strauß, Die Außenbeziehungen der ASEAN, in: Aus Politik und Zeitgeschichte, 24. März 1995, S. 13–19, sowie andere Beiträge in dieser Ausgabe.

33 Zur Meeresarchäologie bei den Spratly-Inseln siehe China aktuell, Juli 1992, S. 442.

34 Insbesondere die Bedeutung des Islam und die Bildung von Nationalstaaten in Zentralasien ist in den letzten Jahren von der internationalen Politikwissenschaft durchaus erkannt worden. Siehe etwa Halbach 1993, Islam und Nationalstaat; Dabringhaus 1994, Multikulturelle Einheit; Haghayeghi 1995, Islam and Politics.

35 Frankfurter Allgemeine Zeitung vom 21. Juni 1996.

36 Von den etwa fünfhundert mehr oder weniger unabhängigen politischen Einheiten in Europa um das Jahr 1500 waren um 1900 nur etwa fünfundzwanzig übrig. Siehe Tilly 1975, Formation of National States.

37 Die Frage der Wiedervereinigung von Taiwan mit dem Festland sei «keine Frage des Ob, sondern des Wann!», formulierte Oskar Weggel nach einem Bericht von Freies Asien, 38. Jg., Nr. 11 (14. Juni 1996).

38 Hélène Carrère d'Encausse, L'Empire éclaté. – Paris: Flammarion 1992.

39 Siehe den Beitrag von Daniel Vernet, «Die Archäologin des roten Reiches», in: Die Zeit Nr. 52 (18.12.1992), S. 38.

40 Eine neuere Zusammenfassung zum Verhältnis Chinas gegenüber Rußland findet sich in Opitz 1995, Veränderungen. – Am 7.9. 1993 wurde ein indisch-chinesisches Grenzabkommen unterzeichnet, das freilich noch nicht alle offenen Fragen klärt und insbesondere einige beiderseitige Gebietsansprüche ausklammert. Siehe China aktuell, September 1993, S. 871 f. sowie Gabriele Vensky, in: Die Zeit vom 24.9. 1993. – Zusammenfassend zum Grenzkonflikt mit Indien siehe Liu 1994, Sino- Indian Border Dispute.

41 Eine Darlegung des völkerrechtlichen Sachverhalts, an dem sich bis heute nichts wesentliches geändert hat, gibt Perfall 1967, Zwei chinesische Staaten in der UNO? – Heute wird die Frage der Wiedervereinigung auch unter starken propagandistischen Zeichen geführt. Siehe z. B. «Guidelines for National Unification», in: The Free China Journal, Bd. 8, Nr. 18, vom 11. März 1991.

42 Lee 1989, Reunification, S. 149, argumentierte, «it seems that the CCP will not be able to reunify China in the near future», und fraglich bleibt auch, ob die Devise «ein Land, zwei Systeme», die von festlandchinesischer Seite propagiert wird, fruchten wird.

43 Siehe hierzu auch Pye 1988, The Mandarin and the Cadre.

44 Siehe z. B. Heilmann 1994, Nachfolgefrage, S. 40.

45 Ebd., S. 43.

46 Heilmann 1994, Nachfolgefrage, S. 44.

47 Xiaoqiang Wang, Nanfeng Bai, The Poverty of Plenty, Übersetzt von Angela Knox. – New York: St. Martin's Press 1993. Übersetzung einer unter dem Titel *Furao de pinkun* 1986 in China erschienen Studie.

48 Siehe zur Idee der sozialen Gerechtigkeit im alten China Lee 1995, Social Justice.

49 Siehe auch Rozelle 1996, Stagnation.

50 Siehe z. B. die Zusammenstellung in China aktuell, Dezember 1995, S. 1092 f.

51 Siehe hierzu auch den Beitrag von Ptak 1995, Lebensstandard und Regionalismus.

52 Siehe Müller 1996, Migrantengruppen.

Dynastientafel

Xia			21. Jh.–16. Jh. v. Chr.
Shang			16. Jh.–11. Jh. v. Chr.
Zhou			11. Jh.–256 v. Chr.

Westlich Zhou — 11. Jh.–771 v. Chr.
Östliche Zhou — 770–256 v. Chr.
Chunqiu («Frühling- und Herbst»)-Periode — 770–476 v. Chr.
Zhanguo («Streitende Reiche»)-Periode — 481–221 v. Chr.
Zeit der Teilstaaten

Jin	858–376	Wu	585–473
Qi	850–221	Zhao	517–222
Chu	847–223	Yue	475–222
Qin	844–221	Han	424–230
Zheng	806–375	Wei	424–225
Lu	855–250		

Qin — 221–206 v. Chr.

Han — 206 v. Chr.–220 n. Chr.
Frühere (Westl.) Han — 206 v. Chr.–8 n. Chr.
Interregnum des Wang Mang — 9– 23 n. Chr.
Spätere (Östl.) Han — 25–220 n. Chr.

Liuchao («Sechs Dynastien»)-Zeit — 221–589 n. Chr.

Sanguo (Drei Reiche) — 221–280 n. Chr.
Wu — 222–280 n. Chr.
Wei — 220–265 n. Chr.
Shu (Han) — 221–263 n. Chr.

Westl. Jin — 265–316 n. Chr.

Östl. Jin — 317–420 n. Chr.
Südliche und Nördliche Dynastien — 420–581 n. Chr.

Süden		Norden	
Song	(420–479)	Nördl. (Tuoba) Wei	(386–534)
Südl. Qi	(479–502)	Östl. Wei	(534–550)
Liang	(502–557)	Westl. Wei	(534–556)
Chen	(557–589)	Nördl. Qi	(550–577)
		Nördl. Zhou	(557–581)

Sui — 581–618 n. Chr.

Tang	⁎	618–907 n. Chr.

Fünf Dynastien (Wudai)		907–960 n. Chr.
Spätere Liang	907–923 n. Chr.	
Spätere Tang	923–936 n. Chr.	
Spätere Jin	936–946 n. Chr.	
Spätere Han	947–950 n. Chr.	
Spätere Zhou	951–960 n. Chr.	
Liao (Kitan)		916–1124 n. Chr.
Westliche Liao		1125–1201 n. Chr.
Xixia		1032–1226 n. Chr.

Song		960–1279 n. Chr.
Nördl. Song		960–1126 n. Chr.
Jin (Jurchen)		1115–1234 n. Chr.
Südl. Song		1127–1279 n. Chr.

Yuan (Mongolen)	1279–1368 n. Chr.

Ming	1368–1644 n. Chr.

Qing (Manchu)	1644–1911 n. Chr.

Republik China (seit 1949 auf Taiwan)	1912–

Volksrepublik China	1949–

Literaturverzeichnis

Hier wird nur Literatur aufgeführt, auf die in den Anmerkungen verwiesen wird. Weiterführende Literatur zu Einzelfragen sowie Belegstellen aus der chinesischen Literatur und die entsprechenden Textausgaben werden in der Regel nur in den Anmerkungen nachgewiesen. Dort werden die Dynastiegeschichten nach der Ausgabe *Ershisishi* des Verlages Zhonghua shuju, Peking, zitiert. Zeitungsberichte und Informationsblätter wie «China aktuell» werden hier nur in Ausnahmefällen genannt. CHC = The Cambridge History of China. U.P. = University Press.

Backus 1981, Nan-chao: Charles Backus, The Nan-chao Kingdom and T'ang China's Southwestern Frontier. – Cambridge: Cambridge U.P. 1981.

Balázs 1965, Political Theory and Administrative Reality: Étienne Balázs, Political Theory and Administrative Reality in Traditional China. – London: School of Oriental and African Studies 1965.

Barfield 1989, Perilous Frontier: Th. J. Barfield, The Perilous Frontier. Nomadic Empires and China, Cambridge, Mass.: Basil Blackwell 1989.

Barkman 1955, Return of the Torghuts: C. D. Barkman, The Return of the Torghuts from Russia to China, in: Journal of Oriental Studies 2 (1955), S. 89–115.

Bastid 1980, Social Change: Marianne Bastid-Bruguiere, Currents of Social Change, in: CHC, Bd. 11, 1980, S. 535-602.

Bauer 1971, Hoffnung auf Glück: Wolfgang Bauer, China und die Hoffnung auf Glück. – München: Hanser 1971.

Bauer 1979, Studia Sino-Mongolica: Wolfgang Bauer, Hrsg., Studia Sino-Mongolica. Festschrift für Herbert Franke. – Wiesbaden: Steiner 1979.

Bauer 1980, China und die Fremden: Wolfgang Bauer, Hrsg., China und die Fremden, München: C. H. Beck 1980.

Beasley 1987, Japanese Imperialism: W. G. Beasley, Japanese Imperialism, 1894–1945. – Oxford: Clarendon Press 1987.

Bergère 1968, Bourgeoisie: Marie-Claire Bergère, La Bourgeoisie chinoise et la révolution de 1911. – Paris: Mouton 1968.

Bergère 1983, Bourgeoisie: Marie-Claire Bergère, The Chinese Bourgeoisie, 1911–1937, in: CHC, Bd. 12, 1983, S. 721–825.

Bergère 1989, The Golden Age: Marie-Claire Bergère, The Golden Age of the Chinese Bourgeoisie 1911–1937, translated by Janet Lloyd. – Cambridge: Cambridge U.P. 1989.

Bielenstein 1954, Restoration I: Hans Bielenstein, The Restoration of the Han Dynasty. With Prolegomena on the Historiography of the Hou Han Shu, in: Bulletin of the Museum of Far Eastern Antiquities 26 (1954) 1- 210.

Bielenstein 1967, Restoration III: Hans Bielenstein, The Restoration of the Han Dynasty, Bd. III: The People, in: Bulletin of the Museum of Far Eastern Antiquities 39 (1967), Part II, 1–198.

Bielenstein 1978, Dynastic Cycle: Hans Bielenstein, Is there a Chinese Dynastic

Cycle?, in: Bulletin of the Museum of Far Eastern Antiquities, 50 (1978), S. 1–23.

Bielenstein 1987, Demography: Hans Bielenstein, Chinese Historical Demography A. D.2–1982 (= Bulletin of the Museum of Far Eastern Antiquities 59), Stockholm 1987.

Birk 1991, Totale Verwestlichung: Klaus Birk, Totale Verwestlichung. Eine chinesische Modernisierungsdebatte der dreißiger Jahre. – Bochum 1991.

Bodde 1938, First Unifier: Derk Bodde, China's First Unifier. A Study of the Ch'in Dynasty as Seen in the Life of Li Ssu. – Leiden: Brill 1938.

Bodde 1953, Harmony: Derk Bodde, Harmony and Conflict in Chinese Philosophy, in: Arthur F. Wright, Hrsg., Studies in Chinese Thought. – Chicago, Ill.: University of Chicago Press 1953, S. 19–80.

Bol 1987, Han Literati under Jurchen Rule: Peter K. Bol, Seeking Common Ground: Han Literati Under Jurchen Rule, in: Harvard Journal of Asiatic Studies 47:2 (1987), S. 461–538.

Bol 1992, Culture of Ours: Peter K. Bol, «This Culture of Ours». Intellectual Transitions in T'ang and Sung China. – Stanford, Cal.: Stanford U.P. 1992.

Boorman 1967, Biographical Dictionary: Howard L. Boorman, Biographical Dictionary of Republican China, Bd. 1. – New York: Columbia U.P. 1967.

Breuninger 1991, Ablösungen aus Imperien: Helga und Renate Breuninger, Hrsg., Ablösungen aus Imperien. Symposium vom 14. bis 16. Juni 1991, Titisee. – Stuttgart o. J. (1991).

Brown 1996, Negotiating Ethnicities: Melissa J. Brown, Negotiating Ethnicities in China and Taiwan. – Berkeley: Institute of East Asian Studies 1996.

Buchanan 1970, Chinese Earth: Keith M. Buchanan, The Transformation of the Chinese Earth. – New York: Praeger 1970.

Cannon 1990, Spatial Inequality: Terry Cannon, Regions: Spatial Inequality and Regional Policy, in: Terry Cannon and Alan Jenkins, Hrsg., The Geography of Contemporary China. – London: Routledge 1990.

Chaffee 1985, Thorny Gates: John W. Chaffee, The Thorny Gates of Learning in Sung China. A Social History of Examinations. – Cambridge: Cambridge U.P. 1985.

Chan 1967, Buddhist-Taoist Statesman: Hok-lam Chan, Liu Ping-chung (1216–74): A Buddhist-Taoist Statesman at the Court of Khubilai Khan, in: T'oung Pao 53 (1967), S. 98–146.

Chan 1979, Tea Production: Hok-lam Chan, Tea Production and Tea Trade under the Jurchen-Chin Dynasty, in: Bauer 1979, Studia Sino-Mongolica, S. 109–125.

Chan 1984, Legitimation: Hok-lam Chan, Legitimation in Imperial China. Discussions under the Jurchen-Chin Dynasty (1115–1234). – Seattle/London: University of Washington Press 1984.

Chan 1990, Legend of the Building of Peking: Hok-lam Chan, A Mongolian Legend of the Building of Peking, in: Asia Major, 3. Ser., 3.2 (1990), S. 63–93.

Chan 1991, Jurchen State Name: Hok-lam Chan, «Ta Chin» (Great Golden): The Origin and Changing Interpretations of the Jurchen State Name, in: T'oung Pao 77 (1991), S. 253–299.

Chan 1977, Merchants: K. K. Chan, Merchants, Mandarins, and Modern Enterprises in Late Ch'ing China. – Cambridge, Mass.: Harvard U.P. 1977.

Chan 1982, Ming-Dynasty: Albert Chan, The Glory and Fall of the Ming-Dynasty. – Norman, University of Oklahoma Press 1982.

Chang 1955, Chinese Gentry: Chung-li Chang, The Chinese Gentry. Studies on Their Role in Nineteenth-Century Chinese Society, Introduction by Franz Michael. – Seattle/London: University of Washington Press 1955.

Chang 1977, Archaeology: Kwang-chih Chang, The Archaeology of Ancient China, 3rd ed., New Haven 1977, S. 19 ff.

Chang 1980, Shang Civilization: Kwang-chih Chang, Shang Civilization. – New Haven: Yale U.P. 1980.

Chang 1983, Art, Myth and Ritual: Kwang-chih Chang, Art, Myth and Ritual: The Path to Political Authority in Ancient China. – Cambridge, Mass.: Harvard U.P. 1983.

Chang 1987, Intellectuals: Hao Chang, Chinese Intellectuals in Crisis: Search for Order and Meaning, 1890–1911. – Berkeley, Cal.: University of California Press 1987.

Chavannes 1895, Mémoires historiques: E. Chavannes, Les mémoires historiques de Se-ma Ts'ien, Paris, 1895–1905 und 1969, 6 Bde.

Chi 1936, Key Economic Areas: Ch'ao-ting Chi, Key Economic Areas in Chinese History as Revealed in the Development of Public Works for Water-Control. – London 1936.

Ch'en 1979, Legal Tradition: Paul Heng-chao Ch'en, Chinese Legal Tradition under the Mongols. The Code of 1291 as Reconstructed. – Princeton, N. J.: Princeton U.P. 1979

Chesneaux 1966, Mouvement fédéraliste: Jean Chesneaux, Le mouvement fédéraliste en Chine, 1920–23, in: Revue Historique 236 (Okt./Dez. 1966), S. 347–384.

Chu 1966, Moslem Rebellion: Wen-Djang Chu (Zhu Wenchang), The Moslem Rebellion in Northwest China. 1862–1878. A Study of Government Minority Policy. – The Hague: Mouton 1966.

Ch'ü 1962, Local Government: T'ung-tsu Ch'ü, Local Government in China under the Ch'ing. – Cambridge, Mass.: Harvard U.P. 1962.

Chung 1982, Letters: Eva Yuen-wah Chung, A Study of the «shu» (letters) of the Han Dynasty (206 B.C.–A.D. 220). – Univ. of Washington Ph. D. 1982.

Clark 1988, Frontier Policy: Hugh R. Clark, Bridles, Halters, and Hybrids: A Case Study in T'ang Frontier Policy, in: T'ang Studies 6 (1988), S. 49–68.

Clark 1991, Southern Fujian: Hugh R. Clark, Community, Trade, and Networks. Southern Fujian Province from the Third to the Thirteenth Centuries. – Cambridge U.P. 1991.

Coble 1980, Shanghai Capitalists: Parks M. Coble, Jr., The Shanghai Capitalists and the Nationalist Government, 1927–1937. – Cambridge, Mass.: Harvard U.P. 1980.

Cohen 1974, Wang T'ao: Paul A Cohen, Between Tradition and Modernity: Wang T'ao and Reform in Late Ch'ing China. – Cambridge, Mass: Harvard U.P. 1974.

Cohen 1988, Historical Perspective: Paul A. Cohen, The Post-Mao Reforms in Historical Perspective, in: Journal of Asian Studies, Bd. 47 (1988), S. 518–540.

Couvreur 1914, Tso Chouan: S. Couvreur, Tch'ouen Ts'iou et Tso Chouan, 3 Bände. – Ho Kien fou: Imprimerie de la Mission Catholique 1914.

Crane 1994, National Economic Identity: George T. Crane, ‹Special Things in Special Ways›: National Economic Identity and China's Special Economic Zones, in: The Australian Journal of Chinese Affairs 32 (1994), S. 71–92.

Creel 1970, Origins of Statecraft: Herrlee G. Creel, The Origins of Statecraft in China. Vol. One. The Western Chou Empire. – Chicago, Ill.: University of Chicago Press 1970.

Crespigny 1984, Northern Frontier: R. de Crespigny, Northern Frontier. The Policies and Strategy of the Later Han Empire, Canberra 1984.

Cressey 1934, Geographic Foundation: George Babcock Cressey, China's Geographic Foundation, 2nd ed. – New York: McGraw-Hill ²1934.

Dabringhaus 1992, Zentralasien: Sabine Dabringhaus, Grundkurs neuzeitliches Asien: Kurseinheit 4: Zentralasien zwischen den Imperien. – FernUniversität Hagen 1992.

Dabringhaus 1993, Landgrenze: Sabine Dabringhaus, Die Landgrenze als Thema der modernen chinesischen Geschichtsschreibung, in: Periplus 1993 (3. Jahrgang), S. 94–108.

Dabringhaus 1994, Qing-Imperium: Sabine Dabringhaus, Das Qing-Imperium als Vision und Wirklichkeit. Tibet in Laufbahn und Schriften des Song Yun (1752–1835). – Stuttgart: Steiner 1994.

Dabringhaus 1994, Staatstragendes Wir-Gefühl: Sabine Dabringhaus, Mobilisierung eines staatstragenden Wir- Gefühls. Wissenschaft und Politik nähren die Fiktion der homogenen Nation: Mehrheit und Minderheiten in China, in: Frankfurter Rundschau, Nr. 242, 18. Oktober 1994, S. 16.

Dabringhaus 1994, Multikulturelle Einheit: Sabine Dabringhaus, Zentralasien: Multikulturelle Einheit und imperiale Peripherie, in: Neue Politische Literatur Jg. 39 (1994), S. 247–270.

Dardess 1979, An Autocrat's Assessment: John W. Dardess, Ming Tai-tsu on the Yüan: An Autocrat's Assessment of the Mongol Dynasty, in: Bulletin of Sung and Yüan Studies 14 (1979), S. 6–11.

Davis 1983, Legitimate Succession: Richard L. Davis, Historiography as Politics in Yang Wei-chen's ‹Polemic on Legitimate Succession›, in: T'oung Pao 69 (1983), S. 33–73.

DeFrancis 1984: Chinese Language: John DeFrancis, The Chinese Language: Fact and Fantasy. – Honolulu: University of Hawaii Press 1984.

Demel 1992, Wie die Chinesen gelb wurden: Walter Demel, Wie die Chinesen gelb wurden. Ein Beitrag zur Frühgeschichte der Rassentheorie, in: Historische Zeitschrift 255 (1992), S. 625–666.

Deutsch 1966, Nationalism: Karl W. Deutsch, Nationalism and Social Communication. – Cambridge, Mass.: The MIT Press 1966.

Dien 1986, Stirrup: Albert E. Dien, The Stirrup and Its Effect on Chinese Military History, in: Ars Orientalis 16 (1986), S. 33–56.

Dien 1990, State and Society: Albert E. Dien, Hrsg., State and Society in Early Medieval China.- Stanford, Cal.: Stanford U.P. 1990.

Dikötter 1992, Discourse of Race: Frank Dikötter, The Discourse of Race in Modern China. – Stanford, Cal.: Stanford U.P. 1992.

Dreyer 1982, Early Ming China: Edward L. Dreyer, Early Ming China. A Political History, 1355–1435. – Stanford, Cal.: Stanford U.P. 1982.

Droysen 1937, Historik: Johann Gustav Droysen, Historik. Vorlesungen über Enzyklopädie und Methodologie der Geschichte. – München: Oldenbourg ⁷1937.

Duara 1993, Provincial Narratives: Prasenjit Duara, Provincial Narratives of the

Nation. Centralism and Federalism in Republican China, in: Harumi Befu, Hrsg., Cultural Nationalism in East Asia. – Berkeley, Cal. 1993, S. 9–35.

Duara 1995, Rescuing History: Prasenjit Duara, Rescuing History from the Nation. Questioning Narratives of Modern China. – Chicago/London: University of Chicago Press 1995.

Dubs 1938, Former Han Dynasty: Homer H. Dubs, The History of the Former Han Dynasty, 3 Bde. – Baltimore: Waverly Press 1938–1955.

Dunnell 1992, Yüan Institution of Imperial Preceptor: Ruth Dunnell, The Hsia Origins of the Yüan Institution of Imperial Preceptor, in: Asia Major, 3. Ser., 5.1 (1992), S. 85–111.

Duus/Myers/Peattie 1989, Japanese informal Empire: Peter Duus, Ramon H. Myers, Mark R. Peattie, The Japanese informal Empire in China, 1895–1937. – Princeton, N. J.: Princeton U.P. 1989

Eastman 1974, Abortive Revolution: Lloyd E. Eastman, The Abortive Revolution. China under Nationalist Rule, 1927–1937. – Cambridge, Mass.: Harvard U.P. 1974.

Eberhard 1942, Lokalkulturen: Wolfram Eberhard, Lokalkulturen im Alten China, 2 Bde. – Leiden: Brill 1942; Peking: The Catholic University 1942.

Eberhard 1949, Toba-Reich: Wolfram Eberhard, Das Toba- Reich Nordchinas. – Leiden: E. J. Brill 1949.

Eberhard 1949, Prozeß der Staatenbildung: W. Eberhard, Der Prozeß der Staatenbildung bei mittelasiatischen Nomadenvölkern, in: Forschungen und Fortschritte, 25. Jg., Nr 5/6 (März 1949) 53–55.

Eberhard 1980, Geschichte: Wolfram Eberhard, Geschichte Chinas – Stuttgart ³1980.

Ebner von Eschenbach 1992, Gedichte des Chi Yün: Silvia Freiin Ebner von Eschenbach, Die Gedichte des Chi Yün (1724–1805) als Quelle für die Landeskunde in Ostturkestan im 18. Jahrhundert, in: Oriens, Bd. 33 (1992), S. 363–436.

Eichhorn 1961, Kulturgeschichte: Werner Eichhorn, Kulturgeschichte Chinas, Stuttgart 1961.

Eichhorn 1976, Staatskultwesen: Werner Eichhorn, Die alte chinesische Religion und das Staatskultwesen. – Leiden/Köln: E. J. Brill 1976.

Eickstedt 1944, Rassendynamik: Egon Freiherr von Eickstedt, Rassendynamik von Ostasien. China und Japan, Tai und Kmer von der Urzeit bis heute. – Berlin: de Gruyter 1944.

Elvin 1973, Pattern of the Chinese Past: Mark Elvin, The Pattern of the Chinese Past. A Social and Economic Interpretation. – Stanford, Cal.: Stanford U.P. 1973.

Emmerich 1991, Chu und Changsha: Reinhard Emmerich, Chu und Changsha am Ende der Qin-Zeit und zu Beginn der Han-Zeit, in: Oriens Extremus 34, Heft 1/2 (1991), S. 85–137.

Emmerich 1996, Xiongnu-Politik: Reinhard Emmerich, Xiongnu-Politik und chinesisches Selbstverständnis in der beginnenden Han-Zeit, in: Wenhua Zhongguo. Selbstverständnis und Identität der Chinesen, hrsg. von Christiane Hammer und Bernhard Führer. – Dortmund: projekt verlag 1996.

Fairbank 1987, Reunification: John K. Fairbank, The reunification of China, in: CHC, Bd. 14, S. 1–47.

Fairbank 1968, World Order: John K. Fairbank, Hrsg., The Chinese World Order. Traditional China's Foreign Relations. – Cambridge, Mass.: Harvard U.P. 1968.

Feuerwerker 1958, Early Industrialization: Albert Feuerwerker, China's Early Industrialization: Shen Hsüan-huai (1844–1916) and Mandarin Enterprise. – Cambridge, Mass.: Harvard U.P. 1958.

Feuerwerker 1976, Eighteenth-Century China: Albert Feuerwerker, State and Society in Eighteenth-Century China: The Ch'ing Empire in Its Glory (= Michigan Papers in Chinese Studies, Nr. 27). – Ann Arbor, Mi.: The University of Michigan 1976.

Fewsmith 1985, Party, State, and Local Elites: Joseph Fewsmith, Party, State, and Local Elites in Republican China. Merchant Organizations and Politics in Shanghai, 1890–1930. – Honolulu: Univ. of Hawaii Press 1985.

Fincher 1975, China as Race: John Fincher, China as a Race, Culture, and Nation: Notes on Fang Hsiao-ju's Discussion of Dynastic Legitimacy, in: David C. Buxbaum, Frederick W. Mote, Hrsg., Transition and Permanence: Chinese History and Culture. – Hongkong: Cathay Press 1972, S. 59–69.

Fincher 1983, Self-Government Movement: John Fincher, Chinese Democracy: The Self-Government Movement in Local, Provincial, and National Politics, 1905–1914. – Canberra 1983.

Fischer 1996, Perspektiven: Per Fischer, Perspektiven für China, in: Außenpolitik 1 (1996), S. 82–89.

Fletcher 1978, Ch'ing Inner Asia: Joseph Fletcher, Ch'ing Inner Asia c. 1800, in: CHC, Bd. 10. – Cambridge: Cambridge U.P. 1978, S. 34–106.

Fogel 1984, Politics and Sinology: Joshua A. Fogel, Politics and Sinology. The Case of NaitKonan (1866- 1934), Cambridge, Mass.: Harvard U.P. 1984.

Folsom 1968, Friends: Kenneth E. Folsom, Friends, Guests and Colleagues. The *mu-fu* System in the Late Ch'ing Period. – Berkeley, Cal.: University of California Press 1968.

Franke 1911, Ostasiatische Neubildungen: Otto Franke, Ostasiatische Neubildungen. Beiträge zum Verständnis der politischen und kulturellen Entwicklungs-Vorgänge im Fernen Osten. – Hamburg: Boysen 1911.

Franke 1930, Geschichte: Otto Franke, Geschichte des chinesischen Reiches, 5 Bde. – Berlin 1930–1952.

Franke 1931, Staatssozialistische Versuche: Staatssozialistische Versuche im alten und mittelalterlichen China, in: Sitzungsberichte der preußischen Akademie der Wissenschaften, Philosophisch- historische Klasse 1931, S. 218–242.

Franke 1933, Reisebericht: Wolfgang Franke, Ein Reisebericht Kang Yu-wes über Deutschland, in: Sinica 8 (1933), S. 188–192.

Franke 1952, Could the Mongol Emperors Read: Herbert Franke, Could the Mongol Emperors Read and Write Chinese?, in: Asia Major, Neue Serie 3 (1952), S. 28–41.

Franke 1953, Begriffsfeld des Staatlichen: Herbert Franke, Das Begriffsfeld des Staatlichen im chinesischen Kulturbereich, in: Saeculum 4 (1953), S. 232.

Franke 1958, Agrarreform des Chia Ssu-tao: Herbert Franke, Die Agrarreform des Chia Ssu-tao. Ein Beitrag zur Wirtschaftsgeschichte Chinas im 13. Jahrhundert, in: Saeculum 9 (1958) S. 345–369.

Franke 1960, Abolition: Wolfgang Franke, The Reform and Abolition of the Traditional Chinese Examination System. – Cambridge, Mass.: Harvard University 1960.

Franke 1961, Private Historiography: Herbert Franke, Some Aspects of Chinese

Private Historiography in the Thirteenth and Fourteenth Centuries, in: W. G. Beasley, E. G. Pulleyblank, Hrsg., Historians of China and Japan. – London: School of Oriental and African Studies 1961, S. 115–134.

Franke 1962, Bad Last Minister: Herbert Franke, Chia Ssu-tao (1213–1275). A «Bad Last Minister»?, in: Wright/Twitchett 1962, Personalities, S. 217–234.

Franke/Trauzettel 1968, Kaiserreich: Herbert Franke, Rolf Trauzettel, Das chinesische Kaiserreich. – Frankfurt am Main: Fischer Taschenbuch Verlag 1968.

Franke 1974, Defense of Towns: Herbert Franke, Siege and Defense of Towns in Medieval China, in: F. A. Kierman, Hrsg., Chinese Ways in Warfare. – Cambridge, Mass.: Harvard U.P. 1974, S. 151–201.

Franke 1978, Legitimation: Herbert Franke, From Tribal Chieftain to Universal Emperor and God: The Legitimation of the Yüan Dynasty (= Sitzungsberichte der Bayerischen Akademie der Wissenschaften, Phil.-hist. Kl., Jg. 1978, Heft 2). – München 1978.

Franke 1981, Jurchen Customary Law: Herbert Franke, Jurchen Customary Law and the Chinese Law of the Chin Dynasty, in: D. Eikemeier, H. Franke, Hrsg., State and Law in East Asia. Festschrift Karl Bünger. – Wiesbaden: Harrassowitz 1981.

Franke 1985, Fremdherrschaften: Herbert Franke, Fremdherrschaften in China und ihr Einfluß auf die staatlichen Institutionen (10.–14. Jahrhundert), in: Anzeiger der phil.-hist. Kl. der Österr. Akad. d. Wiss, 122 Jg. 1985, So. 3, S. 47–67.

Franke 1987, Texte zur Kriegsgeschichte: Herbert Franke, Studien und Texte zur Kriegsgeschichte der Südlichen Sungzeit. – Wiesbaden: Harrassowitz 1987.

Franke 1989, Legal System of the Chin Dynasty: Herbert Franke, The Legal System of the Chin Dynasty, in: Kinugawa Tsuyoshi, Hrsg., Collected Studies on Sung History Dedicated to Prof. James T. C. Liu in Celebration of His Seventieth Birthday. – Kyoto 1989, S. 387–409.

Franke 1992, Eingliederung von Barbaren: Herbert Franke, Die unterschiedlichen Formen der Eingliederung von Barbaren im Lauf der chinesischen Geschichte, in: Shmuel N. Eisenstadt, Hrsg., Kulturen der Achsenzeit II. Ihre institutionelle und kulturelle Dynamik, Teil I. – Frankfurt am Main: Suhrkamp 1992, S. 25–70.

Franke 1992, Chinese Law in a Multinational Society: Herbert Franke, Chinese Law in a Multinational Society. The Case of the Liao (907–1125), in: Asia Major, 3. Ser., 5.2 (1992), S. 111–127.

Franke 1994, Alien Regimes: Alien Regimes and Border States. 907–1368, Herbert Franke, Denis Twitchett, Hrsg. (= CHC, Bd. 6) – Cambridge: Cambridge U.P. 1994.

Franke 1980, Jahrhundert: Wolfgang Franke, Das Jahrhundert der chinesischen Revolution 1851–1949. – München: Oldenbourg 1980.

Friedman 1994, National Identity: Edward Friedman, Reconstructing China's National Identity: A Southern Alternative to Mao-Era Anti-Imperialist Nationalism, in: Journal of Asian Studies 53, Nr. 1 (1994), S. 67–91.

Fu 1962, Beziehung zwischen Barbaren und Chinesen: Fu Luocheng, Tangdaio yixia guannian zhi yanbian (Die Entwicklung der Anschauungen über die Beziehung zwischen Barbaren und Chinesen in der Tang-Zeit), in: Dalu zazhi 25, Nr. 8 (Oktober 1962), S. 6–12.

Furth 1976, Modern Chinese Conservatism: Charlotte Furth, Culture and Politics in Modern Chinese Conservatism, in: Charlotte Furth, Hrsg., The Limits of

Change. Essays on Conservative Alternatives in Republican China. – Cambridge, Mass.: Harvard U.P. 1976.

Gardiner 1979, Koguryo: K. H. J. Gardiner, Beyond the Archer and His Son: Koguryo and Han China, in: Papers on Far Eastern History 20 (1979), S. 57–82.

Gasster 1969, Revolution of 1911: Michael Gasster, Chinese Intellectuals and the Revolution of 1911. The Birth of Modern Chinese Radicalism. – Seattle: University of Washington Press 1969.

Gernet 1979, Chinesische Welt: Jacques Gernet, Die chinesische Welt. – Frankfurt am Main: Insel 1979, ²1983.

Gladney 1991, Muslim Chinese: Dru C. Gladney, Muslim Chinese. Ethnic Nationalism in the People's Republic. – Cambridge, Mass.: Harvard U.P. 1991.

Gladney 1994, Representing Nationality: Dru C. Gladney, Representing Nationality in China: Refiguring Majority/Minority Identities, in: Journal of Asian Studies 53, Nr. 1 (1994), S. 92–123.

Gladney 1995, Ethnic Reawakening: Dru C. Gladney, China's Ethnic Reawakening, in: Asia Pacific Issues. Analysis from the East-West Center, Nr. 18 (January 1995), S. 1–8.

Gladney 1996, Mapping Ethnic China: Dru C. Gladney, Mapping Ethnic China: The Chinese Ethnic Cultural Park. – Paper presented at the conference «Nation, Culture and Character in China», International Peace Research Institute, Oslo 1996. Unpubliziertes Manuskript.

Goodman/Segal 1994, China Deconstructs: David S. G. Goodman, Gerald Segal, Hrsg., China deconstructs. Politics, Trade and Regionalism. – London: Routledge 1994.

Grafflin 1990, Reinventing China: Denis Grafflin, Reinventing China: Pseudobureaucracy in the Early Southern Dynasties, in: Dien 1990, State and Society, S. 139–170.

Gregory 1991, Sinification: Peter N. Gregory, Tsung-mi and the Sinification of Buddhism. – Princeton, N. J.: Princeton U.P. 1991.

Grieder 1981, Intellectuals: Jerome B. Grieder, Intellectuals and the State in Modern China. A Narrative History. – New York: The Free Press 1981.

Haarmann 1993, Sprachenwelt Europas: Harald Haarmann, Die Sprachenwelt Europas. Geschichte und Zukunft der Sprachnationen zwischen Atlantik und Ural. – Frankfurt am Main: Campus 1993.

Haenisch 1919, Chinesischer Baedecker: Erich Haenisch: Ein chinesischer Baedecker aus dem 13. Jahrhundert, in: Ostasiatische Zeitschrift 7 (1919).

Haghayeghi 1995, Islam and Politics: Mehrdad Haghayeghi, Islam and Politics in Central Asia. – New York: St. Martin's Press 1995.

Halbach 1993, Islam und Nationalstaat: Uwe Halbach, Islam und Nationalstaat in Zentralasien, in: Aus Politik und Zeitgeschichte. Beilage zur Wochenzeitung Das Parlament, 17. September 1993, S. 11–28.

Haloun 1925, Rekonstruktion der chinesischen Urgeschichte: Gustav Haloun, Die Rekonstruktion der chinesischen Urgeschichte durch die Chinesen, in: Japanisch-Deutsche Zeitschrift für Wissenschaft und Technik 3, Heft 7 (Juli 1925), S. 243–270.

Hambly 1966, Zentralasien: Gavin Hambly, Zentralasien (= Fischer Weltgeschichte, Band 16). – Frankfurt a. M.: Fischer 1966.

Hamrin/Cheek 1986, Establishment Intellectuals: Carol Lee Hamrin, Timothy

Cheek, Hrsg., China's Establishment Intellectuals. – Armonk, N. Y.: M. E. Sharp 1986.

Hamrin/Cheek/Goldman 1987, Intellectuals and the State: Carol Lee Hamrin, Timothy Cheek, Merle Goldman, Hrsg., China's Intellectuals and the State: In Search of a New Relationship. – Cambridge, Mass.: Harvard U.P. 1987.

Hansen 1990, Changing Gods: Valerie Hansen, Changing Gods in Medieval China, 1127–1276. – Princeton: Princeton U.P. 1990.

Hao 1971, Comprador: Yen-p'ing Hao, The Comprador in Nineteenth Century China. Bridge between East and West. – Cambridge, Mass: Harvard U.P. 1971.

Harrell 1995, China's Ethnic Frontiers: Steven Harrell, Hrsg., Cultural Encounters on China's Ethnic Frontiers. – Seattle: University of Washington Press 1995.

Hartman 1986, Han Yü: Charles Hartman, Han Yü and the T'ang Search for Unity. – Princeton, N. J.: Princeton U.P. 1986.

Hartwell 1982, Social Transformations: Robert M. Hartwell, Demographic, Political and Social Transformations of China, 750–1550, in: Harvard Journal of Asiatic Studies 42 (1982), S. 365–442.

Hauer 1992, Gründung des Mandschu-Reiches: Erich Hauer, Die Gründung des Mandschurischen Kaiserreiches. – Berlin 1926.

Hay 1994, Boundaries: John Hay, Hrsg., Boundaries in China. – London: Reaktion Books 1994.

Heberer 1984, Nationalitätenpolitik: Thomas Heberer, Nationalitätenpolitik und Entwicklungspolitik in den Gebieten nationaler Minderheiten in China. – Bremen: Universität Bremen 1984.

Heilmann 1994, Nachfolgefrage: Sebastian Heilmann, Beijing unter Druck. Die Nachfolgefrage und die Erosion der Parteiherrschaft, in: China aktuell, Januar 1994, S. 35–44.

Heilmann 1994, Potential für Unruhen: Sebastian Heilmann, Das Potential für soziale und politische Unruhen in der VR China, in: China aktuell, Mai 1994, S. 476–482.

Heilmann 1995, Die Armee: Sebastian Heilmann, Die Armee und die Perspektiven der kommunistischen Herrschaft, in: China aktuell, Januar 1995, S. 21–35.

Heilmann 1995, Föderalismus: Sebastian Heilmann, China auf dem Weg zum Föderalismus? Neue Strukturen im Verhältnis zwischen Zentrale und Regionen, in: China aktuell, Juli 1995, S. 573–589.

Heissig 1941, Das gelbe Vorfeld: Walther Heissig, Das gelbe Vorfeld. Die Mobilisierung der chinesischen Außenländer. (= Schriften zur Wehrgeopolitik, Band 2) – Heidelberg: Kurt Vowinckel 1941.

Herbert 1989, Provincial Officialdom: P. A. Herbert, Perceptions of Provincial Officialdom in Early T'ang China, in: Asia Major, 3. Ser., 2.1 (1989), S. 25–57.

Herrmann-Pillath 1990, Kultur und Wirtschaftsordnung: Carsten Herrmann-Pillath, China – Kultur und Wirtschaftsordnung. Eine system- und evolutionstheoretische Untersuchung, Stuttgart 1990.

Herrmann-Pillath 1990, Wirtschaftspolitik: Carsten Herrmann-Pillath, Struktur und Prozeß in der chinesischen Wirtschaftspolitik, oder: Warum China doch anders ist, in: Aus Politik und Zeitgeschichte. Beilage zur Wochenzeitung Das Parlament B 48/90 (23. Nov. 1990).

Herzog 1988, Staaten der Frühzeit: Roman Herzog, Staaten der Frühzeit. Ursprünge und Herrschaftsformen. – München: C. H. Beck 1988.

Hildebrandt 1987, Ausländerbild: Joachim Hildebrandt, Das Ausländerbild in der Kunst Chinas als Spiegel kultureller Beziehungen. – Stuttgart: Steiner 1987.

Ho 1966, Loyang: Ho Ping-ti, Loyang A. D. 495–534: A Study of the Physical and Socio-economic Planning of a Metropolitan Area, in: Harvard Journal of Asiatic Studies 26 (1966). S. 52–101.

Höllmann 1980, Reich ohne Horizont: Thomas Höllmann, Das Reich ohne Horizont: Berührungen mit dem Fremden jenseits und diesseits der Meere (14. bis 19. Jahrhundert), in: Bauer 1980, China und die Fremden, S. 161–196.

Höllmann 1982, Tsou: Thomas O. Höllmann, Die Tsou. Werden und Wandel einer ethnischen Minderheit in Zentraltaiwan. – Wiesbaden: Steiner 1982.

Höllmann 1992, Ethnos-Begriff: Thomas O. Höllmann, Kritische Gedanken zum Ethnos-Begriff in der Völkerkunde – am Beispiel festländisch-südostasiatischer Bevölkerungsgruppen, in: Tribus. Jahrbuch des Linden Museums 41 (Dezember 1992), S. 177–186.

Holcombe 1995, Re-imaging China: Charles Holcombe, Re-imaging China: The Chinese Identity Crisis at the Start of the Southern Dynasties Period, in: Journal of the American Oriental Society 115 (1995), S. 1–14.

Holmgren 1980, Colonisation of Northern Vietnam: Jennifer Holmgren, Chinese Colonisation of Northern Vietnam: Administrative Geography and Political Development in the Tongking Delta, First to Sixth Centuries A. D. (= Oriental Monograph Series 27) – Canberra: Australian National University, Faculty of Asian Studies, 1980.

Holmgren 1990, Politics of the Inner Court: Jennifer Holmgren, Politics of the Inner Court under the Hou-chu (Last Lord) of the Northern Ch'i (ca. 565–73), in: Dien 1990, State and Society, S. 269–330.

Holzer 1992, Wang Fu: Rainer Holzer, Das *Ch'ien-fu lun* des Wang Fu. Aufsätze und Betrachtungen eines Weltflüchtigen. – Heidelberg: edition forum 1992.

Honey 1990, History and Historiography: David B. Honey, History and Historiography on the Sixteen States: Some T'ang *Topoi* on the Nomads, in: Journal of Asian History 24 (1990), S. 161–217.

Hoppe 1995, Die ethnischen Gruppen Xinjiangs: Thomas Hoppe, Die ethnischen Gruppen Xinjiangs: Kulturunterschiede und interethnische Beziehungen (= Mitteilungen des Instituts für Asienkunde Hamburg, Nr. 258). – Hamburg 1995.

Howland 1996, Borders of Chinese Civilization: D. R. Howland – Borders of Chinese Civilization. Geography and History at Empire's End. – Durham: Duke U.P. 1996.

Hsia 1985, Deutsche Denker: Adrian Hsia, Deutsche Denker über China. – Frankfurt am Main: Insel 1985.

Hsiao 1960, Rural China: Kung-chuan Hsiao, Rural China. Imperial Control in the Nineteenth Century. – Seattle: University of Washington Press 1960.

Hsiao 1979, Political Thought: Kung-chuan Hsiao, A History of Chinese Political Thought, Bd. 1. – Princeton, N. J., 1979.

Hsu 1965, Ancient China: Cho-yun Hsu, Ancient China in Transition. An Analysis of Social Mobility, 722–222 B. C. – Stanford, Cal.: Stanford U.P. 1965.

Hsu 1988, Literati and Regionalism: Cho-yun Hsu, The Roles of the Literati and of Regionalism in the Fall of the Han Dynasty, in: Norman Yoffee and George L. Cowgill, The Collapse of Ancient States and Civilizations. – Tucson: University of Arizona Press 1988, S. 176–195.

Hulsewé 1979, China in Central Asia: A. F. P. Hulsewé, China in Central Asia: The Early Stage 125 B. C. – A. D. 23. An Annotated Translation of Chapters 61 and 96 of the History of the Former Han Dynasty, with an Introduction by M. A. N. Loewe. – Leiden: Brill 1979.

Hulsewé 1987, Welfare State: A. F. P. Hulsewé, Han China – A Proto «Welfare State»? Fragments of Han Law Discovered in North-West China, in: T'oung Pao 73 (1987) S. 265–285.

Hymes 1986, Elite of Fu-chou: Robert P. Hymes, Statesmen and Gentlemen. The Elite of Fu-chou, Chiang-hsi, in Northern and Southern Sung. – Cambridge: Cambridge U. P. 1986.

Ishibashi 1990, Formation of Power: Takao Ishibashi, The Formation of the Power of Early Ch'ing Emperors, in: Memoirs of the Research Department of the Toyo Bunko 48 (1990), S. 1–15.

Israeli 1980, Muslims in China: Raphael Israeli, Muslims in China. A Study in Cultural Confrontation. (= Scandinavian Institute for Asian Studies. Monograph Series Nr. 29). – London/Malmö: Curzon Press 1980.

Jagchid/Symons 1989, Nomadic-Chinese Interaction: S. Jagchid, V. J. Symons, Peace, War, and Trade along the Great Wall. Nomadic-Chinese Interaction through Two Millennia. – Bloomington, Ind. 1989.

Janhunen 1996, Manchuria: Juha Janhunen, Manchuria. An Ethnic History (= Mémoirs de la Société Finno-Ougrienne, Bd. 222). – Helsinki 1996.

Jenner 1981, Memoirs: W. J. F. Jenner, Memoirs of Loyang. Yang Hsüan-chih and the lost capital (493–534). – Oxford 1981.

Jenner 1981, Loyang: W. J. F. Jenner, Northern Wei Loyang: An Unnecessary Capital, in: Papers of Far Eastern History 23 (1981), S. 147–163.

Jenner 1993, Tyrannei der Geschichte: W. J. F. Jenner, Chinas langer Weg in die Krise. Die Tyrannei der Geschichte (engl. Original: The Tyranny of History. The Roots of China's Crisis). – Stuttgart: Klett 1993.

Johnson 1977, Last Years of a Great Clan: David G. Johnson, The Last Years of a Great Clan: The Li Family of Chao Chün in the Late T'ang and Early Sung, in: Harvard Journal of Asiatic Studies 37 (1977), S. 5–102.

Johnson 1979, T'ang Code: Wallace Johnson, The T'ang Code, Bd. 1. – Princeton, N. J.: Princeton U. P. 1979.

Johnson 1982, Japanese Miracle: Chalmers Johnson, MITI and the Japanese Miracle: The Growth of Industrial Policy 1925–1975. – Stanford, Cal.: Stanford U. P. 1982.

Kamachi 1981, The Japanese Model: Noriko Kamachi, Reform in China. Huang Tsun-hsien and the Japanese Model. – Cambridge, Mass.: Harvard U. P. 1981.

K'ang 1974, Große Gemeinschaft: K'ang Yu-wei, Ta T'ung- shu. Das Buch von der Großen Gemeinschaft (aus dem Englischen von Horst Kube). – Düsseldorf/Köln: Diederichs 1974.

Kappeler 1992, Rußland als Vielvölkerreich: Andreas Kappeler, Rußland als Vielvölkerreich. Entstehung, Geschichte, Zerfall. – München: C. H. Beck 1992.

Karlgren 1950, Book of Documents: Bernhard Karlgren, The Book of Documents. – Stockholm 1950.

Katô 1976, Change of the Mandate: Shigeshi Katô, On the Ideas concerning the Change of the mandate and the Relationship of Sovereign and Minister, in: The Memoirs of the Research Department of the Toyo Bunko 34 (1976), S. 1–13.

Keightley 1978, Religious Commitment: David N. Keightley, The Religious Commitment: Shang Theology and the Genesis of Chinese Political Culture, in: History of Religions 17, 3/4 (1978), S. 211–225.

Keightley 1978, Sources: David N. Keightley, Sources of Shang History: The Oracle-Bone Inscriptions of Bronze Age China, Berkeley, Cal.: University of California Press 1978.

Keller 1991, Schöpfungsgeschehen: Andrea Keller: Nügua als Protagonistin im Schöpfungsgeschehen nach frühchinesischen Quellen, in: Chinablätter 18 (1991), S. 233–246.

Keller 1995, Kosmos und Kulturordnung: Andrea Keller, Kosmos und Kulturordnung in der frühen chinesischen Mythologie, in: Kulturstiftung Ruhr, Das Alte China. – Essen 1995, S. 136–146.

Kotkin 1993, Tribes: Joel Kotkin, Tribes. How Race, Religion and Identity Determine Success in the New Global Economy. – New York: Random House 1993.

Kuhn 1970, Rebellion and Its Enemies: Philip A. Kuhn, Rebellion and Its Enemies in Late Imperial China. Militarization and Social structure, 1796–1864. – Cambridge, Mass.: Harvard U.P. 1970.

Kuhn 1975, Local Self-Government: Philip A. Kuhn, Local Self-Government Under the Republic, in: Frederick Wakeman, Jr., Carolyn Grant, Hrsg., Conflict and Control in Late Imperial China. – Berkeley, Cal.: University of California Press 1975, S. 257–298.

Kuhn 1995, Ideas: Philip A. Kuhn, Ideas Behind China's Modern State, in: Harvard Journal of Asiatic Studies 55 (1995), S. 295–337.

Lach 1965, Asia in the Making of Europe: Donald F. Lach, Asia in the Making of Europe. – Chicago/London: University of Chicago Press 1965 ff.

Lai/Mayers/Wei 1991, Taiwan Uprising: Tse-Han Lai, Ramon H. Myers, Wou Wei, A Tragic Beginnig. The Taiwan Uprising of February 28, 1947. – Stanford, Cal.: Stanford U.P. 1991.

Lampton 1986, Paths to Power: David M. Lampton, Paths to Power. Elite Mobility in Contemporary China. – Ann Arbor: Center for Chinese Studies 1986.

Langlois 1981, Political Thought: John D. Langlois Jr., Political Thought in Chinhua under Mongol Rule, in: Langlois 1981, Mongol Rule, S. 137–185.

Langlois 1981, Mongol Rule: John D. Langlois Jr., Hrsg., China under Mongol Rule. – Princeton, N.J.: Princeton U.P. 1981.

Lattimore 1962, Inner Asian Frontiers: Owen Lattimore, Inner Asian Frontiers of China. – Boston 1962.

Laufer 1918, Sino-Iranica: Bertold Laufer, Sino-Iranica. Chinese Contributions to the History of Civilization in Ancient Iran. – Chicago: Field Museum 1918.

Lavio 1996, Interessenkonstellation in Zentralasien: Dirk Lavio, Geopolitischer Akteur oder Randfigur? China und die neue Interessenkonstellation in Zentralasien: Eine Bestandsaufnahme, in: China aktuell, August 1996, S. 767–785.

Lawton 1991, Chu Culture: Thomas Lawton, Hrsg., New Perspectives on Chu Culture During the Eastern Zhou Period. – Washington, D.C.: Smithsonian Institution 1991.

Ledderose 1988, Gedankhalle für Mao Zedong: Lothar Ledderose, Gedenkhalle für Mao Zedong. Ein Beispiel von Gedächtnisarchitektur, in: Jan Assmann und Tonio Hölscher, Hrsg., Kultur und Gedächtnis. – Frankfurt am Main: Suhrkamp 1988, S. 311–339.

Ledderose/Schlombs 1990, Der Erste Kaiser: Lothar Ledderose und Adele Schlombs, Hrsg., Jenseits der Großen Mauer. Der Erste Kaiser von China und seine Terrakotta-Armee. – Gütersloh/München: Bertelsmann Lexikon Verlag 1990.

Lee 1982, Food Supply: James Lee, Food Supply and Population Growth in Southwest China, 1250–1850, in: Journal of Asian Studies 41 (1992), S. 711–746.

Lee 1989, Reunification: Lai To Lee, Taiwan and the Reunification of China, in: David S. G. Goodman, Gerald Segal, China at Forty. Mid-Life Crisis? – Oxford: Clarendon Press 1989.

Lee 1995, Social Justice: Thomas H. C. Lee, The Idea of Social Justice in Ancient China, in: K. D. Irani, Morris Silver, Hrsg., Social Justice in the Ancient World. – Westport: Greenwood Press 1995, S. 125–146.

Legge, Chinese Classics: James Legge, The Chinese Classics. 5 Bde. – Oxford: University Press 1861–72.

Leslie 1986, Islam in Traditional China: Donald Daniel Leslie, Islam in Traditional China: A Short History to 1800. – Canberra 1986.

Levenson 1952, T'ien-hsia and Kuo: Joseph R. Levenson, T'ien-hsia and Kuo, The «Transvaluation of Values», in: Far Eastern Quaterly 11 (1952), S. 447–451.

Lewis 1990, Sanctioned Violence: Mark Edward Lewis, Sanctioned Violence in Early China. – New York: State University of New York Press 1990.

Li 1932, Manchuria: Li Chi (Li, Chi), Manchuria in History. A Summary. – Peiping (Peking) 1932.

Liang 1959, Intellectual Trends: Liang Ch'i-ch'ao, Intellectual Trends in the Ch'ing Period, übers. von Immanuel C. Y. Hsü. – Cambridge, Mass.: Harvard U.P. 1959.

Lin 1985, Teilungen und Vereinigungen: Lin Ganquan, Lun Zhongguo lishishang de fenbie he tongyi (Über Teilungen und Vereinigungen in Chinas Geschichte), in: Renmin ribao 27. 5. 1985.

Lin 1992, Decentralization: Sen Lin, A New Pattern of Decentralization in China. The Increase of Provincial Powers in Economic Legislation, in: China Information 7:3 (1992–93), S. 27–38.

Linke 1982, Sinisierung der Mandjuren: Bernd-Michael Linke, Zur Entwicklung des mandjurischen Khanats zum Beamtenstaat. Sinisierung und Bürokratisierung der Mandjuren während der Eroberungszeit. – Wiesbaden: Harrassowitz 1982.

Lipman 1990, Ethnic Violence: Jonathan N. Lipman, Ethnic Violence in Modern China: Hans and Huis in Gansu, 1781- 1929, in: Jonathan N. Lipman, Stevan Harrell, Violence in China. Essays in Culture and Counterculture. – Albany: State University of New York Press 1990, S. 65–86.

Liu 1979, Accomodation Politics: James T. C. Liu, Accomodation Politics: Southern Sung China and 1930's China, in: Wolfgang Bauer, Hrsg., Studia Sino-Mongolica. Festschrift für Herbert Franke. – Wiesbaden: Steiner 1979, S. 69–82.

Liu 1988, China Turning Inward: James T. C. Liu, China Turning Inward. Intellectual-Political Changes in the Early Twelfth Century. – Cambridge, Mass.: Harvard U.P. 1988.

Liu 1990, Orthodoxy: Kwang-ching Liu, Hrsg., Orthodoxy in Late Imperial China. – Berkeley: University of California Press 1990.

Liu 1994, Sino-Indian Border Dispute: Xuecheng Liu, The Sino-Indian Border Dispute and Sino-Indian Relations. – Lanham, Md.: University Press of America 1994.

Lo 1967, Symposium: Jung-pang Lo, K'ang Yu-wei. A Biography and a Symposium. – Tucson, Arizona: University of Arizona Press 1967.

Lo 1969, Policy Formulation: Jung-pang Lo, Policy Formulation and Decision Ma-
king on Issues Respecting Peace and War, in: Charles O. Hucker, Hrsg., Chinese
Government in Ming Times: Seven Studies. – New York: Columbia U.P. 1969,
S. 41–72.

Loewe 1967, Records: Michael Loewe, Records of Han Administration, 2 Bde. –
Cambridge: Cambridge U.P. 1967.

Loewe 1974, Crisis and Conflict: Michael Loewe, Crisis and Conflict in Han China
104 BC to AD 9. – London: George Allen and Unwin 1974.

Loewe 1994, China's Sense of Unity: Michael Loewe, China's Sense of Unity as
Seen in the Early Empires, in: T'oung Pao 80 (1994), S. 6–26.

Ludwig 1996, Tibet: Klemens Ludwig, Tibet. – München: C. H. Beck [2]1996.

Machetzki 1982, Deutsch-chinesische Beziehungen: Rüdiger Machetzki, Hrsg.,
Deutsch-chinesische Beziehungen. Ein Handbuch. – Hamburg: Institut für
Asienkunde 1982.

Machetzki 1990, Gesellschaft im Umbruch: Rüdiger Machetzki, Chinas Gesellschaft im Umbruch, in: Aus Politik und Zeitgeschichte, Beilage zur Wochenzeitung Das Parlament B 48/90 (23. Nov. 1990).

Mao 1968, Werke: Mao Tse-tung, Ausgewählte Werke, Band 1 ff. – Peking: Verlag
für fremdsprachige Literatur 1968 ff.

McCord 1993, Warlordism: Edward A. McCord, The Power of the Gun. The Emer-
gence of Modern Chinese Warlordism. – Berkeley: University of California
Press 1993.

McCormack 1991, Manchukuo: Gavan McCormack, Manchukuo: Constructing the
Past, in: East Asian History 2 (1991), S. 105–124.

McKnight 1971, Village and Bureaucracy: Brian E. McKnight, Village and Bureaucracy in Southern Sung China. – Chicago: University of Chicago Press 1971.

McKnight 1981, Amnesties: Brian E. McKnight, The Quality of Mercy. Amnesties
and Traditional Chinese Justice. – Honululu, Hawaii 1981.

Menzel 1995, Ethnisierung: Ulrich Menzel, Jenseits des Ost-West-Konflikts. Die
Ethnisierung der Internationalen Beziehungen. Ein neues Paradigma zur Ana-
lyse von Konfliktformationen (= Braunschweiger Universitätsreden 11). –
Braunschweig 1995.

Min 1989, National Polity: Tu-ki Min, National Polity and Local Power. The Transformation of Late Imperial China. – Cambridge, Mass.: Harvard U.P. 1989.

Mende 1982, China und die Staaten auf der koreanischen Halbinsel: Erling von
Mende, China und die Staaten auf der koreanischen Halbinsel bis zum 12. Jahr-
hundert. Eine Untersuchung zur Entwicklung der Formen zwischenstaatlicher
Beziehungen in Ostasien. – Wiesbaden: Steiner 1982.

Metzger/Myers 1996, Greater China: Thomas A. Metzger, Ramon H. Myers, Hrsg.,
Greater China and U. S. Foreign Policy. The Choice between Confrontation and
Mutual Respect. – Stanford, Cal.: Hoover Institution Press 1996.

Michael 1955, Introduction: Franz Michael, Introduction zu Chang 1955, Chinese
Gentry.

Mirsky 1969, Structure of Rebellion: Jonathan Mirsky, Structure of Rebellion. A
Successful Insurrection During the T'ang, in: Journal of the American Oriental
Society 89 (1969), S. 67–87.

Miyakawa 1954, Naitô Hypothesis: Hisayuki Miyakawa, An Outline of the Naitô-Hypothesis and Its Effects on Japanese Studies of China, in: Far Eastern Quaterly 14 (1954/55), S. 533–552.

Mote 1961, Despotism: Frederick W. Mote, The Growth of Chinese Despotism: A Critique of Wittfogel's Theory of Oriental Despotism as Applied to China, in: Oriens Extremus 8 (1961), S. 1–41.

Mo Ti 1992, Schriften: Mo Ti. Von der Liebe des Himmels zu den Menschen. Ausgewählte Schriften, hrsg. von Helwig Schmidt-Glintzer. – München: Diederichs 1992.

Müller 1996, Nischenwirtschaft: Barbara Müller, Migrantengruppen und städtische Nischenwirtschaft. Das «Zhejiang-Dorf» in Beijing, in: China aktuell, Juli 1996, S. 678–690.

Müller 1980, Chinesen und Barbaren: Claudius C. Müller, Die Herausbildung der Gegensätze: Chinesen und Barbaren in der frühen Zeit, in: Bauer 1980, China und die Fremden, S. 43–76.

Murck 1978, Chun Yun-ming: Christian Murck, Chun Yun-ming (1461–1527) and Cultural Commitment in Su-chou. – Ph. D. Thesis, Princeton University 1978.

Nathan 1976, Peking Politics: Andrew J. Nathan, Peking Politics, 1918–1923. Factionalism and the Failure of Constitutionalism. – Berkeley, Cal.: University of California Press 1976.

Needham 1959, Sciences of the Heavens and the Earth: Joseph Needham, Science and Civilisation in China, Bd. 3: Mathematics and the Sciences of the Heavens and the Earth. Cambridge: Cambridge U.P. 1959.

Negt 1988, Modernisierung: Oskar Negt, Modernisierung im Zeichen des Drachen. China und der europäische Mythos der Moderne. Reisetagebuch und Gedankenexperimente. – Frankfurt am Main: Fischer Taschenbuch Verlag 1988.

Nieh 1971, Indisch-chinesisches Grenzpoblem: Yu-Hsi Nieh, Das indisch-chinesische Grenzproblem. Neue Gesichtspunkte. – Hamburg: Institut für Asienkunde 1971.

Nieh 1970, Chinesisch-japanischer Konflikt: Yu-Hsi Nieh, Die Entwicklung des chinesisch-japanischen Konfliktes in Nordchina und die deutschen Vermittlungsbemühungen 1937–1938. – Hamburg: Institut für Asienkunde 1970.

Onon/Pritchatt 1989, Mongolia Proclaims Its Independence: Urgunge Onon, Derrick Pritchatt, Asia's First Modern Revolution. Mongolia Proclaims Its Independence in 1911. – Leiden: Brill 1989.

Opitz 1995, Veränderungen: Peter J. Opitz, Veränderungen in einem «strategischen Dreieck». Zum gewandelten Verhältnis Chinas gegenüber Rußland und den USA, in: Aus Politik und Zeitgeschichte. Beilage zur Wochenzeitung Das Parlament, 8. Dezember 1995.

Osterhammel 1989, China und die Weltgesellschaft: Jürgen Osterhammel, China und die Weltgesellschaft. Vom 18. Jahrhundert bis in unsere Zeit. – München: C. H. Beck 1989.

Owen 1990, Meditation on the Past: Stephen Owen, Place: Meditation on the Past at Chin-ling, in: Harvard Journal of Asiatic Studies 50 (1990), S. 417–457.

Pan 1992, Settlement Policies: Yihong Pan, Early Chinese Settlement Policies towards the Nomads, in: Asia Major, 3. Ser., 5.2 (1992), S. 41–77.

Pan 1992, Sino-Tibetan Treaties: Yihong Pan, The Sino-Tibetan Treaties in the Tang Dynasty, in: T'oung Pao 78 (1992), S. 116–161.

Pasternak/Salaff 1993, Chinese of Inner Mongolia: Burton Pasternak and Janet W. Salaff, Cowboys and Cultivators: The Chinese of Inner Mongolia. – Boulder, Col.: Westview Press 1993.

Perfall 1967, Zwei chinesische Staaten in der UNO?: Eberhard Freiherr von Perfall, Zwei chinesische Staaten in der UNO?, in: Vereinte Nationen 15 (1967), S. 121 ff.

Powell 1955, Military Power: Ralph L. Powell, The Rise of Chinese Military Power 1895–1912. – Princeton, N. J.: Princeton U.P. 1955.

Ptak 1995, Lebensstandard und Regionalismus: Roderich Ptak, Auf der Suche nach Glück: Lebensstandard und Regionalismus in der chinesischen Welt, in: Wolfram Fischer, Hrsg., Lebensstandard und Wirtschaftssysteme. – Frankfurt am Main: Fritz Knapp Verlag 1995, S. 543–594.

Pulleyblank 1955, An Lu-shan: Edwin G. Pulleyblank, The Background of the Rebellion of An Lu-shan. – London 1955 (Nachdruck 1966).

Pulleyblank 1960, Neo-Legalism: E. G. Pulleyblank, Neo- Confucianism and Neo-Legalism in T'ang Intellectual Life, 755–805, in: Wright 1960, Persuasion, S. 77–144.

Pulleyblank 1976, Chronic Militarism: E. G. Pulleyblank, The An Lu-shan Rebellion and the Origins of Chronic Militarism in Late T'ang China, in: John Curtis Perry and Bardwell L. Smith, Hrsg., Essays on T'ang Society: The Interplay of Social, Political, and Economic Forces. – Leiden: Brill 1976.

Pye 1988, The Mandarin and the Cadre: Lucian W. Pye, The Mandarin and the Cadre. China's Political Cultures. – Ann Arbor: Center for Chinese Studies, Univ. of Michigan 1988.

Ramsey 1987, Languages of China: S. Robert Ramsey, The Languages of China. – Princeton: Princeton U.P. 1987.

Rankin 1982, Public Opinion: Mary Backus Rankin, ‹Public Opinion› and Political Power: *Qingyi* in Late Nineteenth-Century China, in: Journal of Asian Studies 41.3 (1982), S. 453–482.

Rankin 1986, Elite Activism: Mary Backus Rankin, Elite Activism and Political Transformation in China, Zhejiang Province, 1865–1911. – Stanford, Cal.: Stanford U.P. 1986.

Rawlinson 1967, Naval Development: John L. Rawlinson, China's Struggle for Naval Development 1839–1895. – Cambridge, Mass.: Harvard U.P. 1967.

Rawski 1979, Popular Literacy: Evelyn Sakakida Rawski, Education and Popular Literacy in Ch'ing China. – Ann Arbor, University of Michigan Press 1979.

Reckel 1995, Bohai: Johannes Reckel, Bohai. Geschichte und Kultur eines mandschurisch-koreanischen Königreiches der T'ang-Zeit. – Wiesbaden: Harrassowitz 1995.

Reischauer 1963, Ennin: Edwin O. Reischauer, Die Reisen des Mönchs Ennin. Neun Jahre im China des neunten Jahrhunderts. – Stuttgart: W. Kohlhammer 1963.

Richter 1992, Gu Jiegang: Ursula Richter, Zweifel am Altertum. Gu Jiegang und die Diskussion über Chinas alte Geschichte als Konsequenz der «Neuen Kulturbewegung» ca. 1915–1923. – Stuttgart: Steiner 1992.

Rickett 1971, Voluntary Surrender: W. Allyn Rickett, Voluntary Surrender and Confession in Chinese Law: The Problem of Continuity, in: Journal of Asian Studies 30 (1971), S. 797–814.

Riedlinger 1988, Dian: K. D. M. Korn-Riedlinger, Dian, Nanzhao, Dali – Staatsgründungen auf dem Gebiet der heutigen Provinz Yunnan (VR China). – Dissertation Universität Bonn 1988.

Rogers 1968, Myth of the Battle: Michael C. Rogers, The Myth of the Battle of the Fei River (A. D. 383), in: T'oung Pao 54 (1968), S. 50–72.

Rosner 1981, Diplomatiegeschichte: Erhard Rosner, Die «Familie der Völker» in der Diplomatiegeschichte Chinas, in: Saeculum 32 (1981), S. 103–116.

Rosner 1990, Aufnahme von Flüchtlingen: Erhard Rosner, Eine Verfügung des Ch'ien-lung-Kaisers zur Aufnahme von Flüchtlingen aus dem Jahre 1747, in: Peter M. Kuhfus, Hrsg., China. Dimensionen der Geschichte. Festschrift für Tilemann Grimm anläßlich seiner Emeritierung. – Tübingen 1990, S. 245–256.

Rowe 1994, Education and Empire: William T. Rowe, Education and Empire in Southwest China. Ch'en Hong-mou in Yunnan, 1733–38, in: Benjamin A. Elman, Alexander Woodside, Hrsg., Education and Society in Late Imperial China, 1600–1800. – Berkeley: University of California Press 1994, S. 417–458.

Rozelle 1996, Stagnation: Scott Rozelle, Stagnation without Equity: Patterns of Growth and Inequality in China's Rural Economy, in: The China Journal 35 (Januar 1996), S. 63–92.

Sage 1992, Ancient Sichuan: Steven F. Sage, Ancient Sichuan and the Unification of China. – Albany: State University of New York Press 1992.

Salisbury 1992, Die neuen Kaiser. Harrison E. Salisbury, Die neuen Kaiser. China in der Ära Maos und Dengs. – Frankfurt am Main: S. Fischer 1992.

Savina 1929, Hainan: M. Savina, Monographie de Hainan (= Cahiers de la Société de Géographie de Hanoi, Nr. 17). – Hanoi 1929.

Scalapino 1982, Young Revolutionary: Robert A. Scalapino, The Evolution of a Young Revolutionary – Mao Zedong in 1919–1921, in: Journal of Asian Studies 42:1 (Nov. 1982), S. 29–61.

Schafer 1967, Vermilion Bird: Edward H. Schafer, The Vermilion Bird. T'ang Images of the South. – Berkeley: University of California Press 1967.

Schafer 1969, Shore of Pearls: Edward H. Schafer, Shore of Pearls. – Berkeley/Los Angeles: University of California Press 1969.

Schiffrin 1992, Kriegsherrentum: Harold Z. Schiffrin, Kriegsherrentum in der chinesischen Geschichtserfahrung, in: Shmuel N. Eisenstadt, Hrsg., Kulturen der Achsenzeit II. – Frankfurt am Main: Suhrkamp 1992, S. 108–125.

Schipper 1994, Purity and Strangers: Kristofer Schipper, Purity and Strangers. Shifting Boundaries in Medieval Taoism, in: T'oung Pao 80 (1994), S. 61–81.

Schmidt-Glintzer 1972, Lebensführung der Gentry: Helwig Schmidt-Glintzer, Der Buddhismus im frühen chinesischen Mittelalter und der Wandel der Lebensführung bei der Gentry im Süden, in: Saeculum 23 (1972), S. 269–294.

Schmidt-Glintzer 1981, Himmelsbriefe: Helwig Schmidt-Glintzer, Die Manipulation von Omina und ihre Beurteilung bei Hofe – Das Beispiel der Himmelsbriefe Wang Ch'in-jos unter Chen-tsung (regierte 998–1023), in: Asiatische Studien/Études Asiatiques 35 (1981), S. 1–14.

Schmidt-Glintzer 1982, Identität der buddhistischen Schulen: Helwig Schmidt-Glintzer, Die Identität der buddhistischen Schulen und die Kompilation buddhistischer Universalgeschichten in China. – Wiesbaden: Steiner 1982.

Schmidt-Glintzer 1983, Viele Pfade: Helwig Schmidt-Glintzer, Viele Pfade oder ein Weg? Betrachtungen zur Durchsetzung der konfuzianischen Orthopraxie, in: Wolfgang Schluchter, Hrsg., Max Webers Studie über Konfuzianismus und Taoismus. Interpretation und Kritik. – Frankfurt am Main 1983, S. 298–341.

Schmidt-Glintzer 1984, Vielfalt und Einheit: Helwig Schmidt-Glintzer, Vielfalt und

Einheit – Zur integrationistischen Tendenz in der Kultur Chinas, in: Sigrid Paul, Hrsg., «Kultur»-Begriff und Wort in China und Japan. – Berlin: D. Reimer 1984, S. 123–141.

Schmidt-Glintzer 1989, Der Literatenbeamte: Helwig Schmidt-Glintzer, Der Literatenbeamte und seine Gemeinde, oder: Der Charakter der Aristokratie im chinesischen Mittelalter, in: Zeitschrift der Deutschen Morgenländischen Gesellschaft 139 (1989), S. 397–425.

Schmidt-Glintzer, 1990, Gottkaiser: Helwig Schmidt- Glintzer, Der Erste Gottkaiser von Qin, in: Ledderose/Schlombs 1990, Der Erste Kaiser, S. 58–65.

Schmidt-Glintzer 1990, Geschichte der Literatur: Helwig Schmidt-Glintzer, Geschichte der chinesischen Literatur. – Bern/München: Scherz 1990.

Schmidt-Glintzer 1990, Pilgerreiseberichte: Helwig Schmidt- Glintzer: Das *Shih-chia fang-chih*. Eine chinesische Beschreibung der buddhistischen Welt aus der T'ang-Zeit, in: Peter M. Kuhfus, Hrsg.: China – Dimensionen der Geschichte. – Tübingen: Attempto 1990, S. 257–267.

Schmidt-Glintzer 1991: Blindflug: Helwig Schmidt-Glintzer, China im Blindflug, oder: Die Teilung Chinas als Chance?, in: Chinablätter Nr. 18. In memoriam Achim Hildebrand, hrsg. von Achim Mittag, November 1991, S. 305–315.

Schmidt-Glintzer 1992, Weltbild: Helwig Schmidt-Glintzer, Das Weltbild im Alten China, in: Focus Behaim-Globus. Germanisches Nationalmuseum, Band 1. – Nürnberg: Verlag des Germanischen Nationalmuseums, 1992, S. 71–80.

Schmidt-Glintzer 1994, Modernisierung: Helwig Schmidt-Glintzer, Die Modernisierung des historischen Denkens im China des 16.–18. Jahrhunderts und seine Grenzen, in: W. Küttler, J. Rüsen, E. Schulin, Hrsg., Geschichtsdiskurs. Band 2: Anfänge modernen historischen Denkens. – Frankfurt am Main: Fischer Taschenbuch Verlag, 1994, S. 165–179.

Schmidt-Glintzer 1995, Herrschaftslegitimation: Helwig Schmidt-Glintzer, Herrschaftslegitimation und das Ideal des unabhängigen Historikers im mittelalterlichen China, in: Oriens Extremus, 38. Jg. (1995), S. 91–107.

Schmidt-Glintzer 1995, Das Alte China: Helwig Schmidt-Glintzer, Das alte China. Von den Anfängen bis zum 19. Jahrhundert. – München: C. H. Beck 1995.

Schneider 1971, Ku Chieh-kang: Laurence A. Schneider, Ku Chieh-kang and China's New History: Nationalism and the Quest for Alternative Traditions. – Berkeley: University of California Press 1971.

Schoppa 1982, Chinese Elites: R. Keith Schoppa, Chinese Elites and Political Change: Zhejiang Province in the Early Twentieth Century. – Cambridge, Mass.: Harvard U.P. 1982.

Schram 1969, Mao Tse-Tung: Stuart Schram, The Political Thought of Mao Tse-Tung. – Harmondsworth: Penguin 1969.

Schram 1985, The Scope of State Power: Stuart R. Schram, Hrsg., The Scope of State Power in China. – London: School of Oriental and African Studies 1985.

Schram 1985, Decentralization: Stuart R. Schram, Decentralization in a Unitary State: Theory and Practice, 1940–1984, in: Schram 1985, The Scope of State Power, S. 81–125.

Schrecker 1971, Imperialism: John E. Schrecker, Imperialism and Chinese Nationalism. Germany in Shandong. – Cambridge, Mass.: Harvard U.P. 1971.

Schreiber 1949, Former Yen Dynasty: Gerhard Schreiber, The History of the Former Yen Dynasty, Part One, in: Monumenta Serica 14 (1949–55), S. 374–480.

Schwartz 1964, Yan Fu: Benjamin Schwartz, In Search of Wealth and Power. Yan Fu and the West. – Cambridge, Mass.: Harvard U.P. 1964.

Schwartz 1968, Perception of World Order: Benjamin I. Schwartz, The Chinese Perception of World Order, in: Fairbank 1968, World Order, S. 276–288.

Schwartz 1985, The World of Thought: Benjamin I. Schwartz, The World of Thought in Ancient China. – Cambridge, Mass.: Harvard U.P. 1985.

Schwarz-Schilling 1959, Friede von Shan-yüan: Christian Schwarz-Schilling, Der Friede von Shan-yüan (1005 n. Chr.). – Wiesbaden: Harrassowitz 1959.

Seiwert 1987, Sinisierung Fujians: Hubert Seiwert, Religion und kulturelle Integration in China. Die Sinisierung Fujians und die Integration der chinesischen Nationalkultur, in: Saeculum 38 (1987), S. 225–266.

Serruys 1959, Mongols in China: Henry Serruys, The Mongols in China During the Hung-wu Period (1368–1398) (= Mélanges Chinois et Bouddhiques 11, 1956–59). – Brüssel 1959.

Serruys 1959, Ming against Mongol's Settling: Henry Serruys, Were the Ming against the Mongol's Settling in North China?, in: Oriens Extremus 6 (1959), S. 131–159.

Serruys 1967, Sino-Mongol Relations: Henry Serruys, Sino- Mongol Relations During the Ming II, The Tribute System and Diplomatic Missions (1400–1600) (= Mélanges Chinois et Bouddhiques, Bd. 14). – Brüssel 1967.

Shaughnessy 1989, Earliest Chinese Kingdoms: Edward L. Shaughnessy, Historical Geography and the Extend of the Earliest Chinese Kingdoms, in: Asia Major, 3. Ser., 2.2 (1989), S. 1–22.

Shepherd 1993, Taiwan Frontier: John Robert Shepherd, Statecraft and Political Economy on the Taiwan Frontier 1600–1800. – Stanford, Cal.: Stanford U.P. 1993.

Sinor 1990, Early Inner Asia: Denis Sinor, Hrsg., The Cambridge History of Early Inner Asia. – Cambridge: Cambridge U.P. 1990.

Sivin 1995, State, Cosmos, and Body: Nathan Sivin, State, Cosmos, and Body in the Last Three Centuries B. C., in: Harvard Journal of Asiatic Studies 55 (1995), S. 5–37.

Spence 1972, Opium Smoking: Jonathan Spence, Opium Smoking in Ch'ing China, in: Saeculum 23, Heft 4 (1972), S. 379- 425.

Staiger 1980, China: Brunhild Staiger, Hrsg., China. – Kiel: Erdmann 1980.

Stoecker 1958, Deutschland und China: Helmuth Stoecker, Deutschland und China im 19. Jahrhundert. – Berlin: Rütten & Loening 1958.

Stumpfeldt 1970, Staatsverfassung: Hans Stumpfeldt, Staatsverfassung und Territorium im antiken China. Über die Ausbildung einer territorialen Staatsverfassung, Düsseldorf 1970, S. 9. (Vorwort datiert auf Mai 1967).

Tanigawa 1985, Medieval Chinese Society: Michio Tanigawa, Medieval Chinese Society and the Local «Community». – Berkeley, Cal.: University of California Press 1985.

Tapp 1995, Minority Nationality: Nicholas Tapp, Minority Nationality in China: Policy and Practice, in: R. H. Barnes, Andrew Gray, Benedict Kingsbury, Hrsg., Indigenous Peoples of Asia. – Ann Arbor: Association for Asian Studies 1995, S. 195–220.

Teng 1971, China's Response: Ssu-yu Teng, China's Response to the West. A Documentary Survey 1839–1923. – New York 1971.

The Cambridge History of China, hrsg. von Denis Twitchett, John K. Fairbank. – Cambridge: Cambridge U.P. 1978 ff.; bisher erschienen: Bd. 1, 3, 6, 7, 10–15.

Thilo 1997, Ch'angan: Thomas Thilo, Chang'an. Metropole Ostasiens und Weltstadt des Mittelalters 583–904, Teil I. – Wiesbaden: Harrassowitz 1997.

Thogersen/Clausen 1992, Local Chinese Gazetteers: Stig Thogersen und Soren Clausen, New Reflections in the Mirror: Local Chinese Gazetteers (*Difangzhi*) in the 1980s, in: The Australian Journal of Chinese Affairs 27 (Jan. 1992), S. 161–184.

Thorp 1991, Search for the Xia: Robert L. Thorp, Erlitou and the Search for the Xia, in: Early China 16 (1991), S. 1–38.

Tillman 1979, Proto-Nationalism: Hoyt C. Tillman, Proto-Nationalism in Twelfth-Century China? The Case of Ch'en Liang, in: Harvard Journal of Asiatic Studies 39 (1979), S. 403–428.

Tillman/West 1995, Jurchen Rule: Hoyt Cleveland Tillman, Stephen H. West, Hrsg., China under Jurchen Rule. Essays on Chinese Intellectual and Cultural History. – Albany: State University of New York Press 1995.

Tinios 1983, Sure Guidance: Ellis Tinios, Sure Guidance for One's Owen Time: Pan Ku and the Tsan to Han Shu 94, in: Early China 9/10 (1983–85), S. 184–203.

Townsend 1992, Chinese Nationalism: James Townsend, Chinese Nationalism, in: The Australian Journal of Chinese Affairs 27 (1992), S. 97–130.

Trampedach 1992, Wiedervereinigung: Tim Trampedach, China auf dem Weg zur Wiedervereinigung? Die Politik der Guomindang auf Taiwan gegenüber der Volksrepublik China seit 1987. – Hamburg: Institut für Asienkunde 1992.

Trauzettel 1967, Legitime Thronnachfolge: Rolf Trauzettel, Ou-yang Hsius Essays über die legitime Thronnachfolge, in: Sinologica 9 (1967), S. 226–249.

Trauzettel 1975, Sung Patriotism: Rolf Trauzettel, Sung Patriotism as a First Step Toward Chinese Nationalism, in: John Winthrop Haeger, Hrsg., Crisis and Prosperity in Sung China. – Tucson, Arizona, 1975, S. 199–213.

Trauzettel 1991, Gu Yanwu: Rolf Trauzettel, Gu Yanwu-Konfuzianer unter einer Fremdherrschaft, in: Orientierungen 1 (1991), S. 27–42.

Tsai 1983, Elite Mobility: Wen-hui Tsai, Patterns of Political Elite Mobility in Modern China, 1912–1919. – San Francisco: Chinese Materials Center 1983.

Tsiang 1936, Das kämpfende China: Tsiang Ting-fu (Chiang, Dingfu), Das Kämpfende China. Die störenden und fördernden Kräfte im Einigungsproblem Chinas, mit einem Vorwort von Prof. Dr. Otto Franke, Universität Berlin. – Berlin 1936.

Tsou 1968, Revaluation. Tang Tsou, Revaluation, Reintegration, and Crisis in Communist China: A Framework for Analysis, in: Ping-ti Ho, Tang Tsou, Hrsg., China in Crisis. – Chicago: University of Chicago Press 1968.

Twitchett 1963, Financial Administration: Denis Twitchett, Financial Administration under the T'ang Dynasty. – Cambridge, Cambridge U.P. 1963.

Unger 1995, Goldene Regel: Ulrich Unger, Goldene Regel und Konfuzianismus, in: Hao-ku. Sinologische Rundbriefe, Nr. 55, Münster 20. 12. 1995 (Typoskript).

Vermeer 1991, Mountain Frontier: Eduard B. Vermeer, The Mountain Frontier in Late Imperial China: Economic and Social Developments in the Bashan, in: T'oung Pao 77 (1991), S. 300–329.

Vierheller 1968, Nation und Elite: Ernstjoachim Vierheller, Nation und Elite im Denken von Wang Fu-chih (1619–1692). – Hamburg: Gesellschaft für Natur- und Völkerkunde Ostasiens 1968.

Wakeman 1966, Strangers: Frederick Wakeman Jr., Strangers at the Gate. Social Disorder in South China 1839–1861. – Berkeley, Cal.: University of California Press 1966.

Wakeman 1985, Manchu Reconstruction: Frederic Wakeman, The Great Enterprise. The Manchu Reconstruction of Imperial Order in Seventeenth-Century China. – Berkeley: University of California Press 1985.

Waldron 1990, Great Wall: Arthur Waldron, The Great Wall of China. From History to Myth. – Cambridge: Cambridge U.P. 1990.

Waldron 1990, Warlordism: Arthur Waldron, Warlordism Versus Federalism: The Revival of a Debate?, in: The China Quaterly 121 (1990), S. 116–128.

Waldron 1995, Scholarship and Patriotic Education: Arthur Waldron, Scholarship and Patriotic Education: The Great Wall Conference, 1994, in: The China Quaterly 143 (1995), S. 844–850.

Walker 1953, Multi-State System: Richard L. Walker, The Multi-State System of Ancient China. – 1953 (Nachdruck Westport, Conn. 1971).

Wang 1962, Feng Tao: Gung-wu Wang, Feng Tao: An Essay on Confucian Loyalty, in: Wright/Twitchett 1962, Personalities, S. 123–145.

Wang 1965, Chinese Historians: Gungwu Wang, Chinese Historians and the Nature of Early Chinese Foreign Relations, in: Journal of the Oriental Society Australia 3 (1965), S. 39–53.

Wang 1984, Monasteries in Loyang: Wang Yi-t'ung, A Record of Buddhist Monasteries in Lo-yang, By Yang Hsüan-chih. – Princeton, N. J.: Princeton U.P. 1984.

Wasserstrom 1991, Student Protests: Jeffrey N. Wasserstrom, Student Protests in Twentieth-Century China. The View from Shanghai. – Stanford, Cal.: Stanford U.P. 1991.

Weber 1920, Konfuzianismus und Taoismus, in: Max Weber Gesamtausgabe, Band 19. – Tübingen: J. C. B. Mohr (Paul Siebeck) 1989.

Weber-Schäfer 1969, Ökumene und Imperium: Peter Weber-Schäfer 1969, Oikumene und Imperium. – München: List 1969.

Wechsler 1985, Offerings: Howard J. Wechsler, Offerings of Jade and Silk. Ritual and Symbol in the Legitimation of the T'ang Dynasty. – New Haven/London: Yale U.P. 1985.

Weggel 1992, Regionalkonflikte: Oskar Weggel, Regionalkonflikte in China. Süd gegen Nord. – Hamburg: Institut für Asienkunde 1992.

Weggel 1994, Bosnienkonflikt: Oskar Weggel, China und der Bosnien-Konflikt, in: China aktuell, Februar 1994, S. 142 ff.

Weggel 1994, Islamischer Fundamentalismus: Oskar Weggel, Islamischer Fundamentalismus, pantürkischer Integrationismus oder chinesischer Reformismus? Li Pengs Reise durch fünf zentralasiatische Republiken, in: China aktuell, April 1994, S. 389–393.

Weggel 1996, Eigenblutimpfung: Oskar Weggel, Auslandschinesentum und Eigenblutimpfung: Ursachen des chinesischen Wirtschaftswunders, in: China aktuell, Januar 1996, S. 24–45; Februar 1996, S. 166–193.

Whitney 1970, Nation Building: Joseph B. R. Whitney, China: Area, Administration, and Nation Building (= University of Chicago, Dept. of Geography, Research Paper 123). – Chicago 1970.

Whittome 1991, Taiwan 1947: Günter Whittome, Taiwan 1947. Der Aufstand gegen die Kuomingtang (= Mitteilungen 196). – Hamburg: Institut für Asienkunde 1991.

Wiens 1967, Expansion: Herold J. Wiens, Han Chinese Expansion in South China. – New Haven: The Shoe String Press 1967.

Wiethoff 1963, Seeverbotspolitik: Bodo Wiethoff, Die chinesische Seeverbotspolitik und der private Überseehandel von 1368 bis 1567 (= Mitteilungen der Gesellschaft für Natur- und Völkerkunde Ostasiens, Band 45). – Hamburg 1963.

Wiethoff 1969, Chinas dritte Grenze: Bodo Wiethoff, Chinas dritte Grenze. Der traditionelle chinesische Staat und der küstennahe Seeraum. – Wiesbaden: Harrassowitz 1969.

Wiethoff 1971, Grundzüge: Bodo Wiethoff, Grundzüge der älteren chinesischen Geschichte. – Darmstadt: Wissenschaftliche Buchgesellschaft 1971.

Wilhelm 1971, Lü Bu We: Richard Wilhelm, Frühling und Herbst des Lü Bu We. – Düsseldorf: Diederichs 1971.

Wilhelm 1982, Mong Dsi: Richard Wilhelm, Mong Dsi. Die Lehrgespräche des Meisters Meng K'o. – Köln: Diederichs 1982.

Wills 1979, Maritime China: John E. Wills, Jr., Maritime China from Wang Chih to Shih Lang – Themes in Peripheral History, in: Jonathan D. Spence, John E. Wills Jr., Hrsg., From Ming to Ch'ing. – New Haven: Yale U.P. 1979, S. 201–238.

Wilson 1970, Learning to Be Chinese: Richard W. Wilson, The Political Socialization of Children in Taiwan. – Cambridge, Mass.: The M. I. T. Press 1970.

Wittfogel 1957, Oriental Despotism: K. A. Wittfogel, Oriental Despotism, a Comparative Study of Total Power, New Haven 1957 (zitiert nach der dt. Ausgabe: Die Orientalische Despotie, Köln 1962).

Wittfogel/Feng 1949, Liao: K. A. Wittfogel, Chia-sheng Feng, History of Chinese Society: Liao (907–1125), Philadelphia 1949.

Wright 1957, Chinese Conservatism: Mary Clabaugh Wright, The Last Stand of Chinese Conservatism. The T'ung-chih Restauration, 1862–1874. – Stanford, Cal.: Stanford U.P. 1957.

Wright 1957, Sui Ideology: Arthur F. Wright, The Formation of Sui Ideology, 581–604, in: J. K. Fairbank, Hrsg., Chinese Thought and Institutions. – Chicago, Ill.: University of Chicago Press 1957, S. 93 ff.

Wright 1960, Sui Yang-ti: Arthur F. Wright, Sui Yang-ti: Personality and Stereotype, in: Wright 1960, Persuasion, S. 47–76.

Wright 1960, Persuasion: Arthur F. Wright, Hrsg., The Confucian Persuasion. – Stanford, Cal.: Stanford U.P. 1960.

Wright/Twitchett 1962, Personalities: Arthur F. Wright, Denis Twitchett, Hrsg., Confucian Personalities. – Stanford, Cal.: Stanford U.P. 1962.

Wright 1978, Sui Dynasty: Arthur F. Wright, The Sui Dynasty. – New York: Alfred A. Knopf 1978.

Yang 1961, Institutional History: Lien-sheng Yang, Studies in Chinese Institutional History. – Cambridge, Mass.: Harvard U.P. 1961.

Yang 1961, Dynastic Configuration: Lien-sheng Yang, Toward a Study of Dynastic Configurations in Chinese History, in: Yang 1961, Institutional History, S. 1–17.

Yang 1961, Hostages: Lien-sheng Yang, Hostages in Chinese History, in: Yang 1991, Institutional History, S. 43–57.

Yu 1983, Cultures of the Eastern Zhou: Yu Weichao, The Origins of the Cultures of the Eastern Zhou, in: Early China 9/10 (1983–85), S. 307 ff.

Yü 1967, Trade and Expansion: Ying-shih Yü, Trade and Expansion in Han China.

A Study of the Structure of Sino- Barbarian Economic Relations. – Berkeley and Los Angeles: University of California Press 1967.

Yü 1990, Hsiung-nu: Ying-shih Yü, The Hsiung-nu, in: Sinor 1990, Early Inner Asia, S. 118–149.

Yü 1994, Conceptions of National History: Ying-shih Yü, Changing Conceptions of National History in Twentieth- Century China, in: Erik Lönnroth et al., Hrsg., Conceptions of National History. – Berlin/New York 1994, S. 155–174.

Zach 1958, Anthologie: Erwin von Zach, Die chinesische Anthologie, 2 Bde. – Cambridge, Mass.: Harvard U.P. 1958.

Zhu 1980, Nanchao shaoshu minzu: Zhu Dawei, Nanchao shaoshu minzu gaikuang ji qi yu Hanzu di ronghe (Die allgemeine Lage der Minoritäten während der Südlichen Dynastien und ihre Vermischung mit den Han), in: *Zhongguo shi yanjiu* 1 (1980).

Register

Die Streitenden Reiche
400 - 220 v.Chr.

Kasachstan

Rußland

Usbekistan

Mong

Kirgistan

Tadschi-
kistan

Afghani-
stan

Rong

Pakistan

Gelbe

Qiang

Nepal

Yangzi

Sh

Bhutan

Dian

Indien

Bangla-
desch

Myanmar

Vi

Laos

Thailand

Kaml

Kernland der Qin

Ausdehnung des Qin-Reiches
um 300 v. Chr.

Ausdehnung des Qin-Reiches
um 220 v. Chr.

Yue Staatsname

▪ Hauptstädte

▪▪▪▪ Verteidigungswälle

0   500   1000 km